KİRLETİLEN KAVRAMLAR

Bilim, Eşitlik, Adalet

İsmail Beşikci

İsmail Beşikci Vakfı Yayınları

KİRLETİLEN KAVRAMLAR
Bilim, Eşitlik, Adalet
İsmail Beşikci

Birinci Baskı

İstanbul- Ocak 2015

Yurt Yayın-Kitap: Eylül 1994

Editör:

Ahmet ÖNAL

Tashih:

Barış Berhem Acar

Kapak

Mert İnan

Baskı:
Kayhan Matbaası
Davutpaşa Cad. Güven San. Sit. C. Blok, No: 244
Topkapı/ İstanbul
Tel: 0. 212. 576 01 36
Kayhan Matbaası Sertifikası: 12156
Roni Basın Yayın Sertifikası: 25474

ISBN 978- 605-85491-9-7

İsmail Beşikci Vakfı Yayınları
Roni Basın Yayın Tanıtım Dış. Tic. Ltd. Şti
İstiklal Cad. Ayhan Işık Sok. No: 21/3
Beyoğlu - İstanbul
Tel & FAx: 0212 245 81 43
GSM: 0533 488 01 12
e-mail: roniyayin@gmail.com

KİRLETİLEN KAVRAMLAR

Bilim, Eşitlik, Adalet

İsmail Beşikci

İsmail Beşikci Vakfı Yayınları

İSMAİL BEŞİKCİ

İsmail Beşikci, 7 Ocak 1939'da Çorum'un İskilip ilçesinde doğdu, 1958 yılında Ankara Siyasal Bilgiler Fakültesi'ne kaydını yaptırdı. 1962 yılında mezun oldu.1964 yılı sonlarında Erzurum'daki Atatürk Üniversitesi Fen-Edebiyat Fakültesi'nde Sosyoloji Kürsüsünde asistan olarak göreve başladı.

1965'te doktora tezini "Göçebe Alikan Aşireti'nin Toplumsal Yapısı Üzerine" hazırladı. Tez kabul edilerek doktor unvanını aldı.

20 Temmuz 1970'de Atatürk Üniversitesi'ndeki görevine son verildi. 19 Haziran 1971'de Diyarbakır'da tutuklandı. Böylece Beşikci'nin yıllarca sürecek hapis ve yargılama süreçleri başlamış oldu.

Beşikci, toplam 17 yıl iki ay sıkıyönetim tutukevlerinde ve farklı cezaevlerinde kaldı.

Ağırlıklı olarak Kürd toplum yapısı üzerine eserler veren Beşikci, resmi ideolojinin genelde bilime, özelde Kürd toplumuna yönelik propaganda ve uygulamalarına karşı, bilim yöntemi ile eleştiriler yöneltti. Kürd sorununa duyarsız kalan ve egemen güçlerin ağzıyla konuşan "akademik" çevreleri resmi ideolojiye tabi oldukları, bu nedenle bilimden, bilimsel etikten uzaklaştıkları için eleştirdi.

Gördüğü onca baskı ve hapisliğe karşın resmi ideolojinin Kürdleri inkâr politikasını eleştirmekten geri durmadı. Kürdlerin, Kürdçenin ve Kürdistan'ın var olduğu ulusal ve ülkesel gerçeğini her platformda dile getirdi ve savundu.

İsmail Beşikci, yaşamı boyunca bir bilim insanına yakışır tavır sergiledi, baskılar karşısında eğilip bükülmedi, bilimsel çalışmalardan, ilkelerden asla taviz vermedi. Beşikci, hep bilim insanı olarak kaldı ve kalmaya devam etti.

Bugün de yazı ve söyleşilerde aynı ilkeli tutumunu sürdüren Beşikci'nin çoğunluğu Kürd toplum üzerinei ve sorunlarına yönelik toplam 40 eser ve değişik konulara ilişkin çok sayıda makalesi bulunmaktadır.

İsmail Beşikci; Kürdistan Federal Devleti tarafından verilen Mele Mustafa Barzani Nişanı, 2012 Uluslararası Hrant Dink Vakfı Düşünce Özgürlüğü Ödülü, Boğaziçi Üniversitesi Kuruluşu'nun150. Yılı Fahri Doktora Unvanı, Selaheddin Üniversitesi/hewler Dr. Unvanı, Ermenistan'da Gevorg Surenyants Nişanı takdim edilen bilim insanıdır.

Halen yazıları çeşitli yayınlarda ve internet ortamında yayımlanan Beşikci 2012 yılında kuruluşunu tamamlayan İsmail Beşikci Vakfı'nda Mütevelli Heyeti ve Onursal Başkanı'dır.

İÇİNDEKİLER

II. BASKIYA ÖNSÖZ

Kitapta, 1992-1993 yılarında, Yeni Ülke, Özgür Gündem, Yeni İnsan, Özgür Bilim, Rewşen, Özgür Ülke, İnsan Hakları Bülteni, Toplumsal Kurtuluş yayın organlarında yayımlanan yazılar bir araya getirilmiştir.

Kirletilen Kavramlar kitabı 20 yıl aradan sonra İBV tarafından yeniden yayımlanmaktadır. Yeni yayımda herhangi bir değişiklik yapılmamıştır.

Kirletilen Kavramlar kitabının yeni basımında İBV Yayınları'nın, Ahmet Önal'ın Roni Basın Yayın çalışanlarının büyük emeği ve teşfiki vardır. Ali İmren'in teknik desteği vardır, Barış Berhem Acar kitabın tashih yanlışlarını giderdiği için çabası olan tüm arkadaşlara teşekür ederim.

1990'larda ve daha sonra, Neçirvan Barzani'nin, Beşikci kitaplarına çok ilgi duyduğunu duyardım. Güney Kürdistan'a gidip gelen arkadaşlar böyle söylerlerdi.

2013 Nisan'ında, İBV heyeti olarak, Güney Kürdistan Bölgesel Yönetimi'ni ziyaret etmiştik. Neçirvan Barzani'yi de ziyaret etmiştik. Neçirvan Barzani o zaman Kürdistan Bölgesel

Yönetimi'nde Başbakan'dı. Sohbetimiz sırasında, Beşikci kitaplarına ilgi duyduğunu bize de söyledi. Kitapların, Kurmanci'ye ve Sorani'ye çevrilip Güney Kürdistan'da yayımlanmasının da gerekli olduğunu anlattı. Bu konuda manevi ve maddi destek vereceklerini de vurguladı.

Başbakan Neçirvan Barzani'ye sıcak ilgisinden dolayı teşekkür ediyoruz.

İsmail Beşikci

Eylül 2014

I. BASKIYA ÖNSÖZ

Gerilla mücadelesi, gerek Kürdistan'da, gerek Türkiye'de toplumsal ve ekonomik yapıları, siyasal kurumları, değer sistemlerini yoğun bir şekilde etkilemektedir.

Özgürlük Hareketi'nin bilime ihtiyacı çok büyüktür. Özgürlük Hareketi bunun bilincindedir, Kürdistan'ı, Kürt toplumunu kavramak için çok yoğun bir çaba içindedir. Özgürlük Hareketi, demokrasi, özgürlük, eşitlik, hukuk, hukukun evrensel ilkeleri, bağımsızlık, ulusların eşitliği, ulusların kendi geleceklerini tayin hakkı, insan hakları gibi kategorilerin de bilincindedir ve bunları kazanmaya çalışmaktadır. Bu kavramların ete kemiğe bürünmesi, toplumsal, siyasal ve kültürel akımlar olarak güçlenmesi, yaşama geçmesi, Özgürlük Hareketi'ni ilerleten önemli bir dinamik olmaktadır.

Resmi ideoloji ise bu kavramların içeriğini boşaltmak, temel toplumsal ve siyasal süreçleri çarpıtmak, bunların gücünü azaltmak ve etkisiz kılmak için elinden geleni yapmaktadır. Devleti düşüncede ve uygulamada çifte standartlı kılan bu tutumun, resmi ideolojinin doğal bir sonucu olduğu çok açıktır. Buysa, bu kavramları kirletmekten başka bir sonuç doğurmamaktadır. Kürtlere ve Türklere yaklaşımda, her zaman farklı farklı ölçütler kullanılmaktadır. Üniversite, yargı organları, yasama organı, basın, siyasal partiler, kamu yönetimi bu kavramları kirleten başlıca güç odakları olarak belirmektedir.

Yeni Ülke, Özgür Gündem, Yeni İnsan, Özgür Bilim, Rewşen, Özgür Ülke, İnsan Hakları Bülteni, Toplumsal Kurtuluş gibi yayın organlarında bu konuları irdelemeye çalışan epeyce yazımız oldu.

Bunları, *Kirletilen Kavramlar* başlıklı bir kitapta toplamayı yararlı gördük.

Yazıların toplanmasında, bir araya getirilmesinde, dizilmesinde Yurt Kitap-Yayın'ın çok büyük emeği oldu, sevgiyle anıyorum.

İsmail Beşikçi

Ankara, Merkez Kapalı Cezaevi

27 Eylül 1994

KÜRDİSTAN'A GİRİŞ(*)

Son yıllarda Kürt toplumunda çok büyük siyasal ve toplumsal değişmeler oldu. Geleneksel toplum yapısı hızla değişiyor, çözülüyor. Toplumsal değerler, ahlaki değerler alt-üst oldu; modern değerler oluşuyor. Siyasal kültür gelişiyor. Kürt toplumu kendi ulusal kimliğine sahip çıkıyor, özgürleşiyor. Kürt insanları arasında, toplumda, duygu ve düşünce olarak uluslaşma gelişiyor. Kürt insanları artık geçmişlerini daha ciddi anlamak ve kavramak istiyorlar, ulusun ve ülkenin bölünmesini kavramaya çalışıyorlar. Bu politikanın nasıl düşünüldüğünü, nasıl uygulandığını, ne gibi sonuçlar ortaya çıkardığını sormaya, soruşturmaya çalışıyorlar. Ansiklopedi karıştırıyor, arşivlerde incelemeler yapıyorlar...

Kürt insanı artık toplumsal ve kültürel değerlerinin sömürgeci güçler tarafından tamamen gasbedilmiş olduğunun farkına ve bilincine varıyor. Bunlara yeniden sahip çıkmanın çabası içinde. İşte Kürt Enstitüsü'nün kurulmasına duyulan ihtiyaç bu noktada ortaya çıkıyor. Kürt Enstitüsü'nün kurulması kendisini dayatan bir konu. Süreç hızla gelişiyor.

Bu yazıda, bu aşamaya gelişe ilişkin bazı düşüncelerimi, gözlemlerimi ve anılarımı belirtmek istiyorum.

AYAKLARI YERE BASMAYAN KÜRTLER

1977 yılı. Bahar ayları... 6 Haziran genel seçimlerinden öncesindeki bir gün. Mart ayının sonları olabilir. Ankara'da üniversitede okuyan bazı Kürt öğrenciler, beni Abidinpaşa'da kendi kaldıkları bir eve davet ettiler. Ev bir apartmanın üçüncü katında bulunuyordu. Evde kalabalık bir öğrenci grubu vardı. Evde kalanlar başka arkadaşlarını da davet etmişlerdi. O gün o evde Kürt arkadaşlarla uzun uzun konuştuk, sohbet ettik. Bugün, orada konuştuğum arkadaşlardan birini çok iyi hatırlıyorum. Beni oraya

---

* **Kürdistan'a Giriş** yazısı, Rewşen dergisinin Mart 1992 tarihinde yayınlanan 2. sayısında ve Nisan 1992 tarihinde yayınlanan 3. sayısında yayınlanmıştır.

arkadaşlar adına davet eden oydu. Sanatçı Şivan'la ilk defa o evde tanıştım. Şivan'ı daha sonra, bir kere daha görme, dinleme olanağım olmadı. Kürt şarkıları söylemişti. O gün o evde 10 saat kadar kalmıştım. 10 saat boyunca yalnızca konuşmadık, müzik de vardı...

Sohbetimizin bir yerinde, genç arkadaşlardan biri, yaklaşan genel seçimleri de dikkate alarak, "İsmail ağabey, bu seçimlerde seni Diyarbakır'dan bağımsız olarak milletvekili seçelim" dedi. Önerisinin hemen arkasından da, ailesinin olanaklarını sayıp döktü. "Bizim ailenin maddi durumu epey iyidir. Traktörlerimiz, kamyonlarımız, taksilerimiz var. Hepsini seçimin hizmetine sokarız. Sen masrafı hiç düşünme... Senin propagandanı da biz yaparız. Sen yalnız milletvekili ol... Kürt sorununu senden iyi anlatacak başka kimse bulunmaz." Öteki arkadaşlar da bu öneriyi sözleriyle, tavır ve davranışlarıyla desteklediler: "Çok iyi olur. Bunu muhakkak gerçekleştirelim!" vs...

Bu öneri üzerine hiçbir şey söylemedim. Sadece tebessüm ettim. Bu tebessüm, "bu ciddi olmayan bir konuşma, daha ciddi konular üzerinde konuşalım" anlamına geliyordu. Bu sırada bir başka arkadaş söz sırasını kaparak, "İsmail ağabeye senatörlük yakışır. İsmail ağabeyi Mardin'den senatör seçelim! Hoca'nın yaşı uygunsa bunu yapalım..." gibi bir şey söyledi... O da ailesinin varlığını sayıp döktü. Arabalar, traktörler, bankadaki paralar, aşiretin, akrabaların oyları vs. Bu öneri de öteki arkadaşlar tarafından hararetle desteklendi, alkışlandı. Bu sefer ben, sesli olarak, "Arkadaşlar, neden daha ciddi konuları konuşmuyoruz? Ben bu konuları ciddi bulmuyorum. Politika benim üstesinden gelebileceğim bir faaliyet değil..." dedim. Buna rağmen başka bir arkadaş, bu sefer, memleketinin Van olduğunu, milletvekili veya senatör, ne istersem bağımsız olarak seçilebileceğimi söyledi. Öbür arkadaşlar gibi ailesinin olanaklarını sayıp döktü. "Sen hiçbir şeye karışma, yeter ki evet de!" Öteki arkadaşlar tarafından bu öneri de onaylandı, desteklendi. Sohbetimizin bu aşamasında, bu konuyu konuşmak için davet edildiğimi anladım. Bunun üzerine konuyu daha ciddiye alıp, arkadaşlarla daha kararlı bir şekilde konuşma ihtiyacını duydum.

“Arkadaşları dikkatle dinledim. Önerilerin çok ciddi olduğunu kabul ediyorum. Bu konudaki düşüncelerimi daha etraflı ve daha ciddi, daha açık bir şekilde belirtmek istiyorum: Herkes yaptığı işi ve görevi, en iyi şekilde yerine getirmeye çalışmalıdır. Örneğin, ayakkabıcı, güzel ve sağlam ayakkabılar dikmeye çalışmalıdır, hilesiz hurdasız olma çabası içinde olmalıdır. Çiftçi, buğdayını, arpasını iyi yetiştirebilmek için yeterli gayreti göstermelidir... Toprağı zamanında işlemeli, tohumu zamanında saçmalıdır. Hasadı zamanında yapmalıdır. Herkes yaptığı işi, görevi en iyi şekilde gerçekleştirme gayreti içinde olmalıdır. Öğretmen, avukat, yargıç, doktor vs. görevlerini en iyi şekilde yerine getirmenin çabası içinde olmalıdır. Benim, Kürt sorununa ilişkin, bilim yöntemine ilişkin bazı düşüncelerim var. Bu doğrultuda bazı kitaplar ve makaleler yazmaya çalışıyorum. Benim işim bu. Ve bu işi mümkün olduğu karar doğru dürüst bir şekilde yerine getirmeye çalışıyorum. Hepsi bu... Politikacılık elbette saygın bir iştir, fakat benim üstesinden gelebileceğim bir görev değildir. Kişinin kendi yeteneklerini, kendi kapasitesini bilmesi kadar güzel bir şey yoktur... Düşüncelerimi kitaplarla ve yazılarla ifade etmeye çalışıyorum. Politika yapmak çok farklı bir olay. Hiç düşünmediğim bir alan.”

Arkadaşlar bu konuşmayı dikkatle ve sessizce dinlediler. Fakat çok daha ilgi çekici bir olay oldu. Bir arkadaş, sanki bu konuşmayı yapan ben değilmişim gibi söze başladı. Diyarbakır'ı, Mardin'i ve Van'ı beğenmemiş olduğumu düşünmüş olmalı ki benim kendi memleketi olan Siirt'ten milletvekili veya senatör seçilmemi istedi... Şaşırıp kaldım. Hiçbir şey söylemedim. Yine gülümsemekle yetindim. Sohbet kısa zamanda tavsadı. Diyalog ortamı dağıldı. Başka konular konuşulmaya başlandı.

Yukarıda belirttiğim gibi o gün, o evde on saat kadar kaldım. Arkadaşlarla çeşitli konular etrafında konuştuk. Yukarıda sözünü ettiğim konuşmadan üç saat kadar sonra çok farklı bir konuyu konuşuyorduk. Kürt dilinden, Kürt edebiyatından, Kürt folklorundan vs. söz ediyorduk. Bir ara arkadaşlara şunları söylemeye çalıştım:

“Herkes kendi yöresinde, köyünde, kasabasında konuşulan

Kürtçe'yi saptama, banda alma çabası içinde olmalıdır. Arkadaşlar kendi çevrelerinde söylenen Kürt masallarını derlemelidirler, toplamalıdırlar, bunları hep bantlara kaydetmelidirler. Kadınların çocuklarına söyledikleri ninniler derlenmelidir, toplanmalıdır. Kürt halk şarkıları, halk oyunları ciddi bir şekilde ele alınmalıdır... Şex Said, Ağrı, Sason, Dersim vs. gibi ayaklanmalara Kürtler safından veya hükümet safından katılmış olanlar olabilir. Bu insanların seslerini, söylediklerini bantlara kaydetmekte çok büyük yarar vardır. Bu, hem Kürt dilinin incelenmesinde gerekli olur, hem de ayaklanmaların farklı yönleri hakkında bize bilgi sağlar, bilgilerimizi zenginleştirir... Masallar, halk şarkıları yine derlenmeli, bantlara kaydedilmelidir. Yaşlı insanların seslerinin alınması çok acil bir görevdir. Çünkü bu ayaklanmaları yaşayanlar ömürlerinin son demlerini yaşıyor olabilirler; bugün var, yarın yok olabilirler. Bu bakımdan seslerini ve bilgilerini mümkün olduğu kadar çabuk bir şekilde banda almakta yarar vardır."

Konuşma bu şekilde sürerken arkadaşlardan biri, "İsmail ağabey, sen bize epey masraf kapıları açıyorsun..." dedi. Öteki arkadaşlar da benim söylediklerimi pek olumlu bulmadılar.

"Teyp al, 10-15 kaset al, taksi tut, köy yollarına düş, türküler, masallar derle... Bu çok masraflı bir iş, hem de acil bir iş değil. İleride bunları yapacak bol bol zamanımız olur..." Bunun önemli bir masraf gerektirmediğini ifade etmeye çalıştım... Sonra, buradaki "ileride" sözü de metafizik bir sözdür. İçeriği hiç belli değildir. Ne kadar zamanı kapsamaktadır, hiç belli değildir. Kaldı ki kısa bir zaman içinde sesleri banda alınması gereken insanlardan söz edilmektedir. Bu da acil bir görevdir.

Arkadaşların bu umursamaz tavır ve davranışları karşısında çok şaşırdığımı, biraz da moralimin bozulduğunu ve öfkelendiğimi belirtmeliyim... Bu arkadaşlar henüz üç saat önce, kendi illerinden beni seçimlere sokmak istiyorlardı. Maddi ve manevi bütün olanaklarını seçimler doğrultusunda kullanacaklarını söylüyorlardı. Traktörler, kamyonlar, taksiler, bankadaki paralar... Her türlü olanağın seferber edileceği vurgulanıyordu. Şimdiyse, bir teybi, 10-15 kaseti masraf diye öne çıkarıyorlar, makul bir öneriye karşı tavır geliştiriyorlar...

Kaldı ki bir teyp, 10-15 kaset bir yatırımdır. Genel seçimlerde harcanacak milyonlarca lira yatırım mıdır? Bu durum karşısında arkadaşlara biraz sitem ettim.

"... Sizin ayaklarınız yere basmıyor; Kürt gerçekliğini, Kürdistan gerçekliğini kabul etmek istemiyorsunuz. Konuşmalarınız, önerileriniz hep havada kalıyor, ciddi değil... Henüz üç saat önce, binbir türlü olanaktan, bunların seferber edileceğinden söz ediyordunuz. Şimdi bir teybi, birkaç kaseti masraf diye gözünüzde büyütüyorsunuz. Bu, güven verici ve inandırıcı bir tutum değildir. Ciddi olmak gerek..."

Arkadaşlar hiçbir şey söylemediler, sessizce dinlediler, utandılar... Bazı arkadaşlar, "İsmail ağabey haklı..." gibi bir şeyler söyledi.

BUGÜNLERİ HABER VEREN BİR BAŞKA TOPLANTI

1978 yılı Sonbahar ayları. Ekim ayının başlarında bir pazar... Üniversitede okuyan genç bir arkadaş, beni yine bir eve, yemeğe davet etti. Ankara'da Necatibey Caddesi'nde bir ev. Bir apartmanın en alt katında, bodrum katında bir daire... Kapı önü ayakkabı dolu. Deniz gibi. İçerinin kalabalık olduğu anlaşılıyor. Gerçekten de öyle. Evin her tarafı hıncahınç dolu, büyük bir kalabalık var. Arkadaşlar adeta birbirinin üzerinde oturuyor. Arkadaşlar pek öğrenciye benzemiyorlar. Tanıştık... Çoğu Ankara'da inşaatlarda çalışan işçi Kürtler... Batman, Siirt yörelerinden gelen işçi, köylü, memur, esnaf vs. Bazı öğrenci arkadaşlar da var.

O evde beş saat kadar kaldım. Bugün orada karşılaştığım, konuştuğum arkadaşlardan sadece bir tanesini biliyorum. Beni eve götüren, davet eden arkadaşı... Öbürlerini görsem bile sima olarak hatırlayabileceğimi sanmıyorum.

O gün orada, bambaşka konuların konuşulduğunu farkettim. Daha çok arkadaşlar konuştular. Burada konuşulanlar çok yeni konulardı. Batman'da kendilerini Apocu olarak adlandıran bir grubun gittikçe geliştiğini, büyüdüğünü, güçlendiğini söylüyorlardı. Apocuların fakir fukarayı gözettikleri anlatılıyordu. Örneğin, bazı zenginlerin mallarına el koyuyor, bunları fakirlere dağıtıyorlardı. Apocular ilçedeki bu güçleri ile belediye seçimlerini bile etkileyebiliyorlardı. Örneğin, yoksul ailelere, bazı dul kadınlara çuval çuval un dağıtılmıştı. Bu grup Kürdistan'ı sömürge kabul ediyordu. Fakat sadece teorik bir saptama ile yetinmiyordu. Sömürgeciliğe karşı silahlı bir mücadele başlatılması gereği üzerinde de duruyordu. Silahlı mücadelenin esas olduğunu vurguluyor, bunun gereklerini de yapıyordu. Konuşan arkadaşların çoğu öğrenci değildi. İşçiler, köylüler vardı. Fakat Kürt konularını, Kürdistan konularını çok büyük bir heyecanla anlatıyorlardı. Anlatımlarda inanç, güven ve coşku vardı. Başka gruplara karşı, örneğin, Türk solundan ve Kürt solundan örgütlere karşı saldırgan bir tavır ve davranış sergiliyorlardı. Konuşmalar daha çok bu çerçeveler içinde geçti. "Apocular" hakkındaki ilk bilgilerimden biri de buydu.

BOTANLI AĞA

1971'de Diyarbakır'da sıkıyönetim tutukevinde bir ağa vardı. Türkiye Kürdistan Demokrat Partisi Davası'ndan yargılanıyordu. Hakkında parti üyesi olmak, Barzani'ye kamyon kamyon buğday göndermek, yine Barzani'ye çorap, lastik ayakkabı, tuz, gaz, şeker gibi bazı ihtiyaç maddelerini zaman zaman göndermek gibi iddialar vardı.

1971 döneminde, Diyarbakır'da, öğrencilere karşı ciddi boyutlara ulaşan bir işkence olayı olmamıştı. Örneğin, Devrimci Doğu Kültür Ocakları Davası'nda yargılanan arkadaşlardan bu tür anlatımlar duymadım. 1972 başlarından itibaren işkenceler artmaya ve yaygınlaşmaya başladı. Örneğin, 1973 Mayıs'ında İbrahim Kaypakkaya'nın sorgulamada işkenceyle öldüğünü hatırlıyoruz. Ama aynı dönemde, yani 1971 başlarında köylülere ve esnaftan bazı kimselere karşı çok yoğun işkenceler yapılıyordu. Botanlı Ağa'ya da çok yoğun işkenceler yapılmıştı. Bir hafta müddetle, ayakları havada, başı yerde tavana asılmıştı. Bu yüzden kalbinden sık sık rahatsızlık çekiyordu. İki yıl kadar sıkıyönetim tutukevinde kaldı. Tahliyesinden bir müddet sonra öldü... Ölümü, yukarıda kısaca anlatmaya çalıştığımız işkencelerdendi.

Botanlı Ağa tutuklandığında 60 yaşlarında vardı. Botanlı Ağa terbiyeli, onurlu bir insandı. Bazen milli duygularını coşkun bir şekilde ifade ediyordu. Kendisiyle Kürtçe konuşan Kürt gençlerine karşı çok sıcak, samimi davranıyordu. Onlarla uzun uzun konuşuyordu. Kendisiyle Türkçe konuşan Türk gençleriyle de konuşuyordu. O sıralarda, Diyarbakır'da Erzurum, Kars ve Diyarbakır Dev-Genç davalarından yargılanan arkadaşlar vardı. Zaman zaman o arkadaşlarla konuşuyordu. Fakat kendisiyle Türkçe konuşmaya çalışan Kürt gençleriyle konuşmuyordu. Onların sorularına çok kısa cevaplar veriyordu. Onlarla sohbet etmiyordu. Bu tavrın ve davranışın toplum bilincinin bir yansıması olduğunu düşünüyordum. Asimilasyona karşı direnişin, asimilasyona karşı direnmeyenleri protesto etmenin önemli bir yolu da bu olmalıydı...

Botanlı Ağa beni severdi. Mahkeme sürecini ilgiyle izlerdi. Sık sık konuşurduk. Her duruşmadan sonra mahkemede olup bitenleri, askeri savcıların iddialarını, savunmaları en ince ayrıntılarına kadar sorardı. Söylenenleri ilgiyle dinlerdi.

Duruşmalara giderken sık sık dilekçe yazardım. Ayrıca savunmalar için de uzun uzun dilekçeler hazırlardım. Bu dilekçeler üzerinde epeyce çalışmak gerekiyordu. Bu tür çalışmalar yemekhanede sürdürülüyordu. Dilekçeleri önce el yazısı ile yazıyor, sonra daktilo ediyordum. Botanlı Ağa bu sıralarda benim yanıma sık sık uğruyordu. Her seferinde bana şunları söylüyordu: "Sen kendine yazık ediyorsun... Çok zahmet çekiyorsun, sana yazık oluyor. Yaptığın da boş bir iştir, hiçbir işe yaramayan bir iştir... Bizim sorunumuzun çözümünün tek bir yolu vardır, ondan başka bir yolu yoktur..."

Botanlı Ağa, "Bizim sorunumuzun çözümünün tek yolu vardır, ondan başka da bir yolu yoktur" dedikten sonra, sol elinin işaret parmağıyla, tetik çekme işareti yapıyordu. Botanlı Ağa, "Çok ağır, zahmetli bir iş yapıyorsun, kendini harap etme, senin çok yaşaman gerekir..." diyordu. O böylece konuşup gidiyordu. Meşgul etmemek endişesiyle olacak, yazmaya çalıştığım sıralarda, hiç yanıma gelip oturmuyordu... Bazen çay getiriyordu... O konuşurken ilgiyle dinliyor, "Bunlar da gereklidir, önemlidir" deyip yine yazmaya devam ediyordum.

Botanlı Ağa, tetik çekme işaretini çok inançlı ve kararlı bir şekilde yapıyordu. Bu sırada gözleri çakmak çakmak çakıyor, hafifçe gülümsüyordu. Bu davranışı insana güven veriyordu. Güven, mutluluk, rahatlık veriyordu.

Botanlı Ağa'nın tetik çekme işareti karşısında hayretlere düştü-ğümü açıklamalıyım. Bu soruna çözüm getirmenin başka bir yolu yok muydu? Başka yollar düşünülemez, denenemez miydi? Karmakarışık duygular ve düşünceler içinde kalıyordum. Hem silahı alıp dağa çıkıl-masını kabul edelim, ama kim yapacak, kimler yapacak, böyle bir güç var mı?

O sıralarda Kürdistan'da korkunç bir kölelik ve uyuşukluk hüküm sürüyor. Halbuki dağa çıkma, coşkun bir heyecanın yanında, bilgi ve bilinç sorunudur, cesaret sorunudur... Böyle bir güç var mı? Botanlı Ağa, sık sık yanıma uğrar, bu şekilde konuşmalar yapardı... Sorunun çözümünün esas biçimini göstermekten de geri kalmazdı. 1972 sonla-rıydı. Bir gün temyizle ilgili bir dilekçe yazarken Botanlı Ağa yanıma gelerek yine böyle bir konuşma yaptı. Bu sefer konuşmalarını daha ciddiye aldım. Yazmanın çizmenin gereğini konuşmak istedim. Uzun uzun konuştuk...

"Silah elbette gereklidir, önemlidir. Fakat silahı kime karşı kullanacaksın, neden kullanacaksın, bunları bilmek çok önemli... Bunları bilmeden silahı alıp dağa çıkmak bir işe yaramaz. Dostun kim, düşmanın kim, bunları bileceksin. Kendi gücünü, dostlarının gücünü, düşmanının gücünü bileceksin. Bütün bunlar yazılarak, tartışılarak anlaşılır. Bu bakımdan yazmak, çizmek önemlidir, gereklidir. Düşünmeyi, yazmayı, tartışmayı küçümsemek doğru değildir. Bugün Molla Mustafa Barzani'ye yardım ettiğin iddia ediliyor. Barzani Irak'ta, bizse Türkiye'deyiz. Aradaki sınır nasıl oluşmuş? Bu bölünme, parçalanma nasıl olmuş? Bunlar üzerinde düşünmek önemli değil midir? Bunları yazmadan, tartışmadan anlayabilir miyiz? Soydaşlarına gaz verdiğin, tuz verdiğin iddia ediliyor; bunlar insani yardımlar, insanların kendi soydaşlarına bu tür insani yardım yapmalarından dolayı yargılanmaları aklın kabul edeceği bir iş midir? Fakat Türkiye'de bunlar oluyor; neden, nasıl?

Bugün, Kürtlerin Ortadoğu'da belki de 20 milyondan fazla nüfusları vardır. Halbuki Kürtlerin, örneğin, Türkiye'de hiçbir hakları yok. Hem 20 milyonun üzerinde bir halk, hem de en ufak bir siyasi hakka sahip değil. Halbuki dünyada 50 bin nüfuslu devletler bile var. Bu konuyu düşünmek gerekli değil mi? Kürtler neden devletsiz, hükümetsiz bırakılabilmiş? Dünyada durumu Kürtlerin köle ve perişan durumuna benzeyen başka bir millet var mı? Kürtler neden itilip kakılıyor, horlanıyor, aşağılanıyor? Neden Kürtçe olan köy isimleri değiştirildi, Türkçeleştirildi? Neden çocuğuna Kürtçe isim koyamıyorsun? Bütün bunların en ince ayrıntısına kadar düşünülmesi, incelenmesi, araştırılması, yazılması, tartışılması gerekli... Yazıyı, çizgiyi küçümsemek doğru değildir..."

Bunları anlatırken Botanlı Ağa'nın ilgiyle, dikkatle dinlediğini, konuşmaları izlediğini farkettim. Zaten daha önceki konuşmalarımızda da böyleydi. Konuşmayı şöyle sürdürdüm: "Bütün bunları bilmeden silahlanıp dağa çıkmışsın, neden mücadele ettiğini bilmiyorsun, amacını bilmiyorsun. Düşmanın gücünü, kendi gücünü bilmiyorsun... Bu durumda nasıl mücadele edeceksin, mücadeleyi nasıl sürdüreceksin? Şex Said Ayaklanması'nda, Ağrı'da, Dersim'de binlerce Kürt silahlanıp dağa çıktı, fakat bütün bunlar sağlıklı bir şekilde düşünülüp, planlanıp, tartışılmadığı için yenilgilerinin sonu gelmedi. Zaten Kürtler, 19. yüzyıl sonlarında, bundan 80-90 yıl kadar önce, buna benzer konular üzerinde düşünselerdi, tartışsalardı, Kürt milletinin başına bu felaketler gelmezdi. Hele hele, 20. yüzyıl başlarında, bundan 70 yıl kadar öncesinden itibaren Kürtlerin bu konuları tartışmaları, dünyada olup bitenleri kavramaları gerekiyordu... Komando, bugün köylere girip bütün Kürtlere binbir türlü hakaret, işkence yapıyor. Buna rağmen başkaldırı olmuyor. Bunlar üzerinde düşünmek gerekli değil midir? Yazı-çizi silahla çelişmez. Silah varsa yazıya gerek yoktur denilemez. Bu ikisi birbirlerini destekler, birbirini bütünler. Bu konular üzerinde, benzer konular üzerinde düşünen insanlar daha iyi mücadele ederler. silahlı mücadele ise bu tür sorunları daha yakından anlamamızı, kavramamızı sağlar. Yazıyı, çiziyi küçümsemek doğru değildir..." Botanlı Ağa ile bu konuları birkaç kere konuştuk. Yazmanın-çizmenin gerekli olduğuna ikna oldu. Hatta Güney Kürdistan'da, ulusal mücadeleyi yenilgiye götüren nedenlerden birini, yazı-çizi ek-sikliğine, diplomasi eksikliğine bağladı. "Silah gücü, yiğitlik, her şeyi halletmiyor," dedi.

UZMANLIK SORUNU

Arkadaşlar, genellikle benim bir Kürt uzmanı olduğumu söylüyorlar. Bu, doğru değil. Burada yanılgı var. Kelimeyi gerçek anlamına yükselttiğimiz zaman Feqi Hüseyin Sağnıç'ın, Musa Anter'in, Dr. Cemşid Bender'in, Adurrahman Dürre'nin, Mehmet Emin Bozarslan'ın, Malmisanij'in, Rohat'ın, Mehmet Bayrak'ın ve daha pek çok arkadaşın Kürt uzmanı oldukları söylenebilir. Bu arkadaşlar, Kürt dili, Kürt edebiyatı, Kürt tarihi, Kürt kültürü, Kürt folkloru, Kürt uygarlığı gibi alanlarda inceleme yapıyorlar. Gramer kitapları yazıyorlar, sözlükler hazırlıyorlar... Kürt uygarlığının özellikle karanlıkta bırakılan dönemleri ile ilgili incelemeler yapıyorlar, bizleri aydınlatıyorlar. Bu süreç kuşkusuz, özgür, demokratik bir ortamda gelişmiyor. Pek çok engellemelere rağmen sürüyor. Benimle ilgili, bu konular üzerinde çalışan başka arkadaşlarla ilgili durumu ise kısaca şu şekilde ortaya koymak mümkündür: *Göçebe Alikan Aşireti, Doğu Anadolu'nun Düzeni, Sosyo-Ekonomik ve Etnik Temeller* gibi çalışmaları Kürt toplumunun yapısıyla ilgili çalışmalar olarak kabul etmek mümkündür. Fakat bunlar, resmi ideolojinin çerçevesinde kaldığı, bu bakımdan önemli yanlışlar içerdiği de bilinmektedir. Bu çerçeveyi kırmaya, daha özgür düşünmeye başladığımız andan itibaren ise önemli baskılarla karşılaştık. Bizim için sorun aslında bu noktada başlıyordu... Nasıl düşünmeli, nasıl tavır ve davranış göstermeliydik?

ARAŞTIRMA SÜRECİNİN ÖNÜNDEKİ ENGELLERİN AŞILMASI

1960'lı yılların ortalarından itibaren Kürtlerle ilgili incelemeler yapılmaya başlandı. Doğu Anadolu'nun geri kalmasından, Kürtlerden, Kürtçe'den söz ediliyordu. Fakat bu süreçle birlikte devletin bu süreci engellemeye yönelik baskısını hissetmekte gecikmedik. Kürt toplumuna, Kürdistan'a, Kürt diline ve Kürt kültürüne ilişkin incelemeler yapılmak isteniyordu. Bu isteğin geriletilmesi, ortadan kaldırılması, bu heyecanın kırılması için devlet, düşünceler üzerinde, araştırmacılar üzerinde, yoğun bir baskı mekanizması işletmeye başladı. Devlet bir taraftan baskı mekanizmasını gittikçe yoğunlaştırıyor, bir taraftan da Kürtçe'nin ve Kürtlerin varlığını inkâr ediyordu. Diğer taraftan da Kürt olan her şeyi yok etmeye, Kürt izlerini silmeye, Kürt toplumuna has maddi ve manevi değerleri de gasbetmeye çalışıyordu. Araştırmacılara resmi ideolojiyi dayatıyordu. En doğru bilgilerin devletin ürettiği bilgiler olduğunu söylüyor, herkesin yalnızca bunları bilmesini, bunlara göre düşünmesini, tavır ve davranış sergilemesini istiyordu. Resmi ideolojinin eleştirisinin suç olduğu da vurgulanıyordu. Bu konuda sistematik bir yaptırım düzenlenmişti. Bu durumda araştırma ve inceleme yapanlar nasıl bir tavır ve davranış sergileyeceklerdi? Nasıl düşüneceklerdi? Ya devletin yasaklamalarına, buyruklarına boyun eğilecek ya da daha özgür bir ortamın, daha demokratik bir ortamın oluşması için çaba sarfedilecekti. Bilim, yasaklamalar ve buyruklar yokmuş gibi üretilecekti. Özgür düşünülecek, özgür bir tavır ve davranış sergilenecekti. Daha sonra ise devletin gündeme getireceği baskılara göğüs gerilecek, o baskılar aşılmaya, geriletilmeye çalışılacaktı...

Bu süreç içinde inceleme ve araştırma yapanlar, bu yasaklar ve engellemeleri geriletmenin, bunları aşmanın mücadelesine giriştiler. Bu, aynı zamanda bilim yönteminin, bilimsel bilgi üretmenin vazgeçilmez bir koşuluydu. Aynı zamanda demokrasi ve insan hakları mücadelesinin önemli bir gereği olarak beliriyordu. Burada artık, herhangi bir konuda uzmanlaşmaktan önce, alana girebilmek için çaba sarfetmek daha ön plana çıkıyordu. O alana girmeden, giremeden, belirli bir konuda uzmanlaşmaya çalışmak çok önemli değildi.

Bu ilişkileri şu şekilde somutlamak mümkündür. Örneğin, bir bahçeye girmek istiyorsunuz. Bahçe sizin. Bahçenin değerli olduğunu biliyorsunuz. Elverişli toprak ve su kaynakları olduğunu, değerli meyve ağaçları yetiştirebileceğinizi, çok ürün kaldırabileceğinizi biliyorsunuz. Sizin için değerli bir bahçe. Fakat bahçeye giremiyorsunuz. Bahçenin çevresi azmanlaşmış çalılarla ve dikenlerle kaplanmış. Bahçenin etrafında bataklıklar oluşmuş, her taraf yılan çıyan dolu... Azmanlaşmış çalılardan ve dikenlerden, bataklıktan, yılandan çıyandan dolayı bahçeye girmeniz olanaksız. Kendinize elverişli bir yol, bir giriş arıyorsunuz. Bahçenin etrafını dolaşıyorsunuz. Bakıyorsunuz ki bahçenin her tarafı böyle. Bahçenin her tarafı bataklıklarla, azmanlaşmış çalılarla, dikenlerle kaplı. Yılan-çıyan her tarafı sarmış... Şunu da fark ediyorsunuz: Çok uzun bir zamandır bahçeye girilmemiş. Bahçe harap olmuş... Ağaçlar kurumuş, fakat suları boş yere akıyor. Çevrenizdekiler de bahçenin değerini biliyor; suları kendi bahçelerine çevirmişler.

Bu durumda bahçeye girmenin tek yolu vardır: Azmanlaşmış çalı ve dikenleri kesmek, bataklıkları kurutmak, yılanı-çıyanı yok etmek, oralardan uzaklaştırmak... Bahçeye, elverişli giriş-çıkış yolları yapmak... Şunu da yapabilirsiniz: Bu bahçeye girmek zor, zahmetli diyerek, başka bahçeler arayabilirsiniz. Fakat bahçe sizin bahçeniz; onu harap bir halde bırakarak, gittikçe daha da harabeye döneceğini bilerek nereye gidiyorsunuz? Kendi bahçenizi böylesine yüzüstü bırakıp başkalarının bahçelerinde marabalık yapmak, ahlaki bir tavır mıdır? Bu tavrın ekonomik bir yönü var mı? Çevrenizdekiler, başkaları böyle mi yapmış? Elbette kendi bahçenize sahip çıkmak ve onu işlemek durumundasınız.

Bu arada şunu da fark ediyorsunuz: Bahçeye sizin dışınızda girenler de var. Onlar bahçeye girmenin yolunu yordamını bulmuş. Fakat bahçenin harap kalmasını istiyorlar. Böylesi daha çok işlerine geliyor. Bu şekilde bahçeden daha iyi bir şekilde yararlanabileceklerini düşünüyorlar. Bahçenin değerli olduğunu çok iyi biliyorlar.

Bahçeye girmek elbette zor, zahmetli bir iştir. Fakat bahçeye kavuşmanın başka bir yolu da yoktur. Kaldı ki başkaları da sizin oraya girmenizi hiç istemiyorlar, bunu kendi çıkarlarına ters görüyorlar.

Kürtlere, Kürdistan'a ilişkin incelemeler yapanlar da bu incelemelerin önündeki engelleri kaldırmak, aşmak durumundadırlar. Yasaklarla mücadele etmek, o yasakları etkisiz kılmak, ortadan kaldırmak durumundadırlar. "Burada yasak var, yasak olmayan başka bir alan üzerinde çalışalım" demek, bilim ahlakına aykırı bir tavır ve davranıştır. Bu, bilim yöntemi anlayışına zıt bir düşüncedir. Düşünceyi yasaklayan, düşünceyi engelleyen bu tavır ve davranışla mücadele etmeden bilimi ilerletmek, demokrasiyi ve insan haklarını geliştirmek mümkün değildir. Bahçeye girebilmek için çalıları, dikenleri temizlemek, bataklıkları kurutmak nasıl gerekliyse, Kürtlerle ve Kürdistan'la ilgili incelemeler yapabilmek için de engellemeleri ve yasaklamaları geriletmek, etkisiz kılmak gerekiyor.

1960'lı yılların ortalarından itibaren, özellikle 1960'lı yılların sonlarında, bu incelemelere başlayanlar çok büyük engellemeler ve baskılarla karşılaşıyorlardı. "Kürt" demeyeceksin, "Kürdistan" demeyeceksin, "Kürtçe"den söz etmeyeceksin, "Kürtlerin Ortadoğu'daki soydaşları"ndan söz etmeyeceksin. "Neden bölünme, parçalanma ve paylaşılma olmuş" gibi soruları hiç sormayacaksın, resmi ideolojiyi, Atatürkçü düşünceyi aynen kabul edeceksin vs...

Araştırmacılar, Kürt yayın organları, başta Devrimci Doğu Kültür Ocakları olmak üzere Kürt siyasal akımları, yasaklayıcı bu düşünceye, bu tavır ve davranışa karşı mücadeleler yaptılar. Bu süreçte önemli bedeller ödendi. 1980'li yıllardan önce de bu konuda önemli birikimler oluşmuştu. 15 Ağustos 1984'ten sonra bu birikim, PKK'nin düşüncesi ve eylemiyle birleşti... Yasaklara ve engellemelere karşı çok büyük bir güç, yoğun bir bilinç meydana geldi. Şimdi hukuken bu engellemeler, yasaklamalar yine var. Ceza Yasası, Terörle Mücadele Yasası, Basın Yasası, Siyasi Partiler Yasası vs., bu yasaklamalar ve engellemelerle dolu... Fakat fiilen bu yasaklamalar ve engellemeler gittikçe aşınıyor, fazla bir etkinlikleri kalmadı.

KÜRT ENSTİTÜSÜ'NE DUYULAN İHTİYAÇ

Artık Kürdistan'a girildi. Kürdistan'a giriş kuşkusuz kolay olmadı, bilakis çok zor oldu, çok büyük bedeller ödendi, hâlâ da ödeniyor. Bütün bunlara rağmen zorluklar aşalarak Kürdistan'a girildi. Kürdistan'a artık çeşitli yönlerden yoğun bir giriş var, yoğun bir açılım var. Sadece girilmiyor, artık Kürdistan'a sahipleniliyor da... Koalisyon hükümetinin başbakanı Süleyman Demirel ve başbakan yardımcısı Erdal İnönü, Aralık ayı ortalarında Kürdistan'a gezi düzenlediler. Çeşitli şehirlerde Kürt halkına yaptıkları konuşmalarda, "Bizden her şeyi isteyin, devlet sizi kucaklayacak" diyorlardı. Bu, şu anlama geliyordu: "Bizden her şeyi isteyin, ama Kürdistan hariç!" Zira, "Halka şefkat göstereceğiz, teröre amansız davranacağız, başını ezeceğiz" diyorlardı. Kürtler ise artık, tam da Kürdistan'ın kendisini istiyorlar, Kürdistan'dan başka istedikleri bir şey yok. "Halka şefkat göstereceğiz, terörün başını ezeceğiz" biçimindeki politika ise kuşkusuz iflas etmiş bir politika. Halka şefkatle davranmak, onların çocuklarına ise her türlü zulmü reva görmek... Bu mümkün değildir. Baskı, zulüm, işkence kuşkusuz halka karşı. "Terörün kökünü kurutacağız!" demek, bu anlama geliyor. "Kürtlerin kökünü kurutacağız" demek istiyorlar. Mümkün mü?

Artık Kürdistan'a girildi. Kürt halkı Kürdistan'ı istiyor. İşte Kürt Enstitüsü gibi kurumlara bu noktada ihtiyaç var. Artık yasaklar geriletiliyor, aşılıyor. Yasaklamalarda, engellemelerde aşınmalar var. Kürt gerçekliği ve Kürdistan gerçekliği bütün açıklığıyla ortada duruyor. Kürt toplumu ve Kürdistan hakkında çok ciddi incelemeler gerekiyor. Kürt dili, Kürt edebiyatı, Kürt kültürü, Kürt folkloru, Kürt tarihi üzerine çok yoğun ve kapsamlı inceleme ve araştırmalar gerekiyor. Kürdistan tarihinin, Kürdistan coğrafyasının incelenmesi gerekiyor. Kürt el sanatları, Kürtlerin mutfak kültürleri vs. elbette incelenmelidir. Bugünkü Kürt toplumunun tarihsel evrimi, en ince ayrıntılarına kadar incelenmelidir. Bu konularda tartışmalar, konferanslar, seminerler, paneller vs. düzenlenmelidir.

Bütün bunlar için kapsamlı plan ve projelere ihtiyaç vardır. Bunların gerçekleştirileceği alan Kürt Enstitüsü'dür. Kürt Enstitüsü'ne bu bakımdan gerek vardır. Fakat Türk üniversitesinin benzer kurumlar açmasına kesinlikle karşı çıkılmalıdır. Türk üniversitesi hiçbir zaman Kürtlerin ve Kürt sorununun dostu olmamıştır, Kürt sorununa dostça bir yaklaşım göstermemiştir. Türk üniversitesince kurulan bir Kürt Enstitüsü, ancak Kürtlerin Türklüğünü, Kürtçe'nin Türkçe olduğunu ispatlamaya çalışabilir. Şunca mücadeleye rağmen hâlâ ancak bunu düşünebilir, bunu gerçekleştirebilir. Türk üniversitesi Kürt sorunu konusunda, Ortaçağ kalıntısı bir kurumdur. Bu yönüyle Milli İstihbarat Teşkilatı'nın bir şubesi gibi çalışmaktadır.

MUSTAFA KEMAL'İN SÖYLEDİKLERİ VE YAPTIKLARI

Mustafa Kemal 1930'lu yıllarda, Türk Tarih Kurumu üyelerine yaptığı bir konuşmada şunları söylüyor: "Biz Balkanları niçin kaybettik, biliyor musunuz? Bunun tek sebebi vardır. Bu da Slav araştırma cemiyetlerinin kurduğu dil kurumlarıdır. Bu kurumlar bizim içimizdeki insanların milli şuurlarını uyandırdığı zaman, biz Balkanlar'da Trakya hudutlarına çekildik." (Bkz: Utkan Kocatürk, *Atatürk'ün Fikir ve Düşünceleri,* Turhan Kitabevi, 3. baskı, Olgaç Matbaası, 1984, s. 149)

Mustafa Kemal'in konuşmasından iki yönlü bir sonuç çıkarılabilir. Birincisi şu: Eğer bağımsız olarak, bağımsız yaşamak istiyorsanız, ilk önce kendi dilinize, alfabenize sahip çıkmak zorundasınız. Kendi diline, alfabesine, kültürüne sahip çıkan bir millette bağımsız yaşama bilinci kökleşiyor. Ve bu millet kendisini egemenlik altında tutan güce karşı bağımsızlık savaşı veriyor ve özgürlüğüne kavuşuyor. Bir ulusun bağımsızlığını koruyabilmesi için diline, öz benliğine, tarihine, kültürüne sahip çıkmanın yanında, bunları ilerletmenin, geliştirmenin de yollarını araması gerekmektedir. Mustafa Kemal Atatürk, bunların gereği olarak Cumhuriyet'in kuruluşundan hemen sonra Türk dili, Türk tarihi, Türk folkloru, Türk medeniyeti gibi konulara çok önem vermiştir. Türkiyat Enstitüleri kurulmuştur. Üniversitelerde Türk dili ve edebiyatı dersi konulmuştur. Türk dilini, Türk edebiyatını, Türk tarihini, Türk folklorunu, Türk kültürünü araştırma enstitüleri kurulmuştur.

Mustafa Kemal Atatürk'ün düşüncelerinden ikinci bir sonuç daha çıkarmak mümkündür. Eğer herhangi bir ülkeyi egemenlik altında tutmak istiyorsanız, sömürgeci politikayı sürdürmek istiyorsanız, orada yaşayan milleti önce dilinden edeceksiniz. Halkı dilsiz bırakacaksınız. Ona kendi kültürünüzü ve dilinizi empoze edeceksiniz... O milletin alfabe sahibi olmasını, diliyle, tarihiyle, kültürüyle, edebiyatıyla ilgilenmesini engelleyeceksiniz vs. Mustafa Kemal Atatürk, Kürtler hakkındaki bu düşüncelerini aynen uygulamıştır, bu düşüncelerini hayata geçirmiştir. Kürtlerin ulusal varlığını, Kürt dilinin varlığını inkar etmiştir. Türk Tarih Tezi, Güneş-Dil Teorisi gibi buluşlar ana akım olarak, başta bu amacın gerçekleştirilmesine yöneliktir. Kürtçe konuşmak yasaklanmıştır. Kürtçe konuşanlardan para cezası alma uygulaması başlatılmıştır. Bu süreçte Kürtler kimliksiz bırakılmış, kişiliksizleştirilmiştir. Ezik, sinik, korkak; kendine, ailesine, halkına, geleceğine güvenmeyen bir insan tipi ortaya çıkmıştır. Kürt olduğunu kabul etmeyen, fakat Türk de olamayan bir insan... Yaralı, ezik bir insan... Bu insan topluluğu Kürt toplumu olma özelliklerini taşıyamadığı gibi Türkleşememiştir de. Fakat yukarıda kısaca belirtmeye çalıştığımız nedenlerle, durum artık değişmiştir. Kürdistan, artık eski Kürdistan değildir. İşte bu noktada Kürt Enstitüsü'ne duyulan ihtiyaç bir kere daha kendini hissettirmektedir. Kürtler, artık enstitü gibi araştırma kurumları kurarak; dil, kültür, tarih, edebiyat ve folklor gibi alanlarda kapsamlı incelemeler yapma ihtiyacını duyuyorlar.

Bu süreçte Mustafa Kemal Atatürk'ün düşüncelerinin ve eyleminin Kürtler tarafından anlaşılmasında çok büyük yarar vardır. Kürtler, Mustafa Kemal Atatürk'ün "milli egemenlik", "bağımsızlık", "milli eğitim", "dil devrimi ve harf devrimi", "tarih görüşü", "Türklük duygusu", "Türk milliyetçiliği", "milli benlik", "milliyetçilik ve dil", "milli tarih ve milli şuur", "milli şuur ve dil" gibi konularda söylediklerini dikkatli ve sabırlı bir şekilde incelemelidirler. Kürt sorunu açısından bu düşüncelerin değerlendirilmesi, vazgeçilmez bir ödev olarak ortaya çıkmaktadır.

Sömürge olmaktan kurtulmak için, gasbedilmiş ulusal ve demokratik hakları tekrar kazanmak için, Kürt Enstitüsü gibi kurumlara büyük ihtiyaç vardır. Ulusal onur, ulusal eşitlik, özgürlük duygusu ve düşüncesinin gelişmesi, bu tür kurumlar aracılığıyla daha da hızlanacak ve güç kazanacaktır. Balkan uluslarının özgürlüğe ve bağımsızlığa kavuşmaları bu konuda önemli bir örnek olduğu gibi, Asya ve Afrika'daki uluslar da incelenmesi gereken önemli örneklerdir.

TÜRK ÜNİVERSİTESİ VE KÜRT SORUNU

Türk üniversitesi, Kürtlere de, Kürt sorununa da hiçbir zaman dostça bir yaklaşım içinde bulunmamıştır. Bu konuda devletin koyduğu yasaklara, resmi ideolojinin yasaklarına hep uymuştur. Bu yasakları aşmaya çalışan düşüncelere, tavır ve davranışlara karşı katı bir mücadele yürütmüştür. Bu tür düşüncelere karşı asla hoşgörülü olmamıştır. Türk üniversitesi resmi ideolojiye uyan, resmi ideolojinin yasaklarına ve kalıplarına göre hareket eden kurumların başında yer almaktadır.

Resmi ideolojinin önemli özelliklerinden biri, Kürt sorununun Türk üniversitesi tarafından incelenmesine engel olmaktır. Resmi ideoloji, Türk üniversitesinin Kürt sorunuyla ilgilenmesini, Kürt sorununa bulaşmasını hiç istememektedir. Bunun gibi, örneğin, Türk siyasal partilerinin de Kürt sorunuyla ilgilenmesi hiç istenmemiştir. Kürt sorunuyla ilgilenme çabası içinde olan siyasal partiler kapatılmış, üniversitede öğretim görevlilerinin işine son verilmiştir. Böylece Kürt sorununun Türk siyasal sistemi içinde meşruluk kazanmasının önüne geçilmiştir. Türk üniversiteleri Kürt sorunuyla bilimsel düzeyde ilgilenmemiştir, ama istihbarat ilişkileri düzeyinde, polislik düzeyinde çok yakından ilgilenmiştir. Başbakanlık, Milli İstihbarat Teşkilatı, hem üniversitelerdeki çeşitli kürsülerden, hem de profesörlerin ve bazı öğretim üyelerinin bizzat kendilerinden raporlar istemiştir. Milli İstihbarat Teşkilatı, üniversitelerden, profesörlerden, Kürtlerin aslının Türk olduğuna, Kürtçe diye bilinen bağımsız bir dil olmadığına, Kürtçe'nin Türkçe'nin bir şivesi olduğuna dair roporlar yazmalarını istemiştir... Milli İstihbarat Teşkilatı, bu raporların bilimsel (!) olarak yazılmasını da istemiştir. Türk üniversitelerinin çeşitli kürsüleri, Türk üniversitelerinden çeşitli profesörler, istenen bu raporları hemencecik, büyük bir görev duygusu içinde yazmışlardır. Defalarca yazmışlardır. Bilimsel (!) olarak yazmışlardır. Ordinaryüs profesör gibi unvanlarını kullanarak yazmışlardır. Uzun unvanlarını kullanmayı hiç ihmal etmemişlerdir.

Türk üniversitesinin, Türk profesörlerinin bu tür çabaları kamuoyunda saygınlık uyandırır mı? Bırakalım kamuoyunu, bu profesörlerin, bu anlayışın, Milli İstihbarat Teşkilatı çevrelerinde saygınlığı var mıdır? İstek üzerine zaten önceden belirlenmiş ve varılmış sonuçları doğrulamak için raporlar yazmak saygın bir faaliyet midir?

Türk üniversitelerinde, eski çağlarda yaşayan halkların dilleri ve kültürlerini inceleyen pek çok bölüm vardır. Hititoloji, Sümeroloji, Klasik Arkeoloji, Önasya Arkeolojisi, Eski Mısır gibi bölümleri bunlar arasında saymak mümkündür. Hz. İsa'dan binlerce yıl önce yaşayan halkların nasıl yaşadıkları, nasıl konuştukları, nasıl yazdıkları, Türk üniversitesinin ilgilendiği önemli alanlar olarak karşımıza çıkmaktadır. Bu halklar neler üretiyorlardı, ürettiklerini nasıl depoluyorlar, nasıl koruyorlardı?.. Bugün Anadolu'da ve Kürdistan'da çeşitli yerlerde kazılar yapılıyor; çanak, çömlek, küp, tablet, süs eşyaları gibi çeşitli şeyler çıkarılıyor... Yeraltından çıkarılan bu ürünlere göre de, "falanca halk şunları üretiyordu, besinlerini şu şekilde koruyordu... şu süs eşyalarını kullanıyordu..." gibi şeyler söyleniyor. Tabletler incelenerek, konuşmalar, yazılar, edebiyat vs. araştırılmaya çalışılıyor. Ve bunlar Türk üniversitesi için önemli bir faaliyet alanı oluyor.

Türk üniversitesi sadece Önasya'ya ilgi duymuyor... Afrika'ya, Latin Amerika'ya, Kuzey Amerika'ya, Güney Asya'ya, Eskimolara, Avusturalya yerlilerine vs. de ilgi duyuyor. Ve bunlar devletin ilgisiyle gelişmektedir, genişlemektedir. Eskiçağ dillerini ve kültürlerini, ölü dilleri ve kültürleri günümüzde yaşatmaya çalışan Türk Devleti'nin, yaşayan bir dil olan Kürtçe'yi yok etmek için, yaşayan bir kültür olan Kürt kültürünü yok etmek için her türlü çabanın içine girmesi çok derin bir çelişki olarak belirmektedir. Bu, resmi ideolojinin katılığıyla ilgili bir durumdur. Türk üniversitesi de devletin bu tür bilimdışı, insanlıkdışı, kültür düşmanı tavır ve davranışlarına destek olmaktadır. Böyle bir tavır ve davranışa, bu tür bir düşünceye destek vermesi, Türk üniversitesinin bilim yönteminden ne kadar uzak olduğunu açıkça ortaya koymaktadır. Türk üniversitesi, resmi ideolojinin üretilmesini, propagandasını, bilimsel bir faaliyet olarak kavramaktadır. Bu da, yurtseverlik gibi birtakım sübjektif niyetlerle açıklanmaktadır. Profesörler, Kürtlerden ve Kürtçe'den söz edenlere vatan haini, kendilerine de yurtsever demektedirler.

Böylece nesnel ölçüleri olan bilimsel bir süreç ile tamamen sübjektif niyetlere oturan yurtseverlik duyguları birbirine karışmaktadır. Bir gerçekliği inkâr etmek nasıl yurtseverlik oluyor? Hem yurtseverlik denildiği zaman Kürtlerin de kendi yurtlarını, Kürdistan'ı sevebilecekleri neden düşünülmüyor acaba?

İşte bütün bunlardan dolayı Kürt Enstitüsü gibi kurumları, Türk üniversitelerinin dışında oluşturmak gerekiyor. Kanımca bu şekilde oluşturulan bir kurum daha sağlıklı, çok daha canlı bir kurum olur... Her şeyden önce kurallarını kendi koyar. Özgürce çalışan bir kurum olur. Planını, projesini, programını kendisi hazırlar. Yurtdışındaki benzer kurumlarla daha rahat ilişkiye girer. Türk üniversitelerinin bünyesinde kurulan bir Kürt Enstitüsü bunların hiçbirini yapamaz, Türk üniversitesinin bünyesinde kurulmuş bir Kürt Enstitüsü'nün bunları yapması mümkün değildir.

EĞİTİM SORUNU VE KÜRT ENSTİTÜSÜ

Önümüzdeki dönemde Kürt toplumunu çok yakından ilgilendiren sorunların başında eğitim sorunu gelecektir. Türk sömürgeciliğinin insanların ruhsal yapılarını bozduğu, çarpık, ezik, köle bir yapı oluşturmak için çaba sarfettiği bilinmektedir. Bu bakımdan Kürdistan'da kişilik sorunu, önemli bir sorun olarak karşımıza çıkmaktadır. Kendisine güvenen, ailesine, ulusuna ve arkadaşlarına güvenen, düşmanını olağanüstü derecede yüceltmeyen, kendisini küçük görmeyen; onurlu, dirençli, ulusal onur, ulusal eşitlik gibi amaçlar doğrultusunda çaba sarfeden bir insan tipi yaratmaya çalışmak çok önemli bir amaç olarak belirmektedir. Kürdistan ulusal ve toplumsal kurtuluş mücadelesi, bu Kürt tipini ortaya çıkarmaktadır. Fakat böyle bir Kürt tipini ortaya çıkarmak, Kürt insanlarını bu düşüncelerle, bu tavır ve davranışlarla donatmaya çalışmak, yeni nesilleri bu amaç doğrultusunda yetiştirmeye çalışmak, aynı zamanda bir eğitim sorunudur.

Görüldüğü gibi eğitimin uluslaşma süreciyle de çok yakından iliş-kisi vardır. Uluslaşma, Kürt toplumu olmaktan doğan özelliklerin yaşama geçirilmesi, gerçekleştirilmesidir. Ulusal kimliğin gün geçtikçe daha güçlenmesidir. Daha güçlü bir biçimde ifade edilmeye başlanmasıdır.

Eğitim, bireylerin ruhsal, zihinsel ve bedensel bakımlardan şekillendirilmesine yönelik bir faaliyettir. Eğitim süreci insanlara bilgi, beceri ve anlayış kazandırır. Eğitim, insanları olaylar karşısında özgürce düşünmeye, özgürce tavır ve davranış göstermeye alıştırır, alıştırmalıdır. Eğitim, insanları benzer yeteneklerle donatmalıdır. İnsanların bu yeteneklerini geliştirmelidir. Yoksa insanlara herhangi bir olayda nasıl düşünmeleri gerektiğini, nasıl tavır ve davranışlarda bulunmaları gerektiğini öğretmek eğitim değildir. İnsanlara bazı düşünceler, bazı tavır ve davranışlar empoze etmek eğitim değildir.

Kürdistan'da kişilik sorunu, Kürt insanının yeniden yaratılması sorunudur. Eğitim süreci de, kişiyi yeniden yaratma uğraşıdır. Bu bakımdan eğitim sorunuyla kişilik sorunu arasında organik bir bağ vardır. Kişilik, eğitim sürecinde kazanılır. Bütün bunlar uluslaşmayla yakından ilgilidir. Eğitim, kişilik kazanma, uluslaşma gibi süreçler, organik bir bütünlük içindedir. Kürt Enstitüsü gibi kurumlara bu bakımdan da büyük ihtiyaç vardır.

"KEDERDE, KIVANÇTA, SEVİNÇTE ORTAK OLMAK" SLOGANI VE KÜRT ENSTİTÜSÜ

Kürtlerde özgürlük düşüncesi gelişmeye başladığı, uluslaşmanın duygu ve düşünce olarak boyutlanmaya başladığı zamanlarda, Türk Devleti, hemen ideolojik bir bombardımana girişmektedir. Türk basını, Türk siyasal partileri, Türk üniversiteleri, işveren kuruluşları ve işçi kuruluşları, bu bombardıman sürecinde yerlerini hemen alıyorlar. Temel amaç Kürtlerin kurumlaşmalarını önlemektir, saptırmaktır, geciktirmektir. "Kederde, kıvançta, tasada, sevinçte ortağız" sloganının temel işlevi budur... Aslında bu, ikiyüzlü, riyakâr bir tutumu sergilemektedir. Bunun ne kadar ikiyüzlü ve riyakâr bir tutum olduğu, yaşanan olaylarla da gittikçe daha net bir şekilde ortaya çıkmaktadır.

Bugün bir Kürt gerillanın vurulması karşısında Türk basını, Türk siyasal partilerinin büyük bir kısmı düğün bayram etmektedir. Çeşitli derneklerde bunu izlemek yine mümkündür. Radyoda, televizyonda, "ölü ele geçirdik..." sözleri gururla tekrarlanmaktadır. Bunu her gün görüyoruz, duyuyoruz, hissediyoruz. Halbuki bir Kürt gerillanın vurulması, şehit edilmesi, Kürt ailelerini yasa boğmaktadır. Bazı ailelerde o haberin duyulduğu gün yemek yenilmemektedir, sofra kurulmamaktadır. Bunları da sık sık yaşıyoruz. Türk siyasal partileriyle, Türk basınıyla Kürt aileler arasındaki düşünce farkı böylesine zıt bir şekilde ortada dururken, "kederde, kıvançta, tasada, sevinçte ortağız", sloganına kim inanır? Kürt ailelerin acıları çeşitli Türk kurumlarında sevinç yaratıyorsa, aslında ortaklığın, birlikteliğin hiçbir koşulu yok demektir.

Türkiye Büyük Millet Meclisi'ndeki yemin törenini hatırlayalım. Meclis kürsüsünden yaka-paça indirilen Kürt kökenli bir milletvekiline yapılanları hatırlayalım... Bu tutum ve davranışlarda, "kederde, kıvançta, tasada, sevinçte ortak olma"nın izleri görülüyor mu?

Türk basınında, Türk siyasal partilerinde, Leyla Zana'nın, Hatip Dicle'nin çabaları nasıl değerlendiriliyor? Leyla Zana, Hatip Dicle ve diğerleri neden kin ve nefret duyularak izleniyor? Halbuki Kürtler, bu milletvekillerini yüreklerine basıyorlar, baştacı ediyorlar. Tutum ve davranışlar bu kadar zıt iken kederde, kıvançta ortak olmaktan nasıl söz edilebiliyor?

"Kederde, kıvançta, tasada, sevinçte ortak olmak" nasıl olur? 1988 yılında Bulgaristan'dan Türkiye'ye "soydaşlar" geldiler. Türk hükümeti, Türk siyasal partileri vs. onlara nasıl davrandılar? İşte o davranışların adı, "kederde, kıvançta, tasada, sevinçte ortaklık" olabilir. Fakat Güney Kürdistan'dan, kimyasal silahlar kullanılması sonucu kopup gelen Kürtlerin nasıl geldiğini, nasıl karşılandığını da biliyoruz. Halepçe'de soykırıma uğrayanlara nasıl muamele edildiğini çok iyi biliyoruz. Bunların belleklerden silinmesi mümkün değildir... Türk çıkarlarını korumak ve kollamak için Kürtlerin Kore'ye, Kıbrıs'a, şuraya buraya gönderilmeleri ve Türklerin düşmanlarıyla çarpıştırılmaları, "kederde, kıvançta, tasada, sevinçte ortaklık" olarak değerlendirilemez.

Bütün bunlardan dolayı Kürtlerin her alanda örgütlenmelerini sürdürmeleri gerekmektedir. Kürt Enstitüsü gibi kurumların kurulması bu bakımlardan da gerekli olmaktadır. Bu kurumlar aracılığıyla Kürtler, tarihsel ve toplumsal bütün değerlerini yeniden kazanmanın, onları yeniden yaşama geçirmenin, modern toplumun değerleriyle yeniden yorumlamanın yolunu ve yordamını bulmak durumundadırlar.

500. YIL KUTLAMALARI(*)

Bugünlerde, Yahudilerin İspanya'dan kovulmalarının ve Osmanlı topraklarına kabul edilmelerinin 500. yıldönümü kutlanmaktadır. Kutlamalar, "500. Yıl Vakfı" tarafından organize ediliyor. "500. Yıl Vakfı" Türk ve Yahudi işadamları ve politikacıları tarafından kurulmuş bir vakıf.

Bu kutlamalar çerçevesinde, gerek Türkiye Cumhuriyeti Devleti, gerek İsrail Devleti yoğun bir propaganda yapıyor. Türk basını da bu propagandayı büyütüyor, çoğaltıyor. Osmanlıların, Türklerin "hoşgörü"-leri vurgulanıyor. 15. yüzyılın sonlarına doğru İspanya, kendi ülkesindeki Yahudi halka iki şık dayatıyor. 1492 yılında, İspanya Katolik Krallığı'nın Yahudi halka dayattığı politika daha da sistematik bir hal alıyor: Ya Yahudilikten vazgeçip Hiristiyan olacaksınız ya da ateşlerde yakılacaksınız. Yahudi halkın büyük bir trajedi yaşadığı açık... Dinlerini ve milliyetlerini terk etmek, inkâr etmek istemeyen, ateşlerde yanarak yaşantılarına son vermeyi de istemeyen Yahudilerin çok yoğun, dayanılmaz sıkıntılar içinde oldukları besbelli. Bu durumda Yahudilere İspanya'dan kaçmaktan başka bir yol kalmıyor. Kaldı ki bu bile Yahudiler için kurtuluş yolu değil. Çünkü sığınabildikleri yerlerde de çok ağır koşullarla karşı karşıya kalıyorlar. Osmanlı Devleti Yahudiler için önemli bir sığınak yeri oluyor.

Bir devletin, bir ulusun geçmişinde hoşgörüye dayalı politikaların işlerlik kazanması, darda kalmış insanlara, toplumlara yardım elinin uzatılması, kuşkusuz çok güzel bir şey. Fakat bu politikalarının, her zaman, her ulusa ve her insana uygulanıp uygulanmadığının da araştırılması gerekir. Yahudiliği reddederek Hıristiyan olmak istemeyen, Yahudi kalma konusunda direten bir topluluğu kendi ülkelerine kabul ederek büyük bir hoşgörü örneği verdikleri vurgulanan Osmanlıların, Müslüman Türklerin, Kürt kalmakta, Kürt toplumu olma özelliklerini korumakta ve sürdürmekte kararlı olan Kürtlere karşı uyguladıkları politikalarda "hoşgörü"nün kırıntısı bile yoktur. Bu neden böyledir? Kürtlerin ulusal ve demokratik hakları neden gasbedilmiştir? Gasp işlemi hangi politikaların gereğidir? Bu politikalar ne zamandan beri uygulanmaktadır? Bunların da düşünülmesi gerekir.

"Ya Hıristiyan olacaksınız ya da ateşlerde yanacaksınız" dayatmasıyla, "Ya korucu olacaksınız veya öldürüleceksiniz" dayatması arasında

---

*- *Özgür Gündem*, 31 Temmuz 1992

fark var mı? Yahudilerin dinsel kimliğini, ulusal kimliğini tanıyan, "hoşgörü" diye bunun propagandasını yapan Türkiye Cumhuriyeti Devleti, Kürt kalma, gasbedilmiş ulusal ve demokratik haklarını, yani kimliğini kazanma konusunda kararlı olan bir toplumu, ancak devlet terörü uygulayarak yönetebilir. Devletin, terörü sistematik bir hale getiren politikalarında "hoşgörü"nün kırıntısı bile olmadığı besbellidir. Olağanüstü Hal Bölgesi'nde yaşanan işkenceler, "ölü ele geçirme"ler, sürgünler, kırımlar hangi "hoşgörü"nün göstergesidir? Kaldı ki sorunun başka boyutları da var. Yahudilere karşı "hoşgörü"de bulunan Osmanlı Türklerinin, ta 16. yüzyılda, Alevileri kılıçtan geçirdiği dikkatlerden uzak tutulabilir mi?

Türkiye Cumhuriyeti Devleti'nin ve İsrail Devleti'nin propagandaya çok fazla ihtiyaç duyduğu besbellidir. Bu anlaşılır bir şeydir. Fakat bu propagandanın dozunu arttırmak çirkinlikten başka bir şey değildir. Nitekim bu çirkinlik, Yahudilerin, 24 Şubat 1942'de, Türk karasularından geçişine izin verilmeyen ve İstanbul Boğazı önlerinde, Türk-Nazi işbirliği sonucu batırılan Struma gemisinden söz etmelerine engel olmaktadır. Batırılan gemide 800'e yakın Yahudi boğulmuş, hayatını kaybetmiştir. Bunlar Filistin'e gitmek istiyorlardı. İsrail Devleti bunu, benzeri olayları kurcalamak istemiyor, görmezden geliyor, Türk tarafı da 1940'lı yıllardaki Nazi taraftarı politikasını ısrarla izlemeye çalışıyor. 500. yıl kutlamalarını organize eden "500. Yıl Vakfı" Struma gemisi kurbanları için neden anma yapamıyor acaba?

Bütün bunların ötesinde 1940'lı yıllarda, azınlıklar için uygulanan "Varlık Vergisi" uygulamaları unutulmuş olabilir mi?

4 Temmuz 1992 tarihli ve 26 sayılı *Nokta* dergisinde Rasime Hazer'in bir haberi yayınlandı. Haber, "Katliamda Türk-Nazi işbirliği!" başlığını taşıyor. Alt başlıkta, "Türkiye'den gönderilip Nazi fırınlarında yakıldılar" ibaresi yer alıyor. Bu olayların ciddiyeti ve bu süreçte Türkiye Cumhuriyeti'nin sorumluluğu, Prof. Dr. Standfort Shaw'ın karşı açıklamalarıyla ortadan kaldırılamaz.

Türkiye Cumhuriyeti'nin ve İsrail Devleti'nin propagandaya çok büyük ihtiyacı var. Fakat Türk toplumu ve Yahudi toplumu, Kürt halkına karşı sistematik bir şekilde uygulanan devlet terörünü soğukkanlı bir şekilde sorgulamak durumundadır. Yahudi halkı, tarih boyunca ezilmiş bir halktır. Günümüzde de ezilen uluslar vardır. Yahudi halkı, ezen devletlerin politikalarında araç olarak kullanılmayı kabul etmemelidir.

KÜRTLER, ARAPLAR VE HERZOG(*)

İsrail Cumhurbaşkanı Herzog, 500. Yıl Kutlamaları çerçevesinde Türkiye'ye geldi. Kutlamalara katıldı, Türk yetkililerle görüştü. Türk yetkililerle düşünce, davranış birliği içinde olduğunu anlatmaya çalıştı. Bu arada çeşitli televizyonların ve gazetelerin muhabirleriyle görüşmeler yaptı. *Hürriyet* gazetesinden Ertuğrul Özkök'ün, "Kürt sorunu hakkında ne düşünüyorsunuz?" sorusu üzerine, "Siz bize Arapları sormayın, biz de sizlere Kürtleri..." dedi.

İsrail Cumhurbaşkanı şöyle söylüyor: "Ben bu gibi konularda hep aynı şeyi söylüyorum. Bu sizin iç meseleniz. Bundan 9 ay önce Çekoslovakya'daydım. Oradan Slovakya'ya gittim. Bana orada Slovak meselesini sordular. 'Ne siz bizim içimizdeki Arapları sorun, ne de biz sizin içinizdeki Slovakları soralım' dedim." (*Hürriyet*, 17 Temmuz 1992)

Bu sözler, Türkiye Cumhuriyeti'nin Kürt politikasını bütün açıklığıyla ortaya koyuyor. Bu sözler aslında, Türk Devleti'nin Kürt sorununa ilişkin düşüncelerini, tavır ve davranışlarını açıklıyor. Türkiye Cumhuriyeti, Kürt sorununu çözmek, daha doğrusu ortadan kaldırmak, yok etmek için, içte yoğun, kapsamlı ve yaygın bir devlet terörü uygulamış, dıştaysa çeşitli kurum ve kişilere rüşvetler dağıtarak sorunun gizlenmesini, görmezden gelinmesini sağlamaya gayret etmiştir. Terör ve rüşvet politikası, Türkiye'nin uzun yıllardır uyguladığı vazgeçilmez iki politikadır. Terör izlenebilir ve gözlenebilir olduğu için biliniyor, rüşvet ise doğası gereği gizlidir. Fakat Kürt toplumunda gelişen iç dinamikler, gelişen toplumsal ve siyasal muhalefet, artık gizliliği ortadan kaldırıyor, bazı şeyler daha açık bir şekilde kamuoyu önünde cereyan ediyor, devletin bütün çabalarına rağmen gizlenemiyor.

Türk dış politikasını çarpıtan, büzüştüren, bazen felç durumuna

*- *Özgür Gündem*, 31 Temmuz 1992

getiren konuların başında kanımca Kürt sorunu yer almaktadır. Herhangi bir devlet veya herhangi bir kurum Kürt sorunuyla ilgilenmeye başladığı zaman, bu sorunun enini boyunu ölçmeye, dibini bucağını kurcalamaya başladığı zaman Türkiye, hemen, diplomatlarını, gizli görevlilerini, yazarlarını, gazetecilerini, profesörlerini, din adamlarını vs. devreye sokmaktadır. Kürt sorunu konusunda, onları Türk devlet politikası çerçevesinde bilgilendirmeye, ikna etmeye çalışmaktadır. "Kürt" diye bilinen bir milletin mevcut olmadığı, "Kürtçe" diye bilinen bir dilin mevcut olmadığı vs. yolundaki propaganda, kuşkusuz, dış ülkelerdeki devlet propagandasında etkili değildir. Bu bakımdan Kürtlerin ancak, Türk devlet politikaları çerçevesinde mutlu olabilecekleri anlatılmaya çalışılmaktadır. Bu sözlerle bu kişiler, kurumlar ve devletler ikna edilemezlerse, rüşvet gündeme gelmektedir. "Kürt sorunuyla ilgilenmezseniz sizden iki filo uçak alacağız", "Kürt sorununu kurcalamadığınız takdirde köprü ihalesi sizde kalacak. Yeter ki siz Kürt sorunuyla ilgilenmeyin." Bazen de, "Eğer Kürt sorunundan uzak durursanız, sizin önemli saydığınız konularda, sorunlarda sizinle birlikte davranmaya gayret edeceğiz" denmektedir. Kürt sorunuyla ilgilenilmediği takdirde, öteki sorunlarda çok geniş tavizler verilmektedir. Bunların dışında, maddi ve manevi ödüllerle, yani rüşvetlerle, soruna ilginin azalmasını veya yok olmasını sağlayan politikalar da sık sık işletilmektedir.

Devletler, uluslararası kurumlar, basın-yayın kurumları, gazeteler, televizyonlar, radyolar, dergiler, yayınevleri vs. Türk devlet görüşünün, Türk egemenlik sisteminin, resmi ideolojinin bu en zayıf noktasını isabetli bir şekilde yakalamışlardır. Bir televizyon veya radyo şirketinin, Kürtler hakkında geniş bir yayın yapacağını, bazı Türkler aracılığıyla Türk devlet yetkililerine duyurması yeter. Türkiye hemen harekete geçer. Diplomatlarını, yazarlarını, profesörlerini, gazetecilerini, din adamlarını, sendikalarını vs. seferber eder. Zaten bunlar bindirilmiş kıtalar gibidir. Görev için hazırdırlar, emir beklemektedirler. Bindirilmiş kıtaların hepsinin, aynı anda, aynı olayda kullanılmaları gerekli değildir. Yerine ve zamanına göre veya olayın önemine, ciddiyetine, Türk egemenlik sistemini tehdit derecesine göre bunlardan biri veya birkaçı, ayrı ayrı veya birlikte kullanılabilir. Uluslararası folklor gösterileri organize eden bir kurum düşünün. Bu kurumun, adı geçen gösteriler için Kürt folklorcularını da davet edeceğini bazı kurumlar aracılığıyla Türk devlet yetkililerine duyurması yeterlidir. Türkiye Cumhuriyeti'nden rüşvet sızdırmanın en iyi yöntemi budur.

Film yapan bir şirket veya kitap, dergi yayınlayan bir şirket için de aynı şeyler düşünülebilir. Uluslararası Af Örgütü gibi kurumların, Türk devlet yöneticileri nezdinde itibar edilen bir kurum olmamalarının temelinde, bu kurumun veya benzer kurumların rüşvet kabul etmiyor olması yatar.

Devletin temel politikası Kürt sorununun inkârına, Kürt gerçekliğinin ve Kürdistan gerçekliğinin inkârına dayalı bir politikadır. Türkleştirme her zaman en önemli amaçtır. Temel kavrayış budur. Ve bu, sorunu, esas muhataplarıyla görüşerek çözüm arama sürecine kapalı bir kavrayıştır. Bu anlayışa göre sorunu esas muhataplarıyla görüşmek yanlıştır. Bu, devletin ciddiyetiyle bağdaşmaz. Sorunu çözmek için öne çıkan örgütleri ve kişileri, devlet terörüyle yok etmek, ezmek gerekir... Bundan sonra devlet, gerekirse kendi istekleri ve kendi politikası doğrultusunda bazı düzenlemeler yapabilir... Temel kavrayış bu olunca, Kürtlerden, Kürt toplumundaki toplumsal ve siyasal gelişmelerden söz eden programların, yazıların, konuşmaların, karar tasarılarının vs. gözlerden uzak, dikkatlerden uzak tutulması gerekmektedir. Çünkü bunlar, Kürtlerderki siyasal bilincin gelişmesini arttırabilir. Bunlar da Türkleştirmenin önünde önemli bir engel olur... O halde, bunların önüne geçmek gerekir.

Türkiye, bu gelişmelerin, bu süreçlerin önüne, içte devlet terörü uygulayarak geçmeye çalışmaktadır. Demokrat ve devrimci insanlara, yazarlara, basın mensuplarına karşı yoğun ve yaygın bir terör uygulanmaktadır. Devlet terörünün amacı, Kürt sorunundan söz edilmesinin önüne geçmek, Kürt sorunundan söz edilmesini engellemektir. Dışta ise devlet terörü uygulanamadığı için, rüşveti yoğun bir şekilde kullanarak, sorunun dallanıp budaklanması engellenmeye çalışılır. Türk egemenlik sistemi, resmi ideoloji, Türk devlet görüşü, “Türk devlet ciddiyeti," sorunun esas muhataplarıyla görüşme yapılmasına engeldir. Zira bu, muhataplara "yüz vermek" demektir, fakat sorunu rüşvetlerle gizleme çabaları kabul görmektedir.

Bütün bunlar, Türk dış politikasının çarpıtılması, büzüştürülmesi, dış politika hareketliliğinin ve dış politika alternatiflerinin daralması gibi bir sonuç ortaya çıkarmaktadır. Devletin uygulamak için her türlü fedakârlığı göze aldığı bu politikalara rağmen Kürt sorunu, Türk siyasal gündeminin en başına oturmuştur. Kürt toplumunda, günden güne gelişen ve güçlenen, iç dinamiklerin, Türkiye'nin ve dünyanın demokratik kamuoyu ile bütünleşmesi, Türkiye'nin devlet terörüne ve devlet rüşvetine dayalı temel politikalarını deşifre etmiştir.

İsrail Cumhurbaşkanı Herzog'un sözünün başka boyutları da vardır. Bunlar üzerinde de durmak gerekir. İlerideki yazılarda, bu sözün içeriği ve farklı boyutları üzerinde de duracağız.

ARAPLAR'I HERZOG'DAN SORUYORUZ[*]

İsrail Cumhurbaşkanı Chaim Herzog bir Türk gazetecisinin, "Kürt sorunu konusunda ne düşünüyorsunuz?" sorusuna karşı "Siz bize içimizdeki Arapları sormayın, biz de size, sizin içinizdeki Kürtleri sormayalım" diyor. Bir Çekoslovakya gezisinde Çekler'e de aynı düşüncesini ifade ettiğini vurguluyor. "Siz bize içimizdeki Araplar'ı sormayın, biz de size, sizin içinizdeki Slovaklar'ı sormayalım."

Bu teklifte içerik bakımından oldukça büyük yanlışlar var. Bir kere İsrail Cumhurbaşkanı Herzog'un, Çekler'e Slovaklar'ı sorması hiç gerekli değil. Çünkü Çekler, Ulusların Kendi Kaderlerini Tayin Hakkı konusundaki ilkeyi hiçbir silahlı çatışmaya meydan vermeden hayata geçirmeye çalışıyorlar. Slovaklar, "Bağımsız Slovak Devleti"ni oluşturmaya başladılar. Slovaklar, Çekler'den ayrılıyorlar, kendi bağımsız devletlerini kuruyorlar. Ve bütün bunlar çok yakın bir zaman içinde gerçekleşecek. Zaten ayrılma ve bağımsız devlet kurma hakkı söz konusu olmadan, Ulusların Kendi Kaderlerini Tayin Hakkı'ndan söz edilemez. Bu sürecin barışçıl bir yolla gerçekleşiyor oluşu Türkiye, İsrail, Irak, İran gibi devletler için önemli bir örnektir. Kaldı ki İsrail Cumhurbaşkanı'nın Çekoslovakya'yı ziyaret ettiği dönemde bile, Slovak sorunu Çekler bakımından gayet makul karşılanan bir sorundu.

İşgal altındaki Arap topraklarındaki sorun, yani Filistinli Araplar'ın sorunu da Kürt sorununa benzemiyor. Kürtlerin ülkesi ve ulusu bölünmüş, parçalanmış ve paylaşılmış. Bu, Kürtlerin düşmanlarını çoğaltan, dostlarınıysa azaltan, hatta sıfıra indiren bir öge... Kürtlerin ülkesini bölen, parçalayan ve paylaşan devletler, Kürt ulusal hareketinin gelişmesine karşı düşmanca tavır sergiliyorlar. Kürtlere dost olan devletler ise çok uzaklarda ve ancak insani yardımlarla ilgilenebiliyorlar. Ve bunları da çoğu zaman gizli yapmak zorunda kalıyorlar. Kürtlere yardım yaptıklarını uluslararası kamuoyu önünde açıklayamıyorlar.

---

*- *Özgür Gündem*, 07 Ağustos 1992

Bu bakımdan ikili ilişkilerde veya uluslararası kurumların toplantılarında, İsrail Cumhurbaşkanı Herzog'a Kürtlerden yana herhangi bir soru sorulmuyor. Halbuki Arap ülkelerinin, İslam ülkelerinin ikili ilişkilerinde, bu devletlerin bazılarının İsrail ile ilişkilerinde veya dünyanın öteki devletleriyle ilişkilerinde Filistin sorunu her zaman önemli bir gündem maddesi oluşturuyor. Bütün Arap ülkeleri, bütün İslam ülkeleri, Filistin sorununu şu veya bu düzeyde savunuyor, en azından, Arap kamuoyu veya İslam kamuoyu açısından savunmak zorunda kalıyor. Sorun, Arap devletleri veya İslam devletleri aracılığıyla, Üçüncü Dünya Ülkeleri'ne, Birleşmiş Milletler'e, İslam Konferansı gibi kurumlara taşınabiliyor. Kürt sorunuysa, Halepçe Soykırımı'nın yaşandığı günlerde bile İslam Konferansı Zirvesi'nin gündemine alınmamıştır. Bu konularda hep Kürdistan'ı denetim altında tutan devletlerin politikaları egemen olmaktadır. Onlar da, Kürt sorununun bu tür kurumların gündemine girmesini istememektedirler. Filistinlilerin düşmanı ise bir tanedir, Filistinliler, sadece, İsrail'e karşı mücadele ediyorlar ve bu mücadeleleri sırasında Arap devletlerinin, İslam devletlerinin maddi ve manevi yardımlarını, politik yardımlarını alıyorlar... Arap devletleri ve İslam devletleri aracılığıyla, dünyanın öteki devletlerine, sosyalist devletlere veya Üçüncü Dünya Ülkeleri'ne ulaşabiliyorlar. Filistinliler dost güçler arasında bir mücadele yürütüyorlar, Kürtler ise düşman güçler arasında...

Son yıllarda, Kürt sorununun, bazı uluslararası kurumlarda gündeme gelmesi, Kürt toplumunun gittikçe gelişen ve güçlenen iç dinamikleriyle ilgilidir.

Kürt kimliğinin ve Kürdistan kimliğinin inkâr edilmesi, yine Kürt sorununa Filistin sorunundan ayrı bir özellik vermektedir.

Ulusal ve toplumsal kurtuluş mücadelesinde Kürtlere karşı kullanılan silahlar da Kürt sorununu Filistin sorunundan ayıran bir özellik olarak ortaya çıkmaktadır. Örneğin, gayet kolay bir şekilde, fütursuz bir şekilde, sık sık, Kürtler, kimyasal silahlarla soykırıma uğratılabilmektedir. Mücadelede şehit düşmüş bir gerillanın cesedini alabilmek veya bir şehit gerillanın cesedini toprağa verebilmek için 8-10 Kürt daha şehit verilmektedir... Silahsız ve savunmasız kalabalıklar, çocuklar, kadınlar, yaşlılar üzerine yaylım ateşi açılmaktadır, bu kalabalıklar üzerine panzer sürülmektedir, insanlar ezilmektedir. İşgal altındaki Filistin topraklarında, ancak plastik mermilerin kullanıldığı düşünülürse, iki sorun arasındaki fark daha iyi ortaya çıkar.

Bütün bunlara rağmen, işgal altındaki Arap topraklarında yaşayanları, Filistinli Arapları, İsrail'e, İsrail Cumhurbaşkanı Chaim Herzog'a soruyoruz. Filistinli Araplar'ın kendi kaderlerini belirleme hakkını savunuyoruz. Bu, her şeyden önce, Yahudi halkın bir sorunudur. Tarih boyunca binbir türlü çile ve kahır görmüş Yahudi halkının... Yahudi halkı, Yahudi toplumunun demokratik kurumları, Filistin sorununa çözüm bulmada daha fazla gecikmemelidir.

ANAYASA MAHKEMESİ BAŞKANI YEKTA GÜNGÖR ÖZDEN'E AÇIK MEKTUP[*]

Sayın Başkan,

Son zamanlarda, radyoda ve televizyonda, gazetelerde ve dergilerde, sık sık yazılarınız ve demeçleriniz yer aldı. Bu arada, *Devinim* dergisinde yayınlanan "Tek Devlet, Ulusun Birliği, Ülkenin Tümlüğü" başlıklı yazınızı da okudum. (Sayı 1, Kasım-Aralık 1991, s. 9-10)

Devinim dergisinde belirttiğiniz görüşlerinizi, daha önce ve daha sonra çeşitli gazetelerde ve dergilerde, radyo ve televizyon programlarında yayınlanan demeçlerinizde vurguladınız. *Devinim* dergisinde yukarıda belirtilen yazıda, isminizin altında "hukukçu" ibaresi görülüyor. Gazetelerde, dergilerde, radyo ve televizyonda yayınlanan demeçlerinizde ise "Anayasa Mahkemesi Başkanı" unvanı kullanılıyor. Bu açık mektupta, düşüncelerinizle, tavır ve davranışlarınızla ilgili bazı düşüncelerimi açıklamak istiyorum.

Görüşlerinize katılmıyorum, Sayın Başkan. Görüşleriniz bilimsel değildir. Bu görüşler demokratik değil, despotik bir düzenin ideolojisini ifade etmektedir.

KÜRT VE KÜRDİSTAN GERÇEKLİĞİ

Belirttiğiniz ve vurguladığınız düşünceler Kürt gerçekliğini ve Kürdistan gerçekliğini inkâr ettiği için ve resmi ideolojiyi aynen tekrarladığı için bilimsel değildir, Sayın Başkan. Türklerle Kürtlerin toplamı yeni bir ulus meydana getirmez. Hele hele Kürtlerle Türkleri toplamanın Türk ulusunu meydana getirmesi mümkün değildir. Bu bakımdan, "Türk Devleti ülkesiyle ve milletiyle bölünmez bir bütündür" ifadesi sadece bir slogandır. Bu slogan toplumun somut gerçeklerini aksettirmiyor, bilakis, somut gerçekliği bozmayı, çarpıtmayı, soysuzlaştırmayı amaçlıyor. Somut gerçeklik elbette Kürt gerçekliği-

*- *Yeni Ülke*, Sayı 42, 2-8 Ağustos1992

dir, Kürdistan gerçekliğidir. Ve Kürtler Birinci Dünya Savaşı sürecinde ve savaştan sonra meydana gelen Türk-Yunan ve Türk-Ermeni savaşları sırasında bölünmüş, parçalanmışlar ve paylaşılmışlardır. Kürdistan, Kemalistlerin İngiliz emperyalizmiyle ve Fransız emperyalizmiyle yaptıkları işbirliği sonucu, bölünmüş, parçalanmış ve paylaşılmıştır. Bu süreçte Arap ve Fars monarşilerinin işbirliği de kuşkusuz vardır. Bunun için Türklerin Kürdistan'ı var, Farsların Kürdistan'ı var, Arapların Kürdistan'ı var, fakat Kürtlerin Kürdistan'ı yoktur. İşte Kürtler bu emperyalist ve sömürgeci böl-yönet politikalarından dolayı, Ortadoğu'da 35 milyon civarındaki nüfuslarına rağmen kimliksiz ve devletsiz bırakılmıştır.

YARGIÇLARI ELEŞTİRMEK, YARGIÇLARLA AYNI DÜŞÜNCEDE OLMAMAK NEDEN CEZAİ BİR SONUÇ ORTAYA ÇIKARTIYOR?

Sizin görüşlerinize katılmıyorum, Sayın Başkan. Fakat burada çok önemli bir sorun var. Onu irdelemek durumundayız. Sizler, yüksek yargıçlar, yargıçlar, "Türk Devleti ülkesiyle ve milletiyle bölünmez bir bütündür" diye yazılar yazıyorsunuz. Gazetelerde, dergilerde, radyoda ve televizyonda bu konudaki düşüncelerinizi sık sık vurguluyorsunuz. Biz bu düşüncelere katılmıyoruz. Bu düşünceleri eleştiriyoruz. Bu düşüncelerin somut gerçekliği aksettirmediğini, bilimsel olmadığını vurguluyoruz ve bu eleştirimizden dolayı devamlı olarak ceza tehdidiyle karşılaşıyoruz. Burada, sizi, adalet duygunuzu rahatsız eden bir durum yok mu, Sayın Başkan? Düşünceleriniz, neden dokunulamaz, eleştirilemez, doğruluğundan kuşku duyulamaz oluyor? Düşünceleriniz eleştirilemiyorsa, dokunulamazsa, doğruluğundan kuşku duyulamıyorsa, demokrasi, insan hakları, çağdaşlık bu sürecin neresinde? Sizlerin düşüncelerine uymadığı, farklı düşünceleri savundukları için siyasal partileri kapatıyorsunuz. Halbuki o siyasal partilerin arkasında çok önemli halk destekleri vardır. Bu süreçte, demokrasi var mıdır? Demokrasi bu sürecin neresinde durmaktadır?

Sizler, yüksek yargıçlar olarak, yargıç olarak, yazacaksınız, yazarken son derece özgür olacaksınız, fakat sizlerin yazılarını eleştirenler devamlı polisle, savcıyla, karakolla, mahkemeyle, cezaeviyle karşılaşacak, evinde, iş yerinde sık sık aramalar yapılacak, kitaplarına, dergilerine, yazılarına el konulacak... Adalet, eşitlik, özgürlük bu sürecin neresinde duruyor, Sayın Başkan? Bu süreci yakından irdelediğimiz zaman, adalet adına çok büyük bir adaletsizliğin ortaya çıktığı görülmektedir. Biz, bizleri yargılayan savcılarla, yargıçlarla aynı düşüncede olmadığımız için yargılanıyoruz ve cezalandırılıyoruz. Bu durumda, siz yüksek yargıçları, yargıçları utandıran bir durum yok mu? Bu süreç yüreğinizi burkutmuyor mu? Adalet adına, hukuk adına, düşüncenizde bir kuşku yaratmıyor mu?

Siz herhangi bir gazetede bir yazı yayınlıyorsunuz veya radyoda, televizyonda bir demeciniz yayınlanıyor... Bir başkası sizin yazınızı veya demecinizi eleştiriyor, sizin yanlışlarınızı belirtiyor, kendi doğru-larını, doğru bildiklerini vurgulamaya çalışıyor. Sizlerin de yine basın aracılığı ile kendi doğrularınızı belirlemeniz, sizleri eleştirenlerin yanlışlığını vurgulamınız gerekmez mi? Çağdaş tutum ve davranış bu değil mi? Fakat sizler öyle yapmıyorsunuz. Sizleri eleştirenleri yargılıyor, cezaevine göndermeye çalışıyorsunuz... Bu, adalet adına işlenen çok büyük bir haksızlıktır. Bunlar yüz kızartıcı durumdur, utançtır. Bu, aynı zamanda acizliktir. Kamuoyu önünde tartışmıyor, kendi haklılığınızı vurgulamıyor, sizleri eleştirenleri, sizlerle aynı görüşte olmayanları cezalandırarak onlardan kurtulmaya, onların seslerini boğmaya çalışıyorsunuz. Yasaklama ve cezalandırma sürecinin sizin düşüncelerinizi haklı gösterdiğine nasıl inanabiliyorsunuz? Meydanın tamamen sizlere kalması, sizlere haklılık veriyor mu? Burada, tutuklu veya hükümlü ile yargıcın A veya B kişisi olması önemli değildir. Önemli olan o konumda olmaktır. Kaldı ki, örneğin, temyiz sürecinde, bu tür yargıçlarla aynı davada karşılaşmak, yargılayan ve yargılanan olmak da mümkündür.

Bir yazının, bir düşüncenin kamuoyuna duyurulması, açıklanması, onun eleştiriye açılması demektir. Eleştirinin cezaî müeyyidelerle karşılaşması, o düşüncenin aslında dogmatik bir düşünce olduğunu göstermektedir. Burada, elbette, "yargıçlar, savcılar basın organlarında görüşlerini açıklamasınlar" gibi bir sonuç çıkarılamaz. Savcılar veya yargıçlar herhangi bir basın yayın organında görüşlerini açıklıyorlarsa, görüşlerini eleştiren düşüncelere de katlanmak durumundadırlar. Veya bu eleştirileri, yine kendi görüşleriyle karşılamak, düşüncelerindeki haklılık payını vurgulamak durumundadırlar. Bunların yapacaklarına kendilerini eleştiren düşünceyi kovuşturma, yargılama ve cezalandırma yoluna giderlerse, bu, aslında bir acizliği gösterir. Hiç kimse, kendini eleştiren düşünceyi, o düşüncenin sahibini cezalandırarak, o kimsenin cezaevine girmesini sağlayarak kendisinin veya düşüncesinin haklılığını iddia edemez, doğru olduğunu söyleyemez. Bir düşüncenin doğruluğu veya haklılığı ancak eleştiri sürecinin sağlıklı bir şekilde işlemesiyle ortaya çıkar. Herkes doğru bildiği düşüncelerini ortaya koyabilmelidir. Eleştirinin ceza tehdidi ile karşılaşması, düşünce hayatının, demokrasinin önündeki en büyük engellerden biridir, bu engellerin başında yer almaktadır. Düşüncenin özgürce gelişmesini engelleyerek, eleştirilere cezaî yaptırımlar uygulayarak çağdaş insanlık ailesi içinde yer almak, Batı uygarlığı içinde yer almak mümkün değildir. Zira Batı uygarlığının, Batı medeniyeti denilen kategorinin temelinde düşüncenin özgürce gelişimi süreci vardır.

"KÜRTÇE'YE VE KÜRTÇE TV'YE KARŞIYIM"

Son aylarda, Kürtçe'ye, Kürtçe TV'ye ilişkin açıklamalar da yapıyorsunuz, Sayın Başkan. Kürtçe TV'ye karşı olduğunuzu, Anayasa'nın Kürtçe'ye, Kürtçe TV'ye geçit vermediğini vurguluyorsunuz. (*Hürriyet,* 26 Nisan 1992) Sizden aldığı ilhamla olsa gerek, Yargıtay Başkanı İsmet Ocakçıoğlu da Kürtçe'ye, Kürtçe TV'ye karşı olduğunu vurguluyor. (*Hürriyet*, 27 Nisan 1992)

"İŞKENCELER BİZİ İLGİLENDİRMİYOR, BU ŞİKAYETİNİZİ BAŞKA MAKAMLARA YAPIN"

Kürtçe'ye, Kürtçe TV'ye karşı olunduğunu açıklamak, Türkiye'nin bugünkü koşullarında politik bir açıklamadır. Ve yüksek yargıçların,

yargıçların politik açıklamalar yapmak görevleri yoktur. Bu açıklamalar, yüksek yargıçların görevleriyle ilgili açıklamalar değildir. Cumhurbaşkanı Turgut Özal'ın, "GAP Televizyonu'nda Kürtçe yayın yapılabilir" şeklindeki önerisine karşı, hükümetle, siyasal parti liderleriyle, birtakım kişi ve kuru-luşlarla birlikte tepki göstermek, yüksek yargıçların görevleriyle bağdaşan tutum ve davranışlar değildir. Fakat biz şunları da biliyoruz, Sayın Başkan. Yakınları, gözetim altında, tutukevinde veya cezaevinde olan aileler, mah-kûm aileleri, yakınları işkenceye uğramış, sakat kalmış aileler, siz yüksek yargıçlara başvuruyorlar, dertlerine derman aramaya çalışıyorlar. Sizler onlarla konuşmuyorsunuz, onları kabul etmiyorsunuz... "Bu sorunlar bizleri ilgilendirmiyor, işkence ile ilgili sorunlarınızı askerlere anlatın, polislere, savcılara anlatın" diyorsunuz... Halbuki onlar devlet teröründen şikayet etmek için sizlere ulaşmaya çalışıyorlar. Devletin terör politikasını anlatmaya çalışıyorlar. Devlet terörünü sistematik bir şekilde uygulayan devletin, insan hakları ihlallerini dinlemek istemiyorsunuz, devlet terörü hakkında en ufak bir eleştiriniz yok... Devlet güçleri gayet rahat bir şekilde Kürt insanlarını öldürüyor, Kürt insanlarını gündüz vakti, sokak ortasında kurşuna diziyor, köyleri yakıyor, insanları sürgüne gönderiyor, silahsız savunmasız halk kitleleri üzerine ateş açıyor, onlarca insanı bir anda katlediyor... Ve sizler, yüksek yargıçlar olarak, bu devlet terörü karşısında en ufak bir eleştiride bulunmuyorsunuz. Buna rağmen Kürtçe'ye, Kürtçe TV'ye ilişkin, Kürt toplumuna küçücük bir hak tanıyan bir açıklamaya bile tepki gösteriyorsunuz. Kürtlerin bu haktan yararlanamayacağını söylüyorsunuz. Kürtlerin Türkleştirilmesini, asimilasyonunu öneriyorsunuz. Göreviniz olan konularda susuyorsunuz, işkenceleri, katliamları görmezden geliyorsunuz, göreviniz olmayan alanlardaysa, politik açıklamalar yapıyorsunuz.

Şu gazete haberi üzerinde soğukkanlı bir şekilde durmak gerekiyor. "Şırnak - Bir grup polis memuru, Emniyet Müdürlüğü'nden çıkarak şehir merkezine yürüyüş yaptı. 'Şırnak Kürtlere mezar olacak' şeklinde slogan atan polislerin bazı işyerlerinin kapılarını kırdığı bildirildi." (*Hürriyet*, 6 Mart 1992)

Olay Şırnak'ta geçiyor. Bu haberden iki hafta kadar sonra 21 Mart

1992'de, Newroz Bayramı sırasında devletin güvenlik güçlerinin Şırnak'ta, Cizre'de, Nusaybin'de, İdil'de vs. silahsız ve savunmasız Kürt halk kitlelerine karşı nasıl katliam yaptığını, çocukları, kadınları panzerlerle ezdiğini yakından biliyoruz. Bu konularda uluslararası kurumların birçok raporu var. (*Yeni Ülke*, Sayı: 36-37, Haziran 1992, Helsinki Watch'ın "Kürtler Katledildi" başlıklı raporu)

Böylesine bir devlet terörü karşısında susmak, görmezden gelmek, duymazdan gelmek ise onu onaylamak anlamına gelmektedir, teşvik etmek anlamına gelmektedir. Sizin yaptığınız da budur, Sayın Başkan. Böylece adaletin gereklerine göre değil, resmi ideolojinin gereklerine göre hareket ediyorsunuz.

"DEVLETİN ÜLKESİ VE MİLLETİYLE BÖLÜNMEZ BÜTÜNLÜĞÜ" NE DEMEK?

"Devletin ülkesi ve milletiyle bölünmez bütünlüğü" sadece bir slogandır, Sayın Başkan. Toplumun somut gerçeklerini yok etmeye, çarpıtmaya çalışan bir slogan. Olguları yok saydığı, görmezden geldiği, olguların yerine resmi ideolojinin kabullerini koyduğu için bilimsel değildir. Kürtler ve Kürdistan somut bir gerçekliktir. Bu tür somut gerçeklerin resmi ideolojiyle yok edilmeleri mümkün değildir. Somut gerçekleri yok sayan, yok etmeye çalışan mahkeme kararları da adaletin gereklerinden değildir. Bu bakımdan biz bu sloganlara inanmıyoruz, bu düşünceyi, bu tavrı ve davranışı eleştiriyoruz, Sayın Başkan. Halbuki siz resmi ideolojinin sloganlarına inanmayanları, bu sloganı eleştirenleri "şerefsizlikle" suçluyorsunuz...

"Büyük Atatürk'ün kurtardığı vatanımızda kurduğu Türkiye Cumhuriyeti'ni Ulusal And'la çizilip uluslararası hukukun kaynaklarından biri olan Lozan Antlaşması'yla pekişen sınırlar içerisindeki 'bölünmezliği' hepimizin yürekten benimsediği, ödün verilmesi şerefsizlik getirecek bir ilkedir."

Kürdistan'ı ve Kürt ulusunu emperyalist devletlerle birlikte bölüp-paylaşmak, Kürdistan'da, dünyada bir eşi daha bulunmayan sömürge yönetimi kurmak şeref midir, Sayın Başkan? Böyle bir süreç Türk ulusuna "şeref" mi kazandırıyor? Örneğin, böyle bir sömürgecilik sizi şereflendiriyor mu? Halbuki şeref gibi kavramlar söz konusu olduğu zaman yüksek yargıçların, Anayasa Mahkemesi, Yargıtay ve Danıştay üyelerinin, düşüncelerinin ve tutumlarının incelenmesi çok daha önemli oluyor... Örneğin, 12 Eylül 1980 darbesiyle Türk anayasası tamamen askıya alındı. Siyasal partiler ve Türkiye Büyük Millet Meclisi kapatıldı. Fakat anayasadan kaynağını alan, anayasaya aykırı mevzuatı denetlemekle görevli olan Anayasa Mahkemesi varlığını sürdürdü. Anayasa yok, askıya alınmış, fakat Anayasa Mahkemesi var. Anayasa Mahkemesi'nin yüksek yargıçları el-pençe divan durmuş, darbeci generallere bağlılıklarını bildiriyorlar... Anayasa ortadan kaldırılmış, insan hakları askıya alınmış, özgürlükler tam anlamıyla ayaklar altına alınmış, fakat Anayasa Mahkemesi varlığını sürdürüyor. Darbe, hukuka, yasalara uygundur diye fetva veriyor. Bu süreçte onur var mı Sayın Başkan? Darbeci generaller şunu söylüyor: Milli Güvenlik Konseyi'nin kararları esastır. Bu kararların anayasaya aykırılığı ileri sürülemez. Milli Güvenlik Konseyi'nin kararları anayasayı değiştirmiş sayılır... Böyle bir ortamda Anayasa Mahkemesi'ne gerek var mı?

Ya anayasayı tamamen ortadan kaldıran askeri cunta şeflerine yazdığınız mektuplar... Bağımsız olduğu söylenen yargı organlarının üyelerinin, bir yüksek yargıcın askeri cunta şefine yazdığı mektuplar... Mektup yazdığından dolayı şefin zamanını aldığını vurgulayan, binbir türlü özür dileyen mektuplar... *Hukukun Üstünlüğüne Saygı* (Bilgi Yayınevi, Ankara 1990) kitabınızda bu mektuplar da yer alıyor... Bunların neresinde onur vardır? Milli Güvenlik Konseyi'nin kararları hakkında, kati surette anayasaya aykırılık ileri sürülemeyeceğinin vurgulandığı bir yerde, anayasanın tamamen ortadan kaldırıldığı bir yerde, Anayasa Mahkemesi de olmamalıdır demek, darbeyi protesto etmek yok mudur?

HUKUKA KARŞI HİLE

İşbaşındaki koalisyon hükümeti, 141, 142 ve 163. maddelerin yürürlükten kaldırıldığını, düşüncenin özgür olduğunu, artık herkesin istediği gibi düşünebileceğini söylüyor, bunun propagandasını yapıyor. Halbuki 142. maddeyi yürürlükten kaldıran 3713 sayılı Terörle Mücadele Yasası 142. maddede suç olarak belirtilen fiilleri başka bir maddesinde (8/1) daha da ağırlaştırarak yeniden düzenliyor. Belirli bir fiilin yasanın bir maddesiyle suç olmaktan çıkarıldığını, başka bir maddesiyle daha da ağırlaştırılarak yeniden düzenlendiğini görüyoruz. Bu arada hükümet, hükümet yandaşı kişi ve kuruluşlar, "demokrasiye geçtik, insanlar artık her türlü düşünceyi açıklayabilecekler" diye propaganda yapıyorlar. Burada, hukuka karşı, kanuna karşı bir hile yok mu, Sayın Başkan? Halbuki sözü edilen Terörle Mücadele Yasası Anayasa Mahkemesi'nde görüşüldü. Anayasa Mahkemesi yasayı uzun uzun inceledi. Fakat 8/1. maddeyi iptal etmedi. Burada belirtilmeye çalışılan kanuna karşı hileyi, hukuka karşı hileyi meşru gördü. Böyle bir hukuk sistemine güven duyulabilir mi? Siz, "Hukukun Üstünlüğüne Saygı" kavramlarını kullanarak yazılar yazıyorsunuz, kitaplar yayınlıyorsunuz. Bütün bu süreçte hukukun üstünlüğü nerede duruyor? Hukuk, adalet, darbeci generallerin iradesinden daha üstün değil mi?

Belirli bir fiili, yasanın bir maddesiyle suç olmaktan çıkarmak, fakat başka bir maddesiyle yeniden düzenlemek politik bir davranıştır. Siyasal iktidarın, hükümetin, iç politikada ve özellikle dış politikada kullandığı bir propaganda aracıdır. "Bizde de düşünce özgürlüğü var. Biz de demokrasiye geçtik, 141, 142. ve 163. maddeler yürürlükten kaldırıldı..." gibi propagandalar yapılıyor. Hukuk kurumları, neden hükümetin bu propagandasına, bu gösterisine alet oluyor? Bu oyunu deşifre etmek gerekmez mi? Gelişen toplumsal ve siyasal muhalefet, Kürt ulusal hareketi, bu iki yüzlü süreci hızla deşifre ediyor. Çifte standartlı yaklaşımların uzun süre varlığını sürdürmesi olası değildir.

TÜRKLERE VE KÜRTLERE FARKLI UYGULAMA

Anayasa Mahkemesi'nin 125. maddeye ilişkin kararı tam bir bölücülük örneğidir. Bu, Türklere başka, Kürtlere başka mevzuat anlamına gelmektedir. Yasalar, Türklere başka türlü, Kürtlere başka türlü uygulanmaktadır. Böyle bir uygulama hukukun üstünlüğü anlayışını zedelemiyor mu? Bize, düşüncelerimizden ve yazılarımızdan dolayı "bölücü" deniyor. Yazılarımızda, kitaplarımızda, "bölücülük propagandası" yaptığımız ileri sürülüyor. Halbuki biz özgürlükçüyüz Sayın Başkan, bölünen, parçalanan ve paylaşılan, bütün ulusal ve demokratik hakları gasbedilen, binbir türlü ırkçı ve sömürgeci baskılar altında olan, böyle bir yaşama mahkûm edilen Kürt ulusunun özgürlüğünü savunuyoruz. Sizse 125. maddeye ilişkin kararınızla tam bir bölücüsünüz. Kürdistan ve Kürt ulusu konularında esas bölücü olan Kemalistlerdir. Kemalistler İngiliz ve Fransız emperyalistleriyle işbirliği ve güçbirliği yaparak Kürdistan'ın bölünmesine, parçalanmasına ve paylaşılmasına katılmışlar, önemli bir pay almışlardır.

ADALETİ KİM TEMSİL EDİYOR?

Biz düşüncelerimizden, kitaplarımızdan ve yazılarımızdan dolayı yargılanıyoruz. Acaba bu yargılama sürecinde adaleti temsil eden kimdir? Bizleri yargılayanlar, şimdiye kadar Kürtlerin olmadığını, Kürtçe diye bir dilin olmadığını, Kürtlerin aslının Türk olduğunu vurguluyorlardı. İddianameler bu yönde yazılıyor, mahkemeler bu doğrultuda karar veriyordu. Yargıtay ve Askeri Yargıtay da bu kararları onaylıyordu. Halbuki Kürtler ve Kürdistan somut bir gerçekliktir. Ve biz, somut gerçekleri konuşuyoruz, somut gerçekleri yazıyoruz. Öyleyse, bizim davalarımızda, adaleti temsil edenler, resmi ideoloji doğrultusunda yalan söyleyenler değil, gerçekleri konuşanlar, doğru söyleyenlerdir. Zira yalan ve adalet kavramları birbirleriyle bağdaşmaz.

Şöyle söylüyorsunuz:

"Türkiye'de kimi dış örnekler gibi, bölünmeyi gerektiren, sınır, toprak, nüfus, din ayrılıkları, bölge özgürlüğü yoktur. Kimsenin devleti yıkılmamış, toprağı elinden alınmamış, bayrağı indirilmemiştir. Bin yıldır oturulan bu ülkede, kimse asimile edilmemiş, horlanmamış, dışlanmamıştır." (*Hürriyet*, 26 Nisan 1992, "Özden'den Batı'ya Kürt Uyarısı" başlıklı haber)

Bu kadar yalanı nasıl söyleyebiliyorsunuz, Sayın Başkan? Ve bunları Anayasa Mahkemesi Başkanı olarak söylüyorsunuz, adaleti temsil eden bir kurumun başı olarak söylüyorsunuz. Acaba bu kadar yalan, bu kadar gerçek dışı beyan bir hukuk kurumu tarafından, bir yüksek yargıç tarafından, Anayasa Mahkemesi'nin, Yargıtay'ın başkanı tarafından söylendiği zaman inandırıcı mı oluyor, doğru mu kabul ediliyor?

Anayasa Mahkemesi'nin başkanına göre hiç kimse asimile edilmemiş... Türkiye Cumhuriyeti'nin 70 yıllık Kürt politikasının Kürtleri asimile etme esasına dayandığını herkes biliyor. Devlet, üniversitelere, siyasal partilere, basına vs. gönderdiği direktiflerle bunu açık bir şekilde belirtiyor, fakat Anayasa Mahkemesi'nin başkanı bunu inkâr ediyor. Asimilasyon temel bir devlet politikasıyken Anayasa Mahkemesi'nin başkanı bunu nasıl inkâr ediyor? Yüksek yargıçlarla, derin, uzlaşmaz bir görüş ayrılığı içinde olduğumuz açıktır. Böyle bir görüş ayrılığı açık ve kesin bir şekilde ortada dururken, taraflardan birinin sanık, birinin yargıç olduğu mevkide yapılan bir yargılama ne gibi bir sonuç ortaya çıkarabilir? Hukuk adına, adalet adına vurgulamak istediğimiz şey budur.

Kimsenin horlanmadığı, dışlanmadığı da vurgulanıyor. Kürt olan bütün kurumların, kişilerin aşağılandığı, horlandığını bilmeyen var mı? Bu kişiler, kurumlar dışlanmıyor mu? Kürtlerin kamu hizmetlerinden yararlanmaları, kamuda görev almaları, devlet bürokrasisinde yükselmeleri, Kürt olduklarını inkâr koşuluna bağlanmıyor mu?

6 Kasım 1991 gününü hatırlayalım. Türkiye Büyük Millet Meclisi'nin açılışı. Kürtlerin milli renklerini taşıdığı gerekçesiyle Kürt milletvekillerine yapılan saldırıları herkes gördü. Böylesine sayısız örnek vardır. Bu örnekler ortada dururken, herkesin eşit olduğu nasıl ifade edilebilir? Binlerce, onbinlerce Kürt tarafından milletvekili seçilen insanlar, Türkiye Büyük Millet Meclisi'nde duygularını, özlemlerini bile açıklayamıyorlar. Bu koşullar ortadayken, Kürtlerle Türklerin eşit olduğu nasıl söylenebilir?

Kürt milletvekillerinden Leyla Zana, bir Türk gazeteciyle yaptığı konuşmada, kendisini hiçbir zaman Türk hissetmediğini, her zaman Kürt hissettiğini, Kürt olarak yaşadığını söyledi. Kürt milletvekilinin bu sözü üzerine, Türkiye Büyük Millet Meclisi Başkanı Hüsamettin Cindoruk, "Kendisini Türk hissetmiyorsa, Türkiye Büyük Millet Meclisi'nde ne işi var?" diye sordu. Yine aynı milletvekilinin bu sözü üzerine Ankara Devlet Güvenlik Mahkemesi Başsavcısı Nusret Demiral, "Kendisini Türk hissetmiyorsa Türkiye'de ne işi var?" dedi. Leyla Zana'nın suç işlediğini vurguladı. Ve idam istemiyile Kürt milletvekili hakkında soruşturma açtı. Demek ki Türkiye'de oturabilmek için herkesin kendisini Türk hissetmesi gerekiyor. Kendilerini Türk hissetmeyenler ancak suçlu olabilirler. Kendilerini Türk hissetmeyenlerin Türkiye Büyük Millet Meclisi'nde yerleri yoktur. Durum bu kadar açıkken ve yetkililer tarafından açık bir şekilde ortaya konuyorken, Kürtlerin Türklerle eşit olduğundan nasıl söz edilebilir? Kuşkusuz böyle bir eşitlik yoktur. Kağıt üzerinde görülen eşitliğin somut planda yaşamadığı herkes tarafından görülmektedir.

"Bin yıldır birlikte yaşanan ülke"den söz ediliyor. Kürtlerin ülkesinin, yani Kürdistan'ın, 1920li yıllarda, İngiliz ve Fransız emperyalizmiyle işbirliği ve güçbirliği yapılarak bölüşülüp parçalandığını ve paylaşıldığını, artık bütün Kürtler biliyor. Bu tarihsel gerçek karşısında, "Bin yıldır birlikte yaşıyoruz, vatanımız ortaktır, kaderimiz ortaktır" sözleri inandırıcı olur mu? O zaman "Ortak vatan" neden bölünüp parçalanıp paylaşılmış? Neden emperyalist devletlerle işbirliği ve güçbirliği içinde olunmuş? Bu, hangi "ortak kader"in gereğidir acaba?

YALANLAR, YÜKSEK YARGIÇLAR TARAFINDAN SÖYLENDİĞİNDE GERÇEĞE Mİ DÖNÜŞÜYOR?

Bu yalanlar, benzer yalanlar artık hiç inandırıcı olmuyor, Sayın Başkan. Bu yalanların yüksek yargıçlar tarafından söylenmesi, yüksek mahkemelerin başkanları tarafından vurgulanması, onları, gerçek, doğru yapmıyor, sadece, bu kişilerin ve kurumların inanılırlıklarını ve güvenilirliklerini aşındırıyor.

"... Kendi yurttaşlarını, çocuk, genç-yaşlı, kadın-erkek, sivil-asker gözetmeden öldürenleri durdurmak ve yakalayıp yargıya teslim etmek için hukuksal önlem ve yöntemleri saldırı gibi gösterenlere inanılmamalıdır. Türkiye, demokratik düzeni benimsemiş, özgürlükler ülkesidir. Bir haksızlık varsa, hak arama yollarını izlemeden, saldırı ve savaşla devleti yıkmak, yapay azınlık savıyla ulusu bölmek bağışlanamaz."

Bu söylediklerinizin hiçbiri fiilen yaşanan durumlarla, somut gerçeklerle bağdaşmıyor, Sayın Başkan. Kürt sorununun çözümü konusunda tamamen şiddete dayalı yollar düşünen, düşündüklerini yaşama geçiren devletin kendisidir. Sözünü ettiğiniz adam öldürmelerin çok büyük bir kısmı devletin güvenlik güçleri tarafından gerçekleştirilmektedir. Devletin bu güvenlik güçleri arasında Özel Timleri, Korucuları, Hizbi Kontrayı sayabiliriz. Fakat devlet, devletin denetimindeki radyo, televizyon ve gazeteler, bu cinayetleri hemen PKK'ye yüklemektedir. 21 Nisan 1992 tarihli gazeteler bunun yakın bir örneğidir. Gazeteler, Midyad'da 8 kişinin PKK tarafından kurşuna dizildiğini yazmaktadır. Radyo ve televizyon da haberi kamuoyuna bu şekilde duyurmuştur. O günlerde yayınlanan *Yeni Ülke* gazetesiyse, Midyad'da 8 kişinin korucular tarafından kurşuna dizildiği kuşkusunu ifade etmiştir. (*Yeni Ülke*, Sayı 29, 3 Mayıs 1992)

7 Temmuz 1992 tarihli gazeteler, *Yeni Ülke*'nin belirttiği kuşkunun kesinleştiğini ortaya koyan haberler vermişlerdir. Midyad'da cereyan eden adam öldürmelerin korucular tarafından gerçekleştirildiği ortaya çıkmıştır. 19 Temmuz 1992 tarihli *2000'e Doğru* dergisi, bu konuyla ilgili emri verinin Bnb. Aytekin Özen olduğunu haber vermektedir. Bnb. Aytekin Özen'in, kontrgerillanın Olağanüstü Hal Bölgesi'ndeki en önemli yetkililerinden biri olduğu belirtilmektedir. Korucuların, Türk Devleti'nin güvenlik birimlerinden biri olduğu düşünülürse ve adam öldürme emrini askeri yetkililerden aldığı bilinirse, Kürt halkına yönelik cinayetlerin kimler tarafından organize edildiği ve gerçekleştirildiği açıklık kazanmaktadır. Bütün bunlara rağmen "PKK cinayet işledi" diye günlerce propaganda yapan kişi ve kuruluşlar, cinayetin devletin güvenlik güçleri tarafından işlendiği ortaya çıktığı zaman görmezden, duymazdan geliyorlar, sus pus oluyorlar. Yüksek

yargıçların, yüksek yargı organlarının başkanlarının düşüncelerinin ve duygularının herhangi bir gazeteciden, herhangi bir politikacıdan hiç farklı olmaması Türk adaleti adına ibret verici bir durumdur.

Midyad'daki cinayetlerin açıklığa kavuşmasında Midyad Cumhuriyet Savcısı Recep Kibar'ın rolü büyük olmuştur. Savcı, korucu cinayetlerini aydınlatma konusunda önemli bir çaba harcamıştır. 22-29 Temmuz 1992 tarihli ve 55 sayılı *Aktüel* dergisinde, Ali Çağatay ve Zihni Erdem'in hazırladıkları haberde bu konuda etraflı bilgiler vardır.

Devlet Kürt sorununu şiddete dayanarak çözmek istemektedir. Şiddet, inkâra dayalı devlet politikasının temel bir aracıdır. Bu politikada sorunun muhataplarıyla, yani Kürtlerle görüşmeye yer yoktur. Bu bakımdan Kürtlerin barışçıl denen araçları kullanarak duygularını ve düşüncelerini anlatmaları mümkün değildir. Barışçıl denen bütün yollar devlet tarafından tıkanmıştır. Kürtlere haklarını alabilmek için silaha başvurmaktan başka bir yol bırakılmamıştır. Bu bakımdan kanun yollarının denenmesi, hak arama yollarına başvurulması fiiliyatta işleyen mekanizmalar değildir.

"Türkiye demokratik düzeni benimsemiş özgürlükler ülkesidir" biçimindeki düşünceleriniz ise tam bir yalandır. Türk Devleti, Kürdistan'ı cinayet işleyerek yönetmektedir. Kürt insanları, aydınlar, gazeteciler her gün ikişer üçer öldürülmektedir. Hamile kadınların cinsel organlarına cop sokulmakta, çocuklar öldürülmektedir. Kürdistan'da, dünyada rastlanabilecek sömürge yönetimlerinin en çirkinini görmek mümkündür. Türk basını, Türk üniversitesi, Türk yargı organları, Türk siyasal partileri Kürdistan'daki sömürge yönetiminin vazgeçilmez halkası olmuşlardır. Bu süreçte demokrasinin izi bile yoktur, Sayın Başkan... Hem Kürdistan'da insan haklarının askıya alındığı, Avrupa Konseyi'ne Türk Devleti tarafından bildirilmiştir. 1990 yazında Avrupa Konseyi'ne, Avrupa İnsan Hakları Sözleşmesi'nin 15. maddesinin askıya alındığının bildirilmesini başka türlü değerlendirmek mümkün müdür? Durum bu kadar açıkken hangi demokratik düzenden, hangi özgürlüklerden söz edilmektedir? Yüksek yargıçların, yüksek yargı organların başkanlarının devletin yalanlarında araç olarak kullanılması adalete ve yargı organlarına duyulan güveni sarsıcı olguların başında yer almaktadır.

"Yapay azınlık", "yapay azınlık yaratma" gibi düşünceler, sizin düşünceleriniz Sayın Başkan... Bir kere Kürtler azınlık değildir. Nüfusu 20 milyonu aşan azınlık olur mu hiç? Kimsenin, olmayan bir milleti yaratmaya çalıştığı falan yok... Her şey Kürdistan'ın ve Kürt ulusunun dinamikleriyle gelişiyor. Bölünmüş, parçalanmış ve paylaşılmış Kürdistan'da iç dinamikler artık günden güne gelişiyor, güçleniyor. Kürtler, artık gasp edilmiş ulusal ve demokratik haklarını istiyorlar, bunun mücadelesini veriyorlar. Bu konuda sizin düşünceleriniz hiç doğru değildir, Sayın Başkan. İşte esas sorun da buradan kaynaklanıyor. Bunu ne kadar vurgulasak azdır... Ve bu, bilimin, düşüncenin yöntemiyle ilgili bir sorundur. Siz düşüncelerinizi rahatça söylüyorsunuz, yazıyorsunuz... Düşünceleriniz resmi ideolojinin propagandası olduğu için devlet sizi ödüllendiriyor. Biz sizin, sizlerin düşüncelerini kabul etmiyoruz, bunları eleştiriyoruz, fakat bu eleştirimizden dolayı hep cezaî yaptırımlarla karşılaşıyoruz. Kitaplarımız, gazetelerimiz, dergilerimiz toplatılıyor, hakkımızda davalar açılıyor. Sizler gibi düşünmediğimiz için hakkımızda davalar açılıyor ve cezalandırılıyoruz. Bu sürece sizler de katılıyorsunuz. Sürecin içinde şu veya bu düzeyde sizler de rol alıyorsunuz... Adalet bunun neresinde, özgürlük bunun neresinde, "hukukun üstünlüğüne saygı" bu anlayışın neresinde? Neden sizler gibi düşünmediğimiz için cezalandırılıyoruz? Bu, demokrasi ve eşitlik anlayışına aykırı değil mi?

IRKÇILIK YAPAN KİM?

"Bağnaz, dar milliyetçiliklerle ırkçılık akımları karanlık ve kargaşa getirir, insanı ve insanlığı amaçlayan birlikte yaşama ilkesiyle uluslaşmanın gerisindedir. Ayrımları, bölünüp parçalanmayı karşılayan uygarlık olguları ve hukuk gerekçeleri ulus birliği ve ülke bütünlüğüdür. 'Ne Mutlu Türküm' demenin benzersiz gururu hepimizin birleştiği doruktur."

Bu sözler de size aittir, Sayın Başkan. Kürtlerden, Kürdistan'dan söz edenleri, gasp edilmiş ulusal ve demokratik hakları için mücadele edenleri "dar milliyetçilik"le, "ırkçılık" yapmakla suçluyorsunuz. Burada çok korkunç, ürpertici, dehşet verici bir algılama yanlışlığı var. Bu yanlış resmi ideolojiyi hiç sorgulamadan olduğu gibi kabul etmekten, resmi ideolojinin doğruluğundan hiç kuşku duymamaktan ileri geliyor. "Irkçı" olan kim, "dar milliyetçi" olan kim? 70 yılı aşkın bir zamandır Kürtlerin, Kürdistan'ın ve Kürtçenin varlığı inkâr edildi. Kürt dili ve Kürt kültürü yok edilmeye ve Kürtler Türkleştirilmeye çalışıldı. Bu amaca ulaşmak için hem politik programlar hem de askeri programlar uygulandı. İşte ırkçılık budur, dar milliyetçilik, bağnaz milliyetçilik budur. Siz hâlâ "Ne Mutlu Türküm" diyorsunuz. Herhangi bir Türk bunları söyleyebilir, Türklerin bunu söyleme hakları vardır, olmalıdır. Bir Kürt neden, Türklerin bu sloganını aynen bağırmak zorunda kalıyor? Böyle bir yalanı tekrarlamak Kürtlere mutluluk verir mi? Irkçılık, Türklerin bu sloganı ifade etmelerinden kaynaklanmıyor, ırkçılık Kürt ulusal özelliklerinin baskı altında tutulup bu sloganın, yani "Ne Mutlu Türküm" sloganının Kürtlere dayatılmasından kaynaklanıyor. Dünyada ırkçılığın en çirkinini yapan bir yönetim, bir zihniyet, bu çirkinliğini gizlemek için hep başkalarını, özellikle de Kürtleri ırkçılık yapmakla suçlamaya gayret etmektedir. Halbuki bu, çoktan deşifre olmuştur. Artık bu yöntemin, bu zihniyetin çirkinliği gizlenememektedir. Halbuki "Ne Mutlu Kürdüm Diyene", "Bir Kürt Dünyaya Bedeldir", "Kürt Öğün Çalış Güven" gibi sloganları söyleyen Kürtler yoktur. Kürtler, gasp edilmiş ulusal ve demokratik haklarını istiyorlar, bunun mücadelesini veriyorlar... Bu, son derece meşru bir istektir. Bu istekler doğrultusunda yürütülen mücadeleler son derece meşrudur. Meşru olmayan, bir dilin, bir kültürün yok sayılmasıdır. Bu dili, bu kültürü asimile etmek için her türlü yolun denenmesidir. Bu asimilasyonun yasal dayanaklarının olması hiçbir zaman bunların meşru oldukları anlamına gelmez. İnsanların, Kürtlere ve Kürdistan'a ilişkin düşüncelerinden dolayı soruşturmaya uğraması, hapse konulması, kitapların toplatılması vs. hep devlet terörünü, devletin şiddete dayalı politikasını gösteren süreçlerdir. Düşünceye karşı şiddet uygulayan bir yönetimin muhalefet hareketleriyle diyalog kurmayacağı, bu hareketleri silah zoruyla, şiddetle yok etmeye çalışacağı açıktır.

Bu tür yönetimler neden muhalefet hareketleriyle diyaloga giremezler? Çok açık. Çünkü ortada çok büyük bir hak gaspı vardır. Diyalog, bu hak gaspının ortaya çıkması demektir. Bu hak gaspını sürdürmeyi temel politika yapanların böyle bir diyaloga yanaşmayacakları açıktır. Bu da ancak şiddete dayalı bir politikayla, devlet terörüyle olur. Hak gaspını sürdüren politikaların ve uygulamaların hiçbir meşruiyeti olamaz. Öyleyse muhalefet hareketine tek bir yol kalmaktadır: Gasp edilen ulusal ve demokratik haklarını alabilmek, devlet terörünü geriletebilmek için şiddet uygulamak. Bu şiddet, elbette meşru bir şiddettir. Çünkü devlet terörünü geriletmek için başka hiçbir yol kalmamıştır. Devletin teröre dayalı, devlet terörüne dayalı politikası bütün yolları tıkamıştır.

"Türkiye Cumhuriyeti'ni kuran Türk ulusu ayrımsız, tektir. Ulusal Kurtuluş Savaşı'nı kazanan bu güç bugünün kaynağı, yarının dayanağı ve sonsuzluğun güvencesidir." Bu cümleler de sizin Sayın Başkan. "Cumhuriyeti kuran Türk ulusu"ndan söz ediyorsunuz. Kürtler nerede duruyor? Hem Kürt ulusunun varlığını inkâr edeceksiniz, hem de demokrasiden, eşitlikten, özgürlükten, hukukun üstünlüğüne saygıdan söz edeceksiniz... Bu yalanlara artık kimse inanmıyor. Bu yalanların yüksek yargıçlar tarafından aynen tekrarlanması onları gerçek, doğru yapmıyor, sadece yargıçların güvenilirliklerini aşındırıyor. Bu tür eleştiriler hakkında açılan ve sürdürülen davalar da öyle...

"KANDIRILMIŞ ESKİ TERÖRİST"

Sizin düşüncelerinize hiç katılmıyoruz, Sayın Başkan. Nelson Mandela ile ilgili düşünceleriniz insanlık adına utanç vericidir. Atatürkçü Düşünce Derneği tarafından "Yılın Atatürkçüsü" seçildiniz. O toplantıda yaptığınız bir konuşmada, Afrika Ulusal Kongresi Lideri Nelson Mandela'yı "Mandela, kandırılmış eski terörist" diye tanımladınız. "Hele bağımsızlık meşalesi Atatürk'ün adını taşıyan ödüle hiç layık olmayan, kandırılmış bir eski teröristin tepkisi ibret vericidir" dediniz. (*Cumhuriyet*, 20 Mayıs 1992)

Bu düşünceler bir tepkiyi, aşağılık duygusunu yansıtmaktadır, Sayın Başkan. Afrika Ulusal Kongresi Lideri Nelson Mandela'ya ödül teklif eden "Atatürk Kültür Dil ve Tarih Yüksek Kurulu"dur. Bu kurulda, Başbakan, Genelkurmay Başkanı, generaller, profesörler, yüksek rütbeli bürokratlar vardır. Bunlar, 1992 yılı Atatürk Barış Ödülü'nü Afrika Ulusal Kongresi Lideri Nelson Mandela'ya vermeyi kararlaştırıyorlar. Nelson Mandela Türkiye Devleti'nin Kürtlere karşı uyguladığı ırkçı ve sömürgeci politikalardan dolayı bu ödülü reddettiğini açıkladı.

Bu konu üzerinde, çok ciddi ve soğukkanlı bir şekilde durmak gerekiyor, Sayın Başkan... Bu, bir kere, Kemalistlerin yalana dayalı övünmelerinin iflas ettiğini göstermektedir... "Ezilen bütün uluslara biz önder olduk, Şarkın köle ve sömürge uluslarına, ulusal kurtuluşları yolunda biz ilham verdik, ulusal kurtuluş meşalesini biz yaktık..." Kemalistler, yıllardan beri bu propagandayı sürdürüyorlardı... Bir elleriyle Kürtleri boğazlıyorlar, öteki elleriyle ezilen ulusların kurtuluş bayrağını yükseltmeye çalışıyorlardı. Kürdistan'da sürdürülen ırkçı ve sömürgeci uygulamalara rağmen bu propagandaya devam ediliyordu. Kürt hareketi hiçbir ahlaki nitelik taşımayan bu propagandayı deşifre etti. Bu propagandayı büyütmeye, çoğaltmaya çalışan kişi ve kurumların çirkin yüzlerini ortaya koydu, çifte standartlı düşüncelerin ve tavırların niteliğini açığa çıkardı. Fakat Afrika Ulusal Kongresi Lideri Nelson Mandela'nın Atatürk Barış Ödülü'nü reddetmesi ve bu reddin temel gerekçesinin de Kürtlere uygulanan ırkçı ve sömürgeci baskılar olması, bu çirkin propagandanın, ahlaki ölçülerden uzak propagandanın, dünya ölçeğinde de iflas ettiğini göstermektedir.

Afrika Ulusal Kongresi Lideri Nelson Mandela için "Kandırılmış eski bir terörist" diyorsunuz. Biz bunun tam tersini düşünüyoruz, Sayın Başkan. "Kandırılmış" sözü gerçeği hiç yansıtmıyor... Bir kere Başbakan Süleyman Demirel, İsviçre'de yapılan bir Davos toplantısında Nelson Mandela'ya ödül teklif ediyor... Ödülü kabul etmesiyle Nelson Mandela'nın sağlayacağı maddi ve manevi olanakları sıralıyor.

İkinci olarak, "Ödülün kabulü konusundaki açıklamasının gecikmesi"nden dolayı Türkiye'nin Güney Afrika Büyükelçisi devreye giriyor. Nelson Mandela'nın kazanacağı maddi ve manevi ödülleri o da sıralıyor. Büyükelçi'nin bu girişimi de yetmemiş olacak ki Türkiye Cumhuriyeti Devleti, Afrika Ulusal Kongresi Lideri Nelson Mandela'nın Atatürk Barış Ödülü'nü kabul etmesi için başka diplomatlarını, basın mensuplarını, yazarlarını, profesörlerini, din adamlarını, işadamlarını araya koyuyor. Bütün bunlara rağmen Nelson Mandela ödülü kabul etmiyor. Demek ki Türkiye Cumhuriyeti Devleti'nin bütün maddi ve manevi olanaklarını ortaya sermesine rağmen Nelson Mandela'yı kandırmak hiç kolay olmuyor... Türkiye Cumhuriyeti Devleti'nin buradaki tutum ve davranışı çok açık... Afrika Ulusal Kongresi Lideri Nelson Mandela'ya bir ödül veriyor, Türkiye'nin en büyük ödülünü, Atatürk Barış Ödülü'nü veriyor. Bunun içinde para ödülü de var. Nelson Mandela'nın bu ödülü kabul etmesi için ayrıca rüşvetler veriliyor. Bütün bunlara rağmen Nelson Mandela ödülü kabul etmiyor, Nelson Mandela'yı kandırmak hiç de kolay olmuyor. Böylece Afrika Ulusal Kongresi Lideri Nelson Mandela, Kürdistan'da, dünyada görülebilecek en ırkçı, en sömürgeci bir politika izleyen Türkiye Cumhuriyeti Devleti'nin "Biz demokratik bir devletiz", "Biz dünyanın bütün mazlum uluslarına önder olduk" nutukları atmasına meydan vermiyor.

Kürtler ne vermiş olabilir, Nelson Mandela'ya? Kürtler, Afrika Ulusal Kongresi Lideri Nelson Mandela'ya ancak kendi haklı davalarını anlatmış olabilirler. Türkiye Cumhuriyeti tarafından Kürdistan'da dünyada bir eşi daha bulunmayan ırkçı ve sömürgeci bir yönetim uygulandığını anlatmış olabilirler. Aslında artık bunun uzun boylu anlatılmasının gereği de yoktur. Dünyanın demokratik kamuoyu bunu giderek daha iyi anlamaya başlamıştır.

Afrika Ulusal Kongresi Lideri Nelson Mandela için kullandığınız "Kandırılmış eski terörist" nitelemesi de hiç gerçekleri yansıtmamaktadır. Bu konuda sizlerin demokrat insanlar gibi düşünmeniz ve buna uygun tavır ve davranış göstermeniz mümkün değil. Çünkü siz düşüncelerini açıklayan, bunun için yazılar, kitaplar yazan Türk insanlarını ve Kürt insanlarını da terörist kabul ediyorsunuz. 3713 sayılı Terörle

Mücadele Yasası'nın 8/1 maddesini hukuk ilkelerine, anayasaya pek uygun görmeniz, bu düşüncenizin ve tavrınızın bir sonucudur. Fakat Kürt insanlarına ve Türk insanlarına yoğun bir devlet terörü uygulamasını ise hukuksal kabul ediyorsunuz, meşru kabul ediyorsunuz. Biz bu konuda elbette sizler gibi düşünmüyoruz. Fakat siz, sizler gibi düşünmeyenlerle, sizleri eleştirenlerle tartışma yapıp kendi düşüncelerinizin haklılığını kanıtlamaya çalışmıyorsunuz, onları cezalandırmaya, seslerini boğmaya çalışıyorsunuz. Size göre hukuk bu, adalet bu... Bizse bu düşüncenin ve uygulamanın çağdaş toplum düzeninin adaletini temsil etmediğini düşünüyoruz.

Afrika Ulusal Kongresi Lideri Nelson Mandela'ya verilmek istenen ödül konusunda bir kere daha düşünmek gerekiyor, Sayın Başkan... Ödülün kabul edilmemesiyle birlikte Türk basınında Nelson Mandela'ya karşı tepkiler başladı. "Çirkin Afrikalı", "Küstah Afrikalı", "Kandırılmış eski terörsit." Nelson Mandela bu ödülü kabul etseydi, kuşkusuz yoğun bir propaganda başlayacaktı. "Bütün mazlum uluslara, sömürgeci ve emperyalist baskılar altında ezilen uluslara biz önder olduk..." İşte burada daha soğukkanlı düşünmek gerekiyor. Başbakan'ın, Genelkurmay Başkanı'nın, generallerin, profesörlerin, yüksek rütbeli bürokratların da içinde bulunduğu bir kurulun önerdiği ödül kabul edilmiyor. Bu konuda ödülü kabul etmeyeni aşağılamak yerine ödülün neden kabul edilmediği üzerinde soğukkanlı bir şekilde durmak gerekiyor. Bu da ancak devletin, Kürt politikasını yeniden ele almasıyla mümkün olabilir. Devlet terörüne dayalı politikaların hiçbir başarı şansı yoktur. Bu ırkçı ve sömürgeci uygulamaları gözden geçirmek yerine devlet terörüyle bu uygulamalara ilişkin eleştirileri boğmaya çalışmak çok yanlış bir kavrayıştır.

LEKELİ ADALET

Ben, 12 Eylül 1981 rejiminde, Gölcük Donanma ve Sıkıyönetim Komutanlığı 1 Numaralı Askeri Mahkemesi'nde yargılandım. Suç, devletin dış ülkelerdeki itibarını küçük düşürmek idi. TCK madde 140. 1979-1980 yılları arasında İstanbul'da Toptaşı Cezaevi'ndeyken,

İsviçre Yazarlar Birliği'ne yazdığım bir mektuptan dolayı böyle bir suçlamayla ve davayla karşılaştım. Bu dava mahkûmiyetle sonuçlandı. 10 yıl ağır hapis, 5 yıl sürgün. Temyiz talepleri kabul edilmedi ve Askeri Yargıtay hükmü onayladı. Hüküm onaylandıktan sonra üzerinde çok dikkatli ve soğukkanlı bir şekilde durulması gereken bir olay gerçekleşti. Yargılama sürecinde görev alan askeri yargıçlardan ikisi yargıladıkları sanıkların yakınlarından rüşvet alırken suçüstü yakalandı. Bu suçlarından dolayı aynı sıkıyönetim mahkemesinde yargılandılar ve mahkûm oldular. Mahkûmiyetleri Askeri Yargıtay tarafından onaylandı.

Bunun üzerine Askeri Yargıtay'a kararın düzeltilmesi istemiyle yeniden başvurdum. Rüşvet gibi yüzkızartıcı bir suç işlemiş yargıçların verdikleri hükümlerin hukuksal kabul edilmemesi gerektiğini, bu yargıçların da içinde bulundukları heyetlerin baktıkları dosyaların yeniden ele alınmasının zaruret olduğunu vurguladım. Olayın cereyan tarzını, basına aksetmesini, dava sürecini, sonuçlarını vs. etraflı bir şekilde anlattım. Askeri Yargıtay Başsavcılığı "sanık zaten daha önce temyiz istemişti, temyiz istekleri birer birer görüşülüp reddedilmişti. Yeniden temyiz istemektedir, halbuki bu istemi doğuracak yeni bir şey olmamıştır. Bu bakımdan isteğinin reddedilmesi gerekir" diyerek kararın düzeltilmesi istemimi reddetmiştir. Aslında bu ret gerekçesi son derece keyfidir. Kararın düzeltilmesi istemini hiç karşılamamaktadır. Zira yeni bir durum vardır. Bu da rüşvettir. Acaba yargıçların yargıladığı sanıkların yakınlarından rüşvet almaları, bu rüşvet gereğince kararlarını şu veya bu doğrultuda değiştirmeleri doğal mıdır?

Askeri Yargıtay'ın ret kararına bakılırsa "doğaldır." İşte burada da sorunu soğukkanlı bir şekilde ele almak gerekiyor, Sayın Başkan. Askeri Yargıtay, Kürt sorunuyla ilgili düşüncelerinden dolayı mahkûm edilmiş bir kişiye ilişkin hükmü yeniden ele almamak için rüşveti bile görmezden geliyor. Kürt sorunu karşısında rüşveti bile mübah sayıyor. Mademki Kürt sorunuyla ilgili düşüncelerinden dolayı mahkûm etmişler, o halde rüşvet de görmezden gelinebilir diyor. Askeri Yargıtay'ın rüşvet iddialarını, rüşveti görmezden gelmesinin tek anlamı budur. Fakat bu tutum Türk adaletinde bir daha onarılamaz yaralar açmıştır. Rüşvetin kabul edilmesi, görmezden gelinmesi kitlelerin adalet duygusunu rencide etmektedir. İşte bu konularda soğukkanlı düşünmek önemli bir meziyet haline gelmektedir.

Görüldüğü gibi Türk adaleti lekelidir, bu lekeyi çıkarmanın olanağı da yoktur, Sayın Başkan. Eğer 1982 yılında Askeri Yargıtay Başsavcısı dilekçeyi soğukkanlı bir şekilde inceleyip rüşvet olayının üstüne gitseydi, belki Türk adaletindeki bu lekeyi çıkarmak mümkün olabilirdi. Fakat artık böyle bir şans kalmamıştır. 140. maddenin yürürlükten kaldırılmış olması da bizim için hiçbir şey değiştirmiyor. Bu cezanın toplumsal ve siyasal sonuçları bizim için hâlâ varlığını hissettiriyor.

DEVLETİN DIŞ ÜLKELERDEKİ İTİBARINI ZEDELEYEN KİM?

Ben 1980'li yılların başlarında Türk Devleti'nin dış ülkelerdeki itibarını küçük düşürmekten yargılandım ve mahkûm edildim. Acaba şu rüşvet olayını irdelediğimiz zaman Türk Devleti'nin dış ülkelerdeki itibarı sorunu karşısında ne söylemek gerekir? Acaba rüşvet alan askeri yargıçlar kimdi? Bunlardan birisi hangi bakanın yeğeniydi? O yargıçlar kim olduklarının bilinmesini istiyorlar mı? O bakan bu olaydan dolayı hatırlanmak istiyor mu? Rüşvet gibi yüzkızartıcı bir suçu bile onaylayan, görmezden gelmeyi daha geçerli sayan Askeri Yargıtay Başsavcısı Tuğgeneral Başsavcı kimdi? Acaba bu general başsavcı kim olduğunun bilinmesini ister mi?

Bu olayın üzerinden 10 yıl gibi bir zaman geçmiştir. Bizler hâlâ ayaktayız, düşüncelerimizi savunuyoruz, düşüncelerimizden dolayı bizleri yargılayan kurumları eleştiriyoruz. Yukarıda belirtilen yargıçlardan, savcılardan hangisi eylemini savunabilir? Devletin dış ülkelerdeki itibarını hangi kurum, hangi kişi zedeliyor acaba?

Yasanın bu maddesinin, yani 140. maddenin yürürlükten kaldırılması hiçbir şeyi değiştirmiyor, Sayın Başkan. Yasanın bu maddesi bizim için yürürlükten kalkmamıştır. Bizler, Türk adaletindeki bu silinemez lekeyi bütün demokratik kurumların önünde dile getireceğiz.

Devletin dış ülkelerdeki itibarı konusunda suçlama yapanların, yargılama yürütenlerin gerçek niteliklerini ortaya koyacağız. Bunu muhakkak yapacağız... Bu konuda hiç sessiz kalmayacağız.

BİLİRKİŞİLİK

Bu arada, hem yargı organlarının, hem de Türk üniversitesinin bir ayıbını daha belirtmek gerekiyor. Mahkemeler sık sık çeşitli yazılarla, kitaplarla ilgili olarak üniversitelerden "bilirkişi" raporları istemektedirler. Bu isteme cevap veren profesörlerin sayısı da pek çoktur. Aslında herhangi bir kitap konusunda bilirkişilik yapmak bilim anlayışına saygısızlığın temel bir göstergesidir. "Bu kitapta suç yoktur" sonucunu belirten raporları bile böyle değerlendirmek gerekir. Çünkü "Bu kitapta suç yoktur" demek, başka bir kitapta suç olabileceği anlamına gelmektedir. Halbuki hiçbir yazı, hiçbir kitap "suç var mı, yok mu" anlayışıyla okunmamalıdır. Kitaplarda suç aramak, kitapları "suç var mı, yok mu" diye incelemek yanlış bir davranıştır. Herhangi bir kitap elbette eleştirilebilir. Eleştiri, düşünceyi geliştirici bir rol oynar. Fakat, "bilirkişi" olarak bir kitabı incelemek düşünceyi durağanlaştırır. Bu bakımdan "bilirkişilik" bilime düşman bir kurumdur.

SONUÇ

Yargı organları, toplumsal ve siyasal değişmelerin sancısız ve sarsıntısız gerçekleşmesine katkıda bulunmalıdır.

Türkiye hızlı bir toplumsal ve siyasal değişim yaşamaktadır. Değişimin sancılı ve sarsıntılı geçtiği herkes tarafından görülmektedir. Bu, yargı organlarının katı tavırlarıyla ve davranışlarıyla da yakından ilgilidir. Bunların bazı örneklerini yukarıda göstermeye çalıştık. Halbuki yargı organları toplumsal ve siyasal değişimin sancısız ve sarsıntısız gerçekleşmesine katkıda bulunmalıdır. Düşünceyi yargılayan bir zihniyet böyle bir sonucun gerçekleşmesini sağlayamaz. Kendileriyle aynı düşüncede olmayanlara ceza vermeye, cezaevine göndermeye gayret eden yargıçlar böyle bir sürece katkıda bulunamaz.

İşkencelere karşı sessiz kalınarak, Kürtçe televizyona karşı olunduğu açıklanarak böyle bir sürece katkıda bulunulamaz. Sosyalist partileri "bölücülük" yapıyorlar diye sık sık kapatan bir zihniyet demokrasinin gelişmesine, siyasal sürecin ahenkli bir şekilde işlemesine yardımcı olamaz... İnsanları, vatandaşları korumakla görevli polislerin "Şırnak Kürtlere mezar olacak" diye slogan atmaları karşısında susan bir adalet mekanizması toplumsal ve siyasal değişmenin sancısız ve sarsıntısız geçmesine katkıda bulunamaz. Bilakis devlet terörünün daha da ağırlaşmasını teşvik etmiş olur. Afrika Ulusal Kongresi Lideri Nelson Mandela'nın Atatürk Barış Ödülü'nü kabul etmediği için aşağılanması değişimin sancısız vc sarsıntısız geçmesine katkı sunamaz. Bu ret gerekçesini soğukkanlı bir şekilde irdelemeyen bir zihniyetin çağdaşlık yolunda ilerlemesi mümkün değildir. Ödül kabul etmediği için Nelson Mandela gibi kişilerin aşağılanması sadece despotik zihniyeti kurumlaştırır.

Siz de, sizi eleştirenlerle, sizinle aynı düşüncede olmayanlarla tartışma yürekliliğini ve sağduyusunu gösteriniz, kendi düşüncelerinizin haklılığını, doğruluğunu bu yolla kanıtlayınız, Sayın Başkan. Sizinle aynı düşüncede olmayanları, sizleri eleştirenleri cezaevine göndererek, partilerini kapatarak, onların seslerini boğarak, ne kendinizi doğrulayabilirsiniz, ne de temsil ettiğiniz kurumlara haklılık ve saygınlık kazandırabilirsiniz... Yaşadığımız süreçte geldiğimiz nokta budur. Ve bu süreç çok açıktır.

Saygılarımı sunuyorum, Sayın Başkan.

"TÜRKİYE'NİN HİSSESİ"(*)

1980'li yıllarda cereyan eden İran-Irak Savaşı sırasında, özellikle İran'ın cephelerde üstünlük göstermeye başladığı dönemlerde, sık sık ABD'nin bir projesinden söz edilirdi. İran'ın Irak içlerinde ilerlemeye başladığı günlerde, bu Ortadoğu projesi Türk basını tarafından hemen gündeme getirilir, yoğun bir tartışma başlatılırdı. Türk basınında "Kuzey Irak" diye isimlendirilen Güney Kürdistan'da, bağımsız bir Kürt devletinin kurulmasına izin verilmeyeceği belirtilirdi. Fakat Musul-Kerkük'ün de içinde bulunduğu bölgenin, Türkiye Cumhuriyeti tarafından işgal edilmesi; bölgenin Türkiye'ye katılması istenirdi. Güney Kürdistan'da, Kürtlerin özerk bir siyasal yapı kurmalarına da izin verilmeyeceği, özerk yapının ancak Musul-Kerkük bölgesinin Türkiye Cumhuriyeti'ne katılması sürecinde mümkün olabileceği yazılırdı. ABD'nin de böyle istediği vurgulanırdı.

Zaman geçti, İran-Irak Savaşı sona erdi. Güney Kürdistan'da Kürtler yeni bir soykırımla karşılaştı. 2 Ağustos 1990'da Saddam Hüseyin birlikleri Kuveyt'i işgal etti. Bu işgalden altı ay kadar sonra ABD'nin birinci planda rol aldığı Müttefik Güçler, silahlı bir müdahaleyle Irak birliklerini Kuveyt'ten çıkardılar. Irak'ın Kuveyt'ten silahlı bir müdahaleyle çıkarılmasından sonra yeni bir Kürt soykırımı daha yaşandı. Daha sonra da Güney Kürdistan'daki Kürtleri korumak gerekçesiyle "Güvenlik Bölgesi" ve "Çekiç Güç" oluşturuldu. Çekiç Güç'ün koruması altında bölgede Kürt Meclisi ve Kürt Hükümeti kuruldu.

Ana hatlarıyla ve kısa anlatılan bu sürecin oluşmasını etkileyen, gelişmenin ana doğrultusunu belirleyen çok önemli bir süreç vardır. Bu, PKK'nin başlattığı ve büyük bir kararlılıkla sürdürdüğü gerilla mücadelesidir. Gittikçe yükselen, önü alınamayan, derinleşen ve yaygınlaşan, Kürt halk kitleleriyle bütünleşen, büyüyen bir mücadele söz konusudur.

---

*- *Özgür Gündem 14 Ağustos1992*

Türk yöneticileri bu gerilla mücadelesini hükümsüz kılabilmek, kitle desteğini parçalayıp dağıtabilmek için her türlü çareyi düşünmekte ve bunları hayata geçirmeye çalışmaktadır. Güney Kürdistan'daki Kürt örgütlerinin, Türkiye Cumhuriyeti tarafından tanınmasının başta gelen nedeni, en temel nedeni kanımca budur. Kürdistan Demokrat Partisi ve Kürdistan Yurtseverler Birliği önderlikleri, daha birkaç sene öncesine kadar, Türk yetkililerle, ancak sınır karakollarında ve gizli bir şekilde görüşebiliyorlardı. Görüşebildikleri, konuşabildikleri her zaman Türk istihbarat birimlerinin elemanları olabiliyordu. Son yıllarda ise Güney Kürdistan'daki örgütlerin temsilcilerinin Türk Dışişleri Bakanı'yla, Başbakan'la, Cumhurbaşkanı'yla görüşmeler yaptıklarını, Türkiye Cumhuriyeti pasaportuyla dünyayı dolaştıklarını görüyoruz. Güney Kürdistan'daki Kürt örgütleri için bunlar bir kazanç gibi görünüyor. Bu kazanç karşılığında kabul edilen görevler ise son derece ağır... Üstelik bunlar sır falan değil, gerek bu örgütlerin temsilcilerince, gerek Türkiye Cumhuriyeti yetkililerince her gün açıklanıyor, her gün tekrarlanıyor: PKK'nin etkinliğini kırmak, PKK'yi bitirmek konusunda Türkiye Cumhuriyeti'ne yardımca olmak. Gerekirse bu konuda, Türk güvenlik kuvvetleriyle birlikte PKK'ye karşı savaşmak... Bunun çok ağır bir görev olduğu, onurlu bir görev olmadığı açıktır.

Kürdistan Yurtseverler Birliği Başkanı Celal Talabani'nin Türk basınına verdiği demeçleri, yine bu çerçeve içinde değerlendirmek gerekir. Celal Talabani, Türkiye Cumhuriyeti'nin çok demokratik bir devlet olduğunu, bir federasyon kurarak Türkiye'yle birleşmek istediklerini açıklıyor. Bunu, aslında Türkiye Cumhuriyeti'nin düşüncesinin ve arzusunun Celal Talabani tarafından dile getirilmesi olarak değerlendirmek gerekir. Türk güvenlik kuvvetlerinin Kürdistan'da her gün gerçekleştirdiği katliamlar, köylerin yakılıp yıkılması, Kürt insanlarının kitleler halinde sürgün edilmesi, Kürt aydınlarının, Kürt gazetecilerinin, her gün kontrgerilla tarafından veya kontrgerillaya yakın odaklar tarafından katledilmesi, "koruculuk" adı altında Kürtleri birbirlerine kırdırma politikaları Güneyli Kürt önderleri tarafından görmezlikten, duymazlıktan geliniyor.

Türkiye Cumhuriyeti Devleti'nin, Güney Kürdistan'a ilişkin

düşüncelerini ve özlemlerini, Cengiz Çandar'ın *Sabah* gazetesindeki yazılarından da izlemek mümkündür. Cengiz Çandar, örneğin, Temmuz ayı içerisinde, Türkiye Cumhuriyeti'nin Güney Kürdistan'daki Kürtleri himayesi altına alması gerektiğini vurgulayan birçok yazı yazmıştır. 26 Temmuz 1992 tarihli *Sabah* gazetesinde yazdığı "Türkiye ve Irak Kürdistanı" başlıklı yazısında, Musul ve Kerkük'ten "Türkiye'nin hissesi" olarak söz etmektedir. "...Unutulmasın ki Musul-Kerkük, en az Hatay kadar Türkiye'nin hissesidir" demektedir. Türkiye Cumhuriyeti Devleti'nin kendi hissesine sahip çıkmasını istemektedir. Türk yöneticilerini bu yönde tavır ve davranış sergilemeleri için teşvik etmektedir. Cengiz Çandar'ın bu yazılarını Celal Talabani'nin demeçleriyle birlikte ele aldığımız zaman Türkiye Cumhuriyeti'nin Musul-Kerkük'e ilişkin düşünceleri ve özlemleri konusunda önemli ipuçları elde edilmektedir. Musul-Kerkük'e himaye öneren Cengiz Çandar'ın, Kuzey Kürdistan'daki Kürtlere karşı sürdürülen devlet terörü karşısında hiç eleştirici olmaması yine ilgi çekicidir. Kürt gazeteciler, birbiri arkasına nasıl vuruluyor, neden vuruluyor acaba?

"Hisse" kavramının içeriği üzerinde durmakta yarar vardır. Hisse, mal-mülk konusuyla ilgilidir. Mal-mülk, özel hukukun, miras hukukunun, kısaca, medeni hukukun konudusur. Hisse; kamu hukukunun, devletler hukukunun bir kavramı değildir. Türk yazarları, Türk gazetecileri Kürdistan'ı hâlâ mal-mülk konusu olarak ele almaktadırlar. "Burası, bize atalarımızdan miras kalmıştır" demektedirler. Kürtleri ve Kürdistan'ı, siyasi iradesi olan, istekleri olan bir kategori olarak düşünmemektedirler. Bu düşünceye göre Kürdistan bir mal. Sahipsiz bir mal. Kürtler, Kürdistan'a sahip çıkamamış... Bu mal, komşuları arasında paylaşılmış. Bu paylaşımda, çok büyük bir parçanın yanında, Musul-Kerkük de Türkiye'nin hissesine düşmüş. Türkiye bu hissesine tezelden sahip çıkmalıymış... Bu paylaşımda, bu miras devrinde Kürtlerin istek ve iradeleri nerede duruyor acaba?

"Himaye" kavramını yine bu çerçeve içinde değerlendirmek gerekir. "Himaye", sömürgeciliğin ve ırkçılığın bir kavramıdır. Burada, ulusal birimler arasında eşitlik söz konusu değildir. Kendisini üstün gören millet, aşağı gördüğü milleti himayesi altına alır, onu, başkalarından gelecek saldırılardan korumaya çalışır. Halbuki çağdaş siyasal ilişkiler "himaye" gibi sömürgeci ve feodal bir kavramın üzerine kurulamaz, birbirleriyle her bakımdan eşit olan ulusal birimler arasında kurulur.

Kürtleri, siyasal istekleri ve iradesi olan bir kategori olarak ele almayan, Kürdistan'ı mal-mülk olarak değerlendiren, bir miras kategorisi olarak ele alan bu düşüncede çok büyük bir yanılgı vardır. Kürtler, artık siyasi istekleri olan, siyasi iradesi olan bir kategoridir. Kürtler, artık dünyada, uluslar ailesi içinde onurlu bir şekilde yer almak istiyorlar, bunun mücadelesini yapıyorlar... PKK'nin düşüncesi ve eylemi budur. PKK, Kürdistan'a sahip olmanın mücadelesidir. Böylesine güçlü bir düşünce ve eylem varken, gittikçe büyüyen, yaygınlaşan ve çoğalan, meşruiyeti, gerek ulusal planda gerek uluslararası planda daha iyi anlaşılan bir muhalefet odağı varken, Kürdisitan'ın mal-mülk olarak ele alınması, miras konusu olması, sahipler arasında el değiştirmesi mümkün değildir. Zira ülkenin gerçek sahibi Kürtler, kanlarıyla, canlarıyla, büyük bir siyasal güç olarak ortaya çıkmışlardır. Güney Kürdistan'ı Türkiye Cumhuriyeti'ne pazarlamaya çalışanlar, kendi örgütleri içinde bile ne kadar tabansız ve itibarsız kalacaklarını, kendi kamuoylarının da tepkileriyle karşılaşacaklarını çok yakında göreceklerdir. Çünkü PKK'nin temsil ettiği özgürlük hareketi, sadece ülkenin kuzey bölgelerinde değil, bütün Kürdistan'da, hatta dünyada, ırkçı ve sömürgeci baskılar altında olan bütün ülkelerde etki yaratmaktadır. Dünyada, benzer ırkçı ve sömürgeci baskılar altında olan başka halklar da PKK'nin düşüncesinden ve eyleminden ilham almaktadır.

Bu düşüncenin ve eylemin saygınlığının ve etkisinin günden güne artacağı besbellidir. Kanımca günümüzde Ortadoğu'da yaşanan en önemli süreç budur.

“BANA ‘DÜNYA DÖNÜYOR’ DEDİRTEMEZSİNİZ”(*)

Kürt aydınlarına ve gazetecilerine karşı yapılan katliamlar devam ediyor. Bunalara “faili meçhul cinayetler” deniyor. Aslında “faili meçhul” denen cinayetlerin failleri bütün açıklığıyla biliniyor: Devletin güvenlik güçleri veya güvenlik güçleriyle çok yakın ilişkide olan birtakım odaklar... Bunlar bazen Özel Tim, kontrgerilla, bazen korucu, bazen de Hizbikontra olarak ortaya çıkıyor. Kürt aydınlarının, Kürt gazetecilerinin birer birer öldürülmesi, devlet terörünün, bir yılı aşkın bir zamandır kazandığı içeriğin önemli bir göstergesi oluyor. “Faili meçhul cinayetler”in faillerinin açık bir şekilde bilinmesi, ilgili tarafı, yani devleti hiç rahatsız etmiyor. Bilakis, güvenlik güçleri bunun böylece bilinmesini istiyorlar. Zira bu şekilde, geniş Kürt halk yığınlarının sindirilmiş, korkutulmuş olduğu düşünülüyor. Devlet terörünün temel amacı, halk kitlelerini korkutmak, sindirmek, ulusal haklarını ve kimliğini savunmaz bir düzeye getirmek olarak beliriyor.

Türk politikacılarının bu katliamlar karşısında sergiledikleri düşüncenin, tavır ve davranışın incelenmesi önemli bir konu olarak ortaya çıkmaktadır. Bu tutumun temel özelliğini, kısaca, katliamları onaylamak, teşvik etmek olarak değerlendirmek mümkündür. Hükümet, hükümeti oluşturan partiler, ana muhalefeti oluşturan parti, yani Türkiye Büyük Millet Meclisi'nde temsil edilen siyasal partilerin çok büyük bir kısmı, bu tür katliamları teşvik edici ve onaylayıcı bir tavır sergiliyorlar. Gazetecilerin zaten militan olduklarını söylüyorlar. “Gazeteci denen bu insanlar, gazeteci kılığına girmiş militanlardır” diyorlar. Böylece bu tür katliamlara yeşil ışık yakıyorlar.

1980'li yıllarda, Türkiye'de sıkıyönetim mahkemelerinde, yargı organlarında en çok konuşulan konuların başında işkence geliyordu. Tutuklular ve avukatları, güvenlik güçleri tarafından sistematik bir şekilde uygulanan işkenceyi vurguluyorlardı. Karakollarda, çeşitli

*- *Özgür Gündem 14 Ağustos1992*

gözetim mahallerinde, cezaevlerinde, özellikle siyasal tutuklulara ve hükümlülere karşı yapılan çok yoğun işkenceler gündeme geliyor, bunlar mahkemelerde anlatılıyordu. 12 Eylül'ün başlarında, Türk basını, işkence konusunu hiç gündeme getirmiyordu. Sadece devlet ve hükümet yetkililerinin, Türkiye'de işkence yapılmadığına, Türkiye'de işkence olmadığına dair açıklamalarına yer veriyorlardı. "Türkiye'de işkence yoktur. Çünkü Türk Anayasası, işkenceyi yasaklıyor" biçiminde açıklamalar yapılıyordu. Özellikle Batılı insan hakları kurumlarının, Avrupa Konseyi, Avrupa Parlamentosu gibi kurumların bazı raporlarla Türkiye'yi eleştirmeleri ve suçlamaları sırasında bu tür demeçlere, Türk basınında çok geniş yer verilirdi. Esasında bu tür açıklamalar işkenceye süreklilik kazandırıyor, işkence yapanlara güç veriyordu. İşkenceyi gerekli kılan ideolojiyi ve politikayı güçlendiriyordu.

Burada bir iş bölümünün varlığından da söz etmek mümkündür. Çeşitli güvenlik birimlerindeki görevliler, en alt kademede görev alan memurlar, yoğun ve yaygın bir şekilde işkence uygulayacaklar, devlet ve hükümet yetkilileri de sık sık işkence yapıldığını, işkencenin var olduğunu inkâr eden açıklamalar yapacaklar, bu şekilde işkence yapanlar da soruşturmadan sıyrılacaklar... İşte işkenceyi sürekli kılan, işkence yapanlara güç ve kuvvet veren bu düşüncedir, bu tavır ve davranıştır. İşkence, işkence inkâr edilerek sürdürülüyordu. İşkencenin varlığını inkâr edenler, aslında işkence yapanlardı. Bu düşünceyle, bu tavır ve davranışla, "Bunlar zaten militandır, gazeteci kılığına girmiş militanlardır" açıklamaları arasında hiç fark yoktur... Kürt gazetecilerine, Kürt aydınlarına karşı gerçekleştirilen cinayetler, onların, gazeteci kimlikleri inkâr edilerek sürekli kılınmaya çalışılıyor.

1970'li yolların sonlarında, Başbakan Süleyman Demirel, "Bana, 'Sağcılar cinayet işliyor' dedirtemezsiniz" diyordu. Halbuki o dönemde, solcu düşüncenin ve örgütlenmenin gelişmesine karşı daha çok sağcılar devreye sokuluyordu. Başbakan Süleyman Demirel'in düşüncesinde, tavır ve davranışlarında, o zamandan bu zamana en ufak bir değişiklik gözlenmemektedir. O zamanlar, "'Bana sağcılar suç işliyor' dedirtemezsiniz" diyen Başbakan Süleyman Demirel, günümüzde, "Bana, 'Devlet cinayet işliyor' dedirtemezsiniz" diyor. Bu kadar açık ve arka arkaya gelişen katliamlara rağmen böyle söylüyor.

Böylece güvenlik güçlerinin, Kürt halk kitlelerine karşı, Kürt aydınlarına, Kürt gazetecilerine karşı sürdürdüğü devlet terörüne, katliamlara yeşil ışık yakıyor. Bu kadar açık bir şekilde ortada duran olaylar karşısında, "Bana, 'Devlet cinayet işliyor' dedirtemezsiniz" demek, aslında "Bana, 'Dünya dönüyor' dedirtemezsiniz" demekten başka bir şey değildir, buysa bir bağnazlıktır, bir dogmatizmdir... "Dünya dönüyor" biçimindeki bir önerme, insanların tercihleri doğrultusunda kabul edilen veya kabul edilmeyen bir önerme değildir. Bu, nesnel durumu ifade eden bir önermedir ve insanlar bu tür önermeleri, isteklerinin ve iradelerinin dışında kabul ederler. Bu tür önermelerin kabul edilmemesi, felaketlerle karşı karşıya bırakabilir.

Toplumun somut gerçeklerini ısrarla inkâr eden, inkâr konusunda özel bir çaba sarf eden Süleyman Demirel için de, şapkasını üçüncü kere alıp gitmekten başka bir alternatif kalmayabilir... Ve bütün bu olayların, gelişmelerin, Kürt sorunuyla çok sıkı, organik bir bağı vardır. Kürt sorunu konusunda demokratik bir düşünce ve davranış geliştiremeyen, sadece şiddete dayalı yöntemlerle sorunu yok etmeye çalışan bir hükümet de çok ağır siyasal, toplumsal ve ekonomik sorunlarla karşılaşabilir. Kürt sorununun böylesine çözümsüz bir şekilde ortada durması, demokrasinin kurulup kökleşmesini ve yaygınlaşmasını önleyen en önemli engel olmaktadır. Kürt sorununun çözümsüz kalması, Türk siyasetinin tıkanmasına da neden olmaktadır.

Kısaca belirtilmeye çalışılan bu süreç, Türk siyasetinin nasıl saptandığı ve nasıl uygulandığı sorunuyla da çok yakından ilişkilidir. Bu sürecin Türk egemenlik sisteminin içeriğiyle ve uygulanmasıyla da ilişkisi vardır. Bunları şu şekilde göstermek mümkündür:

Doğru Yol Partisi Genel Başkanı Süleyman Demirel'in Sosyal Demokrat Halkçı Parti'yle koalisyon hükümeti kurmadan önce demokrasiye övgüler düzen bir söylem biçimi vardı. Halk yığınlarına demokrasinin güzelliklerini, faziletlerini anlatıyordu. Askeri darbelerin kabul edilmemesi gerektiğini, askeri darbelerle mücadele edilmesi gerektiğini vurguluyordu. Doğru Yol Partisi Genel Başkanı ve

Başbakan Süleyman Demirel'in demokrasi konusundaki düşünceleri ve özlemleri doğru olsun veya olmasın, Süleyman Demirel, demokrasi konusundaki düşüncelerinde ve özlemlerinde samimi olsun veya olmasın, ortada bir gerçek var: Kürt sorunu konusunda, devlet terörü politikalarına kol-kanat gererek, devlet terörünü koruyarak, gizleyerek demokrasiyi kurmak mümkün değildir. İnsan hakları ve özgürlükler rejimini, devlet terörüyle bir arada düşünmek mümkün değildir. Devlet terörü; insan haklarını, demokrasiyi ve özgürlükleri her zaman boğar.

Türk siyasetinde, Milli Güvenlik Kurulu'nun çok büyük bir ağırlığı olduğu bilinen bir gerçekliktir. Siyasal partilerin, hükümetin, Türkiye Büyük Millet Meclisi'nin Türk siyasetindeki ağırlığı son derece cılızdır. Kürdistan'da uygulanacak politikaların saptanmasında, bu durum bütün açıklığıyla görülmektedir. Siyasal partiler, hükümet, Türkiye Büyük Millet Meclisi, böyle bir kurum karşısında hep ikinci derecede kalmakta, ağırlıkları da çok cılız olmaktadır. Gerek koalisyon hükümetini oluşturan siyasal partiler, gerekse Türkiye Büyük Millet Meclisi'nde temsil edilen ANAP, Refah, DSP, MÇP gibi siyasal partiler bu mekanizmanın bilincine varmışlardır. Fakat bunlar, siyasal partilerin, hükümetin, Türkiye Büyük Millet Meclisi'nin etkilerini ve ağırlıklarını arttıracakları yerde, MGK tarafından oluşturulan militarist düşünceyle ve eylemle yoğun bir bütünleşmeye girmektedirler. Giderek bu militarist düşüncenin ve eylemin savunucusu, uygulayıcısı ve sözcüsü olmaktadırlar. Halbuki bu, Türk demokrasisinin önündeki en önemli sorundur. MGK'nın Türk siyasetindeki ağırlığı azaltılmadan, bu etki geriletilmeden demokrasiyi kurmak mümkün değildir. Türk usulü demokrasi, demokrasi değildir.

Türk siyaseti korkak ve dalkavuktur. Türk siyaseti, bu korkak ve dalkavuk tavır ve davranışını, düşüncesini terk etmedikçe, demokrasi ve özgürlükler rejiminin kurulması, kökleşmesi yine mümkün değildir.

İşte, bu noktada Kürt sorununa serinkanlı ve sağduyulu bir şekilde yaklaşmak, yine önemli bir görev olarak ortaya çıkmaktadır.

EŞİTLİK VAR MI?(*)

Resmi ideolojinin en çok çarpıttığı, içini boşalttığı, büzüştürdüğü kavramlardan biri "eşitlik"tir. Üniversitede Anayasa Hukuku okutan profesörle herhangi bir siyasal partinin herhangi bir yöneticisi, emniyet teşkilatında görevli bir memurla bir basın mensubu, orduda görevli bir subayla bir din görevlisi, herhangi bir sendikacıyla herhangi bir öğretmen... Bu kategorilerin hepsi, bu konuda hep benzer şeyler düşünürler. Buna göre Türkiye'de yaşayan herkes eşittir, insanlar arasında dil, din, cinsiyet bakımından hiçbir ayrım gözetilmez. Acaba gerçekten böyle midir? Burada, sorgulanması gereken bir durum yok mu? "Eşitlik" sloganının resmi ideolojiye uygun bir şekilde tekrarlanması somut sorunlar için çözümleyici oluyor mu?

Eşitlik, siyasal ve hukuksal bir kavramdır. Demokrasinin en önemli kavramlarından biridir. Eşitlik ilkesinden söz edenler, Türk anayasasının bu ilkeyi ifade eden maddelerine sık sık atıf yapıyorlar. Türk anayasasının, herkesin dil, din, cinsiyet farkı gözetilmeksizin eşit olduğunu belirttiği söyleniyor. Bu ilkenin, Türkiye Cumhuriyeti Devleti'nin en temel ilkelerinden biri olduğu da vurgulanıyor. Bu ilke, sık sık devlet ve hükümet yetkililerinin demeçlerinde, radyo, televizyon, gazete gibi kitle haberleşme araçlarında, siyasal partilerin ve demokratik kitle örgütlerinin açıklamalarında dile getiriliyor. Bunun son örneklerinden biri İnter Star televizyonunda yapılan "Günün Yorumu"nda görüldü. 20 Ağustos 1992 tarihinde, 17.30 haber bülteninin okunmasından sonra Meriç Köyatası tarafından yapılan bu yorumda, Türkiye'de Misak-ı Milli sınırları içinde yaşayan herkesin Türk vatandaşı olduğu, bütün Türk vatandaşlarının eşit olduğu, herkesin, dil, din, cinsiyet farkı gözetilmeksizin eşit olduğu, eşit fırsatlardan yararlandığı vurgulanıyor. Türkiye'de herkesin kamu yönetiminde görev alabildiği, devlet bürokrasisinde yükselebildiği belirtiliyor.

*\- *Özgür Gündem 28 Ağustos1992*

"Kürt denen" vatandaşların da, milletvekili, bakan, başbakan, cumhurbaşkanı vs. olabildiği sık sık vurgulanıyor. Ve bu sözler sık sık tekrarlanıyor. "Kürtlerden milletvekili olmuyor mu Allah aşkına!", "Bakan, başbakan, genel müdür, milletvekili, vali, general vs. arasında pek çok 'Kürt denen' vatandaşlarımız yok mu?", "Kanunlar önünde herkes eşit değil mi, sevgili vatandaşlar, yasalar Doğu'da öyle, Batı'da böyle mi uygulanıyor, her yerde aynı uygulama yok mu?", "Kürt denilen vatandaşlar da, kamu kredilerinden pay almıyorlar mı, ticari ve sınaî faaliyetlerde bulunmuyorlar mı?" denerek ileri sürülen düşüncelerin geniş bir kitle tarafından benimsendiği izlenimi verilmeye çalışılmaktadır.

Burada hukuksal bir terim olan "Türk vatandaşlığı" kavramı, etnik bir terim olan "Türk ulusu" kavramıyla bilerek, kasıtlı bir şekilde karıştırılmaktadır. Zira bunun, Kürt ulusal varlığını gizleyici, örtücü bir işlevi vardır. Türkiye'de doğan herkese Türk denilmekte, bütün Türklerin ırk, dil, din, cinsiyet bakımından eşit olduğu vurgulanmaktadır. İnsanlar doğar doğmaz kimliklerine Türk yazılmaktadır. Buysa hiçbir şekilde itirazı mümkün olmayan, aksinin ileri sürülmesi suç kabul edilen bir durumdur. Ve bu ilişkilerin pürüzsüz bir şekilde işlemesi anayasayla, yasalarla teminat altına alınmıştır.

Kendi Kürt kimliğini inkâr ettiği, Türkleştiği için Türk kamu yönetiminde görev alanlar da, sadece Türklerin çıkarları için, Türklük için çalışırlar. Bu insanlar Kürtlerin ulusal çıkarları için en küçük bir gayret içinde olamazlar.

Biz resmi ideolojinin düşüncelerine katılmıyoruz, bu tür düşünceleri eleştiriyoruz. Bu eşitlik anlayışının temelinde, gözden uzak tutulmaması gereken bir koşulun olduğunu belirtiyoruz: Bu, Kürtlerin ulusal kimliklerini inkâr koşuludur. Kendi kimliğini inkâr edenler, kamu yönetiminde, her kademede görev alabilir, yükselebilir. "Kürt denen" insanlar da milletvekili, bakan, vali, subay, yargıç, profesör, işadamı vs. olabilir. Bunun için Türkleşmesi, "Türküm mutluyum" demesi, Kürt benliğini inkâr etmesi gerekir. Kürt kimliğini inkâr etmeyenlerin, kamu yönetiminde görev almaları, vali, genel müdür, subay, öğretmen, yargıç vs. şöyle dursun, herhangi bir kamu kurumunda müstahdem olmaları bile mümkün değildir... Bu, çok açık bir gerçektir. Fakat İnter Star'ın yorumcusu bu ilişkileri, bu temel koşulu ısrarla gizlemeye çalışmaktadır. Halbuki biz bu koşulu vurgulayan yazılar yazdığımız için soruşturmaya uğruyoruz. Bu bakımdan biz eşit değiliz. En azından kendilerini, düşüncelerini eleştirdiğimiz kişilerle eşit değiliz. Çünkü onlar düşüncelerini, önerilerini gayet rahat açıklıyor, biz onları eleştirdiğimiz için soruşturmaya uğruyoruz.

Eşitlik ilkesinin yorumlanmasında Türk basın mensuplarıyla, Türk üniversitesiyle, Türk devlet ve hükümet yetkilileriyle, Türk siyasal partileriyle diyalog kurmak mümkün değildir. İnter Star'ın yorumcusu Meriç Köyatası, "Herkes, bu arada, Kürt denen vatandaşlar da milletvekili, bakan, başbakan, vali, yargıç, subay vs. olmuyor mu Allah aşkına!" diye soruyor... Biz bir Kürdün Kürt kimliğini inkâr etmeden hiçbir şey olamadığını vurgulamaya çalışıyoruz. İşte Meriç Köyatası veya benzer yorumcuların, esas olarak bu konuda bazı şeyler söylemesi gerekir. Bu temel konuda, bu temel koşulda hiçbir şey söylemeden, sık sık resmi ideolojiyi tekrarlamak, temel koşul konusunda söylenenleri görmezden, duymazdan gelmek hiç inandırıcı değildir.

Bazı dinsel grupları göz önüne aldığımız zaman resmi ideolojinin bu sloganının, gerçekliği yine hiç aksettirmediğini görüyoruz. Aleviler, Yezidiler, Asuriler dinsel bakımdan Müslümanlarla, Sünni mezheplerle eşit mi? Aleviler'e, Yezidiler'e, Asuriler'e gittikçe artan baskıları, onları, Sünni mezheplere, Müslümanlığa asimile etme çabalarını nasıl açıklayacağız?

İnsanların yasalar önünde eşit olduğu da sadece bir slogandır. Anayasa Mahkemesi'nin 3713 sayılı Terörle Mücadele Yasası'na ilişkin kararı bunun açık ve çarpıcı bir örneğidir. Anayasa Mahkemesi'nin TCK 146 ve TCK 125 için farklı farklı uygulamalar yapması, TCK'nın Türkler için farklı, Kürtler için farklı uygulandığı anlamına gelmektedir. Böylesine çarpıcı bir örneğe rağmen Türk basın mensuplarının çok büyük bir kısmı, bu arada İnter Star'ın yorumcusu, "Herkes kamu önünde eşittir, dil, din, cins farkı gözetilmiyor..." diyebiliyor. Biz durumun hiç de böyle olmadığını ifade etmeye çalışıyoruz, bundan dolayı da soruşturmalarla karşılaşıyoruz.

Bir Kürt milletvekili, kendisini hiçbir zaman Türk hissetmediğini, her zaman Kürt hissettiğini söylüyor. (*Sabah*, 6 Haziran 1992) Bu açıklamaya karşı hemen tepkiler gelişiyor, bölücülük yapılıyor diye, idam talepleriyle hakkında soruşturma açılıyor... Burada Kürtlerle Türklerin eşitliği nerede duruyor? Kendisini her zaman Türk hissettiğini söyleyen birisine karşı tepkiler, protestolar oluyor mu? Olmuyorsa eşitlik nasıl gerçekleşiyor? Bu tür açıklamalara karşı soruşturma yapılıyor mu? Yapılmıyorsa bu eşitlik nasıl gerçekleşiyor?

"Kürt Kültür Vakfı" kurulmasına zorluk çıkarılıyor. Türk adıyla kurulan vakıflara zorluk çıkarılıyor mu? Çıkarılmıyorsa "Kürtler Türklerle eşittir, eşit haklara sahiptir" sözünün içeriği nedir? Kürt Enstitüsü'nün tabelası neden polis tarafından indirilmektedir?

Eşitlik, hiç de, Türk yöneticilerinin, Türk basn mensuplarının, Türk siyasal partilerinin vs. ifade etmeye çalıştıkları gibi değildir. Bu, sadece sözden ibaret olan, içeriksiz bir slogandır. Bunun içeriğini doldurmaya çalışanlar, Kürt toplumu olmaktan doğan haklarını arayanlar, Kürt kimliğine sahip olmanın gereklerini yerine getirenler ise binbir türlü soruşturmalarla karşı karşıya kalıyorlar.

Yetkililer, "Kürt-Türk herkes eşittir" diyorlar. "Dil, din, cins bakımından hiçbir ayrım gözetilmiyor" diyorlar. Öte yandan da Kürtçe eğitim, Kürtçe okul, Kürtçe radyo ve televizyon gibi kurumlara hemen karşı çıkıyorlar... Kürtçe eğitim, Kürtçe okul, Kürtçe radyo ve televizyon bile yoksa eşitlik nasıl meydana geliyor?

Bu çok rahat izlenebilen ve gözlenebilen bir süreç olduğu halde bu konuda, Türk devlet ve hükümet yöneticileriyle, Türk basın mensuplarıyla diyalog kurabilmemiz hiç mümkün olmuyor. Bu, koşula bağlı eşitlik anlayışı herkes tarafından tekrarlanıyor ve bunun çağdaş bir anlayış olduğu vurgulanıyor... Temel koşuldan hiç söz edilmiyor. Bu Türk düşüncesindeki çifte standardın en önemli göstergelerinden birisidir... Halbuki Bulgaristan'da, 1985-1988 yılları arasında yaşanan benzer süreç Türk devlet ve hükümet yöneticileri, Türk basını, Türk siyasal partileri, Türk üniversitesi vs. tarafından "ırkçılık", "faşizm", "emperyalizm", "sömürgecilik" kavramlarıyla açıklanıyordu. O zaman Bulgar yöneticileri, Bulgarlaşan, Bulgar isimlerini reddetmeyen Türk kökenli insanların, Bulgaristan'da devlet yönetiminde, her türlü göreve gelebileceğini, Bulgar vatandaşlarının ırk, dil, din, cinsiyet bakımından eşit olduğunu söylüyordu. Fakat aynı kategoriler, Kürtlüğü inkâr etmeyi ve Türkleşme sürecini çağdaş bir gelişme olarak yorumlamaktadırlar. Türk düşüncesindeki bu çifte standardı belirtenler ise ceza tehdidiyle susturulmaya çalışılmaktadır. Bu, elbette dikkatle ele alınması gereken bir konudur. Bir siyasal partinin herhangi bir yöneticisinin, bir basın mensubunun, herhangi bir yargıcın, bir profesörün, herhangi bir subayın, bir din adamının, bir sendikacının aynı şeyi düşünmesi sağlıklı bir süreç değildir. Bu ancak resmi ideolojinin, düşünceyi ve beyni kötürümleştirici etkisiyle açıklanabilir...

"Eşitlik" kavramının yorumu, Türk düşüncesindeki çifte standardı bütün açıklığıyla göstermektedir. Türk basın mensuplarının, Türk siyasal partilerinin, devlet ve hükümet yöneticilerinin, Türk üniversitesinin, çeşitli demokratik kurumların, işçi kuruluşlarının, din kuruluşlarının Bulgaristan Türkleri'yle ilgili düşüncelerini, tavır ve davranışlarını hiç unutmamak gerekir... İnsanların bu konuda, bellekleri hiç silinmemelidir. Bu çeşitli Türk kategorileri Bulgaristan'da, kendi Türk kimliğini inkâr eden, Bulgarlaşan, bu şekilde, Bulgar devlet kademeleri içinde yer alan Türkleri "hain", "işbirlikçi", "alçak" gibi kavramlarla niteliyor. Buna rağmen kendi Kürt kimliğini inkâr ederek Türkleşen ve Türk kamu yönetiminde görev alan Kürtleri alkışlıyor... İşte burada, sömürgeciliğin çok önemli bir taktiğini görmekteyiz. Sömürgecilik, sömürge insanlarını her zaman düşürmeye, onları düşkün insanlar haline getirmeye çalışır. Bir taraftan onlara yüksek makamlar vermeye çalışır, bir taraftan da, onların arkasından, "yüzsüz", "köksüz", "çıkarcı", "uşak" diye alay eder.

"TÜRK EGEMENLİK SİSTEMİ"(*)

1920'li yıllardan beri, "Egemenlik Kayıtsız Şartsız Milletindir" denmiştir. 1924, 1961 ve 1982 anayasalarında bu hüküm temel bir prensip olarak yer almıştır. TBMM'de başkanlık divanının arka tarafında, "Egemenlik Kayıtsız Şartsız Milletindir" ibaresi yazılıdır. Halbuki, Türk egemenlik sisteminin içeriğine baktığımız zaman, değil siyasal partilerin ve hükümetin, TBMM'nin bile hiçbir ciddi ağırlığı olmadığını görüyoruz.

Türk siyasetinde MGK'nin ağırlığı çok büyüktür. Türkiye'de önemli konularda, özellikle güvenlikle ilgili konularda, politikayı saptayan, politikanın saptadığı şekilde uygulanıp uygulanmadığını denetleyen kurum MGK'dir. MGK'nin asker ağırlıklı bir kurum olduğu açıktır. Bu bakımdan bu kuruma egemen olan ideoloji ordu ideolojisidir. MGK'nin, Türk siyasetindeki ağırlığı belirleyicidir, tayin edicidir. Bu ağırlık karşısında Türk siyasal partilerinin, hükümetin, TBMM'nin hiçbir kıymet-i harbiyesi yoktur. Türk basınının, Türk işçi kuruluşlarının, sendikaların, üniversitelerin, yargı organlarının da. Kürdistan sorunu karşısında bu, kesinlikle böyledir. Fiili durum budur, yaşanan, uygulanan siyaset budur. Hukuksal durumla, yani anayasada ve yasada yazılanlarla fiili durum, yani uygulama arasındaki bu derin çelişki Türk egemenlik sisteminin özüdür.

Genel seçimlerde, siyasal partilerin kazandıkları oylar, oy oranlarının yükselmesi, herhangi bir siyasal partiyi, Türk siyasetini belirleyen ve tayin edici bir rol oynayan bu kurum karşısında daha güçlü kılmıyor. Batı demokrasilerinde MGK gibi kurumlara yer yoktur. Çünkü demokrasilerde, halk tarafından genel oy ile seçilen kurumların devlet yönetimindeki rolleri çok daha büyüktür. Batı demokrasilerinde tayin edilmiş olan kurumların devlet yönetiminde tayin edici ve belirleyici bir rolleri yoktur. Bu bakımdan oralarda devlet-hükümet ikilemi

---

*- *Özgür Gündem 4 Eylül 1992*

söz konusu değildir. Hükümetler her türlü ekonomik, toplumsal ve askeri politikayı saptar ve uygular. Türkiye'de ise durum fiili olarak çok değişiktir. TBMM genel oyla seçilen temsilcilerden oluşur. Hükümet bu kurum tarafından veya bu kuruma dayalı olarak oluşturulur. Burada, siyasal partilerin oy oranları elbette önemlidir. Devlet ise tayin edilmiş kurumlar ve kurullar tarafından temsil edilir. Bu kurumların başında MGK gelmektedir. Devlet-hükümet ikilemi, Türk'e has demokrasinin ortaya çıkardığı bir durumdur. Devletin hükümet karşısındaki belirleyiciliğini yine Türk egemenlik sisteminin özü olarak değerlendirmek gerekir. Demokratik süreç, demokratik yaşam elbette, böyle bir kurumun geriletilmesini, devlet yönetimindeki ağırlığının mümkün olduğu kadar aza indirilmesini gerektirir. Fakat Türkiye'de hiçbir hükümet, TBMM'deki hiçbir siyasal parti grubu böyle bir kurumla mücadeleyi göze alamaz, bilakis bu kurumun istek ve iradesine, direktiflerine tamamen boyun eğip bunlarla sıkı bir şekilde bütünleşip hükümet olmaya çalışır. Türk siyasal partilerinin, hükümetin gayet açık bir şekilde kavradığı mekanizmalardan biri budur. Türk basını, Türk üniversitesi, Türk işçi kuruluşları, Türk yargı organları vs. de bu mekanizmanın bilincindedirler. Türk basını, demokrasi adına bu egemenlik sistemini övmekte, Türk yargı organları da demokrasi adına bu egemenlik sistemini kutsamaktadır.

Kürdistan'da gelişen, önü alınamayan, yükselişi, yaygınlaşması ve derinleşmesi durdurulamayan ulusal ve toplumsal kurtuluş mücadelesi, Türk egemenlik sisteminin içeriğinin etkili bir şekilde kamuoyunun bilincine çarpmasına neden olmuştur. Zaten Türk egemenlik sistemi, kendisini daha çok Kürdistan alanında somutladığı için bu gibi kavramları gündeme getiren, tahlil etmeye çalışan, enini-boyunu kavramaya çalışan, yine Kürt ulusal ve toplumsal kurtuluş mücadelesidir.

Bir örnek verelim. Bu sene Haziran ayı içinde TBMM'de Ceza Muhakemeleri Usulü Kanunu'nda yapılan bazı değişikliklerle ilgili bir tasarı görüşüldü ve kabul edildi. Kabul edilen yasa, imzalanması için Çankaya'ya gönderildi. O zaman Cumhurbaşkanı Turgut Özal ABD'deydi. Yerine, TBMM Başkanı Hüsamettin Cindoruk bakıyordu. Cumhurbaşkanlığı'na vekalet eden Hüsamettin Cindoruk yasayı imzalamadı. Cumhurbaşkanı Turgut Özal'ın ABD'den gelmesini bekledi. Cumhurbaşkanı yasayı veto etti. Cumhurbaşkanı Turgut Özal, MGK'den bazı askerlerin yasadaki bazı hükümlere karşı olduklarını söyledi. Askerler özellikle gözaltı süresiyle ilgili bazı hükümlere şiddetle itiraz etmişler... Bundan sonra, sürecin nasıl geliştiğini yakından biliyoruz. Bu durumu irdelemek gerekir. TBMM bir yasa tasarısını görüşüyor ve yasalaştırıyor. Fakat TBMM'nin kabul ettiği bu yasa, generallerin isteği ve direktifi üzerine onaylanmıyor. Cumhurbaşkanı gerekçe olarak, "Generaller yasanın bazı hükümlerine itiraz etti" diyor. Hani TBMM üzerinde hiçbir irade yoktu? En üst en yüksek irade TBMM idi?.. "Hakimiyet Kayıtsız Şartsız Milletindir" şeklindeki beyan sadece bir slogandır. Bu sloganın amacı, fiili durumu, somut gerçekleri gizlemek, çarpıtmak ve saptırmaktır. Tek parti döneminde TBMM'nin üyeleri, Cumhuriyet Halk Fırkası Genel Başkanı ve aynı zamanda Cumhurbaşkanı Mustafa Kemal Atatürk tarafından, daha sonra da İsmet İnönü tarafından bizzat tayin ediliyordu. O zaman da "Hakimiyet Kayıtsız Şartsız Milletindir" nutukları hiç eksik olmuyordu. Bu durumda padişahın tartışılmaz ve üstün iradesiyle, bu tür yetkileri olan bir Cumhurbaşkanının iradesi arasında fark var mıdır?

26 Ağustos 1992 tarihinde TBMM Kıbrıs, Bosna-Hersek ve Karabağ olaylarını görüştü. O gün, HEP Şırnak Milletvekili Mahmut Alınak ile bazı milletvekilleri arasında tartışmalar çıktı. Mahmut Alınak, hükümeti, "Genelkurmay hükümeti" diye niteledi. Bu niteleme üzerinde çok büyük tartışmalar ve kavga çıktı. Fakat ertesi gün, 27 Ağustos 1992'de hükümet, Cumhurbaşkanı'nın çağrısı üzerine Diyarbakır'da askeri bir garnizonda toplandı. Ve bu, Türk basını tarafından, "Devlet, güvenlik güçlerinin yanında" mesajını veriyor biçiminde değerlendirildi. (*Sabah*, 27 Ağustos 1992) "Genelkurmay hükümeti" nitelemesine neden itiraz ediliyor acaba?

Doğru Yol Partisi Genel Başkanı ve Başbakan Süleyman Demirel, hükümet kurmadan önce sık sık 12 Eylül'ü eleştirirdi. Yarım ağız bir şekilde de olsa, "12 Eylül'cülerden hesap sormak gerekir" bile derdi. Hükümet olduktan sonra ilk yaptığı işlerden biri ise 12 Eylül'ün İstanbul Valisi'ni Milli Savunma Bakanı yapmak olmuştur.

Türk siyaseti korkaktır ve dalkavuktur. Bu tavır ve davranışla demokratik sürecin önünün açılması, demokrasinin yaygınlaşması ve kökleşmesi mümkün değildir.

Türk egemenlik sistemi, Kürt sorunu söz konusu olduğu zaman sık sık kendini göstermektedir. Hükümet, basın mensupları, sık sık "Güçlü ordumuz, modern silahlarımız, tanklarımız, toplarımız, zırhlılarımız, uçaklarımız var" derler. "Baldırı çıplak eşkıyanın elinde bunlarla boy ölçüşecek hiçbir şey yok" demeyi ihmal etmezler. Siyasal parti mensupları, ordu mensupları vs. de bunları söyler. Tanklarıyla, toplarıyla, uçaklarıyla, kimyasal silah tehditleriyle Kürtler üzerinde egemenliklerini sürdüreceklerine inanırlar. Halbuki Kürdistan eski Kürdistan değildir, Kürtler eski Kürtler değildir. Kürt şehirlerinin girişlerinde ve çıkışlarında, caddelerde ve kavşaklarda 8 tekerlekli Alman panzerleri bekleyedursun, uçaklar, helikopterler, tanklar, toplar, zırhlılar en yoğun bir şekilde kullanılsın, artık ulusal gelişmenin önü alınamaz. PKK, geniş Kürt halk yığınlarının yüreklerindedir, gönüllerindedir. PKK, geniş Kürt halk kitlelerinin beyinlerine girmiştir. Kürt halkı, PKK olmuştur. Zira özgürlük, sadece Kıbrıs Türkleri'nin, Bosna-Hersek'teki Müslümanların, Karabağ'daki Azerilerin özlemi değildir. Özgürlük, Kürtlerin de hakkıdır. Geniş Kürt halk yığınlarındaki özgürlük istemini, özgürlük hareketini artık hiçbir güç geriletemez. İnsanların yüreklerindeki ve beyinlerindeki özgürlük duygusunu ve özgürlük bilincini yok etmek mümkün değildir. Çifte standartlı düşünceler, çifte standartlı tavır ve davranışlar sadece ve sadece Türk yönetimiyle geniş Kürt halk yığınları arasındaki uçurumları derinleştirir. Öte yandan "PKK'yi anlatanlara, PKK hakkında gerçekleri ortaya koyanlara hadlerini bildireceğiz" biçiminde tehditler geliştirmek, bu sömürge politikasının iflasının en önemli göstergesidir. Zira bunlar, tehditten ve cezadan başka hiçbir yöntemlerinin, dayanaklarının kalmadığı anlamına gelir. Halbuki hiçbir siyasal güç, ceza tehditleriyle meşruiyetini koruyamaz, sürdüremez.

HALKLARIN KADERLERİ...(*)

Günümüzde, bir halkın, bir ulusun en büyük dramlarından biri kendi kaderini tayin edememesi konusunda odaklaşmaktadır. Kürtler, Asuriler ve Ermenilerin büyük bir kısmı Ortadoğu'da kendi kaderlerini tayin edemeyen, kaderleri hep kendilerinin dışındaki egemen ve sömürgeci güçler tarafından belirlenen halklardır. Çerkesleri, Lazları yine bu kategori içinde saymak gerekir. Halkların, ulusların kendi kaderlerini tayin edemememeleriyle ilgili olarak ortaya çıkan sorunlar gün geçtikçe daha ağırlaşmaktadır, derinleşmektedir. Çünkü çağımızda özgürlük istemleri bütün dünyada ana akım olarak gelişmektedir, egemen güçler ise çoğu yerde bu akımları ancak devlet terörü uygulayarak bastırma yolunu seçmektedir.

19. yüzyılda imparatorluklar vardı. Avusturya-Macaristan İmparatorluğu, Rus İmparatorluğu, Osmanlı İmparatorluğu. İmparatorlukların en önemli özelliği birden fazla ulusun veya halkın belirli koşullar içinde bir arada yaşamalarıydı. 1. Dünya Savaşı'ndan sonra imparatorluklar parçalandı, dağıldı. Ulus devlet veya ulusal devlet denen siyasal birimler ortaya çıktı. Osmanlı İmparatorluğu'nun dağılmasıyla ortaya çıkan devletleri bu çerçeve içinde değerlendirmek gerekir. Fakat bu süreçte kendi kaderlerini tayin edemeyen, kaderleri emperyalist güçler ve onların bölgedeki yerli işbirlikçileri tarafından tayin edilen halklar da kaldı. Yani aslında ulus devlet veya ulusal devlet denen siyasal birimlerin içinde de birden fazla ulus vardı. Bunlardan birisi kuşkusuz egemen ulus idi.

İmparatorlukların parçalanmasına paralel olarak gelişen başka bir süreç de egemen güçler tarafından dünyanın yeniden paylaşımı olarak belirdi. Milletler Cemiyeti çerçevesinde manda devletler, sömürgeler kuruldu. Milletler Cemiyeti, imparatorlukların dağılmasıyla birlikte kurulan ulus devletlerin, sömürgelerin, manda devletlerin sorunlarıyla

*- *Özgür Gündem 11 Eylül 1992*

ilgilendi. Bu arada Rus İmparatorluğu da parçalandı, fakat ulusların kendi kaderlerini tayin hakkı temel ilkesi çerçevesinde Sovyet Sosyalist Cumhuriyetleri Birliği olarak yeniden örgütlendi.

2. Dünya Savaşı sonunda sömürgelerin bağımsızlığıyla ilgili akımlar güçlenmeye başladı. Sömürgeler, manda devletler, İngiltere, Fransa gibi egemen ekonomilerin, emperyalist güçlerin denetimindeydi. O zamanın koşulları içinde Belçika, Hollanda gibi devletleri de bu kategori içinde değerlendirmek gerekir. Dünyada bir zamanlar egemen olan İspanya ve Portekiz'in de sömürgeleri vardı. 1. Dünya Savaşı sonunda Almanya sömürgelerini kaybetmiş, İtalya sömürge kazanamamıştı. 2. Dünya Savaşı'ndan sonra sömürgelerin büyük bir çoğunluğu sömürgeci devletler veya emperyalist devletlerle sömürge ülkenin temsilcileri arasında yapılan siyasal görüşmeler yoluyla siyasal bağımsızlıklarını elde etti. İşte burada, kendi kaderlerini belirleyemeyen, kaderleri hep başkaları tarafından belirlenen halkların sorunları bir kere daha gündeme gelmektedir.

Şırnak olayları, duygularımızın ve düşüncelerimizin berraklaşmasında önemli bir etken oldu. Şırnak, devlet güçleri tarafından yakıldı, yıkıldı. Kürt insanları şehri terk ettiler. Şırnak'taki tugay komutanının, şehrin yıkılması ve yakılmasına ilişkin emirleri, direktifleri, bunlara ilişkin bant kayıtları *Özgür Gündem* gazetesinde yayımlandı. Devlet ve hükümet yöneticilerinin inkâr politikaları, "Böyle konuşmalar yoktur, olmamıştır" biçimindeki yalanlamaları hiç inandırıcı değildir, gerçekler bütün açıklığıyla ortadadır.

Şırnak ve çevresinde yürütülen devlet terörü, bir ulusun, bir halkın kaderinin başkaları tarafından belirlenmesinin en çarpıcı örneklerinden biridir. 1980-1988 yılları arasında cereyan eden İran-Irak Savaşı'nı düşünelim. Bu savaşta da taraflar birbirlerinin çeşitli askeri ve sanayi tesislerini, ulaştırma ve haberleşme şebekelerini, hatta şehirlerini bombalamıştır. Fakat bir şehrin taş taş üstünde bırakılmamacasına bombalanması, insanların göçe zorlanması, şehrin yağmalanması gibi olaylara rastlanmamıştır. Bunun temel nedenlerinden biri, savaşın uluslararası bir gözetim altında cereyan etmesidir. Birleşmiş Milletler,

AGİK gibi kurumlar, çeşitli basın kuruluşları, savaşı yakından izlemektedirler. Tarafların ele geçirdikleri esirlere nasıl muamele ettikleri, benzer konular yine bu kurumlar ve kuruluşlar tarafından izlenebilmektedir. Kürdistan'da cereyan eden ulusal mücadeledeyse devletler, savaşı izleyebilecek, savaşa tanıklık yapacak kişilerin ve kurumların varlığını hiç istememektedir. Örneğin, Şırnak yakılıp yıkılmakta, hemen arkasından Şırnak'a girişler engellenmekte, yasaklanmaktadır. Gazetecilerin, insan hakları kuruluşlarının, milletvekillerinin vs. Şırnak'a girişlerine, orada incelemeler yapmalarına engel olunmaktadır. Kürt insanlarına karşı, Kürt yerleşim birimlerine karşı sistematik bir şekilde sürdürülen devlet terörünün tanıklarının olması istenmemektedir. Çünkü tanıklık, sürecin ağırlığını, devletin terör politikasını bütün açıklığıyla ortaya çıkaracaktır. Esasen tanıkların izlemi ve gözlemi altında devlet terörünün sürdürülmesi mümkün değildir. Devlet, ne iç kamuoyu, ne de uluslararası kamuoyu karşısında "Kendi vatandaşıma karşı terör uyguluyorum" demez. Fiili olarak terör uygular, fakat bunu inkâr eder. Örneğin, devlet, kendi adına terör uygulayacak örgütler kurar, kendini bu örgütlerle gizler. Hizbullah bunun en açık, görünen, izlenebilen bir örneğidir. Bunlar, bir halkın kendi kaderini tayin edememesinin ortaya çıkardığı dramatik, trajik sonuçlardır. Bu, aslında sömürge koşullarında görülen baskı ve zulümden çok daha ağırdır. Günümüz baskının ve zulmün gittikçe ağırlaştığını, sistematik bir hale geldiğini göstermektedir.

1. Dünya Savaşı sonunda kurulan Milletler Cemiyeti'nin en önemli sorunu, imparatorlukların parçalanmasıyla kurulan devletler oldu. Sömürgeler yeniden düzenlendi. Dünyada devlet sayısı arttı. Fakat Milletler Cemiyeti, gelişen ve yükselen istemlere cevap veremedi, siyasal ve toplumsal dinamikler karşısında işlevsiz kaldı, 2. Dünya Savaşı'nın patlak vermesini engelleyemedi. 2. Dünya Savaşı'ndan sonra Birleşmiş Milletler örgütlendi. Birleşmiş Milletler'in en önemli işlevlerinden biri sömürgelerin bağımsızlığı konusunda ortaya çıktı. sömürgeler siyasal bakımdan bağımsızlık kazandı, Birleşmiş Milletler'de temsil edilen devletlerin sayısı arttı.

Bugün dünya yepyeni bir süreçle karşı karşıyadır. Aslında kendileri egemen ekonomilere, emperyalist güçlere bağımlı olan bazı devletler, denetimleri altında tuttukları halklara karşı yoğun bir baskı ve zulüm uygulamaktadırlar. Bu halkların, bu ulusların özgürlük hareketlerini, eşitlik mücadelelerini, bağımsızlık istemlerini ancak bu yolla engelleyebilmektedirler. Birleşmiş Milletler örgütü veya benzer kuruluşlar ise gelişen ve yükselen bu istemlere karşı hiç cevap verememektedir. Sınırların değişmezliği, kutsallığı adı altında, ırkçı ve sömürgeci politikalara ve uygulamalara bekçilik yapmaktadırlar.

Her halk, her ulus kendi kaderini belirlemede söz sahibi olmalıdır. Bir ulusu veya bir halkı başkalarının yönetmesi, bunun için de her türlü zulmün gündeme getirilmesi kabul edilmemelidir. Bütün ağırlığına rağmen süreç bu yönde gelişmektedir. Enternasyonal dayanışma da ancak böyle bir eşitlik anlayışı temelinde yükselebilir.

EŞKIYA DEVLET İSTER Mİ?(*)

İçişleri Bakanı İsmet Sezgin, 11-15 Eylül 1992 tarihleri arasında İran'a resmi bir gezi yaptı. 11 Eylül'de, yani geziye çıkarken, Ankara'da yaptığı basın toplantısında gezinin amaçları hakkında açıklamalarda bulundu. Terörden, "PKK eşkıyası"ndan söz etti. "Türk Devleti eşkıyanın kökünü kazımaya kararlıdır" dedi. "Eşkıya"nın, sadece Türkiye'yi değil, İran'ı, Irak'ı ve Suriye'yi de tehdit ettiğini vurguladı. "PKK eşkıyası"na karşı Türkiye'nin, İran'ın, Suriye'nin, Irak'ın birlikte mücadele etmeleri gerektiğini ısrarlı bir şekilde belirtti. "Eşkıyanın amacı, Türkiye'nin doğusundan toprak koparıp bağımsız bir Kürt devleti kurmaktır. Daha sonra da İran'a, Irak'a ve Suriye'ye yönelecektir..." sözlerini birkaç kez tekrarladı. İçişleri Bakanı İsmet Sezgin, İran'da resmi görevlilerle yaptığı görüşmeler sırasında da, bu duygularını ve düşüncelerini açıkladı.

Türk devlet ve hükümet yöneticileri, uzun süre terörden, eşkıyadan ad vermeden soyut bir şekilde söz ettiler, 1992 Newroz'undan itibaren ise "PKK" adını telaffuz etmeye başladılar. "Terör örgütü PKK", "PKK eşkıyası" gibi deyimleri sık sık kullanır oldular.

Hemen sormak gerekir: Eşkıyanın devlet talebi olur mu? Eşkıyanın Avrupa temsilciliği olur mu? Eşkıyanın Almanya'da, Yunanistan'da, Kıbrıs'ta, İngiltere'de vs. büroları olur mu? Eşkıyanın yayın organları olur mu? "Terörist", "eşkıya" gibi sözcüklerin sık sık kullanılması, kuşkusuz, Kürt halkına karşı sistematik bir şekilde uygulanan devlet terörünü gizlemek, olayın gerçek niteliğini çarpıtmak, saptırmak amacını taşımaktadır. Ortada çok büyük bir hak gaspı olduğu açıktır. 1. Dünya Savaşı sırasında ve ondan sonraki süreçte, Kürtler bölünmüş, parçalanmış ve paylaşılmıştır. Böl-yönet politikası, kuşkusuz emperyalistlerin ve sömürgecilerin politikasıdır. Fakat bu politikanın, Ortadoğu'da yerli işbirlikçileri olduğunu unutmamak gerekir. Kemalistler, bu konuda, İngiliz ve Fransız emperyalizminin en önemli işbirlikçileridir. Kürdistan'ın bölünmesinin, parçalanmasının ve paylaşılmasının en önemli sonucu, Kürtlerin ulusal ve demokratik haklarının gasbedilmesi olmuştur. Bu, dünyanın siyasal tarihinde bir

*- *Özgür Gündem 18 Eylül 1992*

eşi daha görülmeyen bir gasp olayıdır. İşte on yıla yakın bir zamandır gelişen ulusal ve toplumsal kurtuluş mücadelesi, özgürlük hareketi bu gasp sürecini bütün açıklığıyla ortaya çıkarmıştır. Bu konuda, geniş Kürt halk yığınlarının bilinci gittikçe açılmaktadır. Kürtler, artık gasp edilmiş ulusal ve demokratik haklarına sahip olmak istemektedir. Siyasal ve toplumsal yaşantısını kendi kimliğiyle sürdürmek Kürtlerin vazgeçilmez bir özlemi ve isteği olmaktadır. Devletin öfkesinin temelinde, hak gaspı ve kimlik gaspı konusunda gittikçe çoğalan ve büyüyen bilinç vardır... "Terörist", "eşkıya" gibi sözcükler bu bilinci çarpıtmayı, köreltmeyi ve gizlemeyi amaçlamaktadır.

Son aylarda PKK'nin taban bulduğu, çeşitli çevreler tarafından ifade edilmektedir. "PKK'nin taban bulduğu anlaşılıyor", "Belirli bir kesimin PKK'yi desteklediği açık...", "Bir kısım halk, şu veya bu nedenlerle PKK'yi destekliyor, PKK'nin yanında yer alıyor..." Bu tür açıklamalar, devlet ve hükümet yetkililerinin demeçlerinde görülüyor. Türk basınında, benzer belirlemeler yer alıyor. Bu gelişim karşısında doğal olarak şöyle düşünmek gerekiyor: Bir örgüt mademki halk yığınları arasında önemli bir desteğe sahiptir, halk yığınlarıyla örgüt arasında organik bağlar vardır, o halde o örgütü "terörist", "eşkıya" diyerek dışlamamak, aksine düşüncesini, niyetlerini, özlemlerini öğrenmek gerekir... Veya halkın gerçek temsilcileriyle ilişkiye girmek gerekir... Halkın düşüncesini, özlemini, duygularını öğrenmek önemli bir çaba olmalıdır. Bu, normal, demokratik bir süreçtir. Bu, Kürt toplumunun iç dinamiklerinin güçlendiğini göstermektedir. Fakat Türk egemenlik sistemi, Kürtlere karşı demokratik bir sürecin işletilmesine tahammül edemez. Eğer resmi ideolojiye karşı bir oluşum Kürt halk yığınları arasında yankı buluyorsa, bu sürecin önünü kesmek gerekir. Bu gelişmeye güç veren, bu gelişmelere temel olan dinamikleri parçalamak gerekir. Bunun yolu da doğrudan doğruya Kürt halkına karşı savaş açmak, iç dinamikleri parçalamaya çalışmaktır. "Eşkıyanın kökünü kazıyacağız" sözü bu anlama gelmektedir. Zira gerillayla Kürt halk yığınları arasında organik bir bağ vardır. Bu bağ, deniz ve balık ilişkisi kadar organiktir. Balığı öldürmek için denizi kurutmak gerekir.

Bütün bunlara rağmen biz, Türk Devleti'ni ve Türk toplumunu demokratikleştirecek en önemli güçlerden birinin PKK olduğunu düşünüyoruz...

Türk yöneticileri çok büyük bir yanılgı içindedir. Çünkü PKK'nin kurumlaştırdığı mücadele, özgür ve yoksul Kürtlerin mücadelesidir. Özgür ve yoksul Kürtlerin hareketini durdurmak, geriletmek mümkün değildir. PKK'yi herhangi bir Kürt örgütü gibi değerlendirmek büyük bir yanılgıyı içermektedir. Dünyanın her tarafında, özgürlük ve bağımsızlık hareketleri güç kazanırken, Kürtlerin bu sürecin dışında kalmalarını ummak tutarlı bir düşünce ve beklenti olamaz...

Ta mücadelenin başlangıcında Türk yöneticileri, "üç buçuk eşkıya"dan söz etmişlerdir. Söylediklerine kendileri de inanmışlar, kendilerini inandırmışlardır. Gittikçe büyüyen kitleselleşmeyi ise görmezden gelmişler, dikkate almamaya çalışmışlardır. PKK'nin düşüncesi ve eylemi etrafındaki büyümenin, kitleselleşmenin önünün alınmaz olduğunun iyice fark edilmesinden sonraysa doğrudan doğruya kitleler hedef alınmaya başlanmıştır.

Kürtleri, Kürdistan'ı bu şekilde yönetmek mümkün değildir. Kaldı ki Kürtleri yönetmek gittikçe daha da zorlaşacaktır. Çünkü Kürtler artık eski Kürtler değildir, siyasal istekleri gittikçe büyümektedir. Kürtler artık kimliklerinden vazgeçmezler. Devlet terörüyle, Kürtlerin ulusal isteklerini geriletmenin mümkün olmadığını, her şeyden önce devlet anlamalıdır... O halde Kürtlerin, bu arada PKK'nin düşüncesini ve eylemini iyi kavramak gerekir. Türk insanının, bu konuda bilgisiz kalmasını sağlayacak önlemler almak çıkar yol olamaz. Birkaç ay önce PKK Genel Sekreteri Abdullah Öcalan'ın *Kadın ve Aile Sorunu* adlı kitabı yayımlandı. Bu, Türk basınında alaya alınmak istendi. "Eşkıya da kitap yazmış!", "Eşkıyanın kitabı!.." vs. Halbuki durum, Türk basınının göstermeye çalıştığı gibi değildir. Türk toplumu, PKK Genel Sekreteri Abdullah Öcalan'ın düşüncelerini, kitaplarını, yazılarını yakından tanımalıdır. Kitap yasaklayarak, dergi ve gazete toplatarak bu gelişmelerin önüne geçilemez. Ulusal ve toplumsal kurtuluş mücadelesinin önderini küçümsemek kendini aldatmaktan başka bir sonuç doğurmaz... Öte yandan PKK savaşan taraflardan biridir. Türk insanının, kendi devletinin düşüncesini ve eylemini öğrendiği kadar PKK'nin düşüncesini ve eylemini öğrenmeye de hakkı vardır.

"KÜRT ŞOVENİZMİ"(*)

"Kürt şovenizmi" sözcükleri bir suçlama olarak ileri sürülüyor. Kürt ulusal ve toplumsal mücadelesinin yükselmesi karşısında, Türk basını ve bazı Türk aydınları, "Kürt şovenizmi"nin böyle tırmanması Türk şovenizmini davet eder, Türk şovenizminin ortaya çıkmasına neden olur, diyorlar. "Kürt şovenizmi"ne de karşıyız, Türk şovenizmine de karşıyız demeyi ihmal etmiyorlar. Türk basınının ve Türk aydınlarının bu düşüncesi ve tutumu Kürdistan'daki mücadelenin içeriğinin hiç anlaşılmadığını göstermektedir. "Kürt şovenizmi" kavramı Kürt ulusal ve toplumsal kurtuluş mücadelesini anlamaya yardımcı olan bir kavram değildir, bilakis süreci çarpıtmaktadır, saptırmaktadır.

Türk basını, bazı Türk aydınları "Kürt şovenizmi"nden söz ederlerken bu suçlamalarına kanıt göstermiyorlar veya hangi olguların, hangi süreçlerin "Kürt şövenizmi"ni ortaya çıkardığını belirtmiyorlar... Türk basınını, Türk yazarlarını bu şekilde düşünmeye iten etkenler nedir, bunları belirtmiyorlar... Sadece soyut bir şekilde, "Kürt şovenizmine de karşıyız, Türk şovenizmine de karşıyız", diyerek suçlama yapıp geçiyorlar.

Türk şovenizmini görmek, kavramak çok kolaydır. Çünkü çok belirgindir, çok açıktır. "Ne Mutlu Türküm Diyene" resmi ideolojinin önemli bir sloganıdır. "Türk Öğün, Çalış, Güven", "Bir Türk Dünyaya Bedeldir", "Yüksel Türk, Yüksekliğin Senin İçin Hududu Yoktur" gibi sloganlar, yine resmi ideolojinin sloganlarıdır. 70 yılı aşkın bir zamandır, Kürt çocuklarına bu sloganlar aşılanmaktadır, Kürt çocukları, Kürt toplumu bu sloganlarla eğitilmeye çalışılmaktadır. Kürt çocuklarına okullarda her gün, "Türküm, doğruyum, çalışkanım..." diye ant okutulmaktadır, bu okunması zorunlu tutulmuş bir anttır. Durum bu kadar açık bir şekilde görülüyorken "Kürt şovenizmi"ne de karşıyım, Türk şövenizmine de karşıyım sözlerini nasıl yorumlamak gerekir? Halbuki

*- *Özgür Gündem 14 Ağustos1992*

Kürt ulusu ezilen bir ulustur. Bütün ulusal ve demokratik hakları gasp edilmiş bir ulustur. Kürt toplumu, bölünmüş, parçalanmış ve paylaşılmış bir toplumdur. Bölünme, parçalanma ve paylaşılma sürecinde, ulusal ve demokratik hakların gasp edilmesi sürecinde Kürt kişiliği düşürülmüştür. Bu da kolayca saptanabilen, izlenmesi ve gözlenmesi kolay ve mümkün olan bir süreçtir. Kürtler, gasp edilmiş ulusal ve demokratik haklarının, düşürülmüş kişiliklerinin bilincine son 8-10 yıl içinde vardılar. Türklerle, Araplarla ve Farslarla eşit koşullarda, onurlu bir şekilde, kendi kimlikleriyle yaşamanın mücadelesine giriştiler... Bütün ulusal ve demokratik hakları gasp edilmiş, horlanmış, aşağılanmış, düşürülmüş bir halkın özgürlük ve eşitlik için giriştiği mücadeleler neden "Kürt şovenizmi" olarak değerlendiriliyor acaba?

Kürt şehirlerinin girişlerine "Ne Mutlu Türküm Diyene" sloganları yazılmış. Benzer sloganlar, Kürdistan'da, dağlara, yamaçlara vs. her yere yazılmış... Kamu binalarının giriş kapıları, duvarları bu tür yazılarla dolu... Bir kısım Türk basını, logosunda "Türkiye Türklerindir" sloganını eksik etmiyor. Okullarda, Türkçe, Türk edebiyatı, Türk kültürü, Türk tarihi öğretiliyor, Kürtçe yasaklanmış... Ve bunlar önemli, vazgeçilmez bir devlet politikası olarak uygulanıyor. Bu politikanın yaşama geçirilmesinden, bu uygulamadan en ufak bir taviz verilmiyor. Kürtlerden, Kürtçeden söz etmek Türklüğe hakaret etmek sayılıyor. "Kürtlerden, Kürtçe'den söz edenler Türkler'in milli duygularını zedeliyorlar, rencide ediyorlar" deniyor. Kürtçe isimler, Türklerin örf ve adetlerine aykırı kabul ediliyor. Bu konularda iddianameler yazılıyor, mütalaalar veriliyor. Kürt dili, Kürtçe aşağılanıyor, ilkel bir dil deniyor. "Doğu halkı bu ilkel dille hiçbir yere varamaz, bilim dili Türkçedir, Türkçe'yi öğrensinler, dünya ile bütünleşirler" deniyor. Bunların ırkçı ve sömürgeci uygulamalar olduğu açıktır. Kürtler ise bu ırkçı ve sömürgeci devlet politikası karşısında gasp edilen kimliklerini, ulusal ve demokratik haklarını aramaya, bulmaya ve kazanmaya çalışıyorlar... Böyle bir sürecin, Türk yazarlarında, Türk basınında "Kürt şovenizmi" konusunda bazı izlenimler uyandırabilmesi anlaşılır bir durum değildir. Bunu, insanın havsalası almamaktadır... Bu bakımdan "Kürt şovenizmi"ne de karşıyım, Türk şovenizmine de karşıyım, biçiminde ortaya çıkan düşünceyi tutum ve davranışı iyice irdelemek gerekir kanısındayım. Bu konuyu zengin olgulara dayanarak irdelemek gerekiyor.

Acaba "Ne Mutlu Kürdüm Diyene" diyen, bu sloganı hayata geçirmeye çalışan Kürler mi var? Bu sloganı hayata geçirebilecek bir mekanizma var mı? Türk şehirlerinin girişlerine "Ne Mutlu Kürdüm Diyene" mi yazılmış? Dağlara, yamaçlara bu solganlar mı kazınmış? Her gün, her sabah Türk çocuklarına "Kürdüm, doğruyum, çalışkanım..." antları mı okutturuluyor..? Türk basınında, bir kısım Türk aydınlarında, "Kürt şovenizmi"ni düşündüren olgular, süreçler nelerdir acaba?

"Türklerden ve Türk dilinden söz ederek Kürt milli duygularını zedeliyorsunuz, rencide ediyorsunuz, bu şekilde suç işliyorsunuz" diyenler mi var? "Türkçe isimler Kürtlerin örf ve adetlerine aykırıdır" biçiminde mütalaalar mı veriliyor? Bu konularda iddianameler mi yazılmış? Türk dili aşağılanıyor mu, horlanıyor mu? Türk dili yasaklanmış mı? "Türk dili ilkel bir dildir" mi deniyor? Kürtleri şovenist yapan olgular nedir acaba?

Kürtler Ege'de, İzmir, Urla gibi yörelerden kovulmaya, bölge Kürtsüzleştirilmeye çalışılıyor. Kürtlere ev, iş verilmiyor, Kürtler birer birer işlerinden atılıyor... Bölge basını, "Savulun Türkler Geliyor!" diyerek Kürt ailelerini tehdit ediyor... Toplumsal gelişmeler, toplumda yaşanan bu süreç çarpıcı ve açık bir şekilde ortada dururken, "Kürt şovenizmi"ne de karşıyım, Türk şovenizmine de karşıyım sözlerinin içeriği ve anlamı nedir? Bu sözlerle verilen mesaj nedir? İnsanlar, bu tür sözcükleri duydukları veya okudukları zaman ne anlamalıdırlar? "Savulun Kürtler Geliyor!" diyerek Türkleri tehdit eden bir Kürt basını var mı? Egemen ulus basınının bu düşüncesini, bu tavır ve davranışını eleştirmek gerekmez mi? "Kürt şovenizmi"ne de karşıyım diyerek bir dengelemeye neden ihtiyaç duyuluyor?

Gerilla, Kürt toplumunun değerlerinin değişmesinde, Kürt insanlarının, kendi kimlikleri konusunda bilinçlenmelerinde, Kürtlerin, Türkiye'yi, Ortadoğu'yu ve dünyayı algılamalarında çok büyük rol oynadı.

Kürt insanları, giderek Kürt toplumu kişilik kazandı. Daha 10-12 yıl öncesine kadar tamamen tepkisiz olan toplum ayağa kalktı. Gasp edilmiş ulusal ve demokratik haklarının bilincine vardı. Şimdi bu hakları için, eşitlik için, özgürlük için, ulusal onur için mücadele ediyor. Gerilla, bütün Kürt toplumuna ruh ve heyecan verdi. Kadınlar, çocuklar, yaşlı Kürtler, aileler, ulusal ve toplumsal kurtuluş mücadelesinin içine çekildi. Kürt toplumunun iç dinamikleri güçlendi, her gün biraz daha güçleniyor. Aşiret, şeyhlik, ağalık gibi geleneksel yapılar hızla yıkılıyor. Aşiret ve aşiret reisine sadakat, şeyhlere, ağalara sadakat, yani birincil bağlılıklar hızla çözülüyor. Aşiretler, şeyhler, toprak ağaları, devletin maddi ve manevi yardımlarıyla ayakta tutulabiliyor. Kemalist ideoloji Kürt ulusal ve toplumsal kurtuluş mücadelesine karşı bu geleneksel kurumları ayakta tutmaya çalışıyor.

Kürt toplumundaki bu dinamizm Türk toplumunun bazı kesimlerinin düşüncelerini ve değerlerini de değiştirdi. Başta İnsan Hakları Derneği İstanbul Şubesi gibi bazı kurumlar, Bilgesu Erenus gibi aydınlar, sanatçılar Kürtlerin mücadelelerini yakından kavradılar. Kürdistan'da, çeşitli zamanlarda, çeşitli olaylar nedeni ile yaptıkları incelemelerde, Kürtlerin acılarını kendi yüreklerinde duydular. Kürtlerin onurlu direnişleriyle ruhsal ve ulusal bakımdan güçlendiler... Fakat Türk basınının, Türk aydınlarının, Türk yazarlarının vs. büyük bir kısmının hâlâ resmi ideoloji doğrultusunda hareket ettikleri Kürtlerin eşitlik, özgürlük ve ulusal onur mücadelesinde bile "şovenizm" aradıkları açıktır.

Türk şovenizmine neden karşı olmak gerektiği açıktır. "Kürt şovenizmi" nasıl ortaya çıkıyor? Bunun kanıtları nedir? Türk aydınlarına, Türk basınına, "Kürt şovenizmi"ni düşündüren olgular nelerdir?

ŞIRNAK, GÖLE VE "KÜRT ŞOVENİZMİ"(*)

Şovenizm kendi ırkını, kendi milletini üstün görmek, ırkçılık yapmak demektir. Şovenistler kendi ulusları için layık gördükleri hakların başka uluslar için konuşulmasına bile tahammül edemezler. Bu bakımdan bir "Kürt şovenizmi" olamayacağı, bu sözcüklerin tırnak içinde yazılması gerektiği açıktır.

Türk şovenizmine neden karşı olmak gerektiği biliniyor. Kürt kimliğini inkâr ettiği için, Kürtleri asimile etmeye, Kürt ulusal varlığı-nı yok etmeye çalıştığı için Türk şovenizmine karşı olmak gerekiyor. Bu şovenizme karşı, bu ırkçı ve sömürgeci politikaya karşı varlık mücadelesi veren, özgürlük, eşitlik ve ulusal onur mücadelesi veren Kürtler neden şovenist olarak niteleniyorlar? Aslında bunu anlamak hiç zor değildir. Türk basınının ve bazı Türk aydınlarının yüreği dardır, Kürdistan'da gelişen, gittikçe yükselen ulusal ve toplumsal kurtuluş mücadelesini içlerine sindiremezler. Hem resmi ideolojiyi gözetmek, hem de Kürtlerin ulusal ve demokratik hareketi yanında olmak müm-kün değildir. Bir ikilem söz konusu olduğunda resmi ideoloji hâlâ ağır basmaktadır. Kürtlerin haklı ve meşru mücadelesi konusunda bir şey söylemek gerektiğinde bile, "Kürt şovenizmi"ne de karşıyım, Türk şovenizmine de karşıyım denerek bir dengelemeye ihtiyaç duyulmak-tadır. Bu bakımdan, "Kürt şovenizmi" kavramı sorunu saptırıcı, çarpı-tıcı, gizleyici bir kavramdır, toplumsal ve siyasal ilişkileri açıklayıcı bir öze sahip değildir.

Özgür Gündem gazetesi 13-15 Eylül 1992 tarihli sayılarında, Ardahan'ın Göle ilçesinde cereyan eden katliamı duyurdu. 13 Eylül tarihli gazetedeki, "Göle'de Nazi Usulü Vahşet" başlıklı haberde, "Sağ yakalanan 4 gerillanın kurşuna dizildiği, gerilla olduğu öne sürülen 18 kişinin cesedinin de çırılçıplak bir şekilde soyulup teşhir edildikten sonra bir çukura topluca gömüldüğü bildirildi" deniyor... 14 Eylül tarihli *Özgür Gündem*'de, "Toplu mezar açılsın" denildikten sonra "Göle'de Nazi usulü vahşete protestolar başladı. Böyle bir uygulamaya inanmak istenmiyor" deniyor. "Göle'de Gömülen İnsanlıktır" yorumunda, çatışmalarda öldürülen 22 gerillanın dördünün cesetlerinin

*- *Özgür Gündem 22 Ekim 992*

zırhlı araçların ve tankların altına atılarak parçalandığı ve bu şekilde halka teşhir edildikleri belirtiliyor. 15 Eylül tarihli gazetede, "Göle Vahşeti Soruşturulsun" ibaresinden sonra İnsan Hakları Derneği Kars Şubesi'nin Göle'deki incelemeleri ve raporu söz konusu ediliyor...

Göle'de 2-7 Eylül tarihleri arasında cereyan eden bu vahşet sade-ce *Özgür Gündem*'de yer aldı. Öteki gazetelerde yer almadı. Göle'deki vahşete ilişkin haberler radyoda ve televizyonda da yer almadı. Bu tavır, Türk şovenizmini, Türk ırkçılığını ve Türk sömürgeciliğini giz-leme olarak değerlendirilebilir. Bu zulmü deşifre etmek, bu vahşeti Türk kamuoyuna, Kürt kamuoyuna ve dünya kamuoyuna duyurmak elbette gerekir. İşte bu tür zulümleri engellemek için Türk şovenizmi-ne karşı olmak gerekir. Burada, "Kürt şovenizmi"ni çağrıştırabilecek herhangi bir şey var mı?

Çağdaş Gazeteciler Derneği'nden bir heyet Şırnak'ta incelemeler yaptı. Şırnak devlet güçleri tarafından yıkılmış, yakılmış... Top ve tank bombalarıyla oturulabilir ev bırakılmamış. Devlet güçlerinin tek taraflı ateşi sırasında onlarca Kürt, kadın, çocuk, yaşlı ayırt edilmeden katledilmiş... Tank, top ve makinalı tüfek ateşinden sonra "teröristler"in bulunması amacıyla Şırnak'ın bütün mahallelerinde, bütün evlerinde aramalar yapılmış; kadın, erkek, 500'e yakın Kürt gözaltına alınmış.

Yine bu aramalar sırasında sandıklar, dolaplar açtırılmış, altın gibi ziynet eşyaları ve paralar yağma edilmiştir. Televizyon, buzdolabı, çamaşır makinesi gibi bütün dayanıklı tüketim maddeleri, dipçik darbeleriyle, sopalarla, tank, top ve tüfek ateşiyle tahrip edilmiştir. Sokaklardaki, caddelerdeki bütün hayvanlar öldürülmüştür. Evlerdeki gıda maddeleri kullanılamaz hale getirilmiştir. Bu saldırılara rağmen ayakta kalabilen evler ateşe verilmiştir.

Gözaltına alınan insanlara, "Şırnak'ı basan PKK idi, ben de baskına katıldım..." şeklindeki ifadeleri kabul ettirebilmek için çok yoğun işkenceler yapılmıştır. İşkenceler sırasında öldürülen insanlar vardır. Yumurtalıkları sıkılarak patlatılan ve bu şekilde öldürülen Kürt insanları vardır. İşkencelerde sakat bırakılan pek çok insan söz konusudur. Kadınlara tecavüz, cinsel taciz, hakaret, yine bu tür operasyonların vazgeçilmez bir boyutudur...

---

*- *Özgür Gündem 9 Ekim 1992*

İnsanlar, devletin, hesaplı-kitaplı, sistematik baskısını, soykırım planlarını protesto etmek için Şırnak'ı terk etmiş. Binlerce insan belirli bir disiplin içinde Şırnak'ı boşaltıyor, Cizre'ye doğru gidiyor, çadırlarda yaşamaya başlıyor. Bu hayatın ne kadar büyük güçlüklerle dolu olduğu biliniyor. Paraları, altınları, ziynet eşyaları, taşınan malları gasp edilen bu Kürtler her gün binbir türlü güçlükleri göğüslemek zorunda kalıyor... Kürtler, yardıma muhtaç bu insanlar için gıda maddeleri, giyecek eşya, çadır, battaniye vs. toplamaya çalışıyor... Bu yardımlar polis tarafından engelleniyor. Bu engellemelere rağmen yardımlar bazı merkezlerde toplanıyor. Toplanan bu yardımlar soykırım tehdidi karşısında bulunan Kürtlere ulaştırılmaya çalışılıyor... Bu sefer polis dağıtımı engellemeye çalışıyor...

Devlet ve hükümet yetkilileri, siyasal parti yetkilileri Şırnak'a gidiyorlar... Konuşmalarıyla, tavır ve davranışlarıyla zulme uğramış, mağdur edilmiş Kürt halkına değil, Kürtlere soykırım düşünen güvenlik kuvvetlerine güç veriyorlar... Karakolların sayısı arttırılacak, güvenlik elemanlarının, özel timlerin vs. sayısı arttırılacak, casus uçakları, zırhlılar artırılacak... Bu süreç içinde "Kürt şovenizmi" Türklerde de şovenizm meydana getirir görüşünü nasıl değerlendirmek gerekir? 70 yılı aşkın bir zamandır Kürtleri horlayan, aşağılayan, Kürtleri fizik ve moral değerler olarak yok eden nedir acaba, kimdir acaba?

Bir de şu var: Türk basın organları, gazeteler, radyo, televizyon vs. her gün Bosna-Hersek'te, Karabağ'da Müslümanlara, Azeri Türklerine yapılan saldırılardan söz ediyor, bu konuda kamuoyu oluşturuyor. "Türklere, Müslümanlara yapılan insanlık dışı saldırılara, vahşete karşı dünya dur demelidir" deniyor. Müslümanlara ve Türklere, devlet eliyle gıda, ilaç ve giyecek yardımı yapıldığı söyleniyor. Kürtlere ise Şırnak'ta olduğu gibi hem devlet tarafından baskı ve zulüm yapılıyor, hem de mağdur edilen Kürtler için toplanan yardımların, onlara ulaşması devlet tarafından engelleniyor. Bütün bu süreci, "Kürt şovenizmi"ne de karşıyız Türk şovenizmine de karşıyız, sloganları arasında nasıl değerlendirmek gerekir? Örneğin, Şırnak olaylarında, "Kürt şovenizmi" nerede duruyor acaba?

Kürt aydınları, Kürt gazetecileri birbiri ardına kurşunlanıyor, katlediliyor... Vedat Aydın'dan Musa Anter'e kadar katledilen Kürt aydınlarının, Kürt gazetecilerinin sayısını hesaplamak zor. Katledilen onlarca insan var. Son yıllarda bir Kürt aydınlanmasının yaşandığı açık. Irkçı ve sömürgeci Kemalizm iflas ediyor, Kürtler kendi kurumlarını yaratmanın, geliştirmenin peşinde. Yoğun, yaygın bir ulusal coşku var. Kürt toplumunu köleleştiren zincirlerin halkaları birer birer parçalanıyor. 70 yılı aşkın bir zamandır, ısrarla inkâr edilen bir halkın baskıya, zulme karşı kararlı bir şekilde sürdürdüğü mücadelesinde, "Kürt şovenizmi" kavramını kullandıracak ne gibi bir boyut vardır?

Çağdaş Gazeteciler Derneği heyeti Şırnak ve çevresiyle ilgili izlenimlerini Ankara'da basına açıkladı. Bu heyet içinde incelemelere katılan yazar Aziz Nesin, bir "Kürt Kurultayı"nın toplanmasını önerdi. Yazar Aziz Nesin, Kürt Kurultayı'nın toplanmasıyla ilgili görüşlerini açıklarken, "Hiçbir zaman Kürt şovenizmini de, Türk şovenizmini de kabul etmiyorum" dedi. (*Özgür Gündem,* 17, 18 Eylül 1992)

İşte insanın havsalasının almadığı konu budur. Şırnak yakılmış, yıkılmış, talan edilmiş. Türk şovenizmini hayatın her alanında görmek, yaşamak mümkün. Türk şovenizmi, Kürdistan'da, dağlara, taşlara kazınmış. Kürdistan, ancak baskılarla ve zulümlerle yönetilebiliyor. Göle'den, Çukurca'dan, yeni yeni vahşet haberleri geliyor. Mağdur edilmiş Kürt insanlarına yardım toplanması, toplanan yardımların dağıtılması polis tarafından engelleniyor. Kürt gazetecileri, Kürt aydınları kontrgerilla tarafından kurşunlanıyor, katlediliyor... Ve bütün bunlar, Kürdistan'da incelemeler yapan heyetler tarafından görülüyor, yaşanıyor, hissediliyor... Fakat Türk aydınları bu koşullarda bile yaptıkları açıklamalarda, yayınlarda, "Kürt şovenizmi"ne de karşıyız, Türk şovenizmine de karşıyız demekten kendilerini alamıyorlar. Türk aydınları, Kürtlerin lehinde birkaç küçük söz söylerken bile "Kürt şovenizmi"ne de karşıyız, Türk şovenizmine de karşıyız demeyi ihmal etmiyor... Resmi ideolojinin, Kemalizmin, Türk aydınlarının zihinsel yapılarının oluşmasındaki etkisi, zengin olgusal dayanaklarıyla incelenmelidir. Fakat şu soruları ısrarla sormak gerekir: "Kürt şovenizmi"nin kanıtları nelerdir? Türk aydınlarında, "Kürt şovenizmi" kavramını çağrıştıran, bu kavramı gündeme getiren olgusal süreçler, olgusal ilişkiler nelerdir? "Kürtlerin bu şovenizmi" Türklerde de şovenist dal-gaların meydana gelmesine neden olur, sözünden ne anlamak gerekir? Bu sözler ne gibi bir mesaj vermeye çalışıyor?

HEP'Lİ OLMAK...(*)

Günümüzün en zor işlerinden biri HEP'li olmaktır. "Faili meçhul" denen, fakat failleri tastamam bilinen cinayetlerin çok büyük bir kısmı HEP'lilere yöneliktir. HEP üyelerine, HEP görevlilerine, gerek Türkiye'de gerek Kürdistan'da çok büyük baskılar yapılmaktadır. HEP'in çeşitli kademelerinde görev alan yüzlerce kişi, kontrgerilla tarafından veya kontrgerillaya yakın, onunla işbirliği içinde olan odaklar tarafından katledilmiştir. HEP il ve ilçe binaları saldırıya uğramakta, tahrip edilmektedir. HEP'li milletvekilleri binbir türlü tehdit ve baskı altındadır. Devlet güçleri HEP yöneticilerinin konuşmalarını, HEP'in yaptıklarını, ettiklerini en ince teferruatına kadar izlemeye, öğrenmeye çalışmaktadır. HEP yöneticileri devletin yoğun ve yaygın bir gözetimi ve denetimi altındadır. Yöneticiler, görevliler, devamlı, gözaltı, tutuklama ve dava tehdidiyle karşı karşıyadır. HEP milletvekillerinin her konuşması üzerine Ankara Devlet Güvenlik Mahkemesi Başsavcılığı idam istemiyle soruşturma başlatmaktadır. HEP milletvekillerinin dokunulmazlıklarının kaldırılması için TBMM'ye fezleke gönderilmektedir. HEP'den daha az sayılarla TBMM'de temsil edilen partiler radyoda ve TV'de yer alabildiği halde, HEP bu ve benzer olanaklardan yararlanamamaktadır. HEP Anayasa Mahkemesi'nce kapatılma tehdidi altındadır.

Kürt olmak, HEP'li olmak, *Özgür Gündem, Yeni Ülke, Azadi* gibi gazetelerde muhabir olmak çok zor bir iştir. Fakat bu görevler, bu işler çok zor olduğu kadar çok da onurludur. Kürtler artık her türlü baskıya ve devlet terörüne rağmen bu zor görevlerin üstesinden gelmeye çalışmaktadır. Bu görevleri ifa ederken karşılaştıkları bütün riskleri de göğüsleme gayreti içindedir.

HEP bir örgüttür, bir siyasal partidir, emekçi halkın örgütüdür. Kürt sorunun çözümü konusunda öneriler sunmaya çalışmaktadır.

**- Özgür Gündem 9 Ekim 1992*

HEP'in Kürt sorununa çözüm önerileri de farklıdır. Başta emekçi kesimler olmak üzere Kürt halk yığınları, HEP'e büyük bir sempati ile bakmaktadır, HEP etrafında örgütlenmeye çalışmakta, mevcut örgütü güçlendirmeye ve yaygınlaştırmaya gayret etmektedir. Devlet Kürt halkının örgütlenmesinden büyük bir rahatsızlık duymaktadır. Zira örgütlenme, Kürt halkının maddi ve moral gücünü artırmaktadır. Örgütlenme, Kürt halk yığınlarında tarih ve toplum bilincinin gelişmesinde, ulusal bilincin derinleşip yaygınlaşmasında büyük rol oynar.

25-30 sene öncesine kadar Kürtleri yönetmek, Kürdistan'ı yönetmek çok kolaydı. Çünkü Kürtlerin ciddi bir örgütlülüğü yoktu. Örgütlenme bilinci de yoktu. Bu örgütsüzlük içinde Kürtlerin herhangi bir siyasal talebi de yoktu. Kürtler, Türkiye'de, Kürdistan'da, Ortadoğu'da, dünyada toplumsal ve siyasal statüleri hakkında herhangi bir bilince de sahip değillerdi. Kürt halk kitleleri arasında, Kürt aydınları arasında Kemalizmin çok büyük bir etkisi vardı. Karakollar, Kürdistan'da, köylerden ve kasabalardan önce Kürt insanının zihninde kurulmuştu... Böylesine örgütsüz, toplum bilincinden ve tarih bilincinden yoksun bir halkı yönetmek kuşkusuz çok kolaydır.

Bu tür ilişkilerin geleneksel bir toplumu gösterdiği besbellidir. Böyle bir toplum yapısında modern değerlerin oluşması da mümkün deüildir. Toprak sahipleri, şeyhler, aşiret reisleri çok önemli sadakat odakları olarak belirmektedir. Sömürgeci devlet de, birincil bağlılıklar denen bu bağlılıkların çözülmesini hiçbir zaman istememekte, bu geleneksel, feodal kurumları ayakta tutabilmek için çok büyük bir çaba harcamaktadır. Geleneksel ilişkiler, "ailenin şerefi", "aşiretin şerefi", "ailenin namusu" gibi bazı değerler oluşturmaktadır. Bunlar hep ırkçı ve sömürgeci yönetimin çıkarlarını koruyan değerler olarak işlev görmektedir.

Çünkü birincil bağlılıklar, özellikle yoksul köylülerin kendi çıkarlarının aleyhine bir biçimde koşullanmalarına, kendi çıkarları aleyhinde tavır ve davranışta bulunmalarına neden olmaktadır. Birincil bağlılıklar yoksul köylülerde, ulusal bilincin gelişmesine engel olduğu gibi sınıf bilincinin gelişmesine de engel olmaktadır. Birincil bağlılıkların zayıflaması, çözülmesi, yıkılması, topraksız ve az topraklı yoksul köylülerde, ulusal bilincin ve sınıfsal bilincin gelişmesini ve yükselmesini getirmektedir. Birincil bağlılıkların zayıflaması, yıkılması, geleneksel toplum yapısını da çözmektedir. Bundan dolayı sömürgeci devlet, sömürge ülke içerisinde çok önemli bir ayağını kaybetme durumuyla karşı karşıyadır. Bu, halk hareketinin yükselmesi anlamına gelmektedir. Zira birincil bağlılıkların zayıflaması, giderek yıkılması, özgürleşme sürecini kendiliğinden getirmektedir. Geleneksel toplumlarda, özgürleşmenin, demokratikleşmenin dinamiklerini ararken birincil bağlılıkların üzerinde önemle durmak gerekir.

Son on yıl içerisinde, Kürt toplumunun siyasal ve ideolojik görüşlerinde Kürtlerin kendilerini, komşu halkları, Ortadoğu'yu ve dünyayı kavrayışında çok büyük değişmeler oldu. Kürt toplumunun siyasal kültürü, değer yargıları kökten değişti. Kürt insanlarının zihinleri allak bullak oldu. Zihinlerde resmi ideolojinin kurduğu karakollar birer birer yıkılmaya başladı. Birincil bağlılıklar dediğimiz bağlılıklar yıkılıyor. Bu süreçte ağalık, şeyhlik, aşiret reisliği gibi kurumlar, binbir türlü maddi ve manevi rüşvetle devlet tarafından ayakta tutulmaya çılışılıyor. Birincil bağlılıkların zayıflamasıyla ve çözülmesiyle, yoksul Kürtlerin ve özgür Kürtlerin hareketi yükseliyor. "Ailenin şerefi", "ailenin namusu", "aşiretin şerefi" gibi geleneksel değerler çözülüyor. Sömürge bir ülkede bu tür değerlerin korunamayacağı, sömürgeci devletin, sömürge halkın bu temel değerlerine her zaman saldıracağı, insanları aşağılamak, düşürmek için her yöntemin kullanılacağı bilinci gün geçtikçe yaygınlaşıyor. "Ulusa bağlılık", "ulusun özgürlüğü", "vatana bağlılık", "ulusun onuru", "ülkenin bağımsızlığı", "kadının özgürlüğü" gibi yeni değerler, modern değerler oluşuyor. Kısaca söylersek, Kürt halkı ulusal ve demokratik haklarının gasp edildiğinin bilincine varmıştır. Bunları yeniden kazanmanın mücadelesi içindedir.

Hızlı, yoğun, yaygın toplumsal ve siyasal değişmenin oluşmasında gerilla hareketinin çok büyük rolü olduğu besbellidir. Başka bir deyişle, PKK'nin düşüncesini ve eylemeni gözlerden ve dikkatlerden uzak tutmak mümkün değildir. Bunu, gerilladan önce hiçbir şey yoktu biçiminde anlamamak gerekir. Kürt bilgesi Musa Anter'in derin bir kavrayışla belirttiği gibi gerilladan önceki hareketler, Kürt sorununu, eksilerden sıfıra kadar getirebildiler. Kürt hareketini sıfır noktasından sonra yükselten gerilladır, bunda kuşku yok. Kürt bilgesi Musa Anter'in bu kavrayışı neyi gösterir? Kürt sorununun çok zor bir sorun olduğunu gösterir. Kürt toplumu dünyada eşi benzeri bulunmayan bir hak gasbıyla karşı karşıyadır. Bu bakımdan, gasp edilen hakları kazanmak için çok ağır bedeller ödemek gerekmektedir... Temel sorun elbette Kürdistan'ın bölünmesi, parçalanması ve paylaşılmasıdır; bunun ortaya çıkardığı sonuçlardır. Bölünmeyi, parçalanmayı ve paylaşılmayı kolaylaştıran toplumsal yapılar, moral değerler kuşkusuz incelenmelidir.

HEP'in kurulmasını ve örgütlenmesini de bu çerçeve içinde değerlendirmek gerekir. Gerillanın açtığı bu alanda başka siyasal ve kültürel hareketler de örgütlenmeye başladı. Gerilla devlet tarafından tıkanmış kanalların çoğunu fiilen açtı, açıyor.

Konunun başka bir yönü de Türk basını, HEP ve PKK ilişkilerinin incelenmesidir. Bunu da ayrı bir yazıda incelemek gerekir. Yalnız HEP ile ilgili duygu ve düşüncelerimizi bir kere daha ifade etmekte yarar görüyoruz. Yaşadığımız şu günlerde HEP'li olmak çok zor bir iştir. HEP'li olmak zor olduğu kadar da onurludur. Binbir türlü zorlukları aşmaya, tehditlerin üstesinden gelmeye, riskleri göğüslemeye çalışan on binlerce kişinin olması, Kürt ulusunun, üzerine örtülen karanlıkları yırttığının, ayağa kalktığının en somut göstergesidir.

TÜRK BASINI, HEP, PKK...(*)

Birinci Genel Müfettiş Abidin Özmen'in 1936 yılında hazırladığı tahmin edilen bir rapor var. Gizli bir rapor. Bu raporda, kısaca, Kürtlerin asimilasyonu öneriliyor. Kürtlerin asimilasyonunu sağlayacak çeşitli yollar gösteriliyor. Kürtlerin geniş kitleler halinde, Kürdistan'dan koparılarak Batı bölgelerine sürgün edilmesi, Balkanlar'dan ve Kafkaslar'dan gelen Türk göçmenlerin Kürdistan'da, Kürtler arasına yerleştirilmesi, önemli bir asimilasyon yöntemi olarak düşünülüyor. Kürdistan'da "Türk merkezleri" kurulması, Kürtlerin dilinin ve kültürünün, bu merkezler etrafında unutturulması yine ısrarla isteniyor. Raporda, "Kürt", "Kürtlük" gibi sözcükler rahatça kullanılıyor, fakat Kürtlerin asimile edilmeleri gereği üzerinde ısrarla duruluyor.

Raporda, Kürt halkının, yani yerli halkın yaşamını iyileştirecek, kolaylaştıracak küçücük bir düşünce, bir öneri yok. İyileştirmeler, yaşamı kolaylaştırıcı araçlar hep, Kürt halkını ırkçı ve sömürgeci baskı altında tutan mekanizmalar için, yani bürokrasi, polis ve askerler için düşünülüyor. Kamu binaları azametli olsun, memurların elbiseleri düzgün olsun, memurlar güzel, rahat, ucuz lojmanlarda otursunlar, memur çocukları için okuma olanakları geliştirilsin, memurlar için sağlık olanakları artırılsın, Kürtçe konuşan memurların görevlerine son verilsin vs...

Bu rapor bazı yorumlarla birlikte yayınlandı. Yorumlarda asimilasyon düşüncesi ve uygulaması eleştirildi. Asimilasyonun çağdışı bir düşünce ve uygulama olduğu vurgulandı. Sözü edilen *Başkaldırının Koşulları* (Yurt Kitap-Yayın, İstanbul 1991) isimli bir kitap hakkında toplatma kararı verildi ve dava açıldı.

Hürriyet gazetesinin 7-10 Eylül 1992 tarihli sayılarında "İsmet Paşa'nın Kürt Raporu" isimli bir rapor yayınlandı. Saygı Öztürk tarafından yayınlanan rapor, Başbakan İsmet İnönü'nün 1935 tarihinde

*- *Özgür Gündem 16 Ekim 1992*

hazırladığı gizli raporun bazı bölümleriydi. Bu raporda da Kürtlerin asimilasyonu öneriliyor. Asimilasyonu gerçekleştirmek için çeşitli yollar ve yöntemler gösteriliyor. Kürtlerin Kürdistan'dan kopartılarak sürgün edilmeleri, Türk göçmenlerin Kürt bölgelerine yerleştirilmeleri, "Türk merkezleri" gibi önlemler bu raporda da var. Kürtlerin hayatını zorlaştıran, kamu yönetiminin, ordunun, ordu personelinin ve polisin hayatını kolaylaştıran ve iyileştiren önlemler bu raporda da var. Kürtlerin asimile edilmeleri vazgeçilmez bir amaç olarak bu raporda da vurgulanıyor.

Hürriyet gazetesinde bu raporu yayınlayanlar, asimilasyon düşüncesini ve politikasını, Kürtlere karşı sürdürülen asimilasyon uygulamalarını hiç eleştirmiyorlar, bilakis teşvik ediyorlar, hareketli bir şekilde onaylıyorlar, yani devlet gibi düşünüyorlar. Cezai bakımdan herhangi bir sorun ortaya çıkmıyor.

Buradan şu şekilde bir sonuç çıkarmak mümkündür. Demek ki devlet gibi düşünüldüğü, asimilasyon desteklendiği, bu yönde bir tavır ve davranış sergilendiği zaman Kürtlerle ilgili yayın yapılabiliyor, Kürtlerle ilgili raporlar yayınlanabiliyor. Asimilasyon eleştirildiği, Kürt kimliği ve Kürdistan kimliği savunulduğu, Kürtlerin her bakımdan Türklerle eşit olmaları gerektiği vurgulandığı zaman hemen polis, gözaltı, tutuklama süreci başlatılıyor, cezaevi, mahkeme, yargılama vs. sürüp gidiyor.

Buradan HEP'le günlük Türk basını ve PKK arasındaki bazı ilişkilere gelmek istiyoruz. Günlük Türk basını, PKK Genel Sekreteri Abdullah Öcalan ile çeşitli görüşmeler yaptı. Bu görüşmeler, "Apo'yla görüştük", "Bekaa Vadisi'nde adım adım", "PKK kamplarındaydık!", "Apo'nun Türk politikacılar hakkındaki görüşleri" gibi başlıklarla manşetten verildi. Fakat PKK Genel Sekreteri Abdullah Öcalan'ın düşünceleri ve açıklamaları, ilgili gazetenin ve muhabirlerin sübjektif yorumları doğrultusunda verildi. Bu yorumlar genel olarak PKK'yi ve Abdullah Öcalan'ı küçümseyici, aşağılayıcı yorumlardır. Bu yorumlarla resmi ideolojiyi doğrulamak, resmi ideoloji doğrultusunda tavır ve davranışta bulunmak, kuşkusuz temel ve vazgeçilmez bir görev olarak belirmektedir.

Demek ki devlet gibi düşünüldüğü zaman PKK Genel Sekreteri Abdullah Öcalan ile görüşmek mümkün. Resmi ideoloji doğrultusunda tavır ve davranış sergilendiği, PKK aşağılandığı, gerillalar küçümsendiği zaman PKK Genel Sekreteri Abdullah Öcalan ile görüşülebiliyor.. Muhabirler sübjektif duygularını gizleyerek PKK Genel Sekreteri ile görüşüyorlar, fakat görüşmelerini resmi ideolojinin ve gazete yönetiminin sübjektif görüşleri doğrultusunda yapılan yorumlarla yayınlıyorlar... Bu görüşmeler, yayınlar, elbette cezai bir yaptırımla karşılaşmıyor. Fakat "Apo'yla görüştük" diyerek, görüşmelerini manşetten veren Türk basını, örneğin HEP milletvekillerine karşı yoğun ve yaygın bir saldırı sürdürmektedir. HEP milletvekilleri için "PKK kamplarında görüldüler", "PKK ile görüştüler" şeklinde haberler yayınlanmaktadır. Bu yayınların gerisinde, "HEP'in, HEP milletvekillerinin PKK ile görüşmesi suçtur, bu görüşmeler suç unsuru ihtiva etmektedir..." biçiminde özetlenebilecek bir anlayış vardır. Böyle bir anlayış yayılmak istenmektedir. Yine bu tür yayınlarla devlet güçleri, HEP'e karşı kışkırtılmak istenmektedir. Neden böyle olduğu çok açıktır. Çünkü HEP devlet gibi, Türk basını gibi, TBMM'de temsil edilen öteki siyasal partiler gibi düşünmemektedir. HEP Kürt halkının her bakımdan, toplumsal, siyasal, kültürel bakımından Türk halkıyla eşitliğini ve özgürlüğünü istemektedir. Bu yönüyle de HEP Kürt halkının, ezilen, baskı altında tutulan, ırkçı ve sömürgeci baskılar altında olan halkların özlemlerini ve istemlerini temsil etmektedir. HEP halkın bu özlemleri ve istemleri doğrultusunda örgütlenmesini gerçekleştirmeye, örgütlenmeyi büyütmeye, yaygınlaştırmaya, güçlendirmeye çalışmaktadır.

İşte burada, Türk basınının çifte standardını bütün açıklığıyla görmek mümkündür. Türk basını, Bulgaristan'daki veya Batı Trakya'daki Türklerin asimilasyonu söz konusu olduğu zaman buna şiddetle karşı çıkmaktadır. Asimilasyonu eleştirmekte, asimilasyonun çağdışı bir yöntem olduğunu söylemektedir. Kürtlerin Türkiye Cumhuriyeti tarafından asimile edilmelerini ise ileri, çağdaş, uygar bir süreç olarak alkışlamaktadır. Türk üniversitesinin, Türk siyasal partilerinin, benzer kurumların düşünceleri, tavır ve davranışları da böyledir...

HEP'e karşı Türk basını tarafından sürdürülen kampanyanın, devlet terörünün bir uzantısı olduğu açıktır. HEP milletvekilleri için "PKK ile görüştükleri saptandı", "PKK kamplarında görüldükleri ispat edildi" şeklinde yayın yapmalarının önemli bir nedeni var. Bu da, "PKK ile görüşmek suçtur" biçiminde bir izlenimi güçlendirmeye çalışmaktır. Bunu, böl-yönet ve yok et politikasının yeni bir uygulanışı olarak değerlendirmek mümkündür. Böl-yönet ve yok et politikasının en önemli özelliği, çeşitli zamanlarda ve çeşitli mekânlarda, kendisini yeniden üretebiliyor olmasıdır.

İşte HEP'li milletvekillerinin bu gibi konularda biraz daha cesur olmaları gerekmektedir. HEP'in PKK ile görüşme kararı alması bu bakımdan yerinde bir harekettir. HEP ile PKK aynı taban üzerinde örgütlenen iki siyasal örgüttür. Birbirlerine benzer düşünceleri ve özlemleri olması doğaldır. HEP, PKK ile görüşmesini, "Herkes görüşüyor, biz de görüşürüz" anlayışıyla değil, "PKK Kürdistan'ın ve Türkiye'nin siyasal tarihinde son derece önemli bir örgüttür, bu örgütün düşüncesinin gerek Türk kamuoyu, gerek Kürt kamuoyu tarafından bilinmesi gerekir. Kamuoyu, devletin düşüncesini öğrendiği kadar PKK'nin düşüncelerini de öğrenmelidir..." anlayışıyla yapmalıdır.

YİRMİ SEKİZİNCİ(28.) Mİ?(*)

Türk devlet ve hükümet çevrelerinin, Türk basınının, Türk siyasal partilerinin vs. bir anlayışı var. Bu anlayışı şu şekilde özetlemek mümkündür: Günümüze kadar Türkiye Cumhuriyeti Devleti'ne karşı 27 Kürt ayaklanması gerçekleşti. Devlet, bu ayaklanmaların hepsini de bastırdı. Şimdi yirmi sekizinciyle karşı karşıyayız. Devlet, ordu, yakın tarihte cereyan eden bu ayaklanmaları nasıl bastırdıysa, bunu da aynı şekilde bastıracaktır. Bundan hiç kimsenin kuşkusu olmasın...

Bu değerlendirmede çok büyük bir yanılgı vardır. PKK'nin başlattığı ve sürdürdüğü ulusal ve toplumsal kurtuluş mücadelesini, bundan önceki Kürt ayaklanmaları gibi algılamak büyük bir yanılgıdır. Bunun bazı temel nedenlerini gösterebiliriz: PKK hareketinin dayandığı sınıf temelleri bu nedenlerin başında yer almaktadır. PKK hareketinin yoksul ve özgür Kürtlerin hareketi olduğu bütün açıklığıyla görülebilmektedir. Bu noktanın saptanması çok önemlidir. Çünkü bundan önceki Kürt hareketleri, şeyhlerin, aşiret reislerinin, toprak sahiplerinin önderliğinde yürütülen hareketlerdi. Gerek 19. yüzyıldaki Kürt ayaklanmalarında, gerek 20. yüzyılın ilk yarısındaki Kürt ayaklanmalarında egemen ilişki bu yöndeydi. Öte yandan ulusal ve toplumsal kurtuluş mücadelesinde, işçilerle ve işçi sınıfı ideolojisini benimsemiş küçük burjuvazinin şehirli kesimiyle, köylülüğe dayanan kitlelerin farklı tavırlar sergilediğini de görüyoruz. Özgürleşen, yoksul köylülüğe dayanan kesimler daha kalıcı ve kararlı, daha uzlaşmaz, daha dirençli bir tavır sergiliyor...

Ekrem Cemil Paşa'nın anılarından söz etmek gerekiyor: Ekrem Cemil Paşa, çilekeş bir Kürt yurtseveridir. Saygıdeğer bir kişidir. Zaten Kürt yurtseveri olup da çile çekmemek mümkün değildir. Binbir

*- *Yeni Ülke, Sayı 105, 25-31 Ekim 1992*

türlü acıya rağmen "Kürt davası" yolunda yürüyen insan ise kim olursa olsun, saygıdeğer bir insandır. Ekrem Cemil Paşa'nın *Muhtasar Hayatım* (Beybun Yayınları, Ankara 1992) isimli bir kitabı yayınlandı. "Kemalizme Karşı Kürt Aydın Hareketinden Bir Yaprak" alt başlığını taşıyan bu kitap Ekrem Cemil Paşa'nın anılarını içeriyor. Anıların kısa bir anlatımı.

Ekrem Cemil Paşa, ailesinin varlığını, zenginliğini anlatıyor. Ailesinin, köylere, konaklara, bağlara, bahçelere, atlara, arabalara, sürülere vs. sahip olduğunu belirtiyor. Bu arada, hizmetçilerden, uşaklardan söz ediyor. Bütün çocukların hizmetçilere sahip olduğunu, ailesinin, sayısız hizmetçilere, uşağa sahip olduğunu söylüyor (s. 9, 13, 41, 53). Bu kitapta, 19. yüzyılın sonlarıyla 20. yüzyılın başları anlatılmaktadır. Varlıklı Kürt ailelerinin hemen hemen hepsinde bu tür ilişkileri izlemek mümkündür. Ekrem Cemil Paşa'nın yanında, "Cemil Paşazadeler"in pek çok üyesi Kürt ulusal haketinin yanında yer almıştır. Bununla beraber şu soruyu sormak kaçınılmazdır: Hizmetçilerle, uşaklarla, yani bu tür kurumlar, ilişkiler, hâlâ yaşamını sürdürürken, ulusal ve toplumsal kurtuluş mücadelesini yürütmek mümkün müdür?

Hizmetçilik, uşaklık, sosyolojide, birincil bağlılıklar denen bir ilişkinin nesnel bir örneğidir. Toprak sahibi, uşak için en önemli sadakat odağıdır. Uşağın toprak sahibinden ayrı bir istek ve iradesi yoktur. Uşakta bir kişilik oluşmamıştır. Böyle bir ilişkiler ağı içinde uşaklarla, hizmetçilerle, ulusal ve toplumsal kurtuluş mücadelesi nasıl yürütülebilir? Birincil bağlılıkları, toprak sahibi-topraksız köylü, aşiret reisi-reaya, şeyh-mürid ilişkileri sürecinde de görmek mümkündür. Burada da, toprak sahibi, şeyh, aşiret reisi en önemli sadakat odakları olarak belirmektedir. Köylünün toprak sahibinin ötesinde, reayanın aşiret reisinin dışında, müridin, şeyhin varlığının dışında bir dünyası yoktur.

Aşiret yapısının incelenmesi bu bakımdan önemlidir. Herhangi bir aşirette, başlıca iki kesim vardır. Birincisi savaşçı kesimdir. Bunlar aşiret üyeleridir. Reise kan bağı ile bağlıdır. Baba soyuna dayalı ve içten evliliğin kural olduğu kesim. Bu kesim çalışmaz, üretim sürecine katılmaz. Herhangi bir aşirette, bir de, aşiret dışı unsurlar vardır. Bunlara reaya denir. Üretim bu kesim tarafından yapılır. Reaya ile aşiret reisi arasındaki ilişki tam bir birincil bağlılık örneğidir. Reayanın, aşiret dışında bir dünyası yoktur. Kapalı dar bir grup oluşturan bu yapı, "aşiretin şerefi", "aşiretin namusu" gibi değerler oluşturur. Bu da aşiretler arasında sürekli bir üstünlük mücadelesi, kendisini öteki aşiretlere karşı koruma mücadelesi yaratır. Toprak sahibiyle, topraksız köylüler arasındaki ilişki de böyledir. Bazen bu köylüler, üzerinde yaşadıkları toprakla birlikte alınıp satılırlar. Bütün bunlar ulusal ve toplumsal kurtuluş mücadelesi için son derece elverişsiz bir ortamdır. Mücadele, şeyhlerle, aşiret reisleriyle sınırlı kalır ve kısa zamanda tıkanır. Sürece katılanlar, mücadelenin niteliği hakkında yeterli, sağlıklı bir bilince sahip değildirler. Yurtsever aydınların varlığı önemlidir, fakat ulusal ve toplumsal bilinçle donatılmış köylüler, işçiler, mücadeleye katılmıyorsa, mücadeleyi büyütmek, çoğaltmak, yaygınlaştırmak, derinleştirmek, sürekli kılmak mümkün değildir.

Günümüzdeyse Kuzey Kürdistan'da koşullar çok değişmiştir. Birincil bağlılıklar çözülmüştür. Aşiretler tamamen parçalanmış, aşiret ilişkileri çözülmüştür. Şeyh-mürid ilişkileri parçalanmış, şeyhlerin Kürt halkı üzerindeki, Kürt köylüleri üzerindeki etkileri azalmıştır. Kürtler, ilk defa, ezilen bir halk olarak Kürtler açısından, ulusal ve demokratik bütün hakları gasp edilmiş, ulusunun ve ülkesinin adı yasaklanmış Kürtler açısından İslam'ın yorumunu yapmışlardır. Irkçı ve sömürgeci devletin ulusal ve toplumsal mücadeleye karşı İslam'ı kullanmasına önemli bir barikat oluşturmuşlardır. Artık toprak sahiplerinin, toprak ağalarının hiçbir hükmedici gücü söz konusu değildir. "Aşiret'e bağlılık", "Toprak sahibine bağlılık", "Aşiretin namusu", "Aşiretin şerefi" gibi feodal değerlerin, artık hiçbir etkinliği kalmamıştır. 15 Ağustos Atılımı, birincil bağlılıkların çözülmesi sürecinde gerçekleştirilmiştir. Yani PKK'nin örgütlendiği sıralarda, 1970'li yıllarda, hatta daha önceki yıllardan beri geleneksel Kürt toplumunda önemli bir değişme başlamıştı. Gerek kapitalist ilişkilerdeki gelişmeler, gerek Güney Kürdistan'daki ulusal mücadele, dünyadaki özgürlük hareketleri, değişimin önemli nedenleri oluyordu.

15 Ağustos Atılımı bu geleneksel kurumları tamamen parçaladı.

Bu ilişkilerin çözülmesi, köylünün özgürleşmesi anlamına gelmektedir. Feodal kurumların, yani ekonomi dışı baskı unsurlarının etkisiz kalmasıyla, toplumsal ve siyasal planda bu kurumların etkinliğinin aşınmasıyla, Kürt toplumunda yoğun bir özgürleşme yaşanmaktadır. Özgürleşen köylüler ulusal ve toplumsal bilinçle de karşı karşıya gelmektedir. Ulusal ve toplumsal bilinç, özgürleşmeyi güçlendirmekte ve hızlandırmaktadır. Zira PKK'yle birlikte, ulusal ve toplumsal hareket, Kürt muhalefeti çok güçlü bir odağa sahip olmuştur. Özgürleşen ve PKK söylemiyle, PKK'nin düşüncesiyle ve eylemiyle karşılaşan Kürt insanları veya PKK'nin söylemiyle, PKK'nin düşüncesiyle ve eylemiyle karşılaşarak özgürleşen Kürt insanları, bilinçli olarak, gönüllü olarak ulusal ve toplumsal mücadeleye katılmaktadırlar.

Kadınlar mücadeleye aktif bir şekilde katılmaktadırlar. Tek başına bu bile ulusal ve toplumsal kurtuluş mücadelesinin çok önemli bir aşama kaydettiğinin somut bir göstergesidir. Kürt toplumunun bütün kesimleri mücadelenin içine çekilmiştir.

Geleneksel ilişkilerin parçalanmasıyla yeni değerlerin ortaya çıktığı açıktır. "Ulusa bağlılık", "Ulusun özgürlüğü", "Vatana bağlılık", "Vatanın kurtuluşu", "Kadının özgürlüğü" vs. Kürt toplumu bu süreç içinde kişilik kazanmaktadır. Bu koşullarda, kendi kendini yönetme, kendi kaderini tayin etme, vazgeçilmez bir düşünce ve istek olarak belirmektedir. Bunlar, herhangi bir Avrupa toplumu için çok eskilerde yaşanmış bir süreç olarak algılanabilir, fakat Kürtler için yenidir ve ileri bir harekettir. Çünkü Kürtler, bölünmüş, parçalanmış ve paylaşılmış bir toplumdur. Kürdistan, bölünmüş, parçalanmış ve paylaşılmış bir ülkedir. Kürtler yoğun dış müdahaleler sonucu kendi tarihlerini yaşayamayan, doğal tarihsel gelişmesi durdurulmuş, başkalarının tarihlerini yaşayan, iç dinamikleri parçalanmış, bütün ulusal ve demokratik hakları gasp edilmiş bir toplumdur.

Değerli antropolog, Hollandalı bilim adamı Martin Van Bruinessen, *Ağa, Şeyh ve Devlet (Kürdistan'ın Sosyal ve Politik Örgütenmesi)* (Çev. Remziye Aslan, Öz-Ge yayınları, Ankara, tarihsiz) isimli eserinde Kürt sorununun bir yüzüne önemli bir ışık tutmaktadır. Böl-yönet ve yok et politikasının yaşama geçirilmesini kolaylaştıran sosyolojik ve antropolojik yapılar üzerinde durmaktadır. Aşiret yapısının incelenmesini bu açıdan değerlendirmek gerekir. Martin Van Bruinessen Kürtlerin, Kürt aşiretlerinin, hep birbirleriyle mücadele ettiklerini vurgulayarak "Kürtler, sonunda, kendi kendilerini yok etmeye adaydırlar" (s. 98) demektedir. Bu, sorunun Kürtlere dönük yüzüyle ilgilidir. Halbuki sorunun bir de emperyalist devletlere ve onların Ortadoğu'daki yerli işbirlikçilerine dayanan yönü vardır ve bu yön daha belirleyicidir. Bu, Kürdistan'ın bölünmesinin, parçalanmasının ve paylaşılmasının, Kürt ulusuna böl-yönet, yok et politikası uygulanmasının siyasal ve ekonomik nedenleriyle ilgilidir. Martin Van Bruinessen, ne bu değerli araştırmasında, ne de Kürdistan'a ilişkin öteki yazılarında, bu konuyla ilgili hiçbir şey söylememeye özen göstermektedir. Bu konuyla ilgili hiçbir şey söylememiştir... Halbuki "Kürtlerin birbirlerini yemeleri"nde, Batılı emperyalist güçlerin, onlarla yoğun bir işbirliği ve güçbirliği yapan Ortadoğu devletlerinin çok büyük bir rolü vardır... Batılı bilim adamları, tarihçiler, sosyologlar, antropologlar, siyaset bilimcileri, Ortadoğu'nun, Kürdistan'ın bu gerçeğini görmezden gelemezler. Sorunun ahlaki bir boyutu da vardır. "Kürtler birbirlerini yiyor" diye timsah gözyaşları dökmek, fakat emperyalist devletlerin ve işbirlikçilerinin sorumluluğunu belirtmemek tutarlı bir davranış değildir... Batılı düşünürler, siyaset adamları, Kürdistan'ın bölünmesi, parçalanması ve paylaşılması sürecini, bunun sonuçlarını, bilimin kavramlarıyla kavramak, anlatmak durumundadırlar. Kürdistan'ın petrol zenginliklerine dikkat çekilmesi elbette çok önemlidir. Bu konunun daha ayrıntılı bir şekilde incelenmesi gerektiği açıktır.

Bir korucubaşı şunları söylemektedir: "...Benim uşağımın oğlunun komutan olduğu bir hareketten ne çıkar? Benim hizmetçimin oğlunun başkanlığını yaptığı HEP'ten ne çıkar?" (*Aktüel*, Sayı 66, 8-14 Ekim 1992, s. 36; Ferhat Tuğan ve Sebati Karakurt'un röportajı)

Bu sözler, Kürt toplumundaki toplumsal ve siyasal değişmeyi çarpıcı bir şekilde göstermektedir. Bu sözler, siyasal ve toplumsal değişmeyi olduğu kadar yükselen umudu, ulusal ve toplumsal mücadelenin bitmez tükenmez kaynağını da açık bir şekilde göstermektedir.

Bu sözler, ulusal ve toplumsal kurtuluş mücadelesinin çok diri güçlere, dipdiri güçlere dayandığını da ortaya koymaktadır. Kısaca şu söylenebilir: Çok büyük bir halk gücü, halk potansiyeli var. PKK bu potansiyeli harekete geçirmiştir... Korucubaşının çok net şekilde vurguladığı gibi PKK hareketi yoksul Kürtlerin ve özgür Kürtlerin hareketidir. Sadece bu değildir, bu Kürtler, çok yoğun bir ulusal ve toplumsal bilinçle de donanmışlardır. Ulusal ve toplumsal mücadelede toprak sahibi ailelerin çocuklarının, aşiret reislerinin, şeyhlerin çocuklarının, torunlarının yer aldığı da bir gerçektir. Fakat gerek bu gerillalar, gerek benzer Kürt aileleri, mücadeleye herhangi bir yurtsever olarak katılıyorlar. Bir ayrıcalığın söz konusu olmadığı biliniyor. Bunların yanında devrimci ideolojiyle donanmış küçük burjuva unsurların, işçilerin hareket içinde çok önemli rol oynadıkları besbellidir.

İhsan Nuri Paşa, *Ağrı Dağı İsyanı* (Med Yayıncılık, İstanbul 1992) isimli kitabında, 1930'lu yıllarda, mücadeleye katılan silahlı unsurların azlığından şikayet etmektedir. "...500 silahlı Kürt Ağrı'da olsaydı, Türk ordusu, en az birkaç yıl savaşmadan Ağrı'yı ele geçiremezdi..." demektedir (s. 66). Mücadeleye katılanların azlığıyla birlikte yanındakilerin ulusal ve toplumsal bilinçle donatılmamış elemanlar olduklarını da belirtmektedir. İhsan Nuri Paşa'nın bu saptamaları karşısında bugünkü hareketin, çok sağlıklı ve kararlı bir şekilde geliştiği açıktır. Kişilik başlı başına önemli bir konudur. Mücadeleye katılanlar, köle, sinmiş, ezik yapılarını terk etmiş, yeni bir kişilik kazanmış olarak geliyorlar. Mücadele sürecinde daha sağlıklı bir kişiliğe kavuşuyorlar. Kişilik kazanma süreci hem gerillaları değiştiriyor, hem de gerillanın toplumu değiştirmesinde, yeni değerlerin, evrensel değerlerin ortaya çıkmasında çok büyük bir rol oynuyor. Kürdistan'da kişilik konusu, yeni Kürt insanını yetiştirme, yeni Kürt nesillerini oluşturma süreciyle yakından bağlantısı olan bir konudur.

Korucubaşlarının, yukarıda belirttiğimiz sözlerinin esas amacı, PKK'yi aşağılamaktır, HEP'i küçümsemektir. Fakat önemli bir gerçeği dile getiriyorlar: "Uşağımın oğlunun komutan olduğu bir hareketten ne çıkar? Hizmetçimin oğlunun başkan olduğu HEP'ten ne çıkar?" diyorlar... İşte esas iş bu kaynaklardan çıkıyor. Bu sözler, aslında, toplumsal ve siyasal değişmeye karşı, geniş Kürt halk yığınlarının özgürleşmesine karşı bir tepkidir. Uşaklar yine uşak kalsın, hizmetçiler, yine hizmetçi kalsın istenmektedir. Özgürlük hareketiyse, bu feodal ailelerin, yoksul Kürt halk kitleleri üzerindeki bütün iktidarını eritmiştir. Şu sözler de bu despot ağaların: "... Bu demokrasi, şeffaflık, bizi batırdı, hazmedemediğimiz bir şey demokrasi. Benim tecrübem var. Zorla, korkuyla olmazsa bu devlet yapamaz. Korku olmazsa, bu muhit yola gelmez..." (Yukarıda adı geçen röportaj, s. 32)

1990'da kararnamelerden söz ediliyordu. "Sömürgeler Kararnamelerle Yönetilir" diyorduk. Şimdi sömürge yönetimi, yasa, tüzük, kararname gibi hiçbir mevzuata kayıtlı değildir, hiçbir mevzuata bağlı değildir. Tam anlamıyla keyfi bir yönetim egemendir. Şırnak, İdil, Çukurca, Kulp, Varto vs. devlet güçleri tarafından yıkılmış, yakılmış, bunları gerçekleştiren komutanlara da ödüller verilmiştir. Kürt halkı, binbir türlü baskı ve işkence altındadır. Kürt halkının özlem ve istekleriyle devletin düşüncesi ve eylemi arasında derin bir uçurum vardır.

Her akşam, radyoda, televizyonda, devlet ve hükümet yetkilileri, halkın güvenlik güçlerine yardımcı olmalarından, böylece, "eşkıya"ya karşı güvenlik güçlerinin başarısından söz etmektedir. Halbuki güvenlik güçleri, Kürdistan'da, tam anlamıyla Kürt halkına karşıdır. Şırnak, İdil, Çukurca, Kulp, Varto, Göle'deki Kürt halkı bunu çok yakından biliyor. Aynı şekilde radyonun, televizyonun, gazetelerin, kısaca günlük basının güvenilir olmadığını da biliyorlar....

Bunlara rağmen korku duvarları aşılmıştır. Zaman zaman devlet ve hükümet yöneticileri, askeri yöneticiler, "Eğer demokrasi olmazsa bu işi iki günde çözeriz, insan haklarına riayet ettiğimiz için bu iş uzuyor" diyorlar. Bu sözler demagojiden başka bir şey değildir. Kürdistan'da, demokrasinin, insan haklarının kırıntısı bile yoktur. Ve öyle hareket edilmektedir. 16 Ekim 1992 tarihli *Özgür Gündem* gazetesi, Türk güvenlik güçlerinin, Kürt gerillaların cesetlerine nasıl muamele ettiklerini göstermektedir. Buna ilişkin fotoğraflar yayınlanmıştır. Aynı gün, İnter Star televizyonunda, kadın gerillanın çıplak cesetlerinin halka teşhir edilmeleri gösterilmiştir. Bunlar hangi kararnamede, hangi yasada yazılıdır? Kaldı ki basına yansımayan çok daha ağır vahşet örnekleri vardır. Göle'deki toplu mezarlar, Kasaplar Deresi... vs. Kimyasal silahlar kullanmak, soykırım yapmak, bir çırpıda onbinlerce Kürdü yok etmek çözüm olamaz. Bu yolu deneyen Saddam Hüseyin, kendi Kürt sorununu çözebildi mi? Kürtlerle ve Kürdistanla ilgili özlemlerini, düşüncelerini gerçekleştirebildi mi? Kimyasal silahlar, benzeri silahlar sadece bunları kullanan devletin çirkinliğini, hunharlığını belgeler.

DSP Genel Başkanı Bülent Ecevit, "Kürt sorunu yoktur, feodal kalıntılar sorunu vardır. Feodalizmle mücadele edildiği zaman sorun kendiliğinden ortadan kalkar" demektedir. Halbuki feodal kurumlar, ulusal ve toplumsal kurtuluş mücadelesine karşı ırkçı ve sömürgeci devlet tarafından ayakta tutulmaya çılışılmaktadır. Devlet bu kurumları ayakta tutabilmek için binbir türlü maddi ve manevi rüşveti ortaya koymaktadır. Koruculuk kurumunun işlevi budur. Burada ilgi çekici bir durum var. Korucular da aynen Bülent Ecevit gibi düşünmektedirler. Korucular da, "Kürt sorunu" diye bilinen bir sorunu kabul etmemektedirler... Türk Devleti'nin egemenliği altında yaşamak istediklerini vurgulamaktadırlar... Kürtlerden, Kürtçe TV'den, Kürtçe eğitimden söz etmenin Kürtleri şımartacağını, onları bilinçlendireceğini, bu bakımdan bu tür konuları hiç konuşmamak gerektiğini vurgulamaktadırlar... Aynen Bülent Ecevit gibi düşünmektedirler. "Kürt sorunu yoktur, feodal kalıntılar sorunu vardır" diyen Bülent Ecevit'in, aynen feodal kalıntılar gibi inkârcı olması ilgi çekici, trajik bir durumdur. Irkçı ve sömürgeci devletin de, Kürtlerin ulusal ve toplumsal kurtuluş mücadelesine karşı feodal kurumlara muhtaç olması, onları ayakta tutmaya çalışması, bunun için de çok büyük maddi harcamalar yapması yine ilgi çekici bir durumdur.

PKK'nin başlattığı, bilinçli ve kararlı bir şekilde sürdürdüğü ulusal ve toplumsal kurtuluş mücadelesinin daha önceki Kürt ayaklanmalarına hiç benzemediğini belirtmeye çalışıyoruz. Ulusal ve toplumsal kurtuluş mücadeleleriyle ilgili bilgi birikiminin, Kürdistan'ı, Türkiye'yi, Ortadoğu'yu ve dünyayı kavrama durumunun, bu konuyla yine çok yakın bir ilgisi var.

Geçmişteki Kürt ayaklanmalarını, bu ayaklanmaların önderlerini, yakından tanıyoruz. Bu önderlerin Kürtler açısından çok saygın kişiler oldukları da biliniyor. Fakat şunları da sormak gerekiyor: Şeyh Said'den, İhsan Nuri'den, Seyit Rıza'dan, bugünkü Kürt kuşaklarına ne gibi bir bilgi birikimi kaldı? Bu önderler, Türkiye'yi Kürdistan'ı, Ortadoğu'yu, dünyayı nasıl değerlendiriyorlardı? Kürdistan'ın bölünmesini, parçalanmasını ve paylaşılmasını nasıl algıladılar, nasıl kavradılar? İngiltere ile Fransa'nın, Ortadoğu'da yaşama geçirmeye çalıştıkları böl-yönet politikaları, Kemalistlerin, Arapların, Farsların, bu politikalara ortak olmaları, Sovyetler Birliği'nin Kürdistan konusundaki tavrı ve davranışları, bu önderleri, kadroları nasıl etkiledi? O dönem için önemli bir sorun olan Ermeni sorunu hakkında ne düşünüyorlardı? Ermeni Soykırımı hakkındaki bilgileri, düşünceleri neydi? Yezidi Kürtlerle Müslüman Kürtler arasındaki ilişkileri nasıl yorumluyorlardı? Yezidi Kürtlere karşı tavır ve davranışları nasıldı? Kürtler, Hristiyan Süryanilere, Asurilere ve Nasturilere nasıl davranıyorlardı? Hristiyan gruplarla Kürtler arasındaki ekonomik, toplumsal ve kültürel ilişkiler nasıl gelişiyordu? Alevi Kürtlerin ve Sünni Kürtlerin ilişkilerinin doğrultusu neyi işaret ediyordu? Tarih boyunca Sünni Kürtlerin Alevi Kürtlerle, Yezidi Kürtlerle, Hristiyan, Süryani, Nasturi ve Asurilerle, Ermenilerle ilişkilerinin tarihsel doğrultusu nasıl gelişmişti? Önderler, kadrolar bu ilişkileri nasıl değerlendiriyorlardı? Bunlar ve benzeri konular hakkında sağlıklı bilgilerimiz yok. Bu önderlerin, hareketlerin ileri gelen kadrolarının bu konulara ilişkin bilgilerinin olup olmadığını da bilmiyoruz... Muhtemelen yoktu... Örneğin, bu önderlerden kalan hiçbir yazılı belge yok... İhsan Nuri Paşa'nın, yukarıda sözünü ettiğimiz ve anılarını içeren kitabı son derece sığdır. Örneğin, İhsan Nuri Paşa, Osmanlı ordusunda nasıl yetiştiğini hiç anlatmamaktadır. Kürdistan Teali Cemiyeti dönemini, *Azadi*'nin kuruluşunu vs. hiç anlatmamaktadır. 1924 Nasturi Ayaklanması konusunda hiç bilgi vermemektedir. Kuvva-i Milliye'den Kürt cephesine geçişini, Hoybun'un kuruluşunu, kendi çabalarını vs. anlatmamaktadır. Ağrı Ayaklanması'nın önderi olmasına rağmen bu ayaklanma hakkında verdiği bilgiler de sığdır. O günleri anlatabilmek, hatırlayabilmek için sık sık günlük basına atıf yapması bir hüzündür.

1918-1919 yıllarında ve daha önceki yıllarda *Jîn, Kürdistan, Hêvî, Rojî Kurd, Hetawî Kûrd* gibi birtakım dergiler yayınlanmıştı. Fakat bu dergiler, İstanbul'daki Kürt aydınları tarafından yayınlanıyordu, Kürdistan'daki dağıtımları ve etkinlikleri çok sınırlıydı. Düzenli yayınlanamıyorlardı. Kısa bir zaman sonra kapanıyorlardı, veya kapatılıyorlardı. Bunun dışında Kürdistan Azm-i Kavi Cemiyeti (1900), Kurd Teavün ve Terakki Cemiyeti (1908), Kürd Tamim-i Maarif Cemiyeti (1910), Kürd Talebe Hevî Cemiyeti (1912), Kürdistan Teali Cemiyeti (1918), Teşkilat-ı İçtimaiye Cemiyeti (1920) gibi birtakım dernekler kurulmuştu. Bu örgütler de İstanbul'da kurulmuşlardı. Kürdistan'da ve Kürt halkı arasında çok sınırlı bir etkileri vardı. Mücadelenin sıcak olarak devam ettiği yıllardaysa, herhangi bir yayın veya örgüt yoktu...

Fakat bugünkü hareket öyle mi? PKK hareketinin, 1970'li yılların ortalarından itibaren ürettiği bilgiler bir kütüphaneyi dolduracak büyüklüktedir. Çeşitli dilde, periyodik olarak çıkarılan dergiler, kitaplar önemli bir bilgi hazinesidir. *Serxwebûn, Berxwedan* gibi dergiler Kürt insanının kendi gerçeğini kavramasında önemli bir rol oynamıştır. Türk sömürgeciliğinin, Kürt insanlarının, Kürt toplumunun kişilik yapılarına etkilerinin araştırılması başlı başına önemli bir konudur. Bunların dışında PKK'den önce de birçok Kürt örgütleri, dergiler, Kürt yayınevleri, Kürtlerle ve Kürdistanla ilgili çok değerli bilgiler üretmişlerdir. Sadece bu bilgiler değil, bu sürecin kendisi de, yani araştırma sürecinin kendisi de, ulusal ve toplumsal mücadelenin gelişmesinde çok büyük bir rol oynamıştır.

Geçmişte, Türk basınının, Türk aydınlarının, Türk solunun, sömürgeci devletin yanında yer aldıklarını ve Kürt hareketine karşı düşmanca bir tavır izlediklerini biliyoruz. Günümüzdeyse Türk basınının, Türk aydınlarının büyük bir kesimi yine öyle olmasına rağmen küçük fakat nitelik bakımından çok değerli ve etkin bazı Türk aydınları ve Türk sol örgütleri, Kürtlerin ulusal ve toplumsal kurtuluş mücadelesine yandaş bir düşünce ve davranış sergilemektedirler. Aynı şeyi uluslararası kurumlar açısından söylemek de mümkündür. Geçmiş ayaklanmalar döneminde, uluslararası kurumlar, Kürtlerin isteklerine ve arzularına karşı kördü, Kürtlerin mücadelesini görmezden ve duymazdan gelmişlerdi. Bugün dünya kamuoyu, Kürdistan'daki devletlerarası sömürge statüsünün bilincine günden güne daha ciddi bir şekilde varıyor... Özellikle Avrupa'nın demokratik kamuoyu, ulusal ve toplumsal kurtuluş mücadelesini yakından izliyor. Sömürgeci devletin, Kürt halk yığınlarına karşı gerçekleştirdiği pek çok operasyonun tanığı oluyor. Süreç, PKK'nin ulusal kurtuluşçu niteliğini, Kürt halk yığınlarıyla kurduğu organik bağları, ırkçı ve sömürgeci devletin terörist niteliğini daha açık bir şekilde ortaya koyuyor. Uluslararası kurumlar bu durumları, giderek daha açık bir şekilde kavrıyorlardır. Özel savaşın uzaması, devletin terörist niteliğini, devlet terörünü, PKK'nin ulusal kurtuluşçu ve özgürlükçü içeriğini daha güçlü bir şekilde uluslararası kamuoyunun bilincine çarptıracaktır.

Bu kısa açıklamaların gösterdiği gibi "28. Ayaklanma" biçimindeki algılama yanlıştır Bu, ulusal ve toplumsal mücadele hakkında Türk kamuoyuna sağlıklı bilgiler vermemek, Türk kamuoyunu yanıltmak anlamına gelir. Türk basını, Türk kamuoyunu yanıltma işini coşkuyla yerine getiriyor. 1992 Newroz günlerinde, gazeteci Mehmet Ali Birand, Show TV'de, PKK Genel Sekreteri Abdullah Öcalan ile yaptığı bir röportajı yayınladı. PKK Genel Sekreteri Abdullah Öcalan, hasta görünüyordu, nezleydi. Elinde mendil vardı, durmadan burnunu çekiyordu... Ertesi günün Türk gazetelerinde, "Apo da buymuş!", "Apo dedikleri de sümüklünün biri!" gibi horlayıcı, aşağılayıcı ifadeler, haberler yer aldı. Belki de bu görüntüler, özel olarak verildi. Bu da, kendini kandırmanın başka bir örneğidir. Aslında özgürlük hareketinin, günümüze kadar kamuoyuna verdiği mesaj şudur: Kürtlerin sümüklüsü bile artık devlet için bir bela oluşturmaktadır. Özgürlük hareketinin bilinçli ve kararlı tutumunun verdiği mesaj budur ve bu mesaj açıktır.

Kürt halkı, PKK Genel Sekreteri Abdullah Öcalan'ın değerli bir kişi olduğunu çok iyi bilmektedir. Duygusunu ve düşüncesini "Serok Apo!" diyerek ifade etmektedir. Devlet de, "Üç buçuk eşkıya!"

sözlerine karşılık, çok değişik bir Kürt örgütüyle, eski Kürtlerden çok farklı Kürtlerle karşı karşıya olduğunun bilincine varmaktadır. Bunların yanında şu da önemli bir süreçtir: Kürdistan'da, Apolar çoğalmaktadır. Kürt toplumu Apolaşmaktadır. Güney'de, Kuzey'de, Doğu'da, Batı'da, Kürdistan'ın her yerinde...

Geçmişteki Kürt ayaklanmalarını yakından biliyoruz. Önderleri, kadroları, önderliğin ve kadroların halkla ilişkilerini, ulusal ve toplumsal bilinci; Kürt halk kitlelerinin bu bilinçle donanım derecelerini yakından biliyoruz. Günümüzdeki süreç yepyeni bir süreçtir. Kanımca ilk Kürt ayaklanmasıyla karşı karşıyayız. Sürecin eski ayaklanmalardan farklı bir şekilde geliştiği açıktır. İlk Kürt ayaklanmasına son Kürt ayaklanması da denilebilir. Irkçı ve sömürgeci devletin kaybedeceği besbellidir...

"BİN YILDIR BERABERİZ..."(*)

Türk siyaset adamları, Türk basını, Kürt sorununu gizlemek için çok büyük bir çaba sarf ediyor. Kürtlerden, Kürdistan'a ilişkin konulardan söz etmek gerektiği zaman hep, sorunun özünü gözleyici bir söylem geliştiriyorlar. "...Ayrılığa gayrılığa ne gerek var. Bu topraklarda, bu vatanda, bin yıldır beraber yaşıyoruz. Aynı tarihi yaşadık, aynı dinsel ve kültürel değerleri taşıyoruz. Türkiye demokratik bir ülkedir. Bu ülkede herkes eşittir, özgürdür. Herkes kabiliyeti ve liyakatı ölçüsünde her türlü işi yapabilir, devlet bürokrasisinde, orduda, üniversitede, yargı organlarında, her kademede görev alabilir... Bölünmek, dış düşmanların ve emperyalizmin ekmeğine yağ sürer..."

RESMİ GÖRÜŞÜN İÇERİĞİ

Bu sözler ve benzer sözler, çeşitli zamanlarda, çeşitli toplantılarda sık sık dile getirilmektedir. Bu sözlerin hem içeriği yanlıştır, hem de ifade edilişinde art niyet vardır. İçeriği yanlıştır, çünkü sözler Kürtlerin bir vatanı olduğunu, bu vatanın da bölünmüş, parçalanmış, paylaşılmış bir vatan olduğunu gizler. Kürdistan bölünmüş, parçalanmış ve paylaşılmış bir ülkedir. Ortadoğu'da böl-yönet politikası, başta Kürt ulusuna uygulanmıştır. Kürdistan'ın bölünmesi, parçalanması ve paylaşılması, Birinci Dünya Savaşı sürecinde ve savaştan sonra, İngiliz emperyalizminin ve Fransız emperyalizminin, Ortadoğu'da kendi sistemlerini üretmek ve yeniden üretmek için buldukları en iyi yoldur. Ortadoğu'nun ortasındaki Kürdistan'ı bölmek, parçalamak, paylaşmak, Kürt ulusuna böl-yönet politikası uygulamak, bölgede, emperyalizmi güçlendirici olan, emperyalizmi sürekli kılan en önemli etkendir. Kema-

*- *Yeni Ülke, Sayı 106, 1-7 Kasım 1992*

listlerin, Arap ve Fars sömürgecilerinin, bu politikanın en önemli işbirlikçileri oldukları da bilinmektetir. "Bin yıldır aynı topraklarda, aynı vatanda beraber yaşıyoruz..." deniyor. Öyleyse "aynı vatan", neden ve nasıl bölünmüş, parçalanmış, paylaşılmış? Kürtler neden vatansız, Kürdistan'sız bırakılmış? Türkiye'nin Kürdistan'ı var, Araplar'ın Kürdistan'ı var, Farslar'ın Kürdistan'ı var, Kürtlerin Kürdistan'ı yok. Neden böyle acaba?

Yabancı basın, Başbakan Süleyman Demirel'e, Güney Kürdistan'da (Kuzey Irak) kurulan Kürt Federe Devleti'yle ilgili bir soru soruyorlar. Başbakan Süleyman Demirel, Türkiye'nin Kürt Federe Devleti'ne karşı olduğunu söylüyor. Kürt Federe Devleti'nin kuruluşunun Kürtler için iyi olmadığını, iyi sonuçlar vermeyeceğini, Irak'ın toprak bütünlüğünü savunduklarını da söylüyor. Hemen arkasından da şunu vurguluyor: Türkiye'nin kimseye verilecek bir çakıl taşı bile yoktur. Kürt Federe Devleti, Türk devlet ve hükümet yetkililerinin, Türk basınının, Türk siyasal partilerinin, Türk üniversitelerinin Kuzey Irak diye belirttikleri, Güney Kürdistan'da kurulmuş... Türk Başbakanı, Türkiye'nin hiç kimseye verilecek küçücük bir çakıl taşının bile olmadığından söz ediyor. İki olgu arasında organik bir bağ, sımsıkı bir bağ yok mu? "Aynı vatan" denen ülkenin, coğrafyanın parçalandığını göstermiyor mu?

Türk egemenleri "bin yıldır beraber yaşıyoruz" diyorlar. Aynı sözler İran egemenleri tarafından da söylenebilir. Arap yöneticileri tarafından da söylenebilir. Fakat bu beraberliğin, nasıl bir beraberlik olduğu, beraber yaşamanın nasıl sürdüğü çok ayrıntılı bir şekilde incelenmelidir. "Bin yıldır beraber yaşama" eşit koşullar içinde bir yaşama değildir. Özellikle son bir, bir buçuk asır içindeki yaşama, efendinin kölesi ile yaşamasına benzer bir yaşamadır. Efendi-köle ilişkisinde eşitlik, özgürlük var mıdır? Köle, elbette, efendisi ile beraber yaşayacaktır. Başka türlü efendinin hizmetleri nasıl görülür?

Türk egemenleri, Kürdistan'ı, önce İran sömürgecileriyle, sonra İngiliz ve Fransız emperyalistleriyle işbirliği ve güçbirliği yaparak bölmüşler, parçalamışlar ve paylaşmışlardır. Kürtlerin ulusal ve demokratik bütün haklarını gasp etmişlerdir. Kişiliklerini parçalamışlar, onları köle düzeyine indirgemişler, düşürmüşlerdir. Sonra da bu büyük hak gaspını gizlemek için "bin yıldır beraber yaşıyoruz, herkes eşittir..." propagandasını yapmaya başlamışlardır. Türk egemenlerinin, bu propagandayı yapmaya başlamalarının nedeni, elbette, on son sene içinde Kürt toplumunda meydana gelen büyük, yoğun ve kapsamlı uyanıştır. Hak gaspı konusunda güçlü bir bilincin uyanmaya başlamasıdır.

BATI'DA YAŞAYAN KÜRT NÜFUS

Bu propagandanın başka bir söylem biçimi de şöyledir: "Bugün, Doğu'dakinden fazla Kürt nüfus Batı'da yaşamaktadır. Hiçbir sorun yoktur. Türkiye'de herkes eşittir, Türkiye'nin yönetimine eşit koşullarda katılmaktadır. Olanaklardan ve fırsatlardan eşit bir şekilde yararlanmaktadır. Hiç kimsenin etnik kökenine bakılmamıştır, etnik kökeninden dolayı hiç kimseye dışlayıcı bir muamele yapılmamıştır. Türkiye'de, Doğu kökenlilere ırkçı bir eğilim, ırkçı bir uygulama, hiçbir zaman olmamıştır..." Bu sözlerin de irdelenmesi gerekir. Büyük bir Kürt nüfusunun neden Türkiye'nin Batı illerinde, Akdeniz ve Ege bölgelerinde, yani İstanbul, Ankara, İzmir, Adana, Mersin, Antalya gibi illerde yaşadıkları konusu üzerinde yeniden düşünmek gerekir.

Bir kere, sürgünler çok önemli bir konudur. Gerek Osmanlı İmparatorluğu döneminde, gerek Cumhuriyet'in ilk yıllarından günümüze kadar asimilasyon önemli bir devlet politikası olmuştur. Kürtleri asimile edebilmek için sürgün yapılması vazgeçilmez bir devlet politikasıdur. Başbakan İsmet İnönü'nün 1935 yılında hazırladığı "Kürt Raporu", Abidin Özmen'in 1936 yılında hazırladığı tahmin edilen Birinci Müfettişlik Bölgesi ile ilgili rapor asimilasyon politikasına önemli bir vurgulama yapmaktadır. Kürtlerin asimilasyonu, sadece düşünülmüş bir politika, bir proje değildir. Çok yoğun, kapsamlı ve yaygın bir uygulaması da yapılmıştır. Sürgünler ise asimilasyonun vazgeçilmez bir aracı olarak düşünülmekte ve yaşama geçirilmektedir. Şeyh Said, Ağrı, Zilan, Sason, Dersim gibi Kürt ayaklanmalarının hemen arkasından, çok yoğun ve yaygın bir Kürt sürgünü yapılmıştır. Kaldı ki Osmanlı İmparatorluğu'nun son dönemlerinde özellikle, İttihat ve Terakki Fırkası yönetimi döneminde, geniş kitleler halinde Kürtler'in Türkiye'nin Batı yörelerine sürgün edildiklerini görüyoruz.

KÜRDİSTAN'IN GERİ BIRAKILMASI

İkinci olarak, Kürt bölgelerinin ekonomik, toplumsal ve kültürel bakımdan geri kalmasını sağlayacak politikalar uygulanmıştır. Bu da, bilinçli, hesaplı, kitaplı bir devlet politikasıdır. Resmi görüş ise bunun tam aksini iddia etmektedir. Resmi görüşe göre "Doğu", yani Kürdistan, bazı coğrafi nedenlerden dolayı; iklim, dağlık arazi koşulları, toprağın verimsizliği, doğal zenginliklerin yokluğu gibi nedenlerden dolayı geri kalmıştır. Özel sektör kârlı bulmadığı bu alana yatırım yapmamaktadır. Devlet, her türlü verimsizliğe ve risk unsuruna rağmen o bölgeye yatırım yapmaya, bölgeyi kalkındırmaya çalışmaktadır...

Bu resmi söylem, Türk basını, Türk ünivesiteleri, Türk siyasal partileri tarafından da benimsenmiştir. Halbuki bu söylem gerçekleri ifade etmemektedir. Kürdistan geri bırakılmıştır. Kürdistan'ı geri bırakmanın temel nedeni Kürt ulusallaşmasını mümkün olduğu kadar geciktirmektir. Devlet ve hükümet yetkilileri kalkınmanın, refahın, ulusal bilinci arttıracağını kabul etmektedirler. Bölgenin ekonomik, toplumsal ve kültürel bakımdan geri kalmasının, ulusal bilincin gelişmesi konusunda, elverişli bir ortam yaratmayacağını düşünmektedirler. Bunların dışında şu hususun saptanması da önemlidir. Kürdistan, resmi söylemin vurguladığının aksine, doğal kaynaklar bakımından son derece zengin bir ülkedir. Zengin petrol, krom, bakır, fosfat, kömür yataklarına sahiptir. Uçsuz bucaksız tarıma elverişli araziler vardır. Bu çok verimli topraklar üzerinde Devlet Üretme Çiftlikleri'nin kurulduğu biliniyor. Kürdistan'ın dağlık alanlarının çok büyük bir kısmı ormanlarla kaplıdır. Irkçı ve sömürgeci yönetimin durmadan bombardıman ettiği, yaka yaka bitiremediği ormanlar, bu ormanlardır. Kürdistan sadece çıplak dağlardan, topraksız kayalıklardan ibaret değildir. Kürdistan su kaynakları bakımından son derece zengin bir ülkedir. Fırat ve Dicle, bu ülkenin topraklarında akar.

Kürt bölgelerinde, nüfus artışı Türkiye ortalamasının çok üstündedir. Halbuki bölgede, iş olanakları yaratacak hiçbir yatırım yapılmaması önemli bir uygulamadır, önemli bir devlet politikasıdır. Yerli sermayenin bölgede yatırım yapmaması, sermayenin Batı'ya kaydırılması için her türlü önlem alınmıştır. Bu da, özenle uygulanan bir devlet politikasıdır. Bu koşullar altında Kürtler iş bulabilmek için Batı'ya göç etme gereğini duymaktadır. Göçler, sürekli olarak kalmak, oraya yerleşmek amacıyla yapılabildiği gibi mevsimlik olarak da yapılabilmektedir. Kürtlerin bu şekilde Batı'ya göç etmelerini sağlamanın temel amacı yine asimilasyondur. Kürtlerin, Türk kitleler arasında kendi benliklerinden kopacakları, kendi dillerine ve kültürlerine, yani kendi kimliklerine yabancılaşacakları, Türkleşecekleri umulmuştur.

MÜSLÜMAN KÜRTLER SÜRGÜN EDİLİYOR

Dikkat edilirse, Müslüman Kürtler'in, Türk ve Müslüman kitleler arasına sürgün edildiklerini görüyoruz. Örneğin, sürgün edilen Kürtler arasında Yezidi olan Kürtler bulunmamaktadır... Kürtlerin ve Türkle-rin Müslüman olmaları devletin, Müslümanlıktan azami ölçüde yararlandığını göstermektedir. Müslümanlıktan, ırkçı ve sömürgeci devletin asimilasyon politikaları ve uygulamaları doğrultusunda yararlanılmıştır. Yezidi Kürtlerin Müslüman Türk toplulukları arasına sürgün edilmesi, grubun tamamen tecrit olması ve kendi içine kapanması sonucunu getirir. Bu da asimilasyonun gerçekleştirilmesi sürecine hizmet etmez.

Türkiye'nin Batı topraklarında çok geniş Kürt topluluklarının yaşamasının üçüncü nedenini milli duygu kavramı etrafında belirtebiliriz. Kürtlerde milli duygu fazla gelişmemiştir. Vatanı ve ulusu sevmek, vatana ve ulusa bağlılık, Kürtlerde fazla gelişmiş duygular değildir. Son on senedir Kürdistan için, vatanın ve ulusun kurtuluşu için binlerce insan şehit olmuştur. Bu sürecin kendisi, Kürtlerde ulusal duyguların güçlenmesi gibi çok önemli bir sonuç çıkarmıştır. Burada, çok eskilerden beri uygulanan devlet politakasını, bu uygulamalara karşı Kürtlerin tavır ve davranışlarını incelediğimiz açıktır.

Yukarıda sürgünlerden, Kürdistan'ı ekonomik, toplumsal ve kültürel bakımdan geri bırakan politikalardan ve uygulamalardan söz ettik. Bu politikaları ve uygulanışını kavramak mümkündür. Fakat bu göçler, sadece "başka seçenekleri olmayan Kürtler" sözcükleriyle açıklanamaz. Kürtler, kolaylıkla kendi yurtlarını, kendi çevrelerini terk edebiliyorlar. Giderek kendi yurtlarından, çevrelerinden tamamen kopuşun gerçekleştiği de izlenebiliyor. Özellikle Kürt aydınlarında, bu süreci yakından izleyebiliyoruz. Kürt aydını, kendi toplumuna karşı en çok yabancılaşmış kesimi oluşturmaktadır. Bu konuda "sol ideolojiyi benimseyenler", "sağ ideolojiyi benimseyenler" diye bir ayrım yapmak da zordur. Gerillanın, Kürt aydınlarının düşüncelerini, tavır ve davranışlarını yakından etkilediğini, değiştirdiğini de biliyoruz. Bu düşünceyi şu şekilde geliştirmek mümkündür:

ASİMİLASYON ŞEHİR MERKEZLERİNDE NASIL YÜRÜTÜLDÜ?

Türkiye Cumhuriyeti Devleti, Cumhuriyet'in kuruluşundan itibaren asimilasyonu vazgeçilmez temel bir devlet politikası olarak benimsedi. 1920'li yılların sonlarından itibaren sürgün politikalarıyla, Kürtçe konuşanlara karşı uygulanan para cezalarıyla, hapis cezalarıyla, Türk-Tarih Tezi gibi, Güneş-Dil Teorisi gibi tezlerle asimilasyon politikaları ve uygulamaları iyice kurumlaştırılmaya çalışıldı. Başbakan İsmet İnönü'nün 1935 'de hazırladığı "Kürt Raporu"nda, Birinci Genel Müfettiş Abidin Özmen'in 1936 yılında hazırladığı raporda açık bir şekilde belirtildiği gibi ordunun, ordu personelinin, kışlaların, karargâhların konumlarının, Kürtlerin asimile edilmesinde çok büyük rolü oldu.

Tek parti dönemini yakından incelediğmiz zaman Kürdistan illerinde parti örgütünün bile kurulmadığını görüyoruz. Ordu, kışla, her şeyi karşılıyor. Kamu yönetiminde, eğitimde, siyasal hayatta, ordunun çok büyük bir ağırlığı var. Tek parti döneminde, bu ilişkilerin Kürdistan'daki görünümünü incelediğimiz zaman önemli bir farklılaşmayla karşılaşıyoruz. Mekân bakımından oluşan bu farklılaşma, asimilasyon politikalarının gelişimiyle yakından ilgilidir. Her Kürt şehrinde, askeri bir birlik, kışla vardı. Tugay, alay, tabur, bölük... vs. Şehir ve kasabalarda oturanlar askerlerle, askeri bürokrasiyle sık sık karşı karşıya geliyorlardı. İleri gelen Kürt aileleri askerlerle, askeri bürokrasiyle sık sık karşılaşıyorlar, bir araya geliyorlardı. Bu süreçte bu aileler, ordunun ideolojisini yaymak istediği görüşü, Türkçülük ideolojisini de benimsiyorlardı. Kürt şehirlerinde ve bazı kasabalarda oturan bu aileler kolayca Türkleştiler. Bu ilişki onların Türkleşmelerinde önemli roller oynadı. Fakat kırsal kesimde böyle bir süreç yaşanmadı. Askeri bürokrasi kırsal kesimde sıkı ilişkiler geliştiremedi, kırsal kesimde yaşayan Kürtlerin asimilasyonu gerçekleştirilemedi. Kırsal kesimde yaşayan aşiretler, aşiret reisleri, şeyhler, toprak sahipleri, köylüler üzerindeki asimilasyon etkili olmadı.

KIRSAL KESİMLERDE ASİMİLASYON

KURMANÇ-BAJARÎ FARKLILAŞMASI

Kürdistan'da, şehirli ve köylünün bu konumu üzerinde detaylı bir şekilde durmak gerekir. Şehirde oturan ve kendilerine 'Bajarî' diyen Kürtler, Türk olmakla övünürler, Kürtleri küçümserler... Bu (bajarî)ler köylerde oturan ve Türk değerleriyle bütünleşemeyen, Türkleşmeyen bu Kürtlere 'Kurmanç' derler. Kurmanç, aslında Kürtlerin genel adıdır. Fakat şehirde oturanlar, köylerde oturan Kürtler için (kurmanç) sözünü aşağılamak için kullanırlar. Ve köylüler, aşiret mensupları şehre, kasabaya, pazara indikleri zaman, onlarla, (kurmanç!) diye alay ederler...

Tek parti döneminde, şehirlerde oturan Kürtler, yani asimilasyon sürecine girmiş, Türkleşme sürecine girmiş Kürtler, çocuklarını Türk gibi yetiştirmeye başlamışlardır... Evlerde Türkçe konuşulmaktadır. Bu dönemde, şehirlerde oturan, asimile olmuş bazı ailelere mensup çocuklar Kürtçe bilmemektedirler... Bu çocuklardan bazıları ileride, ulusal hareket içinde yer almışlardır, fakat sadece bir fert olarak ve aileye ters düşerek... "Ailenin yüz karası" olarak...

GERİLLA HAREKETİNİN BÜYÜK BAŞARISI

İşte PKK hareketinin en büyük başarılarından biri bu noktada açığa çıkmaktadır. Kürt ulusal ve toplumsal kurtuluş hareketi artık şehirlerde ve kasabalarda da çok geniş bir taban bulmaktadır. Asimilasyon artık tamamen durdurulmuştur. Tek parti döneminde tamamen asimile edilmiş, kendi öz kimliklerinden uzaklaştırılmış alileler artık kendi kimliklerine kavuşmuşlardır. Yeni nesillerin Kürt kimliğiyle büyüdükleri açıktır. Artık ırkçı ve sömürgeci devletin, bu konuda, hiçbir şansı yoktur. Kürt kimliğinin ve Kürdistan kimliğinin unuturulması artık mümkün değildir. Kırsal kesimde ve şehirlerde oluşan bu farklılaşmanın giderilmiş olması, PKK hareketinin, gerillanın en büyük başarılarından biridir. Bu, Kürt toplumunun büyük bir kazancıdır. Böl-yönet ve yok et geleneğinde, zihinlerde yaratılan kurmanç-bajarî bölünmesi aşılmıştır. Kürt artık bir ulusun adıdır. Saygın bir isim olmuştur. Hiç kimse artık Kürt olduğunu söylerken, "ben Kürdüm" derken utanç duymamaktadır. Bu noktayı hiç unutmamak gerekir. 1960'lı yıllarda, hatta 1970'li yılların başlarında bile, insanlar kolayca, rahatça, "Kürdüm" diyemiyorlardı. "Ben Kürdüm, biz Kürdüz" denildiği zaman bir ezilme söz konusu oluyordu. Görgü ve geleneklere aykırı bir davranış yaratıldığı zaman özür dileme olarak "affediniz biz Kürdüz" denirdi... Günümüzdeyse, Kürt toplumunun bütün kesimlerinin mücadeleye çekilmiş olması büyük bir başarıdır.

PKK İLE DAHA ÖNCEKİ KÜRT ÖRGÜTLERİ ARASINDAKİ İNTİBAK SORUNU

Bu koşullar altında PKK hareketinin ve PKK'den önceki Kürt hareketlerinin ve Kürt örgütlerinin sınıf yapısının incelenmesi, bu ilişkilerinin ele alınması bir kere daha gerekli olmaktadır. Daha önce 19. yüzyıldaki ve 20. yüzyılın ilk yarısındaki Kürt hareketlerinde şeyhlerin, ağaların ve aşiret reislerinin çok önemli bir fonksiyona sahip olduğunu vurgulamıştık. 1950'li yılların sonlarından itibaren Kürtlerin basın-yayın faaliyetlerine giriştiklerini, yeni yeni örgütlenmeler içinde olduklarını görüyoruz. Bunlar, Kürt şehirlerinde veya

Türk şehirlerinde oturan, Türkleşme sürecine girmiş, asimilasyona uğramış ailelerin yeni nesilleriydi... Bu nesil Türkiye'deki sol hareketle kolayca ilişkiye girdi... Kendi toplumsal meşruiyetini ilk önce Türk solu çevreleri içinde anlatmaya başladı. Kürt aydınlarının, küçük burjuvazinin esnaf kanadının, serbest meslek sahiplerinin, öğrencilerin önemli fonksiyonlara sahip oldukları bu hareketler kalıcı olamadı. Kürt toplumunun bütün kesimlerini etkileyemedi, yaygınlaşamadı, derinleşemedi... Bu kesimlerin hepsinin de devrimci ideolojiyle donanmış olduklarını biliyoruz... Fakat Kürt hareketinin, geniş halk yığınlarını mücadelenin içine çekmesi, yaygınlaşması ve derinleşmesi, PKK'yle, gerillayla olmuştur... Özgürleşmiş ve devrimci bilinçle, ulusal ve toplumsal bilinçle donanmış yoksul köylü hareketi daha kararlı ve sürekli oluyor, daha dirençli, daha uzlaşmaz oluyor... Mücadeleyi sürdürüyor, ırkçı ve sömürgeci devletin ortaya çıkardığı engelleri aşmaya çalışıyor, fakat geri dönüş söz konusu olmuyor.. Ölüm oluyor, binbir türlü mağduriyet oluyor, fakat geri dönüş olmuyor... Yeni olan budur, diri olan budur, gelecek vaat eden budur. Bu koşullar altında 1980'den, 1970'den önceki Kürt hareketlerinin bu hareketlerde yer alan insanların, yeni duruma intibak etmeleri gerekir. Bu örgütlerin gerillayı kendilerine intibak ettirmeye çalışmaları hiç olmayacak bir şeydir, toplumsal gelişmeyi hiç anlamamak demektir.

OLAĞANÜSTÜ HAL OPERASYONLARI

Kürtlerin, Türkiye'nin Batı yörelerinde, büyük kitleler halinde yaşamalarının yukarıda belirtilmeye çalışılanlardan biraz değişik olan farklı bir nedenine daha işaret etmenin gereği vardır. Bu, son 4-5 yıl içerisinde Olağanüstü Hal Bölge Valiliği alanından zorla göçertilen Kürtlerin durumuyla ilgilidir. Kürtlere karşı, Kürt köylülerine karşı çok ağır, çok yoğun ve kapsamlı baskılar vardır. Türk güvenlik güçleri Kürtlerin köylerini, yerlerini, yurtlarını terk etmelerini emretmektedir. Köylerin boşaltılması yolunda emirler vermektedir. Köyleri yıkmakta, yakmaktadır. Evler, içindeki eşyalarla birlikte yıkılmakta ve yakılmaktadır. Gıda maddeleri tahrip edilmektedir. Yaylaya çıkma yasağı konulmaktadır. Ailelerin hayvanlarını otlatmalarına engel olunmaktadır. Katır, öküz, inek gibi hayvanlar sık sık kurşuna dizilmektedir. Köylülerin tarlalarında, bağlarında ve bahçelerinde çalışmalarına engel olunmaktadır... Çok yoğun, bitmek tükenmek bilmeyen baskılar ve işkenceler vardır. Sık sık yapılan ev aramalarıyla, Kürtlerin, taşınabilir malları, altın, mücevher gibi zenginlikleri, paraları yağmalanmaktadır. Bütün bunlar, Kürt insanlarını mağdur etme amacına yöneliktir. Ormanlar yine bu amaçla yakılmaktadır, sulara zehir dökülmektedir. Böylece köylüler, köylerini terke zorlanmaktadır, köylerin boşaltılması sağlanmaktadır.

Köylerini terke zorlanan insanlar, akrabalarının bulunduğu yakındaki başka köylere veya yakınlardaki Kürt şehirlerine göçmekte, çadırlarda yaşamlarını sürdürmeye çalışmaktadırlar. Bazıları da Türkiye'nin Batı yörelerinde oturan akrabalarının yanına gitmektedirler. Fakat bu Kürtler, Batı'daki Türk şehirlerine sürekli olarak oturmak için gelmemişlerdir. İlk fırsatta, tekrar Kürdistan'a, kendi yerlerine, yurtlarına döneceklerini belirtmektedirler. Öte yandan, dördüncü kategoride sayılan bu Kürtlerin milli duygularının, ulusal bilinçlerinin, ilk üç kategoride yer alan Kürtlerden çok daha ileri bir düzeyde olduğu vurgulanabilir. Çünkü bunlar mücadele sürecinde Kürdistan'ı terke zorlanmışlardır.

RESMİ GÖRÜŞE KARŞI TEPKİLER

"Bin yıldır beraber yaşıyoruz" sloganının farklı bir boyutuna daha değinmek gerekiyor. Bu boyutun çok önemli olduğunu vurgulamada yarar var. Türk devlet ve hükümet yetkilileri, Türk basını, Türk siyasal partileri, Türk üniversitesi, Kürtlerin, Türkiye'nin çeşitli illerinde Türklerle birlikte yaşadıklarını, herkesin eşit olanaklara ve eşit fırsatlara sahip olduğunu belirtmektedir. Türk milliyetçiliğinin, Atatürk milliyetçiliğinin, hiçbir ırkçı eğilim taşımadığı, eşitlikçi, özgürlükçü bir yapıya sahip olduğu belirtilmektedir.

Böyle olmadığı açıktır. Şöyle ki:

Kürtler, Türklerle birlikte yaşıyorlardı ama siyasal bakımdan hiçbir talepleri yoktu. Kendi kimlikleriyle ilgili hiçbir talepleri yoktu. Türkiye'de, Kürdistan'da, Ortadoğu'da ve dünyada, sömürge bile olamayan statüleri konusunda, herhangi bir bilince sahip değildi. Devletin ırkçı ve asimilasyoncu politikalarıyla uyumlu bir şekilde yaşıyorlardı. Kendi kaderlerini belirleme, kendi kendilerini yönetme konularında istekleri ve bilinçleri yoktu. Devletin, ırkçı ve sömürgeci politikasına güçlü bir eleştiri, güçlü bir muhalefet yoktu. Zaten doğar doğmaz, hüviyet cüzdanlarına, "Türk", Türk vatandaşı olarak yazılıyordu. Böylece Türk oluyorlar ve Türk oldukları için gerçek Türklerle eşit muamele görüyorlardı. Hüviyet cüzdanlarında, etnik kökene ilişkin bir belirleme kuşkusuz yok. İleride, Türk olmadığını, Kürt olduğunu ifade edenlere de, devlet, çeşitli cezaî yaptırımlar uyguluyordu. Kürt aydınları, çok uzun yıllardan beri bu tür düşünceleri, şu veya bu oranda dile getiriyorlar ve devletin çeşitli yaptırımlarıyla karşı karşıya kalıyorlardı. Geniş halk kitlelerini etkileyen, güvenlik güçlerinin, ordunun müdahalesini gerektiren ulusal ve toplumsal bir hareket yoktu. Kitleler mücadelenin içine çekilmemişlerdi.

1950'li ve 1960'lı yıllarda, Kürt aydınları zaman zaman tutuklanıyorlar ve ırkçılık yapmakla, Türklerin milli duygularını zedelemekle suçlanıyorlardı (TCK 142/3). Kürt aydınları da, savunmalarında, ırkçı olmadıklarını, ırkçılığa karşı olduklarını, eşitliği, kardeşliği savunduklarını belirtmekteydiler. Fakat devletin ırkçı ve sömürgeci niteliğine, henüz, güçlü bir vurgulama yoktu. 1971 Doğu Duruşmaları'nda yani 12 Mart döneminde devletin ırkçı ve sömürgeci niteliği, asimilasyoncu niteliği de konuşulmaya başlandı. 1970'li ve 1980'li yıllarda, devletin bu niteliği üzerinde daha güçlü, daha ayrıntılı çözümlemeler yapıldı. Geniş Kürt halk yığınlarının, gasp edilmiş ulusal ve demokratik haklarının bilincine varmaları, 1980'li yılların ortalarından itibaren, yani PKK'nin mücadelesiyle oldu.

TÜRK ŞEHİRLERİNDE OTURAN KÜRTLERE KARŞI KAMPANYA NASIL GELİŞİYOR?

Bugün Türkiye'nin Batı yörelerinde, Trakya'nın, Karadeniz'in, Ege'nin, Akdeniz'in bazı yörelerinde Kürtlere karşı yoğun bir kampanya başlatılmıştır. Devlet ve hükümet yetkilileri, Türk basını, Türk siyasal partileri vs. bu kampanyayı coşkuyla teşvik etmekte, kışkırtmaktadır. Kürtler, İzmir, Fethiye gibi bazı şehirlerden kovulmaktadır. Kürtler iş yerlerinden kovulmaktadır, Kürtlere iş verilmemektedir. Kürtlere ev verilmemektedir. Evlerini Kürtlere kiraya veren ailelere baskılar yapılmaktadır. Kürtlerin evleri, iş yerleri yakılmakta, hayvanları öldürülmektedir. Kürtlerin evleri ve iş yerleri yağma edilmektedir. Kürt ailelere hakaret edilmekte, Kürt aileler aşağılanmaktadır. Bazı belediyeler, Kürtlere, inşaatta iş verilmemesi için kararlar bile almışlardır. "Ege Belediyeler Birliği"nin bu konuyla ilgili çok önemli bir kararının var olduğu söylenmektedir. Okulda Kürt çocuklar dövülmektedir. Her yerde, Kürtleri aşağılamak, Kürtlere hakaret etmek önemli bir görev haline gelmiştir... Yağma olaylarına bakıldığı zaman, Kürtlerin sermaye birikimlerinin de hedef alındığı görülebilmektedir. Kürtleri kaçırtmak, taşınmaz mallarına ve işyerlerine el koymak önemli bir dürtü olarak görülebilir... *Tempo* dergisi, 28 Ekim tarihli 43. sayısında, "Fethiye'de Kürt Avı" başlıklı bir haber röportaj yayınladı (s. 66-71). Ahmet Ravalı'nın hazırladığı bu röportajın alt başlığı, "Evler saptandı. Kamyonlar dolusu insan sürek avına çıktı, evler yakıldı, yıkıldı, insanlar göç etmek zorunda kaldı..." başlığını taşıyor.

1980'li yılların başlarında Federal Almanya'da, "Turken Raus" isimli bir kampanya yürütülüyordu. Almanya'daki bazı ırkçı çevreler, Türkleri Almanya'dan kovuyorlardı. Türklere, binbir türlü hakaret ediyorlar, Türkler hakkında çok çirkin aşağılayıcı fıkralar anlatıyorlardı. Türklere ev vermiyorlardı. Almanların devam ettikleri kahvehanelere, pastanelere, birahanelere vs. Türkleri sokmuyorlardı. Kapıya, duvarlara, "Buraya köpekler ve Türkler giremez" biçiminde sloganlar yazıyorlardı... İşte tam buna benzer bir propaganda, kampanya, bugün, Türkiye'de Kürtlere karşı yürütülmektedir. Hükümet, Türk basını, bu anti-Kürt kampanyayı teşvik etmekte, kışkırtmaktadır. İzmir, Fethiye gibi yörelerde, "Kurden Raus" kampanyaları açılmış ve bu kampanyalar, yörenin idarecileri tarafından, siyasal parti yöneticileri tarafından yönlendirilmektedir. İleride Kürdistan'dan gelen cenazelerin artması sürecinde bu kışkırtmalar daha da yoğunlaştırılabilir, yaygınlaştırılabilir. Dikkat edilirse burada, Kürtlerin şehitlerinden hiç söz edilmemektedir. Kürtlerin kendi vatanlarını korumaları, kölelikten kurtulmak için, eşitlik ve özgürlük için mücadele etmeleri hiç söz konusu edilmemektedir. Bu da Türk kamuoyunun sadece devlet tarafından bilgilendirildiğini, Kürtlerin özlemleri ve istemleri konusunda, Türk kamuoyuna en ufak bir bilgi sızdırılmadığını göstermektedir... Kürtler, "hain", "eşkıya" diye anılmaktadır. "Hain"e, "eşkıya"ya her türlü ölüm reva görülmektedir.

Neden böyle olmaktadır? Çok açık. PKK'nin başlattığı ve kararlılıkla sürdürdüğü ulusal ve toplumsal kurtuluş mücadelesi nerede yaşarsa yaşasın bütün Kürtleri yakından etkilemektedir. Bugüne kadar binlerce şehit vardır. Ulusal ve toplumsal kurtuluş mücadelesi her aileyi şu veya bu oranda etkilemektedir. Bu mücadele Kürt toplumunu diriltmiştir. Mücadele, Kürt insanlarına yeni bir heyecan ve umut vermiştir. Kürtler, artık ülkelerinin adını, uluslarının adını, yani Kürt ve Kürdistan adlarını rahatlıkla kullanabilmektedirler. Kürt olduklarını, Kürdistan'dan geldiklerini vurgulayabilmektedirler. Ulusal ve toplumsal kurtuluş mücadeleleriyle, gerillalarla övünen, kıvanç duyan pek çok Kürt vardır. İşte Kürtlerdeki bu uyanış, Türk devlet ve hükümet yöneticilerini, Türk basınını, Türk siyasal partilerini çok rahatsız etmektedir. Ve bu yöneticiler, sözü edilen yörelerdeki Türk halkını, Kürtlere karşı kışkırtmaktadırlar. Bu kışkırtma planlı, programlı bir harekettir.

Bu süreçten çok önemli bazı sonuçlar çıkarmak mümkündür. Demek ki Kürtler, kendi kimlikleriyle ilgili hiçbir talepte bulunmadıkları zaman, Kürt kimliğinden, Kürdistan kimliğinden söz etmedikleri zaman, asimilasyoncu, ırkçı ve sömürgeci devlet politikalarına tam bir uyum gösterdikleri zaman Türklerle birlikte yaşayabiliyorlar. Hiçbir sorun olmuyor. Resmi ideoloji, buna, eşit ve özgür yaşama diyor. Halbuki bu, kimliğine sahip olmaya, bunun için mücadele etmeye çalışan kişi için tam anlamıyla ırkçı ve sömürgeci bir yönelimdir. Asimile olmuş, kimliğinin bilincine varmayan bir kişi ise düşürülmüş bir kişidir. Ulusal ve toplumsal kurtuluş mücadelesinde gördüğümüz ise Kürtlerin artık uyanmaya başladıklarıdır. Uyanmaya başlayan bu Kürtler üzerindeyse, ırkçı ve sömürgeci baskılar günden güne artmakta, ağırlaşmaktadır.

Bu süreç, Kürtleri, Kürdistan'ı yönetmenin, bundan sonra gittikçe zorlaşacağını da göstermektedir. Hiçbir siyasal istekte bulunmayan insanları, gasp edilmiş kimliklerinin bilincinde olmayan insanları, köleleşmiş, düşürülmüş insanları yönetmek çok kolaydır. Gasp edilmiş ulusal ve demokratik haklarının bilincine varan, bunları tekrar kazanmak için mücadeleye girişen insanları yönetmek ise çok zordur. İşte ırkçı ve sömürgeci uygulamalar, başta bu tür kimselere, bu tür Kürtlere karşı sürdürülmektedir.

Resmi ideolojinin söylemini bir kere daha belirtelim: Türkiye'de herkes eşittir. Hiç kimseye etnik kökeninden dolayı bir ayrım yapılmamaktadır. Türk milliyetçiliğinin hiçbir ırkçı niteliği yoktur. Türk milliyetçiliği, Atatürk milliyetçiliği hoşgörülüdür. Batı'da yaşayan Kürtlerin sayısı Doğu'da yaşayan Kürtlerin sayısından daha fazladır. Bin yıldır beraber yaşıyoruz, kardeşiz, dindaşız... Halbuki esas kardeşlik, bu günlerde gelişen olaylarla denenmektedir, sınanmaktadır. Bu günlerden sonra gelişecek olaylarla denenecektir, sınanacaktır. Geçmişte Kürtler, hiçbir şey istemiyorlardı, hiçbir siyasal talepleri söz konusu değildi. Kürtlerin, devletin, dünyada bir eşi daha bulunmayan bu ırkçı ve sömürgeci politikası ve uygulaması konusunda en ufak bir bilinci yoktu. Geçmişteki Kürtler, ırkçı ve sömürgeci politikacılara olağanüstü bir uyum gösteriyorlardı. Bundan dolayıdır ki Türk egemen çevreleri tarafından Türk basını ve Türk siyasal partileri tarafından kabul görüyorlardı. “Kürt”, “Kıro” gibi sözler de kullanılıyordu. Fakat Kürt Kıro, siyasal istek ve iradesi olan bir özne değildi, sadece bir şeydi... Bir folklor çeşitliliğiydi. Kilim gibi, çorap gibi..

Son on sene içinde Kürdistan'da çok büyük bir toplumsal ve siyasal değişme gerçekleşti. Bu değişim sürüyor. Kürtler, siyasal istekleri ve siyasal iradesi olan bir özne haline geliyor. İşte Türk ırkçılığı bu süreç içinde belirginlik kazanıyor. Kürtlerdeki bu uyanışı, içine sindiremeyen Türk basını, Türk siyasal partileri, Kürtlere karşı yoğun ve yaygın bir kampanya başlatıyor. Kürtlerdeki özgürlük hareketine, Kürtlerin kölelikten kurtulma sürecine, özgürleşmesine şiddetle karşı çıkıyor. Kürt kimliğine, ulusal kimliğine vurgulama yaptığı, Türk kimliğini kabul etmediği, Türk kimliğinden uzaklaştığı için de Kürtlerle beraber yaşamak istemiyor, Kürtleri, Türk bölgelerinden kovuyor. Bu kışkırtmanın bir devlet ve hükümet politikası olduğunu yine tekrarlayalım...

Türklerin, örneğin, Araplarla, Farslarla, Yunanlılarla, İngilizlerle ilişkilerinin içeriğinde eşitlik anlayışı vardır. Veya eşit koşullar içinde ilişki geliştirmek önemli bir amaçtır. Türk insanı Fransız insanıyla, Alman insanıyla vs. eşit olan bir insandır. Fakat Türklerin Kürtlerle olan ilişkilerinin içeriğinde eşitlik anlayışı yoktur, egemenlik anlayışı, tahakküm anlayışı ağır basmaktadır. Türk insanı olmak demek, muhakkak Kürtleri yöneten, Kürtlere hükümran olan bir insan demektir. İşte Kürtlerin eşitlikten söz etmeleri, siyasal, toplumsal, kültürel her türlü eşitliği yaşama geçirmek için mücadele etmeleri, Türklerin düşüncelerinde, davranışlarında büyük bir sarsıntı yaratmaktadır. Hükümranlık zincirini parçalayan, eşitlik için mücadele eden Kürtlerin bu tavırları, Türk insanlarında, eksilme, küçülme duygusu yaratmaktadır. Kürtleri yönetememek, Kürtlere söz dinletememek, bir Türk için kabul edilebilir bir şey değildir. Kürtlerin ne istediklerinin anlaşılması, kavranması, Kürtlerin arzularının ve isteklerinin farkına varılması hiç önemli değildir. Gerek devlet bürokrasisinde, gerek askeri bürokraside, gerek özel sektör bürokrasisinde, Kürdistan sorunuyla hiç ilgilenmeyen, fakat uzun yıllardır Kürdistan'da çalışan görevliler vardır. Kürdistan sorunuyla hiç ilgilenmeden Kürtlere karşı mücadele yürütmek de büyük bir başarıdır!

Bu düşünceler ve tutumlar Türklerin çok büyük bir kısmı için doğrudur.

Bunlar, aslında sömürgeci ilişkilerin parçalanmasına karşı duyulan bir tepkidir. Sömürgecinin üç büyük tutkusu vardır. Sömürgeci yönetim-sömürge halkı ilişkileri bu tutkuların gelişmesine ve yoğunlaşmasına elverişli ortamlar yaratır. Bu bakımdan sömürgeciler, bu tutkularından hiç vazgeçmezler. Sömürgecinin hiç vazgeçmeyeceği bu üç büyük tutkunun birincisi, Kürtleri eğitmektir. İkincisi, Kürtleri belirli kalıplar çerçevesinde disipline sokmaktır. Üçüncüsüyse cezalandırmaktır. Cezalandırmak için bir suçun varlığı gerekmez. Cezalandırmanın esas amacı, sömürgecinin her zaman varlığını hissettirmektir. Sömürgecinin, hep sömürge halkının ensesinde olduğunu hissettirmektir.

İşte Kürt halkının eşitlik ve özgürlük mücadelesi, ulusal ve toplumsal kurtuluş hareketi, sömürgecinin bu tutkularını sarsmıştır. Sömürgeci eksildiğini hissetmekte ve tepki göstermektedir.

KÜRTLER İÇİN ŞANS

Kürtler için çok zor bir dönemin yaşandığı besbelli. Kürdistan'ın insansızlaştırılması bir devlet politikası. Köyler, şehirler yıkılıyor, yakılıyor, insanlar göçe zorlanıyor, yerini yurdunu terke zorlanıyor. Böylece gerilla hareketinin etkinliğinin kırılacağı düşünülüyor... Gerillanın balık, halkın deniz olduğunu düşünürsek, denizin kurutulması amaçlanıyor. Bunun yanında Kürtler, Batı'daki şehirlerden, yerleşme birimlerinden de kovuluyorlar. Kürtlerin nereye gideceği, nerede yaşamlarını sürdüreceği çok önemli bir sorun olarak karşımıza çıkıyor. Aslında çözümsüzlük gibi görünen bir süreç, Kürtlerde ulusal ve toplumsal bilinci, kendi kaderini belirleme, kendi kendini yönetme bilincini hızlı ve yoğun bir şekilde geliştiriyor. Türk şehirlerinde, ırkçı ve sömürgeci uygulamalarla bunalan Kürtler nereye gidecekler? Elbette Kürdistan'a gidecekler... Fakat yoğun, güçlü bir ulusal ve toplumsal bilinçle gidecekler. Buysa, kendi kaderini belirleme, kendi kendini yönetme düşüncesini ve bilincini daha çok geliştirecektir. "Bin yıldır beraber yaşıyoruz, eşitiz, hiçbir ırkçı düşünce ve uygulama yoktur" sloganlarını da açık bir şekilde yalanlayacaktır, çürütecektir.

Kürtlerin şunu bilmeleri, şu konunun bilincine varmaları gerekir: Kürdistan, dağlardan, taşlardan ibaret bir ülke değildir. Gerek doğal kaynakları bakımından, gerekse tarımsal olanaklar bakımından son derece zengin bir ülkedir. Türk devlet ve hükümet yöneticilerinin "bir alıyoruz, yirmi veriyoruz" biçimindeki sözleri sadece bir slogandır. Buna rağmen "bir alıyoruz, yirmi veriyoruz" benzeri sözleri iki bakımdan irdelemek gerekir.

Bir kere, Kürdistan'da yapılan devlet harcamaları tamamen askeri harcamalardır, güvenlik harcamalarıdır. Savaş uçaklarına, helikopterlere, tanklara, zırhlılara, toplara, tüfeklere, mayınlara, mermilere vs. yatırılan paralardır. Asker, polis, Özel Tim, korucu gibi güvenlik personeline harcanan paralardır. Olağanüstü Hal Bölgesi'nde çalışan personele ödenen Olağanüstü Hal Bölgesi tazminatıdır. Polislere, askerlere, bürokraside çalışan çeşitli memurlara yapılan lojmanlara vs.dir. *2000'e Doğru* dergisi, 25 Ekim 1992 tarihli 43. sayısında, bu harcamaların önemli bir dökümünü vermektedir. Hikmet Çiçek ve Soner Yalçın tarafından hazırlanan yazı "Rakamlarla Güneydoğu'daki Savaşın Maliyeti" başlığını taşıyor. (s. 18-21) Örneğin, korucuların, sadece maaşlarının yıllık tutarı 778 milyar lira. Cephane, giyim, gıda, tedavi masrafları hariç. Olağanüstü Hal Bölgesi'nde kişi başına düşen milli gelir 382 dolar. Bir çelik yeleğin fiyatı ise 420 dolar. 1992 yılında, Irak sınırına döşenen 90 bin mayının tutarı 40 milyar lira. Muş'ta sağlık ocağı sayısı 22 iken 1992 yılında 15 yeni karakol daha yapılmış. Irak sınırına 1992 yılında 35 yeni karakol yapılmış. Her bir karakol 2 milyar liraya mal olmuş.

Benzer harcamaların, halkın yaşamını kolaylaştıracak, refahı artıracak en küçük bir yönü yoktur. Bu harcamaların, Kürt halkının eğitim ve sağlık durumunu, kültürel gelişmesini, manevi gelişmesini iyileştirecek hiçbir yönü yoktur. Örneğin Bitlis'de, 1987 yılında, 565 olan işyeri sayısı 1991'de 519'a inmiştir. Siirt'te bu sayılar sırasıyla 653 ve 442'dir. Bir uçak filosunun sadece bir uçuşluk masrafı ise 350 milyon liradır. Son yıllarda, Kürt şehirlerinin hiçbirine en küçük bir yatarım yapılmamıştır. Mevcut yatırımlar, sermaye yetersizliğinden, işletme yetersizliğinden birer birer kapanmaktadır. Buna rağmen,

Skorsky fırmasıyla 75 helikopter için anlaşma yapılmıştır. Bir helikopterin fiyatı 65.4 milyar liradır. Sadece bu helikopterlere 6.5 trilyon lira civarında ödeme yapılacaktır.

Bingöl, Diyarbakır, Elazığ, Mardin, Siirt, Şanlıurfa, Van, Batman, Muş, Tunceli, Hakkâri ve Şırnak belediyelerinin işçilere borçları 100 milyar lira. Sadece, subaylara yılda ödenen Olağanüstü Hal Tazminatı ise 250 milyar lira...

Görüldüğü gibi uygulanan politikaların, Kürtlerin yaşamlarını kolaylaştırıcı, iyileştirici, refahı artırıcı hiçbir yönü yoktur. Bilakis, Kürtler için yaşamı zorlaştırmak, temel bir devlet görevidir. Ormanların yakılması, köylerin yakılması, yıkılması, evlerin içindeki eşyalarla birlikte yakılması, sulara zehir dökülmesi, sık sık yapılan ev aramalarında, gıda maddelerinin heder edilmesi, bağda, bahçede, tarlada çalışmanın engellenmesi... Hayvanların kurşuna dizilmesi vs... Yayla yasaklarıyla, sürü otlatma yasaklarıyla, seyahatin ve ticaretin engellenmesiyle hayvancılık ölmüştür...

Askeri harcamaların, güvenlik harcamalarının kalkınmayı sağlayıcı yatırımlar olmadığı açıktır. Bunlar yeni işyeri açan yatırımlar değildir. Bilakis, mevcut işyerleri, birer birer kapanmaktadır, kapatılmaktadır. Kürdistan'da işsizlik çığ gibi büyümektedir.

BİRLİĞİN, BERABERLİĞİN TEMEL KOŞULU

"Bir alıyoruz, yirmi veriyoruz" biçimindeki yaklaşımı bu çerçeve içinde değerlerdirmek gerekir. Verdikleri, top, tüfek, mermi, "sorti"dir... Kürdistan'ın petrol, krom, su gibi doğal kaynaklarını ise olağanüstü derecede sömürmektedirler. Bu yaklaşımın ikinci bir yönünü daha belirtmek gerekir. Kürdistan'ın çok zengin bir ülke olduğu, petrol bakımından, krom, bakır, fosfat bakımından, su kaynakları bakımından çok zengin bir ülke olduğu herkes tarafından bilinmektedir. Bunları elbette, Türk devlet ve hükümet yöneticileri de bilmektedir. Irkçı ve sömürgeci devletin Kürdistan'dan vargeçmemesinin temel nedeni budur. Soykırım yapılarak, katliam yapılarak bir halka iyilik edilebilir mi? Türkiye'nin, Kürdistan'daki bu durumu tam da böyle bir ilişkiyi göstermektedir. Zaten Kürdistan'ın bölünmesinin, parçalanmasının ve paylaşılmasının temel nedeni Kürdistan'ın doğal zenginlikleridir. Öyleyse Kürtlerin, bu zenginliklerin bilincine varmaları gerekir. Türk şehirlerinden kovulan, kendi ülkesinin zenginliklerinin bilincine varmayan, buna rağmen, "birlik-beraberlik" söyleminde bulunanların sergiledikleri tablo bir zaafı göstermektedir. Kendi ülkesine sahip olmayanların, ülkesini sömürgeci güçlere terk edenlerin, sömürgecinin şehirlerinde birlik beraberlik ifade etmeleri anlaşılır değildir. Birlik-beraberlik elbette önemlidir, fakat gerçekleşmesinin, çok önemli, temelde duran bir koşulu vardır. Sömürge ülke insanlarının kendi ülkelerine sahip olmaları... Bu bakımdan Türk şehirlerinden kovulan Kürtlerin Kürdistan'a gitmeleri, en azından bunu bir alternatif olarak düşünmeleri çok önemlidir.

Ho Chi Minh'in çok güzel bir sözü var: "Dünyada özgürlükten ve bağımsızlıktan daha güzel hiçbir şey yoktur." Bu sözün bilincine varmayanların durmadan birlik beraberlik çağrısında bulunmaları, her şeyden önce, bu çağrının esas muhatabı tarafından ciddiye alınmaz. Çünkü bir zaafı göstermektedir. Sloganlarla zaaf gizlenemez. Özgür ve bağımsız olan ulasların birbirleriyle ilişkileri daha kardeşçedir, daha dostçadır. İlişkiler, eşitlik temeli üzerine kurulmuştur. Yöneten-yönetilen, sömürgeci ulus-sömürge ulus ilişkileri içindeyse birlik, beraberlik, kardeşlik oluşturmanın olanağı yoktur. Eşitlik olmadan kardeşlik olmaz, birlik olmaz. Ülkeye sahip çıkmadan kardeşlik kurulmaz. Bu bakımdan Kürtlerin Kürdistan'a dönüş yapmaları önemli bir olaydır. Bu süreçte, ırkçı ve sömürgeci devletin tehditleri de aşılmalıdır. Irkçı ve sömürgeci devlet şunu diyor: Türk şehirlerine gelmişsiniz, güzelce yaşıyorsunuz, karnınız doyuyor, 'Doğu'ya giderseniz, 'Ora'ya giderseniz aç kalırsınız. Federasyon, özerklik gibi düşünceler, çözüm yolları dile getirildiği zaman bu tehditler hemen ileri sürülüyor. "Federasyon isterseniz, özerklik derseniz 'Ora'ya göçmek zorunda kalırsınız. 'Ora'ya göçerseniz aç kalırsınız." İşte Ho Chi Minh'in sözü bu noktada değer kazanmaktadır. "Dünya'da özgürlükten ve bağımsızlıktan daha güzel hiçbir şey yoktur." Kürtler, bu tür aşağılayıcı, horlayıcı, küçümseyici sözleri geri tepmenin tavır ve davranışı içinde olmalıdırlar. Kendi ülkelerinin zenginliklerinin bilincine de varmalıdırlar. Kürdistan'ın ekonomik, toplumsal ve kültürel bakımlardan, bilinçli olarak geri bırakıldığının bilincine de varmalıdırlar... Kürdistan'da yaşanan süreç geri kalma olayı değildir, geri bırakılma olayıdır.

KISIR DÖNGÜYÜ KIRMAK GEREKİR

Resmi ideolojinin, Türk basının, Türk siyasal partilerinin ürettiği bilgiler, aslında bir kısır döngüyü içermektedir. Devlet, asimilasyon amacıyla, geniş Kürt halk yığınlarını, Batı'da yaşamaya zorlamaktadır. Sürgün yolunu da kullanarak Kürt insanlarının Batı'ya göçüşünü, Türk şehirlerine göçüşünü sağlamaktadır. Kürdistan'ın ekonomik, toplumsal ve kültürel bakımlardan geri bırakılması, başta bu göçü hızlandırma amacını taşımaktadır... Kürtlerin özgürlüğü, kimlik mücadelesi söz konusu olduğu zaman da, "...Ora'dakinden daha çok vatandaş Batı'da yaşamaktadır. Özerkliğe, federasyona, ayrılığa, gayrılığa gerek yoktur..." denilmektedir. Bazı Türk ırkçıları da, "Kürt sorunu diye bir sorun yoktur, öyle olsaydı, Batı'da da olurdu. Zira onların çok büyük bir kısmı Batı'da yaşamaktadır..." demektedir. Kürtlerin Batı'da da yaşıyor olmaları, ulusal ve demokratik haklarını elde etmelerine, bu haklara kavuşmalarına engel bir olgu gibi gösterilmektedir... Bu tam bir fasit dairedir. Kürtler bu fasit daireyi, bu kısır döngüyü kırmalıdır.

"TÜRK YAZARLARI KÜRT KİMLİĞİNİ TANIMIYOR"(*)

Bu romanın başlangıcında, "Önbilgi" olarak sunulan, bir sayfalık çok değerli bir yazı var. Bu yazıyla ilgili bazı görüşlerimi ve bir anımı anlatmak istiyorum. "Önbilgi"de şöyle söyleniyor:

> "Kürdistan'daki toplumsal yaşamı Türkçe'yle gerçeğe uygun ola-rak ifade etmek mümkün olmuyor. Bu, sömürgeci anlayış ve uygulamaların özelliklerinden kaynaklanmakta ve onun yarattığı bir durum olmaktadır. Zaten Kürdistan'daki duruma ilişkin Türkçe olarak yayınlanan bütün yazılar da gerçeği tam olarak vermekten uzaktır. Aynı durum elimizdeki kitap için de geçerlidir. Kitapta Türk askerlerinin kendi aralarında ve yerli insanların askerlere yönelik olarak yaptıkları konuşmaların dışındaki bütün düşünce ve konuşmalar aslında Kürtçe'dir, hem de tamamen Kürt ulusal değerleriyle yüklü ve düzgün Kürtçe'dir. Cizîra-Botan Kürtçesi'dir. Bu tür düşünme ve konuşmalar, bilindiği kadarıyla düzgün Türkçe ile verilmeye çalışılmıştır. Aslında Kürtçe olduklarını ve okurken de bu biçimde düşünmek gerekiyor. Türk askerlerinin kendi aralarında ve askerlere yönelik olarak yapılan konuşmalar ise mümkün olduğu kadar aslına uygun bir biçimde verilmeye çalışılmıştır..." (s. 5)

Selahattin Erdem, "Önbilgi"yi 9 Nisan 1989'da kaleme almış... 1988 yılı sonlarında, genç bir arkadaşım, bana, Kürt işçileri arasında yaptığı bir röportajı getirdi... Okumamı ve eleştirmemi istedi.

Röportaj, Türkiye'nin Batı kesimlerinde, yani Türk şehirlerinde, inşaatlarda, tarım sektöründe çalışan Kürt işçileriyle yapılmıştı. Fakat konuşmalarda çok kötü bir Türkçe kullanılıyordu. Kürtler değil, sanki Anadolu'nun taşrasında, kırsal kesimlerde yaşayan Türkler, Türkmenler konuşuyorlardı... "Niriye gidiyon lan?", "Gannım aç", "Bize gelicen mi?", "Biz de gidiyok mu?", "Ahmetgili ney görmüyom"... Röportajda

---

*- Yeni Ülke, Sayı 116, 10-16 Ocak 1993, Selahattin Erdem'in Melsa Yayınları arasında yayınlanan Küçük Peşmerge kitabı ile ilgili yazılmıştır.

bu şekilde pek çok söyleyiş vardı. Bu tutumdan ve davranıştan çok büyük bir rahatsızlık duydum. Genç arkadaşa, inşaat işçileri, tarım işçileri olan Kürtlerle hangi dille konuştuğunu sordum. "Kürtçe konuştuk, çoğu zaten Türkçe bilmiyor..." dedi. Bu konuşmaları neden düzgün bir Türkçe'yle ifade etmediğini, konuşmaları neden düzgün Türkçe'yle çevirmediğini sordum. "Onlar köylü, Kürtçe'yi iyi konuşmuyorlar..." dedi. Kendisinin de zaten çok iyi Kürtçe bilmediğini, bu bakımdan konuşulan Kürtçe'nin iyi Kürtçe olup olmadığına karar veremeyeceğini söyledim. "Kaldı ki çok daha önemli konular var" diyerek şunları anlatmaya çalıştım:

"Balzac'ın, Tolstoy'un, Steinbeck'in romanlarında da köylüler var. O köylüler de Fransızca'yı Paris Fransızca'sıyla konuşmuyor olabilirler. Bu konuşmalar Türkçe'ye nasıl çevriliyor? Rus köylüleri, Rusça'yı, Saint Petersburglular gibi, Moskovalılar gibi konuşmuyor olabilirler, bunlar Türkçe'ye nasıl çevriliyor? California'da yaşayan Amerikalı köylüler de İngilizce'yi Washington'dakiler veya New Yorklular gibi konuşmuyor olabilirler... Bu konuşmalar Türkçe'ye nasıl çevriliyor?"

Genç arkadaşımız, Balzac'ın, Tolstoy'un, Steinbeck'in, benzer yazarların romanlarında yer alan köylülerin konuşmalarının Türkçe'ye nasıl çevrildiğine dikkat etmediğini söyledi. Bunun üzerine şunları belirtme gereğini duydum.

> "Bu konuşmalar kuşkusuz düzgün Türkçe'yle veriliyor. Başka türlü olması da doğru değil... Örneğin, Sibirya'da yaşayan bir Rus köylüsünün, Lyon taraflarında yaşayan bir Fransız köylüsünün, California'da yaşayan bir Amerikan köylüsünün konuşmalarını hangi Türkçe'ye göre çevireceğiz? Karadeniz köylüsünün konuştuğu Türkçe'ye göre mi, Orta Anadolu köylüsünün konuştuğu Türkçe'ye göre mi? Hangi Türkçe'ye göre çevireceğiz? En iyisi, normal düzgün Türkçe'ye göre çevirmektir. Zaten böyle yapılıyor. Öyleyse Kürtlerin konuşmalarının da normal bir Türkçe'ye göre çevrilmesi gerekiyor. Kürtlerin Kürtçe konuşmalarını şu veya bu yörenin Türkçe'sine göre çevirmek çok yanlıştır."

Bunları belirttikten sonra genç arkadaşın tavır ve davranışlarıyla ilgili düşüncelerimi açıklamaya çalıştım...

"Senin bu tutumunun temelinde yatan nedenleri kurcalamak gerekiyor... Kürtlerin konuşmalarını neden Orta Anadolu köylülerinin, örneğin, Türkmenlerin Türkçe'siyle çevirdiğin dikkatle irdelenmesi gereken bir olay... Kanımca sen Türklüğe, Türk yazarlarına özenti içindesin. Sende milli duygu eksik... Milli duygu eksikliği seni böyle özenti tavır ve davranışlara götürüyor. Bunlara itiraz ediyorsun, 'Ben Marksist-Leninistim' diyorsun... Marksist-Leninistim diyorsun ama, milli duygu eksikliği var... Öyle olmasa, Kürt köylülerinin, Kürt işçilerinin Kürtçe konuşmalarını doğru dürüst bir Türkçe'yle çevirme gereğini duyardın. Şimdi ise Kürdü, örneğin, Orta Anadolu'nun Türkmeni gibi konuşturuyorsun. Çünkü Kürtçe kimlik vermiyorsun... Özenti içindesin..."

Genç arkadaşımız bunları dinlerken çok rahatsız oldu, eziklik hissetti, tepki gösterdi... Fakat sözleri, savunmaları, "kem küm" olmaktan öteye gidemiyordu. Sık sık "Marksist-Leninistim, devrimciyim" diyordu.

"Marksist-Leninistsin fakat milli duyguların eksik. Özenti içindesin. Bir Türk yazarının bu tür tavırlarını anlamak mümkün. Çünkü onlar Kürt kimliğini tanımıyor... Türk yazarlarının çoğu Kürt kimliğini ve Kürdistan kimliğini tanımıyor, Kürtçe'nin bağımsız bir dil olduğunu kabul etmiyor, Kürtçe'yi Türkçe'nin bir şivesi kabul ediyor. Böyle olunca onların Kürtleri, Türkmenlerin ağzıyla konuşturmaları normaldir. Fakat bir Kürt için bu, bağışlanır bir tutum değildir. Kürtlerin, Kürtleri, Kürt olarak algılamaları gerekir..."

Genç arkadaşımızla bu konuları epeyce konuştuk... Arkadaşımızın, daha sonra Balzac'ın, Tolstoy'un, Steinbeck'in romanlarında yer alan köylülerin konuşmalarının Türkçe'ye nasıl çevrildiğini incelediği kanısındayım. Röportaj, kuşkusuz, yukarıda belirttiğim şekilde yayınlanmadı. Türkçe'si gözden geçirilerek yayınlandı.

Bütün bunlardan dolayı Selahattin Erdem'in *Küçük Peşmerge* romanındaki "Önbilgi"sinin çok değerli bir yazı olduğu kanısındayım.

Küçük Peşmerge'nin içeriğiyle ilgili olarak da bazı küçük notları belirtmek istiyorum: Roman, 1985 yılı yaz aylarında gelişen toplumsal ve askeri ilişkileri anlatıyor. Gerillanın Kürt halk yığınlarını sarıp sarmalamaya çalıştığı bir dönem... Koruculuğun örgütlenmeye başladığı bir dönem... Kürt halk yığınlarıyla Türk sömürge yönetimi arasındaki mevcut aralıkların, ayrımların, uçuruma dönüşmeye başladığı bir dönem... Sömürge yönetiminden kopuşun gerçekleştiği bir dönem...

Murat küçük bir çobandır. Her gün sürüsünün peşinde dağ, yamaç koşturmaktadır. Bir gün avlamak için bir kuşun peşinden koşar. Kuş kaçar, o kovalar, kuş başka bir ağaca konar, o yine kovalar... Kuş yeni yeni ağaçlara konarak yamaçlara, yükseklere doğru uçmaktadır, Murat da onu kovalamaktadır. Bu koşturmaca sonunda Murat, dağın yükseklerine doğru çıkmıştır. Kuşu yakalayamamıştır, fakat orada, bir kısmı istirahat eden, bir ikisi etrafı gözetleyen 3-5 silahlı adamla karşılaşmıştır. Çoban Murat, görünmeden onları izler. Bu, küçük Murat'ın yaşamında önemli bir dönüm noktasıdır. Silahlı insanların tavırları, davranışları, silahları, etrafı gözetleyişleri Murat'ı çok etkiler. Sonra çoban Murat bu insanları kendi köylerinde, kendi çadırlarında görür. Anasının, babasının, özellikle de anasının, köyün ileri gelenlerinin bu insanlara çok saygı duyduklarını, onlara yardım etmeye çalıştıklarını gözler. Jandarma, köy aramaları, çadır aramaları, devlet, ağa, gerilla, Apo, Kürt, Kürdistan, PKK... çatışma, baskı, işkence, tehdit... Gelişen olaylar... Devlet güçlerinin köye yaptıkları bir baskın sırasında Murat da doğal olarak gerillalara katılır, yaralanır, şehit olur.

Murat'ın köyü gerillaya yandaş bir köydür. Muhtar bir gün devletin, ordunun tavrını köylülere şöyle duyurur:

> "...Paşa da karar almış, her köyün silah alması mecburi oluyormuş artık. Silah almayan köyü yakıp, adamlarını göç ettireceklermiş. 'Düşünün, çabuk karar verin' dedi. Biz de köylünün tutumunu söyledik. 'Yardım etmiyoruz, köyümüze kimse gelmiyor, biz silah almayız' dedik..." (s. 64)

Paşa, devletin, ordunun niyetlerini şu şekilde açıklıyor:

"'Doğru' dedi Paşa, biraz durdu. 'Hemen harekete geçin,

helikopterleri de kullanın. Üç gün gerekeni yapar sonra bırakırsınız. Öyle olmalı ki sadece kendileri değil, gören herkes de dersini almalı, şanlı Türk ordusuna karşı gelmenin ne demek olduğunu...'" (s. 33)

Silah almayan, gerillaya yardım ettiklerine inanılan köylüler hakkında, bunlar düşünülüyor. "Üç gün gerekini yaparsınız" sözü, toplu işkenceyi ifade ediyor. Amaç yıldırma, gözdağı...

"'Hemen bir birlik gönderelim' dedi. 'Bir süre o yörede kalsın, gerekeni yapsınlar. Hadlerini bildirsinler, bu baldırı çıplaklara. O zaman anlarlar, Türklüğün, ordumuzun ne demek olduğunu...'" (s. 74)

"...'Bu ikinci seferimiz oluyor bu köye' dedi. 'Belli ki birincisinden anlayıp uslanmadınız. Ama uslanacaksınız yakında. Şanlı Türk ordusunun, devletimizin, Türklüğün gücünü anlayacaksınız. Umut bağladığınız terörist eşkıyanın nasıl bir bir yok edildiğini göreceksiniz...'" (s. 79)

Selahattin Erdem'in romanında insan ilişkilerinin örgüsü, olayların birbirine bağlanışı çok sağlam. Bu anlatım içinde, Kürdistan'ın coğrafi yapısı, ülkenin doğal güzellikleri hakkında çok önemli bilgiler var...

"...Cizre-Silopi Ovası'ndan Botan yaylalarına kadar ulaşan bu yeni alan, aslında, başlı başına bir tarihtir. Cizre-Botan olarak adlandırılan bu alan, göçebe aşiretlerin yuvasıdır. En ünlü Kürt beylikleri burada kurulmuş, Kürt dili ve kültürü en çok burada gelişmiş, Kürt ulusal tarihi burada örülmüştür. Dönem dönem ortaya çıkan işgal kuvvetlerine karşı her zaman direnilmiş, Kemalist Türkiye'ye kadar, kalıcı bir işgalci egemenlik yaşatılmamıştır..." (s. 35)

"...Dicle ve Fırat amansız akar. Kürdistan'da ırmaklar, çaylar amansızdır. Ulu dağlardan ovalara, denizlere doğru kopup gelen sular, yerdeki avına dalış yapan atmacaya benzer. Bu sert doğa, burada, insanları da kendisi gibi sert karakterli yapmıştır. Öyle ki binlerce yıldır süren işgaller, istilalar, sömürgecilik, bu sert karakterli toplumu, bir türlü istediği gibi biçime sokup eritememiştir. Tarihin ender tanık olduğu bunca baskıya rağmen, Kürt ulusal, toplumsal yaşamının sürüp gelmesinde doğanın bu özelliğinin rolü çok belirgindir..." (s. 83)

BİLİM YÖNTEMİ VE MÜCADELEM(*)

Özgür Üniversite'nin şenliğine hoşgeldiniz. Bugün, burada "Bilim Yöntemi" kavramıyla ilgili küçük bir konuşma yapmak istiyorum. Arkasından da Bilim Yöntemi kavramının Türkiye'ye uygulanmasıyla ilgili bazı örnekler vermeye çalışacağım. Hepiniz Özgür Üniversite'nin 'açılış dersi'ne hoşgeldiniz. Hepinizi saygıyla selamlıyorum.

İnsanlar, topluluk halinde yaşadıklarından beri, kendileriyle ilgili olarak, çevresindeki olaylarla, doğadaki olaylarla ilgili olarak fikirler üretmeye çalışmışlardır. Yani hem kendilerini, hem içinde yaşadıkları toplumu, hem de doğayı, tarihi anlamaya çalışmışlardır. Örneğin, din, mitoloji, metafizik dünyayı kavramanın yöntemlerindendir. Bilim de böyle bir yöntemdir. Bilim, dünyayı kavramanın, dünya ve doğa hakkında, toplum hakkında sağlıklı bilgiler elde etmenin bir yöntemidir. Fakat bilimi kendisinden önceki düşünce biçimlerinden ayıran çok önemli bir fark vardır. Bu da, bilimin olgusal olmasıdır. Bilim, olgularla ilgilenir; gözlenebilen, ölçülebilen olgularla ilgilenir. Olgulara dayanmayan hiçbir önermenin bilimsel değeri yoktur. Örneğin, metafizikin önermelerini, dinin önermelerini, mitolojinin önermelerini izlemek, gözlemek olanağı yoktur. Bu önermeleri doğrulama veya yanlışlama olanağı yoktur. Halbuki bilimin, olgusal olduğu için ortaya koyduğu önermeleri olgulara dayanarak doğrulamak veya yanlışlamak mümkündür. Örneğin, sabahleyin kalkıyoruz, işyerine gideceğiz, otobüs durağındayız, çok kalabalık, insanlar var, kalabalık var, otobüs geliyor, bazı insanlar biniyor, bazıları binemiyor, bazıları çok bekliyor durakta ve bu, günde en az iki, üç kere tekrarlanıyor. İnsanlar bunu

**- 5 Aralık 1992 günü, Keçiören Belediyesi Kültür Sarayı'nda Özgür Üniversitenin açılış dersi yapıldı. Derse, 1000 kişi katıldı. Yukarıdaki yazı bu yazı Dr. İsmail Beşikci'nin vermiş olduğu Bilim Yöntemi ve mücsdelem" konulu dersin bant çözümünü kapsamaktadır.*
Toplumsal Kurtuluş, Sayı 60, Ocak 1993

yaşıyorlar. Halbuki bazı insanlar, bu olayı merak edebilir. Bu trafik olayı hakkında, şehirdeki nüfus olayı hakkında daha sağlıklı, daha kalıcı bilgilere sahip olmak isteyebilir. O zaman, bu olay hakkında düşünmek durumundadır ve düşünür. Artık onun kafası böyle bir olayla meşgul olmaktadır. İşte insanın bilincine böyle bir olgu çarptığı andan itibaren zihinde bir sorun teşekkül ediyor. İnsanlar, o sorunun üzerinde düşünüyorlar, o sorunun eni boyu hakkında bilgi sahibi olmak istiyorlar. Daha kalıcı bilgilere ulaşmak istiyorlar. Dolayısıyla şehirleşme olayı hakkında veya trafik olayı hakkında daha ciddi, daha kalıcı bilgilere ulaşma gereğini duyuyorlar. Tabii, bu, tüm insanlar için böyle değildir. Bildiğiniz gibi insanlar, her zaman otobüse biniyorlar, iniyorlar, işlerine gidiyorlar... Her zaman yaşıyorlar bu olayları, ama onların zihinlerine her zaman böyle bir sorun takılmıyor. Bazı insanların zihinlerine bu sorun takılıyor ve onlar da bunu çözümlemeye çalışıyorlar. Örneğin, zaman zaman seçimler oluyor, çeşitli partiler seçimlere katılıyorlar, bazıları katılamıyor, bazılarının katılmaması için devlet güçleri engellemeler yapıyor. İnsanlar seçimlere katılıp oy veriyorlar. Zaman zaman bunlar yaşanıyor. Fakat bazı insanlar bu oy verme davranışları üzerine düşünebilir, daha ciddi bir şekilde düşünebilir. İnsanların seçimlere katılmaması, hangi partiye oy verdiği gibi konular etrafında daha ciddi bir düşünme sürecine girebilir. Mekâna bağlı olarak veya gelir seviyesine bağlı olarak, insanların oy verdiği partiler konusunda incelemelere girişebilir. İşte bilim dediğimiz süreç, meraktan sonra başlıyor. Bilim, bilinenin ötesini araştırmak demektir veya olup bitenlerin arkasındaki olayları kavramaya çalışmak demektir. Bilim, gözlenebilen ve ölçülebilen olaylarla ilgileniyor. Bunları saptıyor, betimliyor. Bu olgular arasında ilişkiler kuruyor. Sonra bu ilişkileri açıklayıcı varsayımlar geliştiriyor ve bu varsayımlarını, hipotezlerini tekrar olgulara dönerek sınamaya çalışıyor. Bilim bir inandırma yöntemi değildir. Bilim bir propaganda usulü de değildir, dinamik bir süreçtir. Varsayımların tekrar olgulara dayanarak sınanması sürecidir. Bu sınamada varsayımlar olgular tarafından kabul edilebilir veya reddedilebilir.

Örneğin, Sovyetler Birliği'nin dağılmasından sonra Orta Asya'da,

Türki Cumhuriyetler ortaya çıktı: Azerbaycan, Özbekistan, Kazakistan, Kırgızistan... Bu cumhuriyetlerin yöneticileri, başbakanları, cumhurbaşkanları sık sık Türkiye'ye geliyorlar. Türkiye'de bu Türki cumhuriyetlerin özgürlüğe kavuşmaları, bağımsızlığa kavuşmaları övülüyor, teşvik ediliyor. Türkiye'de bunlar kutlanılıyor. Orta Asya'daki Türki cumhuriyetlerin bağımsızlığa kavuşması, özgürlüğe kavuşması kutlanıyor, teşvik ediliyor. Buradan, şunu anlıyoruz, demek ki özgürlük, bağımsızlık pozitif bir değerdir. Kutlanması gereken, sahip olunması gereken pozitif bir değerdir. Hatta bu cumhuriyetlerin yöneticileri, Ankara'ya gelirken o yöreye has giysiler de getiriyorlar ve Türk yöneticilere bunu giydiriyorlar. Televizyondan bunu izliyoruz, basından bunları okuyoruz. Demek ki özgürlük, bağımsızlık pozitif bir kavram, pozitif bir değer. Halbuki aynı dönemde, Güney Kürdistan'dan bazı yöneticiler de geliyorlar... Fakat onların, uçaktan iner inmez, havaalanında, ilk sözleri şu oluyor: "Biz bağımsızlık filan istemiyoruz." Ve Türkiye'de basın, yani gazete, radyo, televizyon ve yöneticiler, siyasal partiler bunu coşkuyla veriyor. Güney Kürdistan-'dan gelen yöneticiler sanki özgürlük, bağımsızlık çok kötü bir şeymiş gibi "Biz böyle bir şey istemiyoruz", "Bizim böyle bir şeyi hiç düşündüğümüz filan yok" diyorlar. Onların bu tavırları Türk yöneticileri tarafından övgüyle anılıyor. "Bağımsız Kürt Devleti filan düşünmüyorlar" deniliyor ve arkasından da şu söyleniyor: "Özgürlük veya bağımsızlık Kürtler için bile iyi değildir." Federasyon, özerklik, birtakım anayasal çözümler söz konusu ediliyor. "Bu Kürtler için bile iyi değildir" şeklinde vurgulanıyor. İşte burada önemli bir sorun var. Bilim diyoruz, olguları betimler, olgular arasında ilişkiler kurar, bu ilişkileri açıklayıcı varsayımlar geliştirir ve sonra bu varsayımları tekrar olgulara başvurarak sınar, test eder. Burada, elbette çok önemli iki olgu arasında, Orta Asya Türk Cumhuriyetleri'nden gelen yöneticiler ve Güney Kürdistan'dan gelen yöneticiler, birbirlerinden kopukmuş gibi görünen iki olgu arasında ilişki var. O zaman insanların bunu düşünmeleri gerekiyor. Türkler için, örneğin, Kıbrıs Türkleri veya Batı Trakya Türkleri, Yugoslavya'da yaşayan Türkler, Orta Asya cumhuriyetlerinde yaşayan Türkler için pozitif birtakım değerler, Kürtler için neden negatif oluyor? Güney Kürdistan'dan gelen yöneticiler neden böyle konuşuyor?

Bunun elbette bilimin kavramlarıyla açıklanması gerekiyor. Biz diyoruz ki bu olgular arasında organik bir bağ vardır. Birbirlerinden kopukmuş gibi görünüyorlar ama Türk devlet sistemi içerisinde, Türk egemenlik kavramı içerisinde bu olgular birbirleriyle organik bir bütünlük içerisindedir. Birbirleriyle ilişkilidir. Öyleyse bu ilişkileri açıklayıcı birtakım hipotezler ileri sürebiliriz. Bu hipotezleri yine olgulara başvurarak test ederiz. Tabii, burada, tarihe dönmemiz gerekiyor. Yani günümüzde yaşanan olaylara değil, tarihe dönerek, tarihte yaşanmış ilişkileri gündeme getirerek, böyle bir hipotezi geliştirmeye çalışabiliriz.

Olgular tek başına hiçbir şey ifade etmezler. Olguların bilime konu olabilmeleri için kavramlaştırılmaları gerekir. Olgular, ancak bir hipotezin veya varsayımın içinde, hipotez veya varsayım aracılığıyla dile getirildikleri zaman bilime konu oluyorlar. Tek başına olgular hiçbir şey ifade etmezler. Örneğin, bu köyde öküzle karasaban kullanılıyor. Bu bir olgudur, nesnel bir olgu. Köyde cami var, karakol var, 234 tane karasaban var, 33 tane öküz var. Bunlar saptamadır. Olguların saptanması bu olguların bilime konu olabilmeleri için bir varsayımın eşliğinde ifade edilmeleri gerekiyor. Örneğin, üretimde, öküz ve karasaban kullanan toplumlar, geleneksel toplumlardır. Burada, birincil bağlılıklar egemendir. Bu toplumlarda artı ürün çok düşüktür. Bu toplumlar feodal özellikler göstermektedir. İşte olgu, öküzle karasaban olgusu, birtakım kavramlar kullanılarak, bir hipotez veya varsayım eşliğinde dile getirilmektedir. Olgular tek başına bir şey ifade etmiyorlar.

Bunun gibi Kürtler, Ortadoğu toplumlarından biridir. Bu bir nesnel olgudur. Kürtler, Türklere komşudur. Kürtler Araplara komşudur. Farslar ve Kürtler birbirleriyle komşudur. Bunlar nesnel gerçeği dile getiren önermelerdir. Halbuki böyle bir önermenin bilime konu olabilmesi, yine bir hipotezin veya varsayımın eşliğinde mümkün olabilmektedir.

Örneğin, "Kürtler, bölünmüş, parçalanmış, paylaşılmış sömürge bir toplumdur. Devletlerarası sömürge düzeni vardır, Kürdistan'da" dediğimiz zaman Kürtler olgusu kavramlaştırılıyor. Bu olgu, varsayım veya hipotez aracılığıyla dile getiriliyor.

Yöntem, belirli bir amaca ulaşmak için düşünülmüş bir araştırma planıdır. Belirli bir amaca ulaşabilmek için gerçekleştirilen birtakım eylemlerdir, işlemlerdir.

Bilimde yöntem, sorunları anlaşılabilir, kavranabilir, anlatılabilir kılmaktadır. Yöntemin hem eylemsel, hem de zihinsel yönleri vardır. Eylemsel dediğimiz yönü gözlemdir. Biz, toplum hakkında bilgi sahibi olmak istiyoruz. O zaman, toplumdaki ilişkileri, insanların birbiriyle olan ilişkilerini, insanların kurumlarla olan ilişkilerini gözlemek, izlemek durumundayız. Toplum bilimlerinde, gözlem yapıyoruz. Doğa bilimlerinde önemli olan deney... Biz, toplumu duyu organlarıyla algılıyoruz. Maddi dünya duyularla insanın bilincine yansıyor. Bu, eylemsel dediğimiz süreçtir. Maddi dünyanın insanın zihnine, bilincine yansımasından sonra bu gözlemlediğimiz olaylarla ilgili birtakım hipotezler geliştiriyoruz. Bu hipotezlerle olguların birbiriyle olan ilişkilerini kurmaya çalışıyoruz. Bu ilişkilere yön veren birtakım dinamikleri saptamaya çalışıyoruz. Birtakım çelişmeleri, değişmeleri kavramaya çalışıyoruz. Bu da, yöntemin zihinsel dediğimiz yönü. Daha çok zihni yönü, ama yine geliştirdiğimiz hipotezleri olgulara dönerek sınamaya çalışıyoruz. Bir örnekten söz ettik. Orta Asya'dan gelen yöneticiler, Güney Kürdistan'dan gelen yöneticiler, bunların sözleri, bunlara karşı davranışları... Bunlar olgudur, bunları biz izliyoruz. Gazetelerden, radyolardan izliyoruz. Ve maddi dünya böylece bilincimize çarpıyor. Ondan sonra biz, olay hakkında, değişik davranışlar, farklı tavırlar hakkında varsayımlar geliştiriyoruz. Ve daha bütünsel bir bilgiye sahip oluyoruz, bu süreç içerisinde. Hipotezler, tabii daha gelişkin bir bilgi oluyor. Bunun tekrar olgulara dönerek test edilmesinden sonra ortaya çıkan bilgi ise daha kalıcı, sağlıklı bir bilgi. Fakat bilimin, nihai amacı bulmak diye bir amacı yoktur. Bilim bir inandırma yöntemi değildir, bir propaganda usulü değildir. Yepyeni olgular, değişik olgular ortaya çıktığı zaman ürettiğimiz varsayımlar değişebilir, yeni varsayımlar geliştirilebilir. Burada önemli olan eleştiri ortamının olmasıdır. Bilim dediğimiz zaman eleştiri, özellikle siyasal eleştiri bunun içindedir. Siyasal eleştiri söz konusu olmadan bilimin geliştirilmesi mümkün değildir. Eleştiri, şunun için de gerekli bir kurumdur: Örneğin, siz bir şey söylüyorsunuz, bir kitap, bir yazı, bir makale yazıyorsunuz. Eğer bunu kamuoyuna duyurmuyorsanız, kamu bilmiyorsa, eleştiri sürecinin başlaması mümkün değildir. Herhangi kitabın ya da herhangi yazının muhakkak kamuya duyurulması gerekiyor. Eğer bu bilgi sadece sizde kalıyorsa veya gizli gizli birkaç arkadaşınıza bildiriyorsanız, arkadaşlar arasında konuşuyorsanız, bilimsel süreç tamamlanmış olmuyor. Bilimsel sürecin tamamlanması, bunun kamuya duyurulmasıyla mümkün oluyor, çünkü kamuoyuna duyurduğunuz zaman eleştiri kurumu hayata geçebiliyor. İsteyen insan sizi eleştiriyor ve siz de gerekirse cevap veriyorsunuz ve de ürettiğiniz bilgiler daha pekişiyor, daha kalıcı, daha sağlıklı bilgilere ulaşmış oluyoruz.

Nesnel gerçeklerle ilgilenir, bilim. Bilim olgularla ilgilenir. Gerçek dediğiniz zaman bir de ideolojik bir gerçek vardır. Örneğin, 1974'te Kürtler konusu ile ilgili bir arkadaşımla tartışmıştım. Şunu söylüyordum. "Gerçekleri konuşmak gerekir, gerçekler ne ise onu kabul etmek gerekir." Arkadaşım da aynı şeyi söylüyordu. "Elbette gerçekleri düşünmek gerekiyor." "O zaman, Kürtler bir gerçek, nesnel bir gerçek, neden Kürt konusunun araştırılmasına karşı çıkıyorsun?" O şunu söylemişti: "Türkiye'de birtakım kurumlar var. Onlar böyle hassas bir konunun araştırılmasına karşı. Bu, bir gerçektir."

İşte biz, bu ikisini ayırmak durumundayız. Bir nesnel gerçek var, somut. Yaşıyoruz, olayların içindeyiz veya çok yakınındayız veya basın aracılığıyla yakından izliyoruz olayları, somut gerçeği, ilişkileri. Bir de bu tür olayların ele alınmasını istemeyen bir baskı mekanizması var. Bu, ideolojik bir gerçek.

Bilim kavramıyla resmi ideoloji kavramı birbirleriyle çok derinden çelişiyorlar. Resmi ideolojiye bağımlı kaldığınız sürece resmi ideolojiye itaatkâr olduğunuz sürece bilimin gelişmesi mümkün değildir. Resmi ideoloji, eleştiriyi yasaklıyor. Birtakım soruların ele alınmasını, incelenmesini yasaklıyor. Bu yasağa itibar ettiğiniz zaman, bilimin gelişmesi mümkün olmuyor.

Ortak duyu denilen bir kavram var. Herhangi bir toplumda, herhangi bir dönemde, herkes tarafından kabul edilen, doğruluğundan hiç kuşku duyulmayan birtakım düşünceler. Ve bunlar, örneğin, resmi ideoloji dediğimiz kurumlar tarafından teşvik ediliyor, benimseniyor, destekleniyor. Herkesin böyle düşünmesi ve buna göre tavır ve davranış geliştirmesi isteniyor. Halbuki bilimin gelişmesinde kuşku denen kavram çok önemli bir kavram. Örneğin, basın tarafından kabul edilen birtakım bilgiler var. Bilimsel dediğimiz süreç, en azından bu bilgilerden kuşku duyarak işe başlamak zorunda. Toplumda otorite sayılan birtakım düşünceler var. Hiç eleştirilmemiş, eleştirilmesinin gereği duyulmamış birtakım düşünceler var.

Siz, örneğin, Orta Asya ve Güney Kürdistan'dan gelen yöneticilerin tavır ve davranışlarıyla ilgili düşünce geliştirmeye başladığınız andan itibaren resmi ideolojinin birtakım bilgilerinden kuşkulanmak durumundasınız. Onların yanlış olabileceğini de düşünmek durumundasınız. Kuşkudan hareket ediyorsunuz. Ve süreçte, gerçekten resmi ideolojinin ürettiği bilgilerin doğru bilgiler olmadığını görüyorsunuz. Sizin gözlem, hipotez, doğrulama sürecinde elde ettiğiniz bilginin daha sağlıklı, daha kalıcı olduğunu görüyorsunuz. İşte bilimin farklı bir niteliği burada ortaya çıkıyor. O zaman yeni ürettiğiniz bilgileri kamuoyuna açıklayacak kadar dürüst ve cesur olmanız gerekiyor. Dürüst ve cesur olmak ölçülebilir, izlenebilir kavramlar değil. Biz diyoruz ki bilim olgularla ilgilenir; bu olgular gözlenebilir, izlenebilir, ölçülebilir. Örneğin, insanların %33'ü falan partiye oy verdi. Bunu izleyebiliyorsunuz, ölçebiliyorsunuz. Ama resmi ideolojiye aykırı birtakım düşünceler buldunuz veya birtakım bilgiler geliştirdiniz. Bunları ifade edebilecek kadar dürüst olmak, cesur olmak. Tabii bunlar ahlaki kavramlar, ölçülmesi mümkün değil ama bilim yöntemi dediğimiz sürecin böyle bir yönü var. Çünkü resmi ideoloji herhangi bir ideoloji değil. Birtakım cezaî yaptırımlarla kendisini dayatmış bir ideoloji. Ona aykırı bir şey söylediğiniz zaman polislerle, karakollarla, mahkemelerle, cezaevi ile karşılaşıyorsunuz. Öyleyse bu tür engellemeleri, bu tür baskı mekanizmalarını nasıl aşmak gerekir? Veya bunları aşmadan özgürleşmek nasıl mümkün olabilir? O zaman bir tavır önemli oluyor, yani bilgi birikiminden çok, bir tavır, bir davranış önemli oluyor. Madem birtakım doğrular buldunuz, her koşulda o doğruları ifade etmeniz gerekiyor ve sizin en büyük gücünüz de o. Bulduğunuz doğruları kendiniz ispat edebilirsiniz. Her yerde bunu kanıtlayabilirsiniz. En büyük gücünüz o. İşte bu gücünüze dayanarak, yeni bulduğunuz bilgileri açıklamanız gerekir. Dürüst olmak, cesur olmak bu bakımdan önemli bir niteliktir.

Olgulara dönmek gereği var. Herkes tarafından kabul edilen birtakım düşünceler olabilir; fakat tarafımızdan yapılan bir inceleme de, araştırma da, o zamana kadar beğeninizi kazanan, sizin özlemlerinizi dile getiren birtakım teorilerin, düşüncelerin eksiklikleri ortaya çıkabilir, yanlışlıkları ortaya çıkabilir. Bu süreçte de olgulara bağlı kalmak ve teorileri olgulara göre değiştirebilmek gerekiyor. Yoksa olguları bizim düşüncelerimize uydurmak bilim yöntemine aykırı bir süreç. Olgulara bağlı kalmak bu bakımdan da önemli oluyor.

Türkiye'de bilim yöntemi dediğimiz zaman resmi ideoloji kurumuyla hemen karşılaşıyoruz. Resmi ideoloji kurumuyla karşılaşmadan, bilimi geliştirmek mümkün değil, olmuyor.

Örneğin, 1960'lı yıllarda, resmi ideoloji kavramı bilinen, konuşulan, bilincine varılan bir kavram değildi. Özellikle Türkiye'de üniversiteler resmi ideoloji kavramının bilincinde değillerdi. Bilimin gelişmesinin önünde çok önemli engel olmasına rağmen birtakım yasaklarıyla, o yasakları da cezaî müeyyideleri uygulamasıyla çok önemli bir engel olmasına rağmen böyle bir konunun bilincine varılmamıştı, benim kanımca. Özgürleşme dediğimiz olay birtakım engellemelerin bilincine varmakla mümkün oluyor. Siz bir düşünce ileri sürüyorsunuz, bir yazı, bir kitap... O kitap, engellemelerle karşılaşıyor. Engellemelerin bilincine vardığınız zaman bunun üstesinden gelmeye çalışıyorsunuz. Engelleme var, fakat biz bunun bilincine ulaşmamışsak bunun üstesinden nasıl geleceğimizi de bilemiyoruz. Böyle bir konunun varlığından haberdar değiliz. Şunu biz çok yaşadık: 1960'lı yıllardan beri "bilirkişilik" diye bir kurum var, hukukta. Üniversitelerin, özellikle ceza hukuku ile ilgili bölümlerinden, kamu hukuku okutan bölümlerinden, sosyoloji gibi bilimleri okutan bölümlerinden, mahkemeler, sık sık, herhangi bir kitap hakkında bir rapor alıyordu. Birtakım kitaplar yazılmış, çevrilmiş, onlar hakkında dava açılmış, 142. madde o zaman komünizm propagandasını, Kürtçülük propagandasını, bölücülük propagandasını yasaklıyor. "Bu kitapta suç var mı, yok mu, ne kadar var?" Bu konuda bir rapor isteniyor üniversitelerden, birtakım profesörlerden. Onlar da, böyle, coşkuyla oturup hazırlanıyorlar, sonra diyorlar ki "Bu kitapta suç yok, biz aradık her tarafını inceledik, sizin belirttiğiniz suça rastlanmamıştır." Tabii, çok zaman da, "Suç vardır" biçiminde rapor yazıyorlar. Şunu vurgulamaya çalışıyorum: Bilirkişilik, bilim yöntemi kavramıyla son derece çelişen bir kurumdur. Üniversitelerde kitapların, suç var mı, yok mu diye incelenmesi kanımca son derece ters bir tavır ve davranıştır.

Herhangi bir kitapta "suç yoktur" demek, o kişiyi aklamıyor. Çünkü falanca kitapta suç yoktur demek bir başkasının kitabında olabilir anlamına gelmektedir. Bu bakımdan bilirkişilik, düşüncenin gelişmesini engelleyen çok önemli bir kurum olarak ortaya çıkıyor. Fakat böyle bir kurumun varlığından haberdar değildir, üniversite. Bu bakımdan mahkemeden gelen talepleri üniversite olumlu karşılıyor, yani inceliyor, o kitabı. O kitapta suç var mı diye okuyor. Halbuki kitap öyle okunmamalı. Herkes bir kitabı okuyabilir, oradaki konuyla ilgili kendi düşüncesini belirtebilir. Hatta o kitabı eleştirebilir, eleştirisini kamuya duyurabilir, o konuyla ilgili kendi düşüncelerini yazabilir, bununla ilgili konuşmalar yapabilir, panellere katılabilir. Ama hiç kimse, "o kitapta suç vardır" ya da "yoktur" diye bir yetkiye sahip olmamalıdır. Eğer insanlar, profesörler burada kendilerini yetkili buluyorlarsa, düşüncenin önündeki çok büyük bir engelin bilincine varmamışlar demektir. Onu vurgulamaya çalışıyorum. Böyle bir kurum var Türkiye'de.

Bir ortak duyudan söz ettim biraz önce. Herhangi bir toplumda, bu toplumun herhangi bir zamanında kabul edilen, tartışılmasına gerek duyulmayan, konuşulması istenmeyen birtakım düşünceler var. Örneğin, 17. yüzyılı ele alın, dünyanın dönmediği, düz olduğu herkes tarafından kabul edilen ortak bir düşünceydi; aynı zamanda Kilise tarafından, bütün insanlara dayatılan düşünceydi. Türkiye'de de böyle bir düşünce var: Resmi ideoloji, Kemalizm. Bunun eleştirilmesi istenmiyor. Sadece bunun öğrenilmesi ve bu bilgilere göre tavır ve davranış gösterilmesi isteniyor.

Ben, 1961 senesinde, bir tahsil içi staj programına katılmıştım, SBF'de okurken. İlk defa Kürt toplumuyla 1961 yılında Elazığ'da karşılaştım. O zaman İdari Şube'de okuyan öğrenciler için yeni bir program yapılıyordu. Dördüncü sınıfa geçtiğimiz zaman böyle bir program uygulanıyordu yaz aylarında. Bir arkadaşımla beraber Elazığ'a, Keban, Karakoçan ve Palu'ya gittim. Bu kaymakamlık stajının başlangıcı oluyor. İlk defa Kürt toplumuyla karşılaşıyoruz. Farklı bir dil, kaymakamlar köylüler arasında tercüman var. Tercüman olmadan kaymakam köylüyü anlamıyor. Üç ay kadar Elazığ'da kaldım. Köylerde, kasabalarda farklı bir dil, farklı bir kültür. O zaman bu üç ayın nasıl geçtiğini raporda yazıyorduk. O raporda bunları belirttiğimi hatırlıyorum. Bu programdan sonra fakülteye dönüyoruz, fakültede birtakım hocalarla konuşuyoruz, böyle bir durum var diye, "Kaymakamla köylüler arasında tercüman var, Kürtçe konuşuluyor" diye. Size söylenen şu: "Bu konu çok tehlikeli bir konu, hem Kürt yok ki herkes Türk." Bunu, fakültede söylüyorlar. "Herkes Türktür, herkes Türk olmaktan mutludur. Hem tehlikeli bir konu bu, başka konularla uğraşsana. Şerif Fırat'ın kitabını oku, işte bu kitapta herkesin ne olduğu yazılı" deniliyordu. İşte bu sorun takılmış zihnimize. Fırsatını buldukça hocalarımızla, arkadaşlarımızla konuşuyoruz. Zaman zaman birtakım kitaplara bakıyorsunuz. Baktığınız kitaplar Kürtlerin Türk olduğunu yazıyor. Kürtçe diye bir dil olmadığını, herkesin Türk olduğunu... Bir taraftan da tenkit ve tehdit var, bu konuyla uğraştığınız için. Tabii öyle bir uyarmanın etkisiz kaldığı söylenemez. Siz diyorsunuz ki "Böyle bir sorunla karşılaştım", onlar da, "Bu çok tehlikelidir" diyorlar. O zaman sizin kafanızda birtakım karışık düşünceler oluşuyor. O tehlikenin nereden geldiğini biliyorlar, ama size söylemiyorlar. Düşünüyorsunuz ama çok fazla bulamıyorsunuz. Tabii bir 27 Mayıs olayı var. 27 Mayıs yeni düşünceler oluşturdu, Türk toplumunda. Yeni yayın organları ortaya çıktı. Bölgelerarası dengesizlikler diye bir konu konuşuluyordu. Bölge planlanması diye bir konu vardı, 55 ağanın sürgünü diye bir konu vardı. Basından izleniyordu. Doğu hakkında bazı meraklar başlıyordu. Böyle bir konu bilincinize çarpmış, bu kavramların arasına Kürtleri koymaya çalışıyorsunuz. Bunun cezasını size bildirmeye çalışıyorlar ve Kürtlerin Türk olduğu vurgulanıyor daha çok. Mezuniyetten sonra çok kısa süre maiyet memurluğunda çalıştım, sonra askerlik yaptım, askerliğim Bitlis'te, Hakkari'de geçti. Bu sırada Kürt toplumuyla çok yakından ilişkilerim oldu. Özellikle göçebe olan Kürt aşiretleriyle tanıştım. Yıl 1963.

Bir yerde üniversitenin öğretisi "Herkesin Türk olduğu, bu tür konuların incelenmemesi gerektiği", bir taraftan da her gün içinde yaşadığımız birtakım somut olaylar... Onların derin çelişkisi zihninizde... Ve yine askerliğim sırasında Şemdinli sınırında bir görev aldım. O zaman Güney Kürdistan'da BAAS'çılara karşı bir Kürt hareketi vardı, Molla Mustafa Barzani önderliğinde bir ulusal hareket vardı ve şöyle varsayımlar dolaşıyordu: Kürtlerle Irak ordusu savaş yapıyor. Irak ordusu Kürtleri sıkıştıracak ve Türkiye'nin sınırına gelmek zorunda kalacaklar. İşte bu yüzden sınırı korumak gerekir, sınıra takviye birlikler gönderilmesi gerekir. Biz de Bitlis'te o birliklerin içindeydik. Eğer Kürtler sınırı geçerlerse yakalamak, geçişlerine engel olmak için... Çünkü 1947'de Mahabat Kürdistan Cumhuriyeti'nin yıkılmasından sonra böyle bir süreç yaşanmış. Kürtler İngilizler'le yaptığı mücadele sırasında sıkışmışlar. Yüksekova üzerinden İran'a oradan da Sovyetler Birliği'ne iltica etmişler. Tekrar böyle bir olay yaşanmasın diye birtakım birlikler Hakkari'ye gönderildi. İşte bu süreçte, biz Kürt toplumuyla çok sağlıklı ilişkiler kurduk ve gözlemledik. Burada şu önemli, bizim zihnimize egemen olan düşünce devletin değerleridir, resmi ideolojinin değerleridir. Bunlar daha ağır basmaktadır, ama somut bir gerçeklik de var, onu da zihninizin bir yerlerine yerleştirmeye, orada bir açıklık getirmeye çalışıyorsunuz. Yine resmi ideolojinin değerleri egemen, öyle düşünüyorsunuz.

Terhisten sonra çok kısa bir süre maiyet memurluğunda çalıştım ve ondan sonra Erzurum'da Atatürk Üniversitesi'ne girdim. O zaman üniversitelerin söylediği tatmin etmiyor. Siz bazı incelemeler, araştırmalar yapma gereği duyuyorsunuz. Bir de en iyi yeri üniversite olarak görüyorsunuz. Böyle bir inceleme, araştırma nerede yapılabilir? Üniversitede yapılır. Köy İşleri Bakanlığı yeni kuruluyordu ve kırsal bölgelere karşı epey ilgiliydi, araştırmalardan, incelemelerden söz ediliyordu. Üniversitede tez çalışmaları sırasında, örneğin, Alikan Aşireti araştırmasını yaparken çok önemli bir sorunla karşılaşmadım. Bu süreç rahat geçti diyebilirim. Çünkü şöyle düşünüyordum: "Kürt sorunu ve Kürtler diye bir kavram var" ama biz onları, devletin değerleriyle anlamaya çalışıyoruz, bu değerlerle anlatmaya çalışıyoruz. Resmi ideolojinin içerisinde resmi ideolojinin hazmedilirliği çevresinde bir kavrayış söz konusu. 1967 yılı yaz aylarında *Forum* dergisinde bazı yazılar yayınlandı. "Doğu Anadolu'da Göçebe Kürt Aşiretlerinde Toplumsal Değişme" diye birtakım yazılar ve yine o süreçte birtakım mitigler gerçekleştirildi. Doğu sorunu, o zaman kavram böyleydi, Doğu Anadolu deniyordu, şimdi Kürdistan diyoruz. Batman'da, Silvan'da, Ağrı'da, Tunceli'de, Viranşehir'de birtakım mitigler gerçekleştirildi. 1967 sonbaharı, mitinglerin gerçekleştirildiği dönem. Bu mitingler TİP'in yardımlarıyla gerçekleştirildi.

Ben o zaman Atatürk Üniversitesi Ziraat Fakültesi'nde de Sosyolojiye Giriş gibi birtakım dersler veriyordum. Siz beni çok iyi dinliyorsunuz. O zaman öğrenciler beni dinlemiyordu. Derse gelmek mecburi idi ve dersler çok kalabalıktı. Bir yoklama yedi sekiz dakika sürüyordu. Yoklama olduğu için öğrenciler gelmek durumunda ama gelince de beni dinlemiyorlar. 1966-1967'de böyle bir durum vardı. Ziraat Fakültesi'nde bir gün bir öğrenci geldi bana. "Ben sizin *Forum* dergisindeki yazılarınızı okudum, güzel şeyler yazıyorsunuz, fakat siz toplumda olup bitenle ilgilenmiyorsunuz" dedi. Bu arkadaş aynı zamanda Ziraat Fakültesi'nde Doğu İlleri Yüksek Talebe Derneği Başkanı idi. "Örneğin bizim şehrimizde mitingler oluyor. Diyarbakır, Batman. Siz bunlarla ilgilenmiyorsunuz. Üstelik siz bir toplum bilimci olarak bunlarla yakından ilgilenmek durumundasınız" diye eleştirmişti beni. O sıralar gazeteler mitingten hiç söz etmiyorlardı, yalnızca bir gazetede küçük bir haber, arka sayfalarda, "Bir miting yapıldı, çok az kişi katıldı, hainler, bölücüler" diye küçük bir haber... Dikkatinizi çekiyor ama daha fazlasını da basından öğrenemiyorsunuz. Öğrenci arkadaş devam etti. "Siz yazıyorsunuz ama toplumda olup bitenlerden haberiniz yok, bunu da izlemek gerekir." Bu arkadaş şimdi üniversitede profesör ve bu olaylarla artık hiç ilgili değil. Dönem arkadaşlarını da görmezden gelir, tanımaz. 1967 ve ben ona şunu söyledim, "Bundan sonra birlikte katılalım, siz bana yardım edin, mitingler elbette önemli. Kürtlerin neler söyledikleri, neler hissettikleri, neler istedikleri, düşünceleri nasıl açıkladıkları, o sloganların içeriği, ne olduğu bizim tarafımızdan bilinmelidir. Bundan sonra siz bana yardımcı olun mitinglere beraber katılalım." Bundan sonra öyle oldu, beraber katıldık. Mitinglerle ilgili bir inceleme yayınlandı: *Doğu Mitingleri'nin Analizi* diye. İşte bu teksirle benim hakkımda idari soruşturmalar başladı. Üniversiteden adli makamlara intikal etmiyor, üniversite kendi içerisinde bir soruşturma başlatıyor. Örneğin, "Mitinge niye katıldın, sana göre Kürt var mı, sizce Kürtçe diye bir dil var mıdır?" gibi sorular soruluyor, yazılı olarak. O dönemi belirtmeye çalışıyorum. 1967'nin yaz ayları, bu miting kitabının yazılmasından ve bu incelemenin yayınlanmasından sonra. "Mitinglere niye katıldın?" diyorlar. Siz de diyorsunuz ki "Bu bir toplumsal olaydır (arkadaşın dediği gibi). Bu toplumsal olayı izlemek gerekir, biz bunu görmezlikten gelemeyiz, elbette katılırız, kimin ne söylediğini araştırmaya çalışırız." Bir taraftan idari soruşturma komisyonu, bir taraftan da derse giriyorsunuz, o dersi birtakım öğrenciler izliyor. Dersler hakkında da soruşturma başlatılıyor. Birtakım öğrenciler şikâyet ediyor veya üniversitedeki birtakım görevliler öğrencileri harekete geçirmiş. Onlar sizi şikâyet ediyorlar, "Derslerde komünizm propagandası yapılıyor" diye iddialar var. Bu iddialar üzerine komisyonlar kuruluyor. Şunu belirlemeye çalışıyorum. Bilimi üretme süreci özgür bir ortamda gerçekleşiyor. Ama bu özgür ortamın oluşması birtakım kurumlar tarafından engelleniyor. Eğer siz o engellemenin bilincine varabiliyorsanız, onu aşmaya çalışırsınız. Aştığınız zaman kendinizi özgürleştirmiş olursunuz. Ceza uygulamasına rağmen kendinizi özgürleştiriyorsunuz. Bu önemli. O önemi belirtmeye çalışıyorum. 1968 böyle bir soruşturma içinde geçiyor. 1969'da birtakım yazılar yayınlandı: *Akşam* gazetesinde, *Forum* dergisinde. *Doğu Anadolu'nun Düzeni* kitabı, *Alikan Aşireti* kitabı yayınlandı. İşte bu kitapların yayınlanmasından sonra soruşturma daha fazla hızlandı, dallandı budaklandı. Bu arada bir soru, yazılı olarak: "Bu yazıyı niye yazdın, şunu demekle neyi kastediyorsun, sence Kürt diye bir millet var mı, sana niye en çok Doğulu öğrenciler geliyor?" Böyle sorular. Yıl 1969.

Bu idari soruşturma 1970'de sonuçlandı ve üniversitedeki görevimize son verildi. Çok ilgi çekici bir olay bu, üniversite tarihinde. "*Doğu Anadolu'nun Düzeni* diye bir kitap yazmıştır, bu kitap Anayasa'nın 3. maddesine aykırıdır. Anayasaya aykırı bir kitap yazan kişinin üniversitede yeri yoktur." Gerekçe bu. Böyle bir kitap yazdığınız için üniversite sizin görevinize son veriyor. Bu, idari soruşturma komisyonunun eylemi. Şimdi şunu belirtmeye çalışıyoruz arkadaşlar; düşüncenin özgürce gelişmesine karşı bir engelleme var. İşte idari soruşturma, sizin bu engelleme karşısında biraz bilinçlenmenizi getiriyor. Çok yoğun bir bilinç değil bu, benim kanımca. Ama yine de bir bilinç oluşturduğunu sanıyorum, düzen hakkında. Ve ondan sonra biliyorsunuz 12 Mart ve 12 Mart'la birlikte adli soruşturma, sıkıyönetim soruşturması, tutuklanma ve bu çok önemli bir dönem. Gözaltına alınmalarla ve tutuklanmalarla bizce önemli bir dönem. Bütün iddianamelerde şu var: "Bizde Kürt diye bir halk yoktur, herkes Türktür, Kürtçe diye bir dil yoktur." Bu, Devrimci Doğu Kültür Ocakları'nın iddianamesinde de var. Türkiye Kürdistan Demokrat Partisi ile ilgili olarak hazırlanan iddianamede de var. Ama işte bu engelleme karşısında o süreç sizi daha çok bilinçlendiriyor. Şöyle tezahür ediyor: Çeşitli insanlarla konuşuyorsunuz, tanışıyorsunuz. Örneğin, toprak ağalarıyla, şeyhlerle, öğrencilerle, esnafla. Kürt toplumunun çeşitli kesiminden insanlarla. Bunların büyük bir kısmı tabii ki Kürtçe konuşuyor. Ama mahkemenin söylediği şu: Araya tercüman koymasına rağmen, onu anlamamasına rağmen, onu anlamadığı için araya tercüman koymasına rağmen: "Kürtçe diye bir dil yoktur. Aslında o Türktür ama onu birileri kandırmıştır." Şimdi böyle bir süreç, bu belirleme hakkında sizi daha da bilinçlendiriyor. O kurumun, o engelleyici kurumun, resmi ideoloji kurumunun varlığına, bilincine varıyorsunuz.

Benimle ilgili dava şu bakımdan ilgi çekici: Kırka yakın tanık var davada. Aslında tanığa hiç gerek yok. Çünkü iddia şu: "Derslerde komünizm propagandası yaptı." Onu da öğrenciler not tutmuş. O not da idari soruşturma sonucunda Sıkıyönetim Komutanlığı'na ulaştırılmış. Orada sizin komünizm propagandası, Kürtçülük propagandası yaptığınız söyleniyor. Deliller, defterler, birkaç tane de yazı var. Siz "Bunları ben yazdım" diyorsunuz, inkâr etmiyorsunuz. "Bunları ben söyledim. Ben yazdım" diyorsunuz. "Öğrencilerin tuttuğu not doğrudur. Bunları ben söyledim." Bu koşulda tanığa hiç gerek yok. Tanıklık denen müesseseye hiç gerek yok. Çünkü "Ben yazmadım, ben anlatmadım. Böyle konuları kim anlatmış, kim yazmış, kim konuşmuş bilmiyorum" derseniz, birisi çıkar, "Ben biliyorum. O yazdı" der. Ama siz "Ben yazmadım" demiyorsunuz ki. Buna rağmen kırka yakın tanık. Dekan, rektörler, doçentler var. Öğretim görevlileri var. Öğrenciler var. Hepsi de "Kürt diye bir halk yoktur. Ben onu uyarmıştım. Ben ona söylemiştim. Fakat o beni dinlemedi. Yine de Kürtlerden söz ediyor. Yazdığı yazılarda, kitaplarda böyle diyor. Öğrencilere derslerde bunları anlattığını ben duydum, öğrencilerden." Rektör de bunu söylüyor, dekan da bunarı söylüyor ya da buna benzer şeyler söylüyor. Derse katılmış, dersi okumuş birtakım öğrenciler var... Ama burada hukuk dışı bir olay var. 1965-1966 yıllarında üniversitede olmayanlar da var. 1969 senesinde üniversiteye tayin olmuş bir asistan. O da mülkiyeli olduğu için beraber aynı odada oturuyoruz. Üstelik onun da tanıklığı var. O diyor ki "Ben Beşikçi'nin komünizm propagandası yaptığını biliyorum. Kürtçülük propagandası yaptığını biliyorum. Bunu çok yakından biliyorum. Bana bunu öğrenciler söyledi. Bu söyleyebilir. Yazabilir, çünkü ben onunla beraber oturuyorum. Öğrencilerle böyle konuşuyordu." Aslında 1965'te yok. 1966'da yok. 1969'da gelmiş. Ama söylediği gibi 1966'daki olayla ilgili tanıklık yapıyor. İşte bunun için tanıklığın çok önemli bir fonksiyonu var. Kırk tane kişiyi sizin üzerinize salıyorlar. Hepsi buna benzer şeyler söylüyor. Bu, mahkeme falan değil. Bu, bir baskı mekanizması. Baskı mekanizması bize karşı oluşturuluyor. Yani yıldırma, yıpratma, sindirme... Yoksa hiç tanığa gerek olmayan bir dava. Günlerce bunlar dinlendi ve hepsi de benzer şeyler söylediler. Bunun amacı sindirmeye yönelik, yıpratmaya yönelik idi. Böyle kabul etmek gerekiyor. Bu, bir engeldir. Düşünce üretiyorsunuz. Ama bunun karşısında devlet tüm kurumlarıyla baskı mekanizmalarıyla yer alıyor. İşte siz bunun bilincine varıyorsunuz. Böyle bir engellemenin bilincine varıyorsunuz. Bu engellemenin bilincine vardığınız andan itibaren bunu aşmaya çalışıyorsunuz. Bunu aşabiliyorsanız kendinizi özgürleştirmiş oluyorsunuz. O andan itibaren zihniniz özgürleşmiş oluyor. Artık devletin uyguladığı baskı çok önemli olmuyor. Düşünce üretimini sürdürmeye devam ediyorsunuz. Çünkü o baskı mekanizmasını aşmışsınız. Ama bunu aşabilmek için onun bilincine varmak gerekiyor, onu vurgulamaya çalışıyorum.

1972'nin kış aylarıydı. Rektör geliyor, dekan geliyor, onlar mahkemede dinleniyor. Aslında mahkemeye gitmeyebilirsiniz, bulunduğunuz yerdeki hakime ifade verebilirsiniz. İfadenizi ilgili mahkemeye gönderiyorlar. Ama öyle olmuyor. Özel olarak çağırıyorlar. Mahkemeye bilfiil tanık olarak geldiler. Onlarla öyle bir baskı kuruyorlar. Bunun amacı özgürleşmenin önünü almak, özgürleşmeye engel olmak. Siz bu kurumun bilincine vararak bunu aşmaya çalışıyorsunuz. İdari soruşturma komisyonundan söz ettim biraz önce. Burada bir yasaklamanın, engellemenin bilinci oluşuyor veya beliriyor. Fakat şu var: Bu konuda idari soruşturma komisyonuna verilen cevaplardan şu anlaşılıyor, kanımca; yasalar var. Devletin birtakım yasaları var, siz o yasalara uymuyorsunuz. Devletin birtakım yasaları var, kanunlar müsait halbuki. Bir mitinge insanlar katılabilir. Veya miting hakkında bir yazı yazabilir. Kanunlar, yasalar bunlara müsaittir. Sizin birtakım yasalarınız var. Kendi yasalarınıza da uymanız gerekli. İdari soruşturma komisyonuna verilen cevapların ana düşüncesi bu. Halbuki Diyarbakır duruşmalarında, Doğu duruşmalarında, orada şu var: "Sizin yasalarınız zaten meşru değil." İkisinin arasında çok önemli bir fark var: Bilinç sıçraması. Özgürleşme dediğimiz olay. Kürtleri inkâr ediyorsunuz. Kürtleri somut varlığına rağmen inkâr ediyorsunuz. Bu meşru değil. "Sizin yasalarınız var, yasalara uymanız gerekiyor", ayrı bir konu, "Sizin yasalarınız zaten meşru değil, inkâr ediliyor ulusal gerçekler..." ayrı bir konu. Diyarbakır duruşmaları, Doğu duruşmaları bize böyle bir olanak verdi.

Şunun üzerinde düşünmemiz gerekiyor arkadaşlar, özgürleşme önemli bir süreç... Toplumsal bakımdan özgürleşme önemli. Örneğin, bir insan tutuklanmış 1971'de, gözaltına alınmış, iddianameler yazılmış. Duruşmanın herhangi bir aşamasında sizi tahliye ediyorlar. Örneğin, 1972 yılının başında. Örneğin, siz Siyasal Bilgiler Fakültesi'ne geri dönüyorsunuz. Ve orada çalışmanızı sürdürüyorsunuz. Şimdi böyle bir varsayımdan sonra şunlar da geliştirilebilir: Fakülteye dönüyorsunuz, duruşmanız sürüyor. Gıyabınızda sürüyor. 13 sene değil 3 sene ceza veriyorlar. İşte o Yargıtay'a geliyor. Yargı bir kusurunu bulup bozuyor onu. Ama bu arada siz yine fakültedesiniz. Orada bir hiyerarşi var. Profesör, doçent, asistan... O süreçte sıkıyönetim koşulları söz konusu. Çok fazla bir şey söyleyemiyorsunuz. Söyleyemeyeceğinizi hissediyorsunuz. Sizi uyarıyorlar: Bak senin hakkında dava var. aklını başına topla. Öyle uyarıyorlar sizi. “Ayağını denk al” İşte bu koşullar içinde size gözdağı veriyorlar. Dava ne oluyor, tekrar mahkemeye geliyor. Bir şeyler oluyor. Bu varsayım arkadaşlar. 1970 sonları veya 1971 başlarında, böyle bir olay gerçekleşseydi acaba bu özgürleşme dediğimiz olay, kendi zihnini özgürleştirme, kafadaki karakolları yıkma mümkün olabilir miydi? Bunun gerçekleşmesi kanımca mümkün değildi. Benim kanımca özgürleşme dediğimiz olay toplumsal bir ihtiyaçtan doğuyor. Yani siz bir şey yapacaksınız. Ona karşı bir engelleme olacak. Siz o engeli aşmaya çalışacaksınız. Eğer yaptığınıza karşı bir engelleme yoksa siz neyi görüp eleştireceksiniz? Resmi ideolojinin dediği gibi düşünüyorsunuz. Aynı tutum ve davranış içerisindesiniz. Aksine bir tutum ve davranışla karşılaşmanız söz konusu değil. Özgürleşme dediğimiz olay toplumsal bilinçlenmeden doğuyor. Siz resmi ideolojinin bir yasağını anlamaya, anlatmaya çalışıyorsunuz. Onu kavramaya çalışıyorsunuz. O da size engelleme yapıyor. Siz eğer bu engelin bilincine varabiliyorsanız, onu aşmaya çalışıyorsunuz. Eğer onun bilincine varamazsanız aşamıyorsunuz. Bu bakımdan 1970'li yıllarda 1971 Doğu Duruşmaları Kürt insanının özgürleşmesinde, toplumsal bilince ulaşmasında, kendi toplumu hakkında, kendi tarihi hakkında bilince ulaşmasında önemli bir aşama olmuştur, bence.

Türkiye'de bilimin gelişmesi resmi ideoloji dediğimiz kurumun bilincine varmakla, resmi ideolojiyi eleştirmekle mümkündür. Resmi ideolojinin eleştirisini yapmakla mümkündür. Resmi ideolojiyi görmezden gelerek insan bilimlerini geliştirmek mümkün değildir. Biraz önce bilirkişi denen kurumdan söz ettim. Aslında bilirkişi dediğimiz bir kurum Türk üniversitesinin en büyük ayıplarından biridir benim kanımca. Bir profesörün herhangi bir kitabı suç var mı, yok mu diye okuması çok büyük bir ayıp. Bu ayıbın silinmesi gerekiyor.

Özgür Üniversite'nin Türkiye'de bilimin gelişmesi konusunda çok önemli, çok büyük bir odak noktası olacağına inanıyorum. Hocalarımızın söylediği gibi bu inanç aynı zamanda bir umuttur... Beni dinlediğiniz için teşekkür ederim.

"İKİNCİ CUMHURİYET" TARTIŞMALARI(*)

Son yıllarda, Türkiye'de demokratikleşme konusunda önemli bir tartışma yapılmaktadır. Bir kesim Türk aydınları, devlet yönetiminin tıkandığını, kurumların işlemez hale geldiğini belirtmektedirler. Demokratik açılımların gerekli olduğuna vurgulama yapılmaktadır. Tıkanmış devlet yönetimiyle, geniş halk yığınları lehine politikalar üretilemeyeceği, halk yığınlarının yaşam koşullarını düzeltecek, yaşamı rahatlatacak uygulamalar yapılamayacağı belirtilmektedir. Böyle bir yapı içinde demokratik düşüncelerin geliştirilemeyeceği söylenmektedir. Bu yapı, ancak, despotik, otoriter ve hegemonyacı bir düşünce üretebilir deniyor. Bu düşünceler doğrultusunda gelişen tavır ve davranışın hoşgörüden uzak olduğu söyleniyor. Devletin gerek iç politikada, gerek dış ilişkilerde önemli sorunlarla karşılaştığı, bu sorunları, ancak demokratik düşünceyi kökleştirerek, demokratik mekanizmaları büyüterek, çoğaltarak aşabileceği belirtiliyor. Örneğin; ülke gündeminde önemli bir yer işgal eden, bu konumu gün geçtikçe büyüyen, gelişen Kurt sorununun ancak demokratik ve barışçıl yollarla çözümlenebileceği söyleniyor. Sorunun askeri yollarla, şiddet kullanarak, polisiye önlemlerle çözümlenemeyeceği belirtiliyor. Balkanlar'da, Kafkasya'da, Orta Doğu'da, gün geçtikçe ağırlaşan sorunların çözümü için yeni bir örgütlenmenin gereği üzerinde duruluyor. Eğer Orta Asya'daki Türkî Cumhuriyetlere örnek olmak istiyorsak, Batı ile Türkî Cumhuriyetler arasında köprü olmak istiyorsak demokratik kurumları geliştirmeliyiz, deniyor.

Yine bu çerçevede, devletin ekonomiye müdahalesinin demokratik mekanizmaların kurulamamasında ve işletilememesinde önemli bir rolü olduğu açıklanmaktadır. Yeteri kadar üretim

*- *Yeni İnsan, Sayı 15-16, Şubat-Mart 1993*

yapılamamasının temel nedenlerinden biri, devletin ekonomiye çok karışmasıdır, bazı ekonomik faaliyetleri bizzat sürdürmesidir, deniyor. Türkiye'nin çağdaş uygarlık seviyesine ulaşabilmesi için, toplumsal ve siyasal düzeni çağdaşlaştırabilmesi için, ekonomik verimliliğin artırılabilmesi için, demokratikleşmenin gereği üzerinde ısrarla duruluyor. Buna göre, politik, idari, ekonomik kurumlar yeni bir anlayışla ele alınmalıdır. Devlet yeniden organize edilmelidir, yapılanmalıdır. Devlet, baştan aşağıya yeniden örgütlenmelidir. 'Fakat bütün bunlardan önce de köklü bir zihniyet değişikliği gereği vazgeçilmez bir koşul olarak ileri sürülmektedir. Zihniyet değişikliği olmadan devletin yeniden örgütlenmesinin, kurumların yeniden düzenlenmesinin önemli bir değişiklik yaratmayacağı çeşitli toplum kesimlerine mensup insanlar, araştırmacılar tarafından ileri sürülüyor. Demokratikleşme ihtiyacı, "yeni bir Cumhuriyet", "İkinci Cumhuriyet", gibi kavramlarla ifade ediliyor.

Siyasal ve toplumsal kurumlarda çürüme içinde olduğu, büyük bir gerçektir. İdari mekanizma halk inisiyatifinin gelişmesine fırsat vermemektedir. Hukuk kurumları, keyfilik içinde hareket etmektedirler. Evrensel ilkelerden, hukuksal ve ahlaksal normlardan gittikçe uzaklaşmaktadırlar. Düşünceyi yargılamaya çalışan hukuk kurumları, artık adaleti dağıtan, gerçeği, doğruyu arayan kurumlar olarak değerlendirmek mümkün değildir. Üniversite çevreleri, bilim kuruluşları, ülke gerçekleri hakkında, halkın özlemleri ve beklentileri hakkında özgürce araştırmalar yapamamaktadır, araştırma sonuçlarını kamuoyuna duyuramamaktadır. Basın, toplumsal, siyasal ve kültürel olaylar konusunda, kamuoyuna sağlıklı bilgiler ulaştıramamaktadır. Bazı olaylar aşırı abartılmakta, bazıları ise görmezden gelinmektedir, Bazı olgusal süreçleri de çarpıtmaktadır, saptırmaktadır. Ekonomide, işletmelerin verimliliği artırılamamaktadır. Güvenlik harcamaları, askeri harcamalar her yıl biraz daha artmaktadır. Bütün bunların nedeni Kürt sorunudur. Yani Kürt sorununun algılanmasını, kavranılmasını engellemek için çeşitli idari ve hukuki tedbirler alınıyor. Resmi ideoloji doğrultusunda alınan bu tedbirler ise özgür düşüncenin gelişmesini engelliyor. Bu baskı ortamında kurumlar yenilenemiyor, zihniyet değişikliği gerçekleşemiyor.

Öreğin Türk siyasal partilerinin, ülke gerçekleri hakkında doğru-dürüst rapor hazırlayamamalarının temel nedeni Kürt sorunudur. Kürt sorununun algılanması ve kavranılması konusunda bütün siyasal partilerin özenle uygulaması gereken bir devlet politikası vardır. Türk siyasal partilerinin devlet politikası dışında yeni bir politika geliştirmesi mümkün değildir. Bu politikanın resmi ideolojiye uygun bir şekilde oluşturulduğu açıktır. Aslında, resmi ideoloji ve devlet politikası kavramları bir bütünün iki yüzü gibidir. Programında, Kürtlerden, Kürt dilinden, Kürt haklarından vs. söz eden partiler, Anayasa Mahkemesi tarafından kapatılır. Hâlbuki devlet politikası, resmi ideoloji gibi kavramlar demokratik zihniyetle, demokrasi kavramlarıyla çelişen kavramlardır". Demokrasilerde, devletin değil, siyasal partilerin politikası olur.

Ülke sorunlarının kavranılması ve çözüm yollarının aranması konusunda hükümet de belirleyici politikalara sahip olamamaktadır. Hatta ülke yönetiminde Türkiye Büyük Millet Meclisi de önemli bir ağırlığa sahip değildir. Kısaca, halka dayalı kurumların, halk tarafından seçilmiş kurumların, Türk siyasal hayatında önemli bir ağırlığı yoktur. Ağırlığı olan kurumlar tayin edilmiş kurullardır. Milli Güvenlik Kurulu, bu kurumların başında yer alır. Milli Güvenlik Kurulu'nun hükümete bildirdiği kararlara "tavsiye kararı" denilmektedir. Bu, aslında, 'uyulması gereken' bir direktiftir. Hükümet, Milli Güvenlik Kurulu tarafından alınan bu kararları uygulamakla, yaşama geçirmekle görevlidir. Fakat hükümet bu kararı tartışamaz, değiştiremez. Siyasal partilerin ve TBMM'nin de bu kararları tartışması, değiştirmesi söz konusu olamaz.

Kürdistan politikası devlet politikasıdır. Bu politika Milli Güvenlik Kurulu tarafından saptanır. Uygulanması ısrarlı bir şekilde denetlenir. Bu, Kürtlerin ve Kürtçenin inkârına dayanan bir politikadır. Bunun için önce devlet, ideolojik baskı mekanizmalarını uygulayarak, kişileri, kurumları, resmi ideoloji doğrultusunda, tavır ve davranış göstermeye, ikna etmeye çalışır. Basını, eğitim kurumlarını, dinsel kurumları vs. hep bu yönde seferber etmeye çalışır. Buna rağmen, bu yolda başarılı olmazsa, o zaman da, devletin zorlayıcı baskı araçlarını kullanır. Karakol, polis, jandarma, ordu, mahkeme, hapishane bu kurumlar arasında sayılabilir. İnkâra dayalı politikalar üretmek ve uygulamak durumunda olan devletin düşüncesinin anti-demokratik olduğu açıktır. Yok, sayılan Kürtlerin gerek ideolojik yollarla, gerekse fiilen yok edilmeleri, ancak, anti-demokratik baskılar sonunda gerçekleşebilir.

Yine Kürt sorununa ilişkin olarak, Türk basını üzerinde yoğun bir baskı vardır. Hangi olayların yazılmaları gerektiği, hangi haberlerin görmezden gelinmesi gerektiği ince ince anlatılmıştır. Hangi olayların hangi kavramlarla ele alınması gerektiği yine belirtilmiştir. Öreğin; Bosna-Hersek'teki olaylar, Sırp zulmü bütün detaylarıyla anlatılacaktır. Fakat; Türk güvenlik kuvvetlerinin Kürdistan'da gerçekleştirdikleri zulümler, görmezden, duymazdan gelinecektir. "Sırplar, Bosna'daki Müslüman kardeşlerimizi aç bırakıyorlar, Müslüman köylerine, mahallelerine gıda ambargosu uyguluyorlar." diye dert yanılacak, uluslararası kurumlar yardıma çağırılacak. Türk güvenlik güçlerinin, Kürt şehirlerine ve kasabalarına karşı sistematik bir şekilde uyguladığı gıda ambargosu ise görmezden gelinecektir. Bu çifte standartlı tavır ve davranış, Türk basınını zedeleyen, basının inanılırlığını, güvenirliliğini çürüten olayların başında yer almaktadır. Burada, Kürt sorunu, yine temel bir etken olarak ortaya çıkmaktadır.

Türk yargı organlarının etkinliği, adalete duyulan güven, yine Kürt sorunu nedeniyle iyice azalmıştır. Düşünceyi yargılayan, düşünceyi yararlı-zararlı diye sınıflandıran bir yargı organı güvenilirliğini gittikçe yitirmektedir.

Türk üniversiteleri bilimi üreten kurumlar olmaktan hızlı bir şekilde uzaklaşmaktadırlar. Resmi ideolojiyi üreten, resmi ideolojiyi doğrulayan kurumlar olmaktadırlar. Türk üniversitelerinin, Kürt sorunuyla ilgilenmemeleri konusunda etkili siyasal odaklar tarafından varılmış önemli bir direktif vardır. Bu da, önemli bir devlet politikasıdır. Buna rağmen, Kürt sorunuyla ilgilenenler olursa, görevine son verilir, Üniversiteyle ilişiği kesilir. Programına Kürt sorununu alan partiler de hemen kapatılır. Fakat toplumsal ve siyasal gelişme sürecinde Kürt ulusal ve toplumsal kurtuluş hareketi de gelişmektedir. Kurtuluş hareketi, özellikle Kürt halk yığınları arasında çok önemli bir destek bulmaktadır. İşte, Türk üniversitesi, demokratik özlemlerin ve beklentilerin yükseldiği bu dönemlerde devreye sokulmakta, resmi ideolojinin bilgilerini yeniden üretmektedir.

Toplumda, hızlı bir nüfus artışı var. Ekonomik ilişkiler değişiyor. İnsanların siyasal kültürü artıyor. Özlemler ve beklentiler gittikçe büyüyor. Bütün bunlar önemli toplumsal ve siyasal değişmelere neden oluyor. Fakat resmi ideolojide hiçbir değişme olmuyor. Hızla değişen bir toplum, hiç değişmeyen bir resmi ideoloji ile yönetilmeye çalışılıyor. Bu da, kurumların rahatça işleyememesine, tıkanıklıklara neden oluyor. Toplumsal ve siyasal değişmenin sancılı ve sarsıntılı geçmesi de bu tıkanma ve çürümeyle ilgilidir.

Yukarıda, kısaca belirtmeye çalıştığımız gibi, kurumların çalışmamasında, çürüme eğilimi göstermesinde, demokratik açılımların gerçekleştirilememesinde Kürt sorununun çok büyük bir rolü vardır. Temel nedenin Kürt sorunu olduğu söylenebilir. Fakat demokratikleşme tartışması yapanlar, "İkinci Cumhuriyet", "Yeni Cumhuriyet" gereği üzerinde duranlar, çoğu zaman bu konuyu görmezden, duymazdan geliyorlar. Bu kişilerin yazdıkları yazılarda, Kürt sorunuyla ilgili olarak ne düşündüklerini izlemek mümkün olu-yor ve ya bu kişilerle yapılan röportajlarda, Kürt sorununa ilişkin bazı sorular da soruluyor. Bu kişilerin Kürt sorununu kavrayışları, eleştirilerine konu yaptıkları 'Birinci Cumhuriyet"çilerden hiç farklı değil. Bu kişiler, Kürt sorununu aynen "Birinci Cumhuriyetçiler gibi kavrıyorlar. Çözümü konusunda, aynı onlar gibi öneriler sunuyorlar. Algılama biçiminin ve çözüm önerilerinin resmi ideoloji doğrultusunda olduğu yukarıda vurgulanmaya çalışıldı.

Burada bir kısır döngünün olduğu hemen görülüyor.

Kurumların tıkandığı, demokratik açılımlar yapılamadığı böyle bir yapı içinde çağdaş uygarlık düzeyine ulaşılamayacağı belirtiliyor.

Toplumsal ve siyasal kurumları işlemez hale getiren, demokratik açılımların gerçekleşmesine engel olan temel kurumun ise resmi ideoloji olduğunu görüyoruz. Resmi ideolojinin Kürt sorununu kavrayışı, devlet terörüne dayalı çözüm önerileri bu elverişsiz toplumsal ve siyasal ortamın temel nedeni oluyor. O zaman, demokratikleşme için bu ilişkinin değiştirilmesi gerekiyor. Bunun için de her şeyden önce köklü bir zihniyet değişimine ihtiyaç var. Hâlbuki bazı "İkinci Cumhurlyet"çiler Kürt sorununu aynen Birinciler gibi kavrayarak, yani resmi ideoloji doğrultusunda kavrayarak bir kısır döngü yaratmış oluyorlar. Hatta bazı kişiler, bu konuda resmi ideolojiyi o kadar savunuyorlar ki, düşünce özgürlüğü kurumuna bile karşı çıkıyorlar. Hem demokratikleşmeyi, "İkinci Cumhuriyet"i savunuyorlar, hem de devletin Kürtler konusunda yazılmış kitapları toplayabileceğini, yasaklayabileceğini, yazarlarını cezaevine koyabileceğini savunuyorlar. Bunun, demokratikleşme düşüncesine, aydınlanma sürecine çok zıt bir istek olduğu açıktır. Çünkü bu gibi süreçler, ancak, çok zengin bir düşünce çeşitliliği içinde gelişebilir. Buysa, Kürt sorunu konusunda demokratik bir düşünceye ve tutuma sahip olmamaktan dolayı ortaya çıkıyor. Hâlbuki demokratik bir düşünce ve tutum olmadan kısır döngünün kırılması mümkün değildir.

Resmi ideolojinin, devlet politikası kavramının kaynaklarına eğilecek, gereği de vardır. Resmi ideolojiye, bu ideolojinin devlet politikası olarak yaşama geçirilmesine neden gerek duyulmaktadır? Resmi ideolojinin ceza-i yaptırımlarla korunduğu bilinen bir gerçektir. Bunun ideolojik olarak ve maddi olarak zoru içerdiği de bilinmektedir. Resmi ideoloji, devlet politikası gibi kavramlar, tabu kavramıyla da yakından ilgilidir. Bütün bunlar, devletin kuruluş aşamasında gerçekleşen bazı süreçler hakkında, sağlıklı bilgiler elde edilmesine engel olmak için oluşturulmuş bir mekanizmadır. Kürdistan'ın 1920'li yıllarda, bölündüğü, parçalandığı ve paylaşıldığı, Kürt adının ve Kürdistan adının dillerden ve tarihlerden silinmeye çalışıldığı bilinen bir gerçektir. Devleti, Cumhuriyeti kuranlar, bu sürecin Kürtler bakımından çok büyük bir haksızlık oluşturduğunu da bilmektedirler. Kürtlere, Kürdistan'a sömürge bile olmayan bir siyasal statü, daha doğrusu statüsüzlük, kimliksizlik dayatılmaktadır. Türkiye Cumhuriyeti'ni kuranların, bütün bunlar hakkında bir bilincin oluşmasını engellemeleri doğaldır. Bunun için de bir tabuya gerek duyacaklardır. Bunun için Kürtler konusu, Cumhuriyet'in kurulduğundan beri bir tabudur. Resmi ideoloji, devlet politikası gibi kurumların temel amacı, Kürtler konusunun tabu olarak kalmasını sağlamaktır. Örneğin,1920'li yıllarda, Kürtler de Orta Doğu'da bir devlet olarak ortaya çıksalardı, kendi kaderlerini tayin edebilmiş olsalardı, Türkiye'de böylesi bir resmi ideoloji kurumuna, devlet politikası gibi kurumlara gerek kalır mıydı? Kürdistan'ın bölünmesi, parçalanması ve paylaşılması söz konusu olmasaydı, Kürtler konusundan, Kürt sorunundan bu kadar korkulur muydu?

Resmi ideoloji, devlet politikası, tabu gibi kurumlarla demokrasinin kurulamayacağı açıktır. Bu bakımdan, bu kurumları eleştirmek gerekir. Fakat bu kurumların hangi ihtiyacı karşılamak için oluşturulduğu bilinmeden, bu kurumlara karşı çıkmak çok anlamlı değildir. Resmi ideoloji, devlet politikası, tabu gibi kurumların neden oluşturuldu1arının bilincine varmadan, bu kurumlara karşı çıkmak, tutarlı bir davranış da değildir. Böyle bir tutumun ciddi bir sonuca ulaşması da mümkün değildir. O halde, Kürt Sorununun niteliğini kavramak, yine kaçınılmaz bir görev olarak ortaya çıkmaktadır.

Son aylarda, Türkiye'de, kurulma aşamasında olan bazı partiler ve kişiler Kürtler konusunda, daha farklı gibi gözüken bir düşünceyi seslendirmeye çalışıyorlar. Çeşitli siyasal akımlar, siyasal hareketler, Kürt Sorununun çözümüne ilişkin 'bazı öneriler sunuyorlar. Bu süreç 19. yüzyılın sonunda ve 20. yüzyılın başlarında, Osmanlı Devleti'nde ortaya çıkan siyasal akımları hatırlatıyor. O zaman Osmanlı İmparatorluğu'nu kurtarmak için, İslamcılık, Batıcılık, Osmanlıcılık, Türkçülük gibi birtakım siyasal cereyanlar vardı. Bu siyasal akımların temel amacı Osmanlı İmparatorluğu'nun mevcut sorunlarıyla yaşamasını sürdürmekti. Bu cereyanların da, örneğin Ermeni, Arap, Kürt, Bulgar vs. gibi sorunlara ilişkin bazı önerileri vardı. Fakat bu önerilerde Ermeni, Arap, Kürt, Bulgar vs. halkların geleceği, refahı değil, Osmanlı İmparatorluğu'nun geleceği düşünülüyordu. Esas amaç

Osmanlı İmparatorluğu'nun ayakta kalmasıydı. Bunun için imparatorluk sınırları içinde yaşayan bazı etnik grupların geleceği hakkında da bazı iyileştirmeler yapmak gerekiyordu.

Günümüzde. Kürtler konusunda sunulan bazı önerileri yine bu şekilde değerlendirmek mümkündür. Burada amaç, Kürtlerin refahı, iyiliği olmamaktadır. Devleti bu haliyle yaşatmak için, mevcut statükoyu bozmamak için Kürtler konusunda da bazı iyileştirmeler yapma gereği üzerinde durulmaktadır. Bunlar, yine, resmi ideoloji çerçevesinde gerçekleşebilecek bir süreçtir. Demokratikleşme ise çok farklı bir süreçtir. Resmi ideoloji, devlet politikası gibi kavramlarla demokratikleşmeyi gerçekleştirmek, aydınlanma hareketi yaratmak mümkün değildir. Kürt sorunu karşısında çifte standartlı düşünmelerinin çifte standartlı tavır ve davranış sergilemelerinin bilincine varmak durumundadırlar. Filistinlilerin ve Kıbrıs Türklerinin bağımsızlığı ve özgürlüğü her koşul altında savunulurken, bundan hiç taviz verilmezken, 'Kürtler için bağımsızlık ve özgürlük neden iyi değildir', konusu üzerinde ciddi ve etraflı bir şekilde durmak durumundadırlar. Kürdistan'da durmadan şiddet üreten, devlet terörü üreten politikaların niteliği nedir? Kürtler, gerek Kuzey Kürdistan'da, gerek Doğu Kürdistan'da ve Güney Kürdistan'da neden devlet terörüyle karşı karşıyadırlar? Neden devlet güçleri, Kürt aydınlarını, gazetecilerini birer birer öldürmektedir?

Uluslararası kamuoyu bağımsız devlet olma hakkı üzerinde, bağımsız devlet olarak tanınma konusu üzerinde yeniden durmalıdır. Halkların, ulusların bağımsız devlet kurabilmelerinin, kendi kaderlerini belirleyebilmelerinin kriterleri nelerdir? Tek bir kurşun sıkmadan halklar bağımsız devletler kurarlarken, ulusal kurtuluş için bunca kayıp veren, bunca şehit veren Kürtlerin, bağımsız devlet kurma haklan neden yoktur?

"TÜRKİYE BAĞIMSIZ DEĞİL Kİ..."(*)

Üç-beş sene öncesine kadar Türkiye Cumhuriyeti sınırları içinde yaşayan herkesin Türk olduğu, bu sınırlar içinde, Türkten başka hiçbir ulusun yaşamadığı söylenirdi. İnsanların Türk olmaktan mutlu oldukları vurgulanırdı. Kürtler, artık eskisi gibi inkâr edilemiyor. Kürtlerin ulusal varlığını inkâr etmenin inandırıcı olmadığı biliniyor. Günümüzde vurgulanmasına özen gösterilen yeni bir söylem var. Şimdi Kürtlerin, Türklerle birlikte yaşamaları gerektiği söyleniyor. Bağımsızlığın Kürtler için de iyi sonuçlar ortaya çıkarmayacağı, Kürtlerin menfaatine olmadığı belirtiliyor. Bu arada özerklik, federasyon gibi düşüncelerin ve uygulamaların da Kürtlerin lehine sonuçlar doğurmayacağını vurgulayanlar var. Bu düşüncelerde, aslında, resmi ideolojinin yeni bir biçimini görmek mümkündür. Artık inkâr politikasını sürdürmek mümkün değil. Gelişen ve yükselmesi engellenemeyen gerilla mücadelesi karşısında inkâr politikasının hiç inandırıcı olmayacağı açıktır. Öyleyse "Kürt realitesi"ni kabul etmek, fakat yine de, resmi ideoloji doğrultusunda düşünceler üretmek önemli bir çaba olmaktadır. Bunlar, Kürtlerden söz eden, fakat resmi görüşü hiç rahatsız etmeyen düşünceler, tavırlar ve davranışlar olacaktır.

"Kürt diye bilinen bir ulus yoktur, herkes Türktür" görüşünden, "Kürtlerin Türklerle bir arada yaşaması gerekir, bin yıldır beraber yaşıyoruz..." biçimindeki görüşlere bir özeleştiri sonucunda varılmamıştır. Örneğin, yetmiş yılı aşkın bir zamandır sürdürülen inkâr politikasının Kürt insanlarında, Kürt toplumunda nasıl etkiler yarattığı, toplumun gelişmesini nasıl etkilediği gibi konular üzerinde hiç durulmamıştır. Böylesine ırkçı ve sömürgeci bir politikanın ve uygulamanın Kürt insanlarının ruhsal yapılarını nasıl etkilediği, beyinlerini nasıl sömürgeleştirdiği konuları üzerinde hiç durulmamıştır. Durma-

---

*- *Yeni İnsan, Sayı n17, Nisan 1993*

dan şiddeti ve devlet terörünü üreten bu politikanın, Kürtleri kendi benliklerine, ulusal değerlerine nasıl yabancılaştırdığı görmezden, bilmezden gelinmiştir. Sorunun buna benzer boyutlarının tartışılmaması konusunda büyük bir hassasiyet vardır. Bu bakımdan, "bağımsızlık Kürtler için iyi değildir..." biçimindeki görüşler yine Kürtleri değil, resmi ideolojiyi gözeten görüşlerdir. Sadece bağımsızlık değil, özerklik ve federasyon gibi çözümler de iyi değildir denmektedir. Hemen arkasından da Kürtler Türklerden ayrılırlarsa aç kalırlar biçiminde tehdit ifade eden beyanların kullanılması vazgeçilmez bir tutumdur.

Kürt sorununun çözümü konusunda, geniş bir alanda, Balkanlar, Kafkaslar, Ortadoğu Federasyonu gibi çok belirsiz öneriler de vardır. Kürtlerin geleceğini belirsizliklere bağımlı kılan öneriler...

Bu görüşler, Kürt sorununun temel niteliğini gizleyen bir öze sahiptir. "Türk şovenizmine de Kürt şovenizmine de karşıyım", "Türk milliyetçiliği gibi Kürt milliyetçiliği de çıkmaz yoldur", "Bin yıldır beraber yaşıyoruz, aynı vatanı, aynı dini paylaşıyoruz", "Türkiye'de herkes eşittir, herkes bütün olanaklardan, bütün fırsatlardan eşit şekilde yararlanır, herkes her makama gelir...", "Devlet ülkesi ve milletiyle bölünmez bir bütündür." Bu görüşlerin, bu sloganların temel bir amacı vardır. Bu da, Kürt sorununun temel niteliğini sorunun odak noktasını gizlemektir. "Bağımsızlık Kürtler için de iyi bir çözüm değildir" şeklinde ifade edilen görüşü de bunlar arasında saymak gerekir.

Kürt sorunu günümüze kadar neden çözülememiştir? Kürt sorunu günümüze kadar hangi aşamalardan geçerek gelmiştir? Kürt sorununun çözümünün bu kadar gecikmesinin, geciktikçe de zorlaşmasının nedeni nedir? Bütün bu sorunların temelinde, Kürdistan'ın bölünmesi, parçalanması, paylaşılması ve Kürt ulusunun bağımsız devlet kurma hakkının gasp edilmesi yatar. Kürt sorununun odak noktasında bu süreç vardır. Kürdistan'ın bölünmesi, parçalanması ve paylaşılması, bu Ortadoğu projesinin nasıl düşünüldüğü, nasıl uygulandığı, bu uygulamanın ne gibi sonuçlar yarattığı dikkatli ve zengin olgusal dayanaklarla incelenmelidir.

Bu yazıda "Bağımsızlık Kürtler için de iyi değildir..." sözü üzerinde bazı irdelemeler yapılmaya çalışılacaktır. Herkes için iyi olan bağımsızlık, Kürtler için neden iyi değildir? Bütün uluslar için özlenen, istenen bağımsızlık, özgürlük neden "Kürtlerin bile..." lehine değildir? Bütün uluslar için pozitif olan bazı değerler Kürtler söz konusu olduğu zaman neden negatif olmaktadır? Burada, şu konunun vurgulanmasına büyük bir dikkat gösterilmektedir: Kürtlerin, Türklerden ayrılmaları, bağımsızlık peşinde koşmaları, hatta özerklik ve federasyon gibi çözümler peşinde koşmaları Türkler için iyi olmayabilir, fakat bundan daha çok bunlar Kürtler için iyi değildir, Kürtler için iyi sonuçlar vermez. Kürtlerin iyiliği, Türklerle bir arada olmaları, Türkiye'nin nimetlerinden faydalanmalarıdır. Temel vurgulama budur.

Aziz Nesin 17-18 Eylül 1992 tarihli *Özgür Gündem* gazetelerinde, Kürt Kurultayı düzenlenmesiyle ilgili bazı öneriler geliştirmektedir. Bu arada, bazı düşüncelerini açıklamaktadır. Aziz Nesin PKK'nin sürdürdüğü ulusal ve toplumsal kurtuluş mücadelesinin bağımsızlık savaşı olduğunu belirterek şöyle söylemektedir: "...Bu bağımsızlık savaşı bizi başka bir bağımlılığa götürüyor mu, götürmüyor mu? Bunu gerçekten çok düşünmemiz gerekiyor. Kesinlikle Türk egemenliğini savunmak için söylemiyorum. Bugün dünyada bağımsız kaç tane ülke var, bunu hesaba katın. Türkiye Cumhuruyeti, ben inanıyorum ki, valiye de söyledim (Bölge Valisi Ünal Erkan) bağımsız değildir. Ordusu da bağımsız değil, maliyesi de bağımsız değil, hiçbir şeyi bağımsız değil. Acaba Kürdistan nasıl bağımsız olabilecek diye düşünüyorum. Bugünü düşünmekten daha çok yarını düşünerek bir yol bulunabilir mi diye düşünmek zorundayım. Bu, kaldı ki Kürt halkı bağmsız olduğu zaman, gerçekten bağımsız mı olur, yoksa bugün olduğu bağımlılıktan daha büyük bağımlı mı olur?"

Türkiye'nin bağımsız olup olmadığı çeşitli kriterlere göre tartışılabilir. Yazar Aziz Nesin Türkiye Cumhuriyeti'nin bağımsız olmadığını, Kürtlerin de, bağımsızlık için çabalamamaları gerektiğini söylüyor. Kürtlerin bağımsızlığı ve özgürlüğü söz konusu olduğu zaman Türkiye'nin bağımsızlığı da küçümseniyor. "Türkiye bağımsız değil ki...", "Bu koşullar altında Kürtler nasıl bağımsız olacak veya bağımsız oldukları zaman bu bağımsızlığın Kürtlere ne hayrı dokunacak?"

Bu tartışmaların, Kürt sorununu gizleyici ve çarpıtıcı bir yönü ve amacı olduğunu yukarıda belirtmiştim. Bir ulusun kendi kaderini belirleyebilmesi, kendi kaderi üzerinde söz sahibi olabilmesi büyük bir mutluluktur. Kalkınma, refah, kültür, sanat, edebiyat ancak böylesine temel bir koşulun yaşama geçirilmesinden sonra gerçekleşebilir... Bu bakımdan, bağımsızlık, özgürlük, kendi kendini yönetme, başka ulusların boyunduruğu altında olmama, köleleşmeme, kendi kimliğine sahip çıkma gibi değerler pozitif değerlerdir. Günümüzde, dünyanın dört tarafında insanların, ırkçı ve sömürgeci baskılar altında olan ulusların bu değerleri kazanmak için ayağa kalktıkları büyük bir gerçektir.

Bugün, Kürdistan'da çok yoğun bir baskı ve zulüm vardır. Kürdistan, baskıyla, zulümle yönetilmektedir. Şehirler, kasabalar ve köyler yıkılmakta, yakılmakta ve yağmalanmaktadır. Binlerce insan şehirleri terk etmekte, başka şehirlerin etrafında çadırlarda yaşamaya başlamaktadır. İşkence yaygındır, kitlesel boyutlara ulaşmıştır, sistematiktir. Çocukların gözlerinin önünde, babalarına, analarına, yakınlarına işkence yapılmaktadır. İnsanların tarlalarında, bağlarında, bahçelerinde çalışmalarına engel olunmaktadır. Yaylaya çıkma yasaklarıyla, sürüyü köyün dışına çıkarma yasaklarıyla, havvanların keyfi bir şekilde kurşuna dizilmesiyle, talan edilmesiyle, hayvancılığa dayanan ekonomi ölüm noktasına gelmiştir. Ulusal kimliği savunan Kürtler, Kontgerilla, Hizb-i Kontra gibi isimler altında faaliyet gösteren, devletin illegal güçleri tarafından katledilmektedir. Kürt aydınları, Kürt gazetecileri birer birer katledilmektedir. Devlet gerilla hareketini terör, PKK'yi terörist örgüt olarak değerlendirmeye özen göstermektedir. Gazeteler, radyolar, televizyonlar devletin bu görüşlerine aynen sahip çıkmaktadırlar. Kürdistan'da olup bitenler, hep, Olağanüstü Hal Bölge Valisi'nin görüşleri ve istekleri doğrultusunda verilmektedir. Buralarda, terör süreci, hep PKK ile, gerilla ile özdeşleştirilmektedir. Aslında devletin terörü kat kat ağır bir terördür. 18 Ağustos 1992'de Şırnak'ın devlet kuvvetleri tarafından yakılıp yıkılması, kadınlara, çocuklara ateş açılması devlet terörünün en somut örneklerinden biridir. Midyat'ta yolcu otobüsünü durdurup içindekileri kurşuna dizenin özel tim ve korucular olduğu, Muş'ta, gözaltına alınan 5 kişinin MİT mensupları tarafından kurşuna dizildiği bizzat yöre savcılarının soruşturmaları sonucunda ortaya çıkan olaylardır. Devletin yetkili makamlarının daha ileri bir soruşturmaya izin vermedikleri de bilinmektedir. Gerek gerillaların, gerek kadın-erkek, genç-ihtiyar bütün halkın işkencelerde öldürülmesi her zaman rastlanan bir olaydır. Çatışmalarda sağ olarak ele geçirilen gerillaların gözlerinin çıkartılması, burunlarının, kulaklarının kesilmesi devlet terörünün boyutlarını göstermesi bakımından önemlidir. Gerek gerillaların, gerek köylülerin zırhlı araçlara bağlanarak sürüklenmesi, bu şekilde işkencelerle öldürülmeleri her zaman rastlanan bir olaydır. Bütün bunlara rağmen devlet, gerillaları teröristlikle suçlayarak kendi terörizmini gizlemeye çalışmaktadır. Kaldı ki devletin Kürt politikası her zaman şiddeti üreten bir politikadır. Kürtlerin dilleriyle, kültürleriyle, tarihleriyle inkâr edilmeleri fiili planda da bu hedefi gerçekleştirmeyi amaçlamaktadır. Bu da şiddetin kendisidir. Bu durumda Kürt yurtseverlerinin kendilerini ifade edebilmeleri ancak belirli bir şiddeti kullanarak mümkün olabilmektedir. Fakat bu şiddeti devlet terörünün ortaya koyduğu şiddetle karşılaştırmak mümkün değildir. Gerillaların çatışmalarda esir aldıkları askerlere nasıl muamele ettikleri herkes tarafından bilinmektedir.

Irkçı ve sömürgeci yönetim tarafından Kürtlere dayatılan bu yaşam biçimi, Kürt insanlarında ister istemez kendi kendini yönetme duygusu, kendi kaderini belirleme düşüncesi geliştiriyor. İşte bu süreçte, bazı Türk aydınları bağımsızlık ve özgürlük düşüncesini küçümsüyorlar. "Türkiye bağımsız değil ki..." diyorlar. Bağımsız olmadığı söylenen bu devletin çok yaygın ve gelişmiş bir baskı mekanizması var. Polis, jandarma, ordu legal kuvvetleri yanında kontrgerilla gibi illegal birimleri de var. Sayısı bir milyonun üzerindeki bu güçler aktif bir şekilde kullanılıyor. Bu güçlerin çok büyük bir kısmı, Kürdistan'da kullanılıyor. Savaş uçaklarıyla, helikopterlerle, tanklarla, zırlılarla, toplarla desteklenen bu birlikler Kürtlere karşı yoğun ve yaygın bir şekilde kullanılıyor. Bu ırkçı ve sömürgeci uygulamalara karşı Kürtelerin ve Kürdistan'ın özgürlüğü ve bağımsızlığı söz konusu edildiği zaman, "Türkiye de bağımsız değil ki..." deniyor. Türkiye Cumhuriyeti Devleti'nin Kürdistan'da sürdürdüğü sömürge politikasını dikkate aldığımız zaman bu sözü nasıl değerlendirmek gerektiği güçleşmektedir. Kaldı ki Kürdistan, dünyada eşi menendi bulunmayan bir sömürgedir... Kürdistan sömürge bile değildir. Kürdistan devletlerarası sömürgedir. "Türkiye bağımsız değil ki!" diyerek bağımsızlığı ve özgürlüğü küçümseyenler, bu yolla, Kürtlerin özgürlüğüne ve bağımsızlığına karşı çıkanlar, devlet terörü konusunda hiçbir şey söylemiyorlar, devletin zulmü karşısında söyledikleri hiçbir şey yok. Bilakis "her türlü teröre karşıyız" diyerek devletin terörünü gözlemeye çalışıyorlar. Bunlar, Kürtlerin Türklerden ayrılarak emperyalizme yem olacağını, emperyalizmin piyonu olacağını söylüyorlar, buna rağmen Kürdistan'ın bölünmesi, parçalanması ve paylaşılması konusunda, bu emperyalist ve sömürgeci politikalar karşısında hiçbir şey söylemiyorlar... Böylece Türkiye'nin emperyalizmin önemli bir parçası olduğu gerçeğini de örtbas etmeye çalışıyorlar.

Demek ki Türkiye'nin mevcut siyasal konumu, şu veya bu oranda bağımlı bir ülke bile olması, Kürdistan'da sömürgecilik yapmasına hiç engel değildir. Örneğin, Türk Silahlı Kuvvetleri, sık sık, sınır ötesi harekat düzenliyor. Bunun için hiçbir devletten izin falan almıyor, alması gerekmiyor. Sınır ötesi askeri harekata tepki falan gelmemesi de, Kürtlere karşı sürdürülen bu uygulamanın onaylandığı anlamına gelmektedir. Durum bu kadar çarpıcı bir şekilde ortadayken, Kürtlerin bağımsızlığı ve özgürlüğü gündeme geldiği zaman, "Türkiye bile bağımsız değil, Kürtler nasıl bağımsız olacak, bağımsızlıklarını nasıl koruyacak..." demek, Kürt sorununun odak noktasını gizlemekten, sorunun çarpıtmaktan başka bir anlam ifade etmemektedir.

Kürtlerin özgürlüğü ve bağımsızlığı söz konusu edildiği zaman ileri sürülen başka bir düşünce de, emperyalizmin böl-yönet politikalarıyla ilgilidir. "Kürt sorunu emperyalizm tarafından dürtüklenmektedir. Emperyalizm Ortadoğu'nun yoksul halklarına karşı bu sorunu, her zaman gündemde tutarak, kendi çıkarlarını korumaya ve kollamaya çalışmaktadır. Ülkeleri bölerek, yoksul hakların birliğini önleme amacı taşımaktadır" denmektedir. Yazar Aziz Nesin, yukarıda sözünü ettiğim açıklamalarında, bu konuda şunları söylüyor: "... Bu sorun Türk ve Kürt sorunu değil, onun ötesinde bir sorun gibi geliyor bana. İnanıyorum ki öyle. Amerika bu işe karışmıyor demek çok yanlış olur. Amerika her şeye karışıyor. Buna daha çok karışıyor... Yalnız Amerika değil, Almanya'nın çıkarı nedir? Fransa'nın çıkarı nedir? Yani Amerika, Fransa ve Almanya bu soruna sadece insani açıdan mı yaklaşıyor?..."

Kürt sorununun uluslararası bir sorun olduğu, devletlerarası bir sorun olduğu açıktır. Kürt sorunu, sadece Türkiye'nin sorunu değildir, sadece İran'ın, sadece Irak'ın, sadece Suriye'nin sorunu değildir. Kürdistan'ın bölünmesinde, parçalanmasında ve paylaşılmasında, Kürdistan'ın doğal zenginliklerinin, özellikle zengin petrol kaynaklarının çok büyük bir rolü vardır. Yeraltındaki petrol yatakları bakımından çok zengin olması bu kaynakların üzerinde yaşayan Kürtler için binbir türlü sorun ortaya çıkarmıştır. Bu bakımdan dünyaya, siyasal ve ekonomik bakımdan nizam veren devletler Kürdistan sorunuyla her zaman yakından ilgili olmuşlardır. O halde, Kürdistan'ın neden ve nasıl bölündüğü, parçalandığı ve paylaşıldığı incelenmesi gereken temel bir sorundur. Bu süreç, sadece Kürt tarihinin değil, Ortadoğu tarihinin de en kilit noktalarından biridir. Fakat günümüzde, Kürtlerin, Kürdistan'ın bağımsızlığı, söz konusu olduğu zaman, ABD'nin, Fransa, Almanya, İngiltere gibi devletlerin emperyalist emellerini, böl-yönet politikalarını ileri sürenler, aynı devletlerin, özellikle, İngiltere'nin ve Fransa'nın, Birinci Dünya Savaşı sarasında ve savaştan sonra Kürdistan ülkesini, Kürt ulusunu bölen ve parçalayan politikalarını görmezden gelmektedirler. Bu konuya en ufak bir eleştiri getirmemektedirler. Bu süreci görmezden gelmeyi tercih etmektedirler. Ortadoğu tarihinin, bu çok önemli döneminin karanlıkta bırakılmasına ses çıkarmamaktadırlar.

Bu tavır ve davranışı anlamak kolaydır. Çünkü Kürdistan'ın bölünmesine, parçalanmasına ve paylaşılmasına katılan temel güçlerden biri de Kemalistlerdir. Halbuki Türk aydınları, Türk üniversitesi, Türk basını, yazarlar son yıllara kadar Kemalizm hakkında olgulardan tam anlamıyla kopuk, tamamen resmi ideolojinin doğrultusunda, resmi ideolojiyi doğrulayan bilgiler ürettiler. Kemalizmin, anti-sömürgeci, anti-emperyalist bir ideoloji olduğunu söylediler. Kemalizm, bütün "mazlum uluslar"a, ezilen uluslara ulusal kurtuluşları yolunda ilham kaynağı olmuştur, dediler. Dünyada emperyalizme ve sömürgeciliğe karşı ilk ulusal kurtuluş savaşının, Kemalist önderlik altında Türk ulusu tarafından verildiğini yazdılar, konuştular... Bu koşullar altında, yazarların, Kemalistlerin Kürdistan'a ilişkin eylemlerini görmemeleri, görmezden gelmeleri, anlaşılır bir tavırdır. Bütün "mazlum uluslar"a, ulusal kurtuluşları yolunda ilham kaynağı oldu, onlara ışık oldu denen Kemalizmin, aslında emperyalist devletlerle işbirliği ve güçbirliği yaparak, Kürdistan'ın bölünmesini, parçlanmasını ve paylaşılmasını gerçekleştirdiği anlaşıldı. Kürdistan sorununun kendini dayatması bunu açık bir şekilde ortaya koydu. Ulusal ve toplumsal kurtuluş mücadelesiyse, Kemalistlerin bu ilişkilerini güçlendirici kanıtlar ortaya koydu. Mücadelenin gelişmesi Kemalizmin bu kirli yüzünü, ırkçı, sömürgeci ve faşist niteliği daha net şekilde gözler önüne seriyor, serecektir.

Bir toplumda, otorite sayılan, herkes tarafından benimsenen bazı görüşler vardır. Bunlar genellikle hiç eleştirilmeden aynen alınır, kullanılır. Bu tavır, davranış, bilimin yöntemi olamaz. Bilim, otorite sayılan, herkes tarafından kabul edilen bu düşüncelerden kuşkulanarak işe başlar. Olguları, herkes tarafından kabul edilen bu görüşlere uydurmaya çalışmaz, aksine, olgusal dayanaklarla bu düşünceleri sınamaya çalışır. Buysa, yoğun ve kapsamlı bir eleştiriyi ve özeleştiriyi gerektirir. İşte burada, dürüstlük, cesaret, önemli nitelikler olarak ortaya çıkmaktadır. Olgular incelendiği zaman, otorite sayılan bu düşünceyi doğrulamayan, onu yanlışlayan, çürüten yönler varsa, araştırıcılar bunları ortaya koyabilecek kadar dürüstlüğe ve cesarete sahip olmak durumundadırlar... Bu nitelikler olmadan bilimi geliştirmek, dünyayı ve toplumu kavramak mümkün değildir. Kemalizm Türk toplumunda, egemen bir ideolojidir, bu yönden otorite kabul edilmektedir. Cezaî yaptırımlarla, insanlara kabul ettirilmeye çalışılmaktadır. Cezaî yaptırımlar kullanılarak Kemalizmin eleştirisi engellenmektedir.

Deniyor ki eğer Kürtler bağımsızlık, özgürlük gibi düşünceler geliştirirlerse, bu, emperyalizmin işine yarar, emperyalizmin ekmeğine yağ sürer, emperyalist devletlerin böl-yönet politikalarına hizmet eder... Bu düşünceler, benzer düşünceler, aslında Türkiye Cumhuriyeti'nin sömürgeci niteliğini, emperyalist emellerini gizlemektedir. Bu konuda ileri sürülen, vurgulanan başka bir düşünce de, Ortadoğu'da, hiçbir devletin bağımsız bir Kürt devleti istemediğidir. Burada, Kürtlerin, tarihsel ve toplumsal hakları, haklılıklarını veya haksızlıklarını değil, Türkiye, İran, Irak, Suriye gibi devletlerin savaş araç ve gereçleri, kitle imha silahları vs. söz konusu edilmektedir. Kürdistan'da, devletlerarası sömürge sisteminin hiç değişmemesini isteyen bu devletlerin böyle davranacakları doğaldır. Fakat Kürtlerin de, böylesine bir sömürgeci boyunduruğa karşı mücadele etmeleri, özgürülük ve bağımsızlık aramaları son derece doğaldır.

Türkiye'ye sık sık yabancı devletlerin temsilcileri gelmektedir. Devlet yetkilileriyle ikili görüşmeler yaparlar. Bu devletlerin bazılarının nüfusu bir milyonun altındadır. Nüfusları 2-3 milyon civarında olan pek çok devlet vardır. Bunların ülke yüzölçümleri de çok küçüktür. Bu temsilciler Türk yetkililerle yaptıkları ikili görüşmeleri, müştereken yaptıkları basın toplantısıyla açıklarlar. Bu devletlerin temsilcileri bağımsız Kürt devletine karşı olduklarını açıklarlar. Burada bir hüzün, dramatik bir durum yok mu? Nüfusları Kürtlerin Ortadoğu'daki nüfuslarıyla karşılaştırıldığı zaman çok az kalan bu devletlerin temsilcileri, Kürtlerin bağımsızlığına neden karşı çıkıyorlar? Ülke yüzölçümleri Kürtlerin ülkesiyle karşılaştırıldığı zaman çok küçük kalan bu devletler, Kürtlerin özgürlüğüne karşı neden tavır ve davranış geliştiriyorlar? Bağımsızlığın kriteri nedir? Kendi kaderini belirlemenin kriteri nedir? Soğukkanlı bir şekilde düşünülmesi gereken bu konulardır.

Kürtlerin özgürlüğü, bağımsızlığı söz konusu olduğu zaman "Türkiye bağımsız değil ki!" demek Türk ırkçılığı ve sömürgeciliğine kan vermekten başka bir anlama gelmiyor...

* *

*

Tavulu, Vanuata, San Marino, Monaco, Vatikan, Andorra, Belize, Liechtenstein, Malta... vs. Bunlar bugün Birleşmiş Milletler'e üye olan

180 civarındaki devletin 9 tanesi. Çoğunun nüfusu, 50 binden az. Ülkelerinin yüzölçümleri çok küçük. Hiçbir savaş vermeden, hiçbir savaşa katılmadan bağımsız devlet olmuşlar. Bağımsız devlet olmanın, bağımsız devlet olarak tanınmanın kriterleri nedir acaba? Üstelik devletler bağımsızlıklarını ilan ederlerken, bağımsızlık sizin için iyi değildir, gibi bir engelle, bir dayatmayla karşılaşmadılar.

İsrail işgali altındaki topraklarda, Filistinliler bağımsız delvet kurmak istiyorlar, bunun için mücadele ediyorlar. Türkiye'de hiç kimse, hiçbir aydın, gazeteci, yazar, "Bağımsızlık, Filistinliler için iyi bir çözüm değildir" demiyor. Filistin sorununun çözümü için Arap-İsrail federasyonu önermiyor... Kuzey Kıbrıs'ta, bağımsız bir Türk devletinin ilanı için mücadele yürütülüyor. Dünyanın, uluslararası kurumların, Kuzey Kıbrıs Türk Federe Devleti'nin bağımsızlığını tanıması isteniyor. Bunun için, uluslararası kurumlarda yoğun bir diplomatik faaliyet yürütülüyor. Türk aydınlarından hiçbirisi Kıbrıs Türkleri için bağımsızlık iyi değildir demiyor. Kıbrıs Türklerinin bağımsızlığı ve özgürlüğü her forumda, her zaman savunuluyor. Kıbrıs sorunun çözümü için Türk-Yunan Federasyonu gibi, Anadolu-Balkan-Ege Federasyonu gibi, Akdeniz Federasyonu gibi belirsiz siyasal çözümler önermiyor.... Halbuki gerek İsrail işgali altındaki Filistinlilerin, gerek Kuzey Kıbrıs'taki Türklerin nüfusları Kürtlerle kati suretle karşılaştırılamaz. Kürtlerin Ortadoğu'daki nüfusları 30 milyonu aşkındır.

* *

*

Bu kısa bilgilerden üç önemli sonuç çıkarılabilir. Birincisi doğrudan doğruya Kürtlerle ilgilidir. Dünyada, nüfusları 10 bin civarında olan halklar bağımsız devletler kurarlarken, özgürleşirlerken, bu kadar büyük nüfusuyla, bu kadar büyük ülkesiyle Kürtler, neden daha kimliklerine bile sahip olamamıştır? Kaldı ki, Kürtler, 19. yüzyılı bir tarafa bırakalım, 20. yüzyılın başından beri, Ulusal Kurtuluş Mücadelesi içindedirler. Sadece Güney Kürdistan'da, 1960'lı yıllardan bu tarafa 600 binin üzerinde Kürt insanı öldürülmüş, şehit edilmiştir. Bu durumun, bu ilişkilerin sorgulanması, Kürt hareketini ilerletecek en önemli dinamiklerden biridir. Bu sorgulama, bu soruşturma, Kürt toplumunun iç dinamiklerini güçlendirmektedir.

İkinci sonuç Türk aydınlarıyla ilgili. Türk aydınları, Kürt sorunu karşısında çifte satandartlı düşünmelerinin, çifte standartlı tavır ve davranış sergilemelerinin bilincine varmak durumundadırlar. Filistinlilerin ve Kıbrıs Türklerinin bağımsızlığı ve özgürlüğü her koşul altında savunulurken, bundan hiç taviz verilmezken, Kürtler için bağımsızlık ve özgürük neden iyi değildir, konusu üzerinde ciddi ve etraflı bir şekilde durmak durumundadırlar. Kürdistan'da durmadan şiddet üreten, devlet terörü üreten politikaların niteliği nedir? Kürtler, gerek Kuzey Kürdistan'da, gerek Doğu Kürdistan'da ve Güney Kürdistan'da neden devlet terörüyle karşı karşıyadırlar? Neden devlet güçleri, Kürt aydınlarını, gazetecilerini birer birer öldürmektedir?

Uluslararası kamuoyu bağımsız devlet olma hakkı üzerinde, bağımsız devlet olarak tanınma konusu üzerinde yeniden durmalıdır. Halkların, ulusların bağımsız devlet kurabilmelerinin, kendi kaderlerini belirleyebilmelerinin kriterleri nelerdir? Tek bir kurşun sıkmadan halklar bağımsız devletler kurarlarken, ulusal kurtuluş için bunca kayıp veren, bunca şehit veren Kürtlerin, bağımsız devlet kurma hakları neden yoktur?

IŞIKSIZ ÜNİVERSİTE(*)

Başbakan Süleyman Demirel ve Başbakan Yardımcısı Erdal İnönü, "ateşkes" sürecinin başlamasından sonra, Nisan ayı başlarında Kürdistan'a gittiler. Van, Diyarbakır, Şırnak gibi Kürt şehirlerinde bazı incelemelerde bulundular, halka hitap ettiler. Diyarbakır'da, Dicle Üniversitesi'nde yapılan bir törende hazır bulundular. Bu törende, Dicle Üniversitesi, Başbakan Süleyman Demirel'e ve Başbakan Yardımcısı Erdal İnönü'ye insan haklarına yaptıkları katkılardan ve "Güneydoğu" sorununa yaklaşımlarından dolayı "fahri doktora" unvanı verdi. Bu olayın üzerinde durmanın yararlı olacağı kanısındayım.

Türk üniversitesi, resmi ideolojiden en çok etkilenen kurumlardan biridir. Kürt sorunuyla ilgili olarak Türk üniversitesinin çabaları, düşüncesi ve tutumu hep resmi ideolojiye uygun olmuştur. Örneğin, Türk üniversitesi, son on senedir askeri ve siyasal yollardan süren gerilla mücadelesinin siyasal, toplumsal, ekonomik ve kültürel dinamikleriyle ilgili en küçük bir araştırma, inceleme yapmamıştır. Kürt kimliğinin ve Kürdistan kimliğinin inkâr edilmesi konusunda aynı resmi ideoloji gibi düşünmektedir. Türk üniversitesinin, Kürt sorunuyla ilgili olarak hiçbir bilimsel araştırmaya girişmemesinin sağlanması, bilimsel araştırmaların engellenmesi resmi ideolojinin önemli bir boyutudur. Türk üniversitesi resmi ideolojinin bu tür direktiflerine, buyruklarına uyma konusunda, daima, büyük bir özen ve duyarlılık göstermiştir. Kürdistan Ulusal ve Toplumsal Kurtuluş Mücadelesi'ni her zaman "eşkıyalık", "haydutluk", "terörizm" olarak değerlendirmiştir. Böyle bir söylem, Türk üniversitesini, araştırma, inceleme yapma gibi zahmetlerden kurtarmaktadır. Devlet, üniversiteye hazır bilgi sunmakta, üniversiteye, sadece bu bilginin propagandasının yapılması, zaman zaman yeniden üretilmesi, meşrulaştırılması düşmektedir. Profesör gibi unvanlar kullanılarak yazılan yazılarla bu meşruiyetin, bilimselliğin

*- *Özgür Gündem 30 Nisan 1993*

sağlandığı düşünülmektedir. Halbuki profesör unvanlı kişilerin yazdığı yazılar her zaman bilimselliğin bir göstergesi değildir. Yalan, Prof. Dr. unvanlarıyla söylendiği zaman gerçek olmaz. Resmi ideolojiyi yeniden üreterek, onu zaman ve mekân koşullarında yeniden yorumlayarak bilimi geliştirmek, toplumsal ve politik süreçleri bilimin kavramlarıyla kavramak mümkün değildir.

Türk üniversitesine mensup profesörler "Türkiye'de resmi ideoloji yoktur", "Atatürkçülük resmi ideoloji değildir"... derken bile resmi ideolojinin alanı içinde kalmakta, resmi ideolojiyi üretmektedirler. Kürtlerle ilgili araştırma yapanların, devletin cezaî yaptırımlarıyla karşı karşıya kalması, Türk üniversitelerini hiç ilgilendirmemektedir. Bu süreç, görmezden, duymazdan gelinmektedir.

Son iki yılda, Kürdistan'da cereyan eden olaylara baktığımız zaman, devlet terörünün yoğunluk ve yaygınlık kazandığını görmekteyiz. "Faili meçhul" denen cinayetler artmıştır. Kürt aydınları, Kürt gazetecileri, Kürt yurtseverleri birbiri arkasına katledilmektedir. Son bir buçuk, iki yıl içinde, sadece Silvan'da "faili meçhul" bir şekilde katledilen Kürt yurtseverlerinin sayısı 200'ün üzerindedir. Batman'da, yine 200'ün üzerinde Kürt yurtseveri, "faili meçhul" denen cinayetlerle yok edilmiştir. Köyler yakılmaktadır, yıkılmaktadır. İnsanlar, kendi evlerinde öldürülmüşlerdir. Evler, içindeki eşyalarla birlikte yakılmakta, hayvanlar öldürülmekte, gıda maddeleri heder edilmektedir. Kürt insanları açlığa, sefalete mahkûm edilmektedir. Köylerini, yerlerini, yurtlarını terke zorlanmaktadır. Devlet, Kürdistan'da Kürtlerin yaşamını kolaylaştırmak için en ufak bir hizmet üretmemektedir. Kürtlerin yaşamını kolaylaştıran en ufak bir yatırım ve harcama yoktur. "Doğu" ve "Güneydoğu" için bütçeden ayrıldığı belirtilen paralar hep güvenlikle ilgilidir. Helikopterler, savaş uçakları, zırhlı araçlar, mayın, dikenli tel vs. alınmakta, güvenlik güçleri için, memurlar için lojmanlar yapılmaktadır. Yeni yeni karakollar, hapishaneler inşa edilmektedir. Bunların ise Kürtlerin yaşamlarını daha da zorlaştıran, geniş kitleleri bunaltan harcamalar olduğu besbellidir. Bu harcamalar, hep devletin zorlayıcı baskı mekanizmalarının daha da mükemmel bir hale getirilmesi yolunda yapılmaktadır.

Kürdistan'da, insan haklarının kırıntısı bile yoktur. Kürdistan'da, son derece keyfi bir yönetim egemendir. Kürdistan baskıyla, işkenceyle yönetilmektedir. Sistematik bir baskı ve işkence söz konusudur. Devlet terörü hiçbir zaman vazgeçilemeyen bir politikadır. Gittikçe ağırlaşmakta ve yaygınlaşmaktadır. Bütün bunlara rağmen üniversitenin, örneğin, Dicle Üniversitesi'nin bu baskıcı yönetimi anlamaya ve kavramaya çalışan hiçbir sağlıklı yaklaşımı yoktur. Zaman zaman bildiriler yayınlamakta, "haydutlar"dan, "eşkıyalar"dan, "terörist faaliyetler"den söz etmektedir. Örneğin, son bir, bir buçuk yıl içinde, Diyarbakır'daki, hızlı nüfus artışından, anormal nüfus büyümesinden, bunun dinamiklerinden hiç söz edilmemektir. Üniversite, bu süreci sirk seyircisi gibi izlemektedir. Üniversitenin bu tavrını zengin olgusal dayanakları içinde değerlendirmek mümkündür. Türk üniversitesinin baskı ve zulüm karşısındaki, insan haklarıyla ilgili uygulamalar karşısındaki tavrı kısaca böyle değerlendirilebilir.

Kürtlere uygulanan baskılar karşısında böylesine duyarsız kalan Türk üniversitesi, bu baskının mimarlarını, "fahri doktora" ile ödüllendirmektedir. "Güneydoğu sorunu"na yaklaşımdan, insan haklarına yapılan katkılardan söz edilmektedir. Bu, insan hakları anlayışı adına büyük bir ayıptır. Bundan, demokrasi adına utanmak gerekir. Böyle bir ödül ne Başbakan Süleyman Demirel'e, ne de Başbakan Yardımcısı Erdal İnönü'ye en ufak bir değer katar. Fakat üniversitenin gayri ciddi bir çaba içinde olduğunu gösterir. Bu çabanın üniversiteyi yaraladığı besbellidir. Dalkavuk çabalarla bilimsel incelemeye katkı sunmanın olanağı yoktur.

Doktora derecesi akademik uğraştaki en yüksek derecedir. Bu unvanın, siyasal nedenlerle sık sık siyaset adamlarına sunulması, bunun için uyduruk, çirkin gerekçeler yaratılması üniversitenin saygınlığını zedeler. Bu tür üniversiteler tarafından verilen unvanların hiçbir ciddi ağırlığı olmaz. "Türk'e göre" bir doktora denir, gülümsemeyle karşılanır.

BİLİMSİZ ÜNİVERSİTE(*)

Bilimi üretmenin en önemli koşulu özgür düşünce ortamının mevcut olmasıdır. Böyle bir ortam yoksa, bilimi üretenler, bu ortamı yaratmak durumundadırlar veya böyle bir ortam varmış gibi düşünmeli ve yazmalıdırlar. Böyle bir tavır ve davranışın riskli olacağı açıktır, sonuçlarını elbette göğüslemek gerekir. Toplumsal ve siyasal eleştiri bilimin gelişebilmesi için vazgeçilmez bir süreçtir. Direktiflerle, emirlerle, yasaklamalarla bilimsel çalışma sürdürmek mümkün değildir. Emirler, yasaklamalar, talimatlar kıskacında toplumsal ve siyasal süreci, değişmeyi kavramak, anlatmak olanaksızdır.

Siyasal iktidarların bilim kurumlarını, bu arada üniversiteleri, kendi siyasal çıkarları doğrultusunda yönlendirmek ve kullanmak istemeleri çok doğaldır. Bu, dünyada bütün devletlerde görülebilen bir eğilimdir. Önemli olan bu direktiflere, yönlendirmelere, emirlere karşı direnebilmek, bilimsel çalışmayı kendi özgün koşulları içinde sürdürebilmektir. Bu da bilim yöntemini kullanmanın kurumlaşmasıyla, bilimsel çalışma yapan kurumların kişilik kazanmalarıyla ilgili bir sorundur. Emir ve talimat alanların, emirleri ve talimatları kabul edenlerin, bunlar doğrultusunda çalışma yapanların kurumlaşmaları ve kişilik kazanmaları mümkün değildir. Yasaklamalarla, emirlerle, yönergelerle ancak resmi ideoloji üretilir, fakat bilim üretilemez.

Doğayı, tarihi ve toplumu kavramada en önemli engel, resmi ideolojinin varlığıdır. Resmi ideoloji, devletin resmi görüşünün cezaî yaptırımlarla kişilere, toplumsal ve siyasal kurumlara, basın-yayın organlarına vs. empoze edilmesidir. Türkiye'de, resmi ideolojinin üniversiteler üzerindeki egemenliği çok büyüktür. Milli Güvenlik Kurulu, YÖK (Yüksek Öğretim Kurumu) aracılığıyla üniversitelere, sık sık direktifler, emirler göndermektedir. Bu talimatlarda, üniversite profesör-

*- *Özgür Gündem, 7 Mayıs 1993*

lerine hangi konuları araştırmaları, hangi konuları araştırmamaları, araştırmalarında ne gibi sonuçlara varmaları, öğrencilere hangi kitapları okutmaları, hangi kitapları yasak etmeleri konularında ayrıntılı yönlendirmeler yer almaktadır. YÖK tarafından Kasım 1991'de üniversitelere gönderilen "genelge"de, "Doğu ve Güneydoğu" kast edilerek bölgede, "bölücü" nitelikteki çalışmaların yapılmasına kesinlikle izin verilmemesi, bu hususun üzerinde dikkatli ve devamlı olarak durulması istenmektedir. Buna karşılık "bölgedeki Türk varlığının tespitine yönelik araştırmalar" yapılması gereği vurgulanmaktadır. Bu tür araştırmaların teşvik edilmesine dikkat çekilmektedir. (bk. *Cumhuriyet*, 9-10 Nisan 1992, Doğan Akın'ın haberi)

YÖK tarafından, üniversitelere gönderilen bu "genelge", aslında, Milli Güvenlik Kurulu'nun isteklerini dile getirmektedir. MGK ise Türkiye'nin siyasal hayatında, ağırlığı çok büyük olan bir kurumdur. Örneğin, Kürt sorununa ilişkin politika, kesinlikle, MGK tarafından saptanmaktadır. Bunun militarist, ırkçı ve sömürgeci bir politikayı ürettiği, uygulamaların bu politikalar doğrultusunda gerçekleştirildiği açıktır. MGK'nın Türk siyasetindeki ağırlığı karşısında, siyasal partilerin, hükümetin, Türkiye Büyük Millet Meclisi'nin hiçbir kıymet-i harbiyesi yoktur. Resmi ideoloji MGK ve benzeri kurumlar tarafından üretilmektedir. Resmi ideoloji, üniversite gibi, yargı organları gibi kurumları da etki alanı içine almaktadır. Görüldüğü gibi, "Doğu"nun veya "Güneydoğu"nun toplumsal gerçeği ne olursa olsun, araştırmaların, "Bölgede Türkler yaşıyor, bölge Türk asıllıların yurdudur. Bölgede Türk dili ve Türk kültürü egemendir" gibi sonuçları ortaya çıkarması isteniyor. Üniversiteye böyle bir talimatın verilebilmiş olması başlı başına çok önemli bir konudur. Üniversitenin bu talimata karşı direnememesi, çalışmalarını bu emirler ve yasaklamalar doğrultusunda sürdürmesi çok daha ağır bir durum yaratmaktadır. Zira bilim olgusaldır. Bilim olguları inceler. Olgulardan kopuk bir bilim anlayışı mümkün değildir. Olgusal gerçeği inkâr etmek, farklı göstermek, çarpıtmak bilim ahlakıyla bağdaşmaz. Kürtler ve Kürdistan objektif bir gerçekliktir. Türk üniversitelerinin Milli Güvenlik Kurulu gibi Türk siyasetine yön veren kurumların direktifiyle böyle bir gerçekliği görmezden gelmeleri, yok saymaları, bu gerçekleri ortadan kaldırmaz. Kürtler ve Kürdistan, profesörler tarafından yok sayıldığı zaman, bu gerçekliklerin niteliğinde herhangi bir değişiklik olmaz. Sadece profesörler yalan söylemiş olur, yalana dayalı bir resmi ideolojiye hizmet etmiş olur. Yalana dayalı resmi ideoloji, profesörler tarafından üretilince bilimsel bir bilgiye dönüşmez. Üniversite öğretim üyeleri yara alır, bilim kurumlarının saygınlığı, "bilim adamları"nın saygınlığı biraz daha azalır.

"ÜNİVERSİTELERE MGK EMRİ"

13 Nisan 1993 tarihli *Milliyet* gazetesinde, "Üniversitelere MGK emri" başlıklı bir haber yayınlandı. Abbas Güçlü imzasıyla yayınlanan haberde, MGK, YÖK'ü, üniversiteleri, Kürdistan'da yürütülen Özel Savaş'ta, "psikolojik harekat planlarına uygulamak"ta başarılı olmadığı için uyarmaktadır. MGK'nın, YÖK aracılığıyla üniversitelere gönderdiği bu emirde de profesörlerin hangi konuları araştırmaları gerektiği, ne gibi konulara hiç eğilmemeleri gerektiği ayrıntılarıyla belirtilmektedir. MGK'nın, üniversitelere, profesörlere gönderdiği emirnamede, "sakıncalı" denen birtakım bilim adamlarının kitaplarının okutulmaması da vurgulanıyor.

Bu tür emirnamelere karşı Türk üniversitesinin hiçbir tepkisinin olmadığı gözlenmektedir. Tepkisizlik, üniversitenin resmi ideolojiyle ne kadar sıkı bir şekilde bütünleştiğini göstermektedir. Tepki elbette örgütlü ve kurumsal olmalıdır. Bir-iki profesörün cılız sesini tepki olarak değerlendirmek doğru değildir. Kaldı ki bazı profesörler bu tür emirnamelere karşı çıkarlarken bile resmi ideolojinin alanı içinde kalmaktadırlar. Resmi ideoloji bazı profesörler için dokunulamaz, eleştirilemez, kutsal bir çerçevedir. Türk üniversitesi, toplumsal bilimler alanında, bilim adına resmi ideolojiyi üretmektedir. Ve bu siyasal iktidar adına sürdürülen bir faaliyettir. Bu, siyasal bir faaliyettir, bunun, bilimsel bir faaliyet olarak kabul edilmesi yanlıştır. Türk üniversitesi yalana dayalı resmi ideolojiyi yeniden üreterek, resmi ideolojinin istekleri doğrultusunda bildiriler yayınlayarak, tepki göstererek siyasete katılmaktadır, devlet iktidarı adına siyaset yapmaktadır.

Türk üniversitesine, bu tür emirler, direktifler her zaman verilmiştir. Ve üniversitenin bunlara karşı hiçbir tepkisi söz konusu değildir. Yalnız bu konuyla ilgili önemli bir değişikliği görmezden gelemeyiz. Eskiden bu tür emirler, direktifler gizli kalırdı. İncelemeler, eğitim ve öğretim kuşkusuz bu direktifler doğrultusunda yapılırdı, fakat öğrenciler, kamuoyu bunlardan hiç haberdar olmazdı. Günümüzde, artık bunlar gizli kalamıyor. Bu, Kürdistan Ulusal ve Toplumsal Kurtuluş Mücadelesi'nin geldiği aşamayla ilgilidir. Fiili durum, artık bazı yalanların, yalanı egemen kılmaya çalışan istemlerin, emirlerin gizli kalmasını sağlayamıyor.

Türkiye'de, resmi ideoloji, sadece siyaset hayatında önemi olan bir kurum değildir, üniversiteler hayatında ve hukuk hayatında da önemli bir kurumdur. Resmi ideolojiyi eleştirmeden bilimi geliştirmek, üniversiteye saygınlık kazandırmak mümkün değildir. Kürt sorununu gündeme almadan resmi ideolojiyi, resmi ideolojinin işlevini kavramak ise olası değildir. Kürt sorunu bir turnusol kağıdı gibidir. Resmi ideolojiye karşı olmak, ancak Kürt sorunu açısından değerlendirildiği zaman inandırıcı olabilir.

ULUSAL HAREKETİN KİTLE DİNAMİĞİ(*)

Kürt toplumu son yıllarda, çok ağır acılar çekmektedir. Acılar gün geçtikçe ağırlaşmaktadır. Kürdistan Ulusal ve Toplumsal Kurtuluş Mücadelesi'nin derinleşmesi ve yaygınlaşması, geniş Kürt halk kitleleriyle daha organik bir bağ kurması ırkçı ve sömürgeci yönetimi çok rahatsız etmektedir. Irkçı ve sömürgeci yönetimin operasyonları, gerillalardan çok Kürt halk yığınlarını hedef almaktadır. Köylerin yıkılması, yakılması; evlerin içindeki eşyalarla birlikte yakılması, hayvanların kurşunlanması, yiyecek ve yakacak maddelerinin heder edilmesi hep bu çerçeve içinde gelişmektedir. İnsanlara, köylerini terk etmeleri dayatılmaktadır. "Ya terk edin, ya korucu olun!" Böylece hem kitleselleşmenin önüne geçileceği düşünülmekte, hem de özellikle kırsal alanda, gerillanın desteklenmesinin, gerillaya lojistik destek sağlanmasının önüne geçileceği hesaplanmaktadır. Üçüncü olarak, gerillayla organik olarak bütünleşen Kürtlere ağır bir ceza da verilmiş olmaktadır. Sömürge ülkelerde icra organının, güvenlik kuvvetlerinin verdiği ceza, mahkemelerin verdiği cezadan kat kat ağır olmaktadır. Çünkü bu, tek tek insanlara ve herhangi bir örgüte verilen cezadan çok kitleye verilen bir ceza görünümündedir. Yaylaya çıkış yasağı, sık sık yapılan güvenlik aramaları, bir köyün toptan yakılması, yıkılması, köyün tamamının sürgün edilmesi vs...

Bütün bunların, Kürtleri çok büyük acılara boğduğu besbellidir. Kürtler, kendi kaderlerini belirleyememenin acısını, sıkıntısını duymaktadır. Ülke, bölünmüş, parçalanmış ve paylaşılmıştır. Kürdistan devletlerarası sömürge baskısı altındadır. Kürdistan'ı ortaklaşa denetim altında tutmaya çalışan devletler, Kürdistan'ın zengin doğal kaynaklarını götürmekte, karşılığında, karakol, hapishane, cop, dipçik,

*- *Özgür Gündem, 14 Mayıs 1993*

işkence getirmektedirler. Kürdistan'da, Kürt halkının yaşamını kolaylaştırıcı bir kuruşluk hizmet bile yapılmamaktadır. Bütçeden "Doğu'ya ve Güneydoğu"ya ayrıldığı bildirilen paralarla, Kürt halkını baskı altında tutmaya çalışan mekanizmalar daha mükemmel bir hale getirilmeye çalışılmaktadır. Özel tim harcamaları, savaş uçakları, helikopterler, zırhlı araçlar, top, tank, tüfek vs... her türlü savaş araç ve gereçleri, dikenli teller, mayınlar vs... Karakollar, hapishaneler, polis lojmanları, memur lojmanları, Olağanüstü Hal Bölgesi'nde çalışan memurlara çifte maaş, koruculara maaş. Devletin Kürdistan'daki harcamalarının tamamı, bu gibi konularla ilgilidir. Yollar, tanklar ve askerler içindir. Hastaneler, ancak devlet yanlısı Kürtlere, koruculara hizmet vermektedir. Okulların amacı asimilasyona hizmettir. Kürdistan bilinçli olarak geri bırakılmış, bilinçli olarak geri bırakılmaktadır. Kürdistan doğal zenginliklerinin, özellikle petrol kaynaklarının, su kaynaklarının daha iyi sömürülebilmesi için geri bırakılmaktadır. Geri bırakılmayı coğrafi etkenlerle açıklamanın hiçbir inandırıcılığı yoktur. Kürtler artık köylerinde, çadırlarında, evlerinde rahatça oturamamaktadırlar. Devletin güvenlik güçleri tarafından sık sık yapılan köy baskınlarıyla, "köyü terk edin veya korucu olun" dayatmalarıyla karşı karşıya kalmaktadırlar. Yayla yasaklarıyla, sürü otlatmalarının engellenmesiyle, sürülerin sık sık taciz edilmesiyle hayvancılık bitme noktasına gelmiştir. Tarım aynı şekildedir. Sık sık yapılan müdahaleler sonucu çok az ürün elde edilebilmektedir. Bu ürünler de köylerin yakılması, yıkılması sırasında heder edilmektedir. İnsanlar açlığa ve yoksulluğu mahkûm edilmektedirler. Kürtler, kendi kaderlerini belirleyememenin acısını yaşamaktadırlar.

Bütün bunlara rağmen Kürtler, örneğin, 15-20 yıl öncesine nazaran çok daha ileri bir aşamadadırlar. Özgürlük bilinci, artık Kürt halkını sarıp sarmalamaktadır. Binlerce şehit vardır ve Kürtler şehitlerine sahip çıkmaktadırlar. Ulusal ve toplumsal mücadelenin şehitleri, Kürt halkının belleğinde gittikçe daha önemli bir yer işgal etmeye başlamıştır. Gözaltına alınan, cezaevine girip çıkan pek çok insan vardır. Cezaevine konulan gençlerin yakınları, anaları, babaları, "Nizamiye Kapıları"nda, görüş yerlerinde bilinçlenmişler, siyasallaşmışlardır.

Son aylarda hükümet, cezaevlerine karşı yine bir saldırı içindedir. Tutsaklara karşı çok büyük bir saldırı vardır. Hükümet, tutukluların kazanılmış haklarını gasp etmek için büyük çaba sarf etmektedir. Tutuklular da, çeşitli cezaevlerinde, açlık grevleri yaparak bu operasyonları protesto etmektedirler. Açlık grevleri, bazı cezaevlerinde ölüm orucuna dönüşmüştür. Açlık grevlerine çok yerlerde, tutsakların aileleri, yakınları da, dışarıdan destek vermektedir.

Diyarbakır Cezaevi'nde de tutsaklar, Nisan ayının ortalarından itibaren açlık grevi yapmaktadırlar. Tutsakların yakınları da, evlatlarının açlık grevini, dışarıda yaptıkları açlık grevleriyle desteklemektedir. Tutsak ailelerinden bir kısmı, 30 kadarı, Ankara'da, HEP Genel Merkezi'nde 5-8 Mayıs 1993 günleri arasında açlık grevine oturdu. Ve açlık grevi başarıyla sonuçlandı.

Aralarında yaşlı kadınlar ve yaşlı erkekler de var. Açlık grevine oturanların çoğu kadın. Açlık grevine oturanların pek çok ziyaretçisi var. Açlık greviyle ilgili bazı gözlemlerimi belirtmek istiyorum.

Basında, üniversite çevrelerinde, zaman zaman Kürtlerin ulus olup olmadıkları tartışılıyor. Ulus, her şeyden önce bir aidiyet fikrinin oluşmasıdır. Ulusal ve toplumsal mücadele, aşiret organizasyonlarını çoktan parçalamıştır. İnsanlar, artık falan veya filan aşirete mensup olduklarını söylemiyorlar. Kürt olduklarını vurguluyorlar. Üstelik Kürtlerin ulusal ve demokratik haklarının gasp edilmiş olduğunu, bunları tekrar kazanmanın mücadelesinin verilmesi gerektiğini vurguluyorlar. Bu mücadelenin verildiğini anlatıyorlar. Diyarbakır'dan, Mardin'den, Urfa'dan, Siirt'ten, Batman'dan, Van'dan, Bitlis'den vs. açlık grevine oturan kadın-erkek pek çok insan artık Kürt ulusuna ait olmanın bilincini dile getiriyorlar. Belirli bir ülkeye sahip olduklarını, fakat ülkelerinin bölündüğünü, paylaşıldığını vurguluyorlar. Kürdistan'ın herhangi bir yerinde zulüm gören Kürtlerin acılarını kendi yüreklerinde duyuyorlar. Süreç, Kürtler arasındaki birliği, organik dayanışmayı daha güçlendiriyor.

Açlık grevlerine oturanların yaptıkları konuşmalar, tavır ve davranışları, ulusallığı bütün boyutlarıyla göz önüne seriyor. Açlık grevine yapılan ziyaretler, zaman zaman oynanan oyunların, skeçlerin içeriği, halay çekilmesi, müzik... şarkıların, ezgilerin, ağıtların içeriği ulusal duyguları bütün açıklığıyla ortaya koyuyor. Ağıtlarda, ezgilerde, şarkılarda, ulusal ve toplumsal hareketin çeşitli boyutları dile getiriliyor. Ülke ve ulus temelinde bir hareket yükseliyor.

Kürdistan'daki toplumsal ve siyasal dönüşüm sürüyor. Yediden yetmişe, Kürt halkı ayağa kalktı. Yok edildi, eridi, bitti, asimile oldu, beton mezarlara kapatıldı denilen halk ayağa kalktı. Kadınlar siyasetin içinde. Bu, çok görkemli bir kalkış. Acılı, sancılı, fakat geleceği aydınlık... Zulmü, işkenceyi, baskıyı sürekli kılarak, bunu sistematik bir devlet politikası yaparak, böylesine görkemli bir şekilde ayağa kalkmış, özgürlük ve eşitlik mücadelesinin bilincine varmış bir halkı yönetmek mümkün değil. Kürt halkı da, kuşkusuz kendi kimliğine, kendi ülkesine sahip çıkacak.

Bu görkemli kalkışın temelinde kuşkusuz gerilla var, PKK var, PKK önderliği var. Kürt halkı bunu yakından biliyor. Ezgilerinde, ağıtlarında, şarkılarında, gerillanın işlevini sık sık dile getiriyor. Kürt kimliği için, Kürdistan kimliği için binlerce insan şehit oldu. Kürtler, şehitlerine ciddi bir şekilde sahip çıktıkları ve bunu kurumlaştırdıkları zaman moral bakımdan kendilerini daha güçlü hissedeceklerdir. Şehitlere sahip çıkmak, ülkeye, vatana sahip çıkmak demektir.

"ÖZGÜR ÜNİVERSİTE" NEDEN GEREKLİ?(*)

30 Nisan 1993 tarihinde, Ankara'da, Tarih Eğitimi konusunda bir konferans verildi. Konferansı, Prof. Dr. Mehmet Ali Kılıçbay verdi. Prof. Kılıçbay'ın konuşmasını tamamlamasından sonra dinleyici gençlerle konuşmacı arasında önemli bir tartışma başladı. Prof. Kılıçbay tarih bilim değildir diyordu. Kürtlerin ulus olmadığını, sadece etnik grup olarak tanımlanabileceğini vurguluyordu. Özgür Üniversite'nin öğrencileriyle, Prof. Kılıçbay arasında epey tartışma oldu. Konuşmacı, sık sık "Ben, sizin görüşünüze katılmıyorum" diyordu. Öğrenciler Kürtlerin ulus olduğunu belirtmeye çalışıyorlar, çeşitli delilller ortaya koymaya çaba sarf ediyorlardı. Konuşmacı, "Ben sizin düşüncenize katılmıyorum, Kürtler ulus değildir, sadece etnik gruptur" diyordu.

Gürdal Aksoy, 13 Mayıs 1993 tarihli *Özgür Gündem* gazetesinde, Prof. Kılıçbay'ın bazı görüşlerini irdelemeye çalışmaktadır. Gürdal Aksoy, "Mehmet Ali Kılıçbay'la Tarih Üzerine" başlıklı yazısında, "Tarih bilim değildir" görüşü üzerinde, "Kürtler ulus değildir" görüşü üzerinde bazı açıklamalar yapmaktadır.

Aslında burada, düşüncenin, bilimin yöntemiyle ilgili çok önemli olan, can alıcı olan bir noktaya değinmek gerekir. Prof. Dr. Mehmet Ali Kılıçbay, gayet rahat bir şekilde, "Ben sizin gibi düşünmüyorum", "Ben sizin görüşünüze katılmıyorum" demektedir. Bu düşüncesini ifade ederken devletin hiçbir yaptırımıyla karşılaşmamaktadır. Devletin bir yaptırımıyla karşılaşacağı endişesi içinde değildir. Halbuki Prof. Kılıçbay gibi düşünmeyenler, kendine özgü düşüncelerini açıklamaya çalışanlar, günümüze kadar, devletin binbir türlü cezaî yaptırımıyla karşı karşıya kalmışlardır. Siz görüşlerinizi, düşüncelerinizi rahatça açıklıyorsunuz, devlet, size hiçbir fatura göstermiyor, ama sizi eleştirenler, sizin düşüncenize katılmayanlar, kendi düşünce-

*- *Özgür Gündem, 21 Mayıs 1993*

sini ısrarla vurgulamaya, belirtmeye çalışanlar, devletin çok çeşitli cezaî yaptırımlarıyla karşı karşıya kalmaktadır.

Burada, Prof. Kılıçbay'ın Kürtlerle ilgili düşüncesinin içeriğini tartışmıyoruz. Düşüncenin yöntemiyle, bilimin yöntemiyle ilgili bir kurumun varlığına dikkat çekmeye çalışıyoruz. Soruna daha yakından baktığımız zaman şunu da görüyoruz: Siz düşüncenizi, görüşünüzü özgürce dile getiriyorsunuz, bunu, kitaplarla, gazete, dergi yazılarıyla, çeşitli konuşmalarınızla açıklamaya çalışıyorsunuz. Fakat sizi eleştirenler, düşüncenize katılmayanlar devletin cezaî müeyyideleriyle karşılaşıyorlar, düşüncelerini açıklamaya çalışırken binbir türlü engelle, mahrumiyetle karşılaşıyorlar... Bu koşullarda, siz özgür müsünüz acaba? Siz de özgür değilsiniz, çok açık. Çünkü siz de ancak o düşünceyi savunabiliyorsunuz. Düşünceniz, eleştirilemez, tartışılamaz, doğruluğundan kuşku duyulamaz bir düşüncedir. Ve ancak bunu savunabiliyorsunuz. Bundan başka veya bunun aksi bir düşünceyi savunamıyorsunuz. Buysa, dogmatik bir düşüncedir. Eleştirilemez, doğruluğundan kuşku duyulamaz, tartışılamaz düşünceler ancak dogmatik düşünceler olabilir. Halbuki bilimin her türlü önermesi tartışmaya açık önermelerdir. Türk üniversitesinin çözümlemesi gereken en önemli sorun budur. Bazı görüşlerin, bazı kişilerin engellenmesi, sadece o görüşleri veya o kişileri ilgilendiren bir sorun değildir. Bir düşünceye, bir kişiye yapılan baskı, bu bakımlardan, herkese yapılan baskı sayılır. Öte yandan siz düşüncelerinizi açıklamakta çok rahatsanız, hiçbir engelle karşılaşmıyorsanız, sizi eleştirenler engelleniyorsa, cezaî müeyyideyle karşılaşıyorsa, sizin düşüncelerinize güven duyulabilir mi? Cezaî müeyyidelerle korunan, kişilere ve kurumlara benimsetilen görüşler hangi görüşlerdir? Eleştirilemez, tartışılamaz, doğruluğundan kuşku duyulamaz görüşler hangileridir? Bu, ancak resmi ideoloji olabilir. Ancak resmi ideoloji kendisini eleştiren düşüncelere yasaklama koyar. Resmi ideoloji, kendisinin dışındaki görüşlerin ifade edilmesine yasak getirerek, kendisini eleştirenlere ceza uygulayarak, güçlenmeye ve gücünü sürdürmeye çalışır.

Türkiye'de, düşünce hayatı üzerindeki, bilim hayatı üzerindeki en büyük engel resmi ideolojidir. Türk üniversitesi, bilim adı altında hep resmi ideolojiyi üretmiştir. Üniversite, resmi ideolojinin eleştirisine meydan vermemek için her türlü önlemi almıştır. Prof. Mehmet Ali Kılıçbay'ın "Kürtler ulus değildir" görüşü de resmi ideolojinin tekrarından başka bir şey değildir. Türklerin, Kürtlerin, Çerkeslerin, Arapların vs. toplamının, karışımının yeni bir ulus yarattığı, bunun adının Türk ulusu olduğu tamamen resmi ideolojinin anlayışıdır. Somut gerçeklere baktığımız zaman ne karışım vardır, ne de yeni bir bütün. Kürt gerçekliği ve Kürdistan gerçekliği olduğu gibi duruyor, yalnız bunu açıklamaya çalışanlar ceza ile tehdit ediliyor. Temel sorun da burada ortaya çıkıyor. Türk üniversitesi resmi ideoloji kurumuyla o kadar bütünleşmiştir ki bu kurumun bilincinde bile değildir. Resmi ideolojinin, ancak kendisini eleştirenlere cezaî müeyyide uygulayarak ayakta kalabildiğinin bilincine varmamıştır. Halbuki resmi ideoloji eleştirilmeden bilim yapılamaz. Bunun için de özgür bir ortama ihtiyaç vardır. "Özgür Üniversite"nin, BİLAR, BİLSAK gibi oluşumların gelişmeleri, kurumlaşmaları bu bakımdan çok önemlidir.

Prof. Kılıçbay'ın "Tarih bilim değildir" görüşünü yine resmi ideoloji kurumuyla birlikte ele almakta çok büyük bir yarar vardır. Prof. Kılıçbay, "Tarih bazı olguları seçer, onları inceler, seçmecidir, halbuki bilim, bütün olguları inceler, olgular arasında seçme yapmaz" demektedir. Tarihte, teknik nedenlerden dolayı, bazı olguların incelenmesi olanaklı değildir. Örneğin, İslamiyetin yayılması sırasında çok değerli kütüphaneler yakılıp yıkılıp yok edilmiştir. Moğolların Ortadoğu'ya doğru akınları sırasında, yine pek çok kütüphane yakılmış, yıkılmıştır. Amerika'nın keşfedildiği sırada yine benzer olaylarla karşılaşıldığını biliyoruz. Bütün bunlar kuşkusuz insanlığın bilgi hazinesini çok çok eksilten olaylardır. Bu bakımlardan, İlkçağ Tarihi, Ortaçağ Tarihi söz konusu olduğu zaman, benzer nedenlerden dolayı zaten her şeyi inceleyemiyorsunuz. Kaynaklar yok edilmiş. Fakat günümüzde, araştırmaların önünde engel olarak duran, bilimin üretilmesini engelleyen çok daha önemli bir sorun vardır. Bu, resmi ideoloji kurumunun bizzat kendisidir. Resmi ideoloji, bazı konuların incelenmemesi gerektiğini vurgulamaktadır. O konuda devlet görüşünün aynen tekrar edilmesini istemektedir. Buysa, üniversitelere, "mecburi seçicilik"in dayatılmasından başka bir şey değildir. İlkçağ'da, Ortaçağ'da yakılmış, yıkılmış kütüphaneleri tekrar yaratmak elbette mümkün değildir. Bundan dolayı bazı konuların incelenmesi, gün ışığına çıkarılması mümkün olmamaktadır. Fakat devletin, bazı konuların incelenmesine yasaklar koymasına karşı bir tavır ve davranış geliştirilebilir. Türk üniversitesinin en önemli sorunu budur.

Örneğin, bugün, Ortadoğu'da, Kürdistan bölünmüş, parçalanmış ve paylaşılmış bir ülkedir. Kürdistan toprakları, Türkiye, İran, Irak, Suriye arasında bölünmüştür. Ayrıca Kafkasya'da da Kürdistan toprakları bulunmaktadır. Kürtler, bu devletlerin sınırları içinde yaşamaktadır. Ortadoğu'nun ortasında yer alan bir ülkenin bölünmesi, parçalanması ve paylaşılması elbette önemli bir olaydır. Öyleyse, bu sorunun sorulması ve cevaplarının aranması gerekir. Bu, sadece, Türkiye tarihiyle ilgili değil, İran, Irak, Suriye, giderek Ortadoğu tarihiyle çok yakından ilgili bir sorundur. Vurgulamaya çalıştığımız husus şudur, bu soru sorulamıyor, bu sürecin cevapları aranamıyor. Resmi ideoloji bunu engelliyor. Bu konuyu irdelemeye çalışanları ceza tehdidi altında tutuyor. Örneğin, Türkiye tarihinin, Kürt ulus varlığı dikkate alınmadan veya Kürtler Türk kabul edilerek yazılmasını istiyor.

Bu konuda, bilimi üreten kurumların önünde çok önemli bir sorun vardır. Resmi ideolojiyle ilişkiler nasıl düzenlenecek? Resmi ideoloji eleştirilip etkinliği mi kırılacak, yoksa günümüze kadar olduğu gibi böyle bir kurumun varlığı görmezden mi gelinecek? Bu analizden şöyle bir sonuç çıkarmak da mümkündür: Örneğin, yukarıda belirtilen incelemelere benzer incelemeler baskı altında kaldığı sürece, bu gibi olguları görmezden gelerek yapılan incelemelerin de ciddi bir ağırlığı, inanılırlığı olmayacaktır. Çünkü onlar, tartışılamaz, eleştirilemez, dokunulamaz görüşler olarak kalacaklardır. Bu da resmi ideolojinin tekrarından başka bir şey değildir. Resmi ideolojinin bilimin kavramlarıyla eleştirilmesi gerekir. Bilim, ancak böyle bir süreç içinde saygınlık kazanabilir.

DÜŞÜNCENİN YARGILANMASI VE YIPRANAN KURUMLAR(*)

Türkiye'de düşünce hayatı üzerinde çok ağır baskılar vardır. Özellikle, Kürtlere, Kürdistan'a ilişkin düşünce üretimi, devletin çok ağır baskılarıyla, cezaî yaptırımlarıyla karşı karşıya kalmaktadır. Kürtlere ve Kürdistan'a ilişkin yazılar yayımlayan gazeteler, dergiler, bu konularla ilgili kitaplar yayınlayan yayınevleri onlarca yılı aşkın hapis cezaları ve milyonlarca lira ağır para cezaları istemleriyle yargılanmaktadır. Bazı kişiler, bazı dergiler ve yayınevleri daha şimdiden çeşitli ağır hapis cezalarına ve ağır para cezalarına çarptırılmışlardır. Bazı hükümlerin kesinleştiği bilinmektedir.

Düşüncenin yargılanması, Türk egemenlik sisteminin hiçbir zaman vazgeçmediği, vazgeçemeyeceği bir konudur. Resmi ideolojiye aykırı düşünceler her zaman yargı konusu yapılmıştır. Geçmiş yıllarda 141-142 gereğince yürütülen davalar, şimdi Terörle Mücadele Yasası gereğince yürütülmektedir. Terörle Mücadele Yasası'ndaki cezaî yaptırımlar kuşkusuz çok daha ağırdır. Ağır hapis cezaları ve ağır para cezaları, Terörle Mücadele Yasası'nda çok daha ağırlaştırılarak düzenlenmiştir. Bu yargılamalar, temel bazı kurumları yıpratmıştır, bu kurumların prestijinin azalması, aşınması gibi bir sonuç yaratmıştır. Prestiji aşınan, azalan temel kurumların başında Türk üniversitesi gelmektedir. Bazı düşünceler ve o düşüncelerin sahipleri cezaî tehdit altında tutuldukları sürece Türk üniversitesinin bilim ürettiği hiçbir zaman söylenemeyecektir. Üniversitenin her zaman resmi ideolojinin çerçevesi içinde olan, resmi ideolojiye uygun, resmi ideoloji ile tutarlı bilgileri ürettiği kabul edilecektir. 20. yüzyılın ilk yarısındaki Türkiye tarihine yaklaşımda, resmi ideolojiye uygun ve resmi ideoloji karşıtı düşüncelerin ifade edilmesi sürecinde bu özellikleri izlemek mümkündür. Üniversite dışında yapılan bazı araştırmalar, özellikle Kürtle-

---

*- *Özgür Gündem, 28 Mayıs 1993*

re ve Kürdistan'a dönük araştırmalar sürekli cezaî kovuşturmalarla karşılanmaktadır. Kitaplar ve yazının yayınlandığı gazeteler, dergiler toplatılmakta, polis, karakol, Cumhuriyet Savcılığı, mahkeme, cezaevi gibi bir süreç başlatılmaktadır. En az bunun kadar önemli olan, hatta bazen bu süreçten daha önemli sonuçlar koyan idari yaptırımlar söz konusu olmaktadır. İlgili kitaplar, derginin veya gazetenin basımı ve dağıtımı sırasında pek çok idari engel çıkarılabilmektedir. Halbuki herhangi bir üniversite profesörünün aynı döneme ilişkin araştırmaları, incelemeleri hiçbir cezaî tehdit altında değildir. Bu araştırmaların yapılmasında, yayımlanmasında ve dağıtılmasında hiçbir engel söz konusu değildir. Bu, bu tür araştırmaların ortaya koyduğu bilgilerden, bu bilgilerin doğruluklarından, bu bilgilerin sağlıklı olup olmadıklarından kuşku duymak için yeterli bir nedendir. Kaldı ki daha somut olarak izlenebilen ve gözlenebilen başka olgusal süreçler de vardır. Örneğin, üniversite profesörünün araştırmalarını Kürtler ve Kürdistan açısından eleştiren araştırmalar, yazılar hemen yasaklanmakta, haklarında dava açılmaktadır. İşte burada dokunulamaz, doğruluğundan kuşku duyulamaz, tartışılamaz bir bilgi kategorisi ile karşı karşıya kalıyoruz. Üniversite mensupları, örneğin profesörler, düşüncelerini çok rahat bir şekilde ifade edebilmekte, açıklayabilmektedirler. Bu süreçte, devletin şu veya bu oranda maddi yardımını veya teşvikini almaktadırlar. Halbuki o düşünceleri, o yazıları eleştirenler hep cezaî ve idari tehditlerle, baskılarla karşı karşıyadırlar. İdari ve cezaî yaptırımlar sürekli olarak dinamik bir şekilde işlemektedir. Bu, üniversite mensuplarının, profesörlerin dokunulamaz, tartışılamaz, doğruluğundan kuşku duyulamaz bir düşünceyi savunduklarını göstermektedir ve profesörlerin düşüncelerinin devletin birtakım zırhlarıyla korunduğunu gösterir. Devlet, bu tür düşüncelerin etkinliğini sağlamak için pek çok önlem almaktadır. Bu önlemlerin başında da karşı düşüncelerin, görüşleri eleştiren düşüncenin yasaklanması gelmektedir.

Bunun bilimsel bir süreç olmadığı açıktır. Zira bilimin devletin zırhlarıyla korunmaya ihtiyacı yoktur. Ancak dogmatık düşünce devletin zırhlarıyla, idari ve cezaî yaptırımlarıyla korunabilir. Bilim, son derece geniş, sınırsız bir düşünce özgürlüğü içinde gelişebilir. Toplumsal ve siyasal eleştiri kurumu işlerlik kazanmadan, bilimin gelişmesi olası değildir. İşte düşüncenin yargılanmasının en önemli sonuçlarından biri, üniversitenin yıpranmasıdır. Türk üniversitelerinin prestijinde, değerinde çok büyük aşınmalar olmuştur. Düşünce son derece ağır cezalarla, ağır hapis ve ağır para cezalarıyla yargılandığı sürece, üniversitenin hiçbir değeri kalmayacaktır. Düşüncelerini devletin zırhlarıyla, idari, siyasi ve cezaî önlemleriyle koruyabilen, kendisini eleştiren düşüncelerin yasaklanmasını sağlayan bir üniversitenin ürettiği bilgilerin bilimsel olduğu hiçbir zaman kabul edilmeyecektir. Bu bilgilerin doğruluğu hakkında her zaman kuşku duyulacaktır.

Bütün bunların ötesinde, Türk üniversitesini yıpratan, onun değerini aşındıran önemli bir kurum daha vardır. Bu da "bilirkişilik" kurumudur. Türk üniversitelerinin çeşitli bölümlerinde görev sürdüren pek çok profesör, düşüncenin yargılandığı davalarda "bilirkişilik" yapmaktadırlar. Yukarıda Kürtlere, Kürdistan'a, Kürt basınına ilişkin kitaplar, yazılar hakkında dava açıldığını belirtmiştik. Mahkemeler, zaman zaman bu kitapları, bu yazıları "bilirkişi"ye göndermektedirler. "Bilirkişi"den, bu kitapta veya bu yazıda suç var mı, yok mu diye incelemelerini, bunu bir raporla bildirmelerini istemektedirler. Gerek Devlet Güvenlik Mahkemeleri'nde, gerek ağır ceza mahkemelerinde, gerek asliye ceza mahkemelerinde böyle bir sürecin başlatıldığı sık sık izlenebilmektedir. Profesörler de, kendilerine yapılan bu başvuruya olumlu yanıt vermek için, ilgili kitaplar veya ilgili yazıyı içinde suç var mı, yok mu, diye okumakta ve sonra bir rapor hazırlayıp mahkemeye göndermektedir. TCK'nın 141-142. maddelerinin yürürlükte olduğu dönemlerde de, "bilirkişi" kurumuna sık sık başvururlardı. O dönemlerde de "bilirkişi" kurumu etkin bir şekilde, dinamik bir şekilde işletilirdi. Üniversitelerin, ceza hukuku, kamu hukuku, anayasa hukuku, sosyoloji, iktisadi düşünceler tarihi gibi pek çok bölümündeki profesörler, yargı konusu edilen çeşitli kitaplara ilişkin "bilirkişi raporu" yazdılar, "bu kitapta suç var" veya "bu kitapta suç yok" biçiminde sonuçlara vardılar. Bir profesörün kendisine verilen bir kitabı, içinde bir suç var mı, yok mu diye okuması, Türk üniversitesinin çok büyük bir ayıbıdır. Bir kitabın, bir yazının profesörler tarafından sadece bu amaçla okunması çok ağır bir ayıptır. Affedilemez bir kusurdur. Bu, bilim yöntemine, bilimsel düşünceye, bilimin üretilmesine, bilim kafasına son derece aykırı bir süreçtir. Bilim, zengin bir düşünce çeşitliliği içinde üretilir. Bilimi üretme sürecinde, eleştiri, hiçbir zaman vazgeçilemeyecek bir kurumdur. Halbuki "bilirkişilik" yapan bu profesörler, "bu kitapta suç vardır" demekte, kitabın yasaklanmasını, yazarının cezalandırılmasını istemektedirler.

Profesörler, herhangi bir kitabı, yazıyı kuşkusuz eleştirebilirler, o konuya ilişkin düşüncelerini açıklayabilirler, makaleler, kitaplar yazabilirler. Fakat eleştiri yapmakla, "bu kitapta suç var, yazarı cezalandırılsın" demek çok ayrı bir süreçtir. Birbirleriyle taban tabana zıt bir süreçtir. Kaldı ki ayıp olan, düşünce özgürlüğünü zedeleyen, herhangi bir kitabın içinde suç var mı, yok mu kastıyla okunmasıdır. Böyle bir kasıtla okuma sonunda, "bu kitapta suç yoktur" demek de, profesörleri kurtarıcı, yaptıkları işi hafifletici bir durum değildir. Çünkü "bu kitapta suç yoktur" demek, "fakat falancanın kitabında suç olabilir" anlamına gelmektedir. Ayıp olan, kitabın böyle bir saikle okunmasıdır. Bazı teknik konularda, "bilirkişilik", "bilirkişi"ye başvurmak elbette gereklidir. Fakat herhangi bir kitabın içinde suç var mı, yok mu diye okunması, özgürlükler açısından kısıtlayıcı bir durum ortaya çıkarmaktadır. Bu da bilim yöntemiyle, bilim kafası anlayışıyla hiç bağdaşmayan bir durum ortaya çıkarmaktadır. Profesörlerin, ilgili konularda, kendi düşüncelerini açıklama, kendi düşüncelerini savunma yerine, başkalarının düşüncelerinin mahkûm edilmesini, cezalandırılmasını sağlamak için çaba harcamaları, aynı zamanda bir güçsüzlük göstergesidir. Acz ifadesidir. Düşüncelerinin güçlü olduğuna inananlar, başkalarının düşüncesini mahkûm ettireceği yerde, kendi düşüncesini savunur, ilgili düşünceyi de eleştirir.

Bütün bunlardan dolayı düşüncenin yargılanması süreci, bununla ilgili olarak, "bilirkişilik" kurumu, Türk üniversitesinin itibar kaybetmesinde bellibaşlı önemli bir olaydır. Bu tür yargılamalar sadece üniversitenin değil mahkemelerin, basının, siyasi partiler gibi kurumların da itibar kaybetmesi sonucunu doğurmuştur. Yine bu yargılamalar sürecinde, aydınların itibarında da zedelenmeler olmuştur.

DÜŞÜNCEYİ YARGILAYAN MAHKEMELER...(*)

Düşüncenin yargılanması sürecinde yıpranan, itibarında çok büyük aşınmalar meydana gelen kurumlardan biri de yargı organlarının bizzat kendileridir, mahkemelerdir. Cumhuriyet savcıları benimsemedikleri, şiddetle karşı çıktıkları düşünceler hakkında soruşturmalar açmakta, iddianameler yazmaktadır. Mahkemeler, kabul etmedikleri, karşı çıktıkları düşünceyi, o düşüncenin sahibini cezalandırmaktadırlar. Böylece savcılar, kendileriyle aynı şeyleri düşünmeyen kişileri suçlamakta, mahkemeler, yargıçlar da, kendileriyle aynı şeyleri düşünmeyen kişileri yargılamakta ve cezalandırmaktadır. Halbuki farklı düşüncede olan insanlar birbirleriyle tartışabilmelidir. Bu insanlar birbirlerini eleştirebilmelidir. Ve eleştiriden dolayı hiçbir cezai müeyyide söz konusu edilmemelidir. Fakat farklı düşüncede olan taraflardan biri ceza isteme, ceza verme yetkisine sahip ise burada, kuşkusuz tartışma bahis konusu olmaz. Bu, düşünceyi kalıplaştırır, dondurur; bilimin, sanatın gelişmesi engellenir. Zira düşünce üzerine yapılan baskılar, bilimin ve sanatın gelişebilmesi için gerekli olan özgürlük ortamının oluşmasını engeller.

Bunların ötesinde, düşünceyi yargılayan ve cezalandıran süreç yargı kurumlarının itibarını zedeler. Tartışmadan kaçınma, kendi düşüncesini cezai yaptırımlarla yargıladığı kişiye dayatma, kamuoyunda, her zaman, yargı kurumlarının kararları hakkında kuşkular yaratır. Cezai müeyyidelerle, karşı tarafa kabul ettirilmeye çalışılan görüşün kalıcılığı, geçerliliği olmaz. Bu görüş hiçbir zaman inandırıcı değildir. Burada, mahkemelerin, yargıçların benimsemedikleri, karşı tarafa kabul ettirmeye çalıştıkları görüş, kuşkusuz resmi ideolojinin kendisidir. Zaten yargılama, resmi ideolojinin kriterlerine göre yapılmaktadır. Resmi ideolojiye aykırı görüşler, resmi ideoloji eleştiren düşünceler

*- *Özgür Gündem, 4 Haziran 1993*

cezalandırılmaktadır.

Anayasa Mahkemesi Başkanı Yekta Güngör Özden, *Devinim* dergisinin Kasım-Aralık 1991 tarihli 1. sayısında, "Tek Devlet, Ulusun Birliği, Ülkenin Tümlüğü" başlığı altında bir yazı yayınlanmıştır. Yüksek Yargıç Yekta Güngör Özden, Türkiye'de, Kürt olarak bilinen bir ulus olmadığını, Misak-ı Milli sınırları içinde yer alan herkesin kaynaştığını, bu kaynaşmanın ortaya çıkardığı birimin adının Türk ulusu olduğunu vurgulamaktadır. Türkiyede hiçbir ayrım-gayrım yapılmadığını, herkesin eşit olduğunu vurgulamaktadır. Türkiyede Kürt sorunu diye bilinen bir sorunun mevcut olmadığını belirtmektedir. "Kürdüm" diyenlere, Kürtlerin ulusal ve demokratik hakları için mücadele edenlere her türlü baskının yapılabileceğini de belirtmektedir...

Yüksek Yargıç Yekta Güngör Özden'in bu yazıdaki görüşlerini, özellikle Kemalizmle ve Kürt sorunuyla ilgli düşünceleri tarafımızdan eleştirilmiştir. Bu yazı *Yeni Ülke* gazetesinde, "Beşikçi'den Anayasa Mahkemesi Başkanı'na Açık Mektup" başlığı altında yayınlanmıştır. (Yıl 2, Sayı 42, 2-8 Ağustos 1992)

Bu açık mektup hakkında İstanbul'da 1 Numaralı Devlet Güvenlik Mahkemesi'nde "Terörle Mücadele Yasası" gereğince dava açılmıştır. Bu dava, sözü edilen mahkemede esas 1992/349 sayılı dosya ile görülmektedir.

Bu sürecin irdelenmesinde yarar vardır. Bir yüksek yargıç, Kemalizmle, Kürt sorunu ile ilgili düşüncelerini açıklayan bir yazı yazıyor. Türkiye Cumhuriyeti Devleti'nin sınırları içinde, Türk ulusundan ayrı bir ulusun daha yaşamadığını vurguluyor. Bu sınırlar içinde yaşayan herkesin "Türk ulusu" kavramı içinde değerlendirildiğini belirtiyor. Kürt diliyle eğitim-öğretim yapılamayacağını ısrarla ifade ediyor. Kürtçe TV'ye karşı çıkıyor. Yüksek yargıcın bu düşünceleri, tarafımızca eleştiriliyor. Bu eleştiride, olgusal gerçeklikler dile getiriliyor. Kürt gerçekliği, Kürdistan gerçekliği açıklanıyor. Resmi ideolojinin bu gerçeklikleri inkar ettiği belirtiliyor. Resmi ideolojinin yalana dayalı olduğu, bu yalana inanmayanları cezai yaptırımlarla tehdit ettiği söyleniyor. Bu eleştiriden dolayı soruşturma açılıyor. Açık mektubu yayınlayan *Yeni Ülke* gazetesi toplatıyor. Eleştiriden dolayı Terörle Mücadele Yasası gereğince dava açılıyor. Burada, yüksek yargıçın düşünceleri ve bizim eleştirel düşüncelerimiz arasındaki ilişkiyi, bu ilişkiyi koparmak için ceza kurumunun işletilmesini dikkatli bir şekilde irdelemek gerekir.

"Türkiye'de Kürt yoktur, herkes Türktür" demek, "Kürt ulusal varlığı yoktur, Kürtler de Türk ulusunun meydana getiren parçalardan biridir" demek, Kürtçe TV'ye, Kürtçe eğitime karşı çıkmak hukuksal içerikli beyanlar değildir. Bunlar siyasal içerikli beyanlardır. Türk siyasal partilerinin başkanları, Türk politikacılar ve hükümet adamları, sık sık bu türden demeçler verirler. Benzer demeçlerin, yüksek yargıçlar tarafından da verilmesi, açıklamaların yargıçlar tarafından ve yüksek yargıçlar tarafından da sık sık yapılması bunların, hukuksal bir içeriğe sahip olduğunu göstermez. Bu açıklamaları, "Türk milleti adına yürütülen bağımsız yargı" faaliyetleri çerçevesinde düşünmek, değerlendirmek mümkün değildir. Burada, mahkemeler, yargıçlar, yüksek yargıçlar, buyurma erki anlamında, hükümetlerin üstünde, hükümetlerin, icra organının dışında bir kurum değildir. Yargıçlar ve yüksek yargıçlar bu türden açıklamalar yaparak, mahkemeler benzer içerikli kararlar alarak tam anlamıyla siyasete katılmakta, icra organı adına siyaset yapmaktadırlar. Siyaset yapmanın, icra organı adına siyasete katılmanın mahkemeleri ve yargıçları yıpratacağı kuşkusuzdur. Çünkü bunun gibi sorunlar siyasal sorunlardır. Siyasal sorunların çözümleneceği yerler de mahkemeler değildir. Siyasal sorunları toplumun siyasal güçleri çözümlemelidir.

Düşünceyi yargılayan, resmi ideolojiye aykırı düşünceleri cezalandıran kurumların yıpranması kaçınılmazdır. Çünkü yalan, yargıçlar tarafından, yüksek yargıçlar tarafından, mahkemeler tarafından söylendiği zaman gerçeğe dönüşmez, yine yalan olarak kalır. Fakat o yalanı hukuk adına, adalet adına söyleyen yargıçların ve mahkemelerin itibarında, inanılır ve güvenilirliğinde çok büyük aşınmalar, zedelenmeler olur. Bir yalanın, profösörler tarafından sık sık söylenmesinin de onu, bilimsel bilgi yapmaması gibi...

1992-1993 Adalet Yılı açış konuşmasında, Yargıtay Başkanı Dr. İsmet Ocakçıoğlu da benzer düşüncelerini ileri sürüyordu. Yüksek yargıca göre Kürt sorunu yoktu. Kürtçe eğitim, Kürtçe radyo, Kürtçe TV olamazdı. Kürtlerden söz etmek suçtu... Bütün bunların hukuksal hiçbir içeriği olmadığı besbellidir, bunlar siyasal açıklamalardır. Biz yüksek yargıç Dr. İsmet Ocakçıoğlu'nun düşüncelerine katılmıyoruz, bu düşünceleri eleştiriyoruz. Yüksek yargıçla Kürtler ve Kürdistan konusunda farklı şeyleri düşündüğümüz için, yüksek yargıç gibi düşünmediğimiz için cezaî tehdit karşısında kalmamız ise hukuk ve adalet adına kabul edilebilir bir durum değildir. Öte yandan hukuk bir sır değildir. Herkes tarafından bilinebilir, öğrenilebilir...

Burada, Yargıtay'ın bir çifte standardını dikkatlerden uzak tutmak mümkün değildir. Yargıtay Başkanı'na göre Kürt sorunu, Kürtlerin ulusal, demokratik hakları vs. yoktur. Bunlardan söz etmek suçtur ve cezalandırılacaktır. Halbuki aynı Yargıtay, Bulgaristan'da Türklerin Bulgarlaştırılması politikasına tepki gösterebilmektedir. Bulgaristan'da Türklere uygulanan "ırkçı ve emperyalist" devlet politikasının protesto edilmesi, Bulgaristan devletinin kınanması için uluslararası hukuk kurumlarına, çeşitli ülkelerdeki hukuk kurumlarına çağrı yapabilmektedir. Çifte standartlı bu düşüncelerle ve uygulamalarla, adalet kurumları inanılırlıklarını ve güvenilirliklerini koruyabilirler mi? Kürtlerin asimilasyonunu eleştirmek, buna karşı çıkmak suç, Türklerin asimilasyonu söz konusu olduğu zaman "bu çağ dışı politikaya herkes, bütün hukuk kurumları karşı çıkmalı" anlayışı kurumları zedeler. Düşünceyi yargılayan, bunu yaparken de çifte standartlar sergileyen kurumların hukuk kurumları, adalet kurumları olarak ayakta kalması mümkün değildir.

Yukarıda yüksek yargıçların sık sık siyasal açıklamalar yaptıklarını, siyasete katıldıklarını belirtmeye çalıştım. Halbuki çözümlenmesi gereken bazı hukuksal konular da var. Yargıçlar, yüksek yargıçlar bu konular üzerinde suskunluğu tercih ediyor, bunları, duymazdan, bilmezden, görmezden geliyorlar.

Zihnimizdeki Karakolların Yıkılması, Yargılama Süreçleri ve

Özgürleşme (Yurt Kitap-Yayın, İstanbul 1991) isimli bir kitabımız var. Bu kitap, 1981-1982 yıllarında, Gölcük Donanma ve Sıkıyönetim Komutanlığı Askeri Mahkemesi'nde yapılan duruşmalara ilişkin bazı belgeleri içeriyor. İddianame, savunma, Askeri Yargıtay'a başvuru, kararın düzeltilmesi istemi vs. Bu kitap hakkında hem Ankara Devlet Güvenlik Mahkemesi'nde hem de Ankara 2. Ağır Ceza Mahkemesi'nde dava yürütülüyor. DGM'de Terörle Mücadele Yasası (8/1) gereğince, Ağır Ceza'da TCK 159/1 gereğince... Devletin manevi şahsiyetine, mahkemelere vs. hakaret... Halbuki bu kitabın, 350-381 sayfaları arasında çok önemli bir belge var. 1981'de duruşmaya katılan yargıçlardan ikisi, yine aynı dönemde, görülen başka bir davada, sanık yakınlarından rüşvet alırlarken suçüstü yakalanmışlar. Bu olay, benimle ilgli hükmün onaylanmasından sonra gerçekleşti. Bunun üzerine tekrar Askeri Yargıtay'a başvurdum. Yüzkızartıcı suç işlemiş yargıçların baktıkları dosyalar yeniden ele alınmalıdır, mahkûmiyet kararları yeniden incelenmelidir vs. diyerek. Bu isteğimiz Askeri Yargıtay tarafından reddedildi... Yukarıda söz konusu edilen kararın düzeltilmesi dilekçesinde bu olay etraflı bir şekilde irdelendi...

Biz bu olay üzerinde etraflı bir şekilde duruyoruz. Bu olay konusunda bizim belleğimizin kazınması, silinmesi mümkün değil. Biz de, yargıçlara, yüksek yargıçlara, durmadan bu soruyu soruyoruz. Rüşvet gibi yüzkızartıcı suçlar işlemiş yargıçların vermiş oldukları mahkûmiyet hükümleri geçerli olmalı mıdır? Burada adalete sürülmüş bir leke yok mudur? Bu lekeyi çıkarmak için ne yapmak gerekir? Rüşvet olayı nasıl değerlendirilmelidir? Bunlar hukuksal içeriği olan sorulardır. Fakat "Kürtler yoktur, herkes Türktür", "Kürtçe TV'ye karşıyım" vs. diyerek icra organı adına siyaset yapan, siyasete katılan yargıçlar, yüksek yargıçlar rüşvet konusuyla ilgili sağlıklı açıklamalar yapamazlar. Bu olayı hep görmezden, duymazdan gelirler. Buyurma erki anlamında, icra organının üstünde ve dışında olamayan, siyasete katılarak icra organı içinde yer alan mahkemeler bu gibi hukuk sorunlarını tahlil etmeye cesaret edemezler. Bunun kadar açık olan, besbelli olan başka bir süreç daha vardır: Yargıçların, yüksek yargıçların Kürtler konusundaki inkârcı tavırları ve davranışları, düşünceleri, Kürt gerçekliğini ve

Kürdistan gerçekliğini gizleyemez, gözlerden ve dikkatlerden uzak tutamaz.

Bazı düşünceler üzerinde baskı kurarak adalet mekanizmasına ve hukuk kurumlarına saygınlık kazandırmak mümkün değildir. Düşünceyi yargılama, yargılayan kurumları yıpratır.

DÜŞÜNCENİN YARGILANDIĞI BİR ÜLKEDE HİÇBİR YAZAR ÖZGÜR DEĞİLDİR(*)

Türkiye'de bazı yayınevlerine, dergilere, gazetelere ve yazarlara karşı devamlı baskı vardır. Kitaplar, dergiler ve gazeteler toplatılmakta, sorumlu müdürler ve yazarlar hakkında dava açılmaktadır. Kitapların, dergilerin ve gazetelerin toplatılması, sorumlu müdürler ve yazarlar hakkında ceza davası açılması düşünce üzerinde ağır bir baskı oluşturmaktadır. Böyle bir ortamda düşünce hayatının, bilim ve sanat hayatının gelişemeyeceği açıktır.

Devlet, bazı yayınevlerine, dergilere ve gazetelere baskısını sürdürürken, pek çok yazara, yayınevine, dergiye ve gazeteye ödül vermeyi de hiç ihmal etmiyor. Ödül, düşünceye yapılan baskıları, düşüncenin yargılanmasını gizleyen bir perde olarak kullanılmaya çalışılıyor. 29. Mart 1993-4 Nisan 1993 tarihleri arasında "Kütüphane Haftası" kutlandı. Haftayı Kültür Bakanlığı düzenlemişti. Hafta boyunca, *Sabah, Hürriyet, Cumhuriyet, Milliyet, Türkiye, Tercüman* gibi gazetelerde Kültür Bakanlığı'nın ilanları yayınlandı. Bu ilanlarda, Nazım Hikmet, Adalet Ağaoğlu, Halikarnas Balıkçısı, Aziz Nesin, Fazıl Hüsnü Dağlarca, Çetin Altan, Yaşar Kemal, Haldun Taner, Sevgi Soysal, Sabahattin Ali, Mehmet Akif Ersoy, Nazlı Ilıcak, Uğur Mumcu, İlhan Selçuk, Orhan Pamuk, Attilla İlhan, Saidi Nursi, Necip Fazıl Kısakürek, Oktay Akbal, Doğan Hızlan, Orhan Veli Kanık, Hıfzı Veldet Velidedeoğlu, Kemal Tahir, Rıfat Ilgaz gibi yazarların kütüphanelerde okuyucularını beklediği vurgulanıyordu. Bu Türk yazarları yanında Goethe, Shakespeare, Kafka, Marquez, Victor Hugo gibi yabancı yazarlar da yer alıyordu.

---

*- *Özgür Gündem, 11 Haziran 1993*

"Nazım Hikmet, Çanakkale-Lapseki Umurbey Kütüphanesi'nde sizi bekliyor!.."

"Haldun Taner, Bingöl İl Halk Kütüphanesi'nde sizi bekliyor!..."

"Nazlı Ilıcak, Van İl Halk Kütüphanesi'nde sizi bekliyor!..."

"Saidi Nursi, Hakkâri İl Halk Kütüphanesi'nde sizi bekliyor!..." vs.

Bu ibarelerin hemen altında da "Yalnızca Nazım Hikmet mi?", "Yalnızca Haldun Taner mi?", "Yalnızca Nazlı Ilıcak mı?", "Yalnızca Saidi Nursi mi?" denerek, "Edebiyat dünyasının tanışmak istediğiniz bütün yazarları... Merak ettiğiniz her konuda sayısız başvuru kaynağı... Bilimsel veriler, belgeler, zengin gazete ve dergi arşivleri, TC Kültür Bakanlığı'nın 1057 kütüphanesinde sizi bekliyor" deniyor.

Bazı gazeteler, dergiler, yayınevleri ve yazarlar çok ağır hapis cezaları ve para cezalarıyla yargılanırken, bu kişilere ve kurumlara karşı icra organının çok ağır baskıları söz konusuyken, Kültür Bakanlığı'nın, "Kütüphane Haftası" ilan etmesi, bazı yazarlar için kampanyalar açması, yazarlar için özgürlük müdür? Bazı yazarlar ve yayınevleri üzerinde idari ve cezaî yaptırımlar günden güne artarken, "yasak kitap", "yasak dergi", "yasak gazete" uygulamaları sürerken, mahkemeler birbiri ardına yasaklamalar verirken, bazı yazarların ve yayınevlerinin kayırılması, onların kitaplarının Kültür Bakanlığı tarafından satın alınıp kütüphanelere dağıtılması "özgürleşme"nin, "demokratikleşme"nin bir göstergesi midir? Şöyle düşünmemek gerekir: "Geçmişte, beş-on yıl öncesine kadar sakıncalı görülen bazı yazarlar artık özgürlüğe kavuştular. Bu ileri ve iyi bir gelişmedir..." Bu olayı küçümsememekle, hafife almamakla beraber, temel konunun yasaklamalar olduğu vurgulanmalıdır. Sürecin odak noktası yasaklamalardır, düşüncenin yargılanmasıdır. Bu, demokratik olduğu söylenen, iddia edilen bir toplumda yaşanmaması gereken bir olaydır. Bu, bir çirkinliktir. İşte bu çirkinliği gizlemek için "Kütüphane Haftası" ilan ediliyor, bazı yazarlar için kampanyalar açılarak okuyucular kütüphanelere davet ediliyor. Ve bunlar, "demokratikleşme"nin, "özgürleşme"nin görüntüleri olarak sunuluyor. Halbuki durum hiç böyle değildir.

Bazı yayınevleriyle, bazı yazarlarla Kültür Bakanlığı ilgileniyor. Onların kitaplarını alıyor, kütüphanelere dağıtıyor. Bazı yazarlarla ve yayınevleriyle de İçişleri Bakanlığı ve Milli Savunma Bakanlığı, yani Terörle Mücadele Yasası ilgileniyor. Yazarlarla, yayınevleriyle İçişleri Bakanlığı ve Milli Savunma Bakanlığı ilgilendiği, kitaplar, dergiler Terörle Mücadele Yasası kapsamında değerlendirildiği sürece Kültür Bakanlığı'nın ilgisi de "demokratikleşme" veya "özgürleşme"nin bir göstergesi olamaz. Bu, ancak kayırma olarak, rüşvet olarak değerlendirilebilir. Düşüncenin yargılandığı, bazı yazarların ve yayınevlerinin baskı altında tutulduğu bir yerde "özgürlük"ten, "demokrasi"den söz edilemez. Kültür Bakanlığı'nın çabalarını şöyle değerlendirmek de mümkündür: Devleti rahatsız edecek, sıkıntıya sokacak yayın yapmazsanız, kitaplarınızı alırız. Yayınevinize yardımcı oluruz, aksi halde, sizinle daima İçişleri Bakanlığı ve Milli Savunma Bakanlığı, yani Terörle Mücadele Yasası ilgilenir. Bu, "özgürlük" müdür?

Şu da sorulabilir: Yukarıda, bazı yazarların kitaplarının Kültür Bakanlığı tarafından alındığını, devlet kütüphanelerine dağıtıldığını, bazı yazarların kitaplarının da yasaklandığını, haklarında davalar açıldığını belirtmiştik. Bu tür yazıları, hakkında kovuşturma açılan yazıları, "Devlet kütüphanelerinde okuyucularını bekleyen yazarlar" neden yazmıyorlar acaba? "Onlar o görüşte değil de ondan..." denebilir. Bu, çok yüzeysel, önemli açıklama yapmayan bir cevaptır. Şu bakımdan: Örneğin, biz yukarıda sözü edilen yazarlardan bazılarının Kemalizme, Yakınçağ Türk Tarihine, benzer konulara ilişkin düşüncelerini eleştirdik. Kürt sorununu görmezden gelmenin ağır bir yanlışlık olduğunu belirttik. Bu yazıların yer aldığı gazeteler, dergiler, kitaplar toplatıldı, ceza davaları açıldı. Ceza davasının özgürlükleri kısıtladığı, engellediği besbellidir. Karakol, Cumhuriyet Savcılığı, Mahkeme, Cezaevi sürecinde önemli kısıtlamalarla karşılaşırsınız. Fakat şurası da açıkça görülmektedir ki görüşleri, düşünceleri eleştirilenler de özgür değildir. Çünkü onlar da, ancak yazdıklarını yazabilmektedirler, başka şeyleri yazamamaktadırlar. Çünkü başka şeyler yazdıkları zaman, devletin idari ve cezaî yaptırımlarıyla karşı karşıya kalabileceklerdir. İşte bu olasılığı düşünerek ve bundan sakınmak için hep onları yazacaklardır. Buysa özgürlük değildir. Düşüncenin yargılandığı bir ülkede, yazarların özgürlüğünden söz etmek mümkün değildir. Böyle bir ülkede hiçbir yazar özgür değildir.

Şöyle düşünelim: Herhangi bir kişi bir kitap, bir yazı yazıyor. Bu kitaptan veya yazıdan dolayı herhangi bir idari ve cezaî müeyyide ile karşılaşmıyor. Bir başkası da bu düşünceleri eleştiriyor. Eleştiren kişi hakkında dava açılıyor. Eleştiren kişinin yazısı veya kitabı toplatılıyor. Yani herhangi bir konuda, bir düşünce ileri sürmek serbest, onu eleştirmek yasak oluyor, eleştiriler idari ve cezaî müeyyide ile karşılaşıyor. Bu durumda, artık birincilerin de özgür olduğu söylenemez. Çünkü onlar, sadece devletin, yani resmi ideolojinin çerçevesinde düşünüyorlar ve sadece onu düşünüyorlar. Düşünceleri de eleştirilemez, tartışılamaz, dokunulamaz oluyor. Bunların özgürlük olmadığı besbellidir. Bazı insanlar için gerek yaşadıkları zaman, gerek ölümlerinde şöyle söyleniyor: "Yaşamı boyunca düşüncelerinden, görüşlerinden hiç sapmadı. Bütün zorluklar karşısında düşüncelerini hep korudu..." vs. Düşüncelerinden, görüşlerinden taviz vermediği doğru, fakat savunduğu hep devletin düşünceleriydi. Hep resmi ideolojinin propagandasını yaptı... Örneğin, Kürdistan sorununu hep görmezden geldi, bu konuda hep resmi ideolojiyi tekrarladı. Kürtlere, bu sorunu anlamaya çalışan kişilere yapılan baskıları onayladı, alkışladı. Resmi ideolojinin propagandasını yapmak, hep resmi ideoloji çerçevesinde kalmak özgürlük değildir. Düşüncenin yargılandığı bir ülkede hiçbir yazarın özgür olduğu söylenemez. Çünkü diyalektik olarak olgular arasında etki-tepki ilişkileri olduğu, çelişmeler, değişmeler olduğu gibi bu olgularla ilgili düşünceler arasında da etki-tepki ilişkileri vardır. Bu süreç de, organik bir bütün meydana getirir.

Kürtçe'nin yasaklandığı, Kürtçe konuşanların ve yazanların çok ağır bir takibata uğratıldığı bir yerde Bingöl, Van, Hakkâri gibi yerlerde Türk yazarlarının kütüphanelerde Kürt okuyucularını beklemeleri Türk yazarları için özgürlük müdür?

"YAŞAR KEMAL'E SORU YAĞMURU"

21-22 Mayıs günlerinde, Ankara'da Edebiyatçılar Derneği tarafından "Yaşar Kemal Günleri" düzenlendi. Programın son bölümünde "Yaşar Kemal'e Soru Yağmuru" vardı. Kürsüde Yaşar Kemal, Jülide Gülizar'la birlikte oturuyordu. Çeşitli sorular soruluyor, romancı Yaşar Kemal bunları cevaplandırıyordu. Bir ara Yurt Kitap-Yayın sahibi Ünsal Öztürk bir soru sormaya çalıştı. Sorusundan önce bazı açıklamalar yapmaya çalışıyordu. Toplantıyı yöneten Jülide Gülizar sık sık Ünsal Öztürk'ün konuşmasını toparlamasını, sorusunu sormasını istiyordu. Açıklamalar ve soru Yurt Kitap-Yayın'a yapılan baskılar ve açılan davalarla, devlet tarafından Yaşar Kemal'e verilen ödüller, ödüllerin içeriği ile ilgiliydi. Yaşar Kemal'e bu iki olgu arasındaki çelişkiyle ilgili düşünceleri soruluyordu.

Açıklamalar, sorular, Yaşar Kemal'in tepkileri videoya alınmış. Daha önceki sorulara çok makul cevaplar veren Yaşar Kemal, Yurt Kitap-Yayın sahibi Ünsal Öztürk'ün açıklamaları karşısında büyük bir öfkeye kapılmış. Sorulara cevap vermiyor, davranışları, konuşmaları tepki içeriyor, hakaret içeriyor. Ünsal Öztürk'e kadar, Yaşar Kemal'e hep güller atılıyor, herkes memnun, herkes gülüyor, alkışlıyor... Ünsal Öztürk'ün sorusu tam bir gülle... Konuşmalar videoya alındığı için salonun, kürsüde oturanların ruh halleri bütün açıklığı ile görülüyor. Öfkeye kapılan Yaşar Kemal, salonu terk ediyor. Öfke ve hakaret dolu konuşması arasında, "Demokrasi bu ülkeye sizin gibi aşırılar yüzünden gelmiyor!.." gibi sözler de ediyor.

Yaşar Kemal'in tepkisi tam bir devlet tepkisidir. Bu, özgür, evrensel bir yazarın tepkisi değildir. Kendisine, hiç de özgür olmadığı hatırlatılan bir yazarın tepkisidir. Düşüncenin yargılandığı bir ülkede hiçbir yazar özgür değildir.

"Yaşar Kemal'e Soru Yağmuru" üzerinde daha etraflı bir şekilde durmak gerekiyor...

ÜNİVERSİTENİN İŞLEVİ(*)

1930'lu yıllarda Türkiye'de, Türk Tarih Tezi ve Güneş-Dil Teorisi adları altında tezler geliştirilmeye başlandı. Devlet ve hükümet yöneticileri, yazarlar, gazeteciler, milletvekilleri bu tezlere çok büyük bir ilgi gösterdiler, coşkuyla savunmaya başladılar. Türk Tarih Tezi bütün dünya medeniyetlerinin, Orta Asya'dan dünyaya dağılan Türkler tarafından kurulduğunu, Çin'de, Hindistan'da, Mezopotamya'da, Mısır'da, Ege'de vs. yaşam bulan bütün medeniyetlerin Türkler tarafından kurulduğunu iddia ediyordu. Güneş-Dil Teorisi de bütün dünya dillerinin kökeninin Türkçe olduğunu vurguluyordu. Bu tezler, o zamanki siyaset adamları, yazarlar, basın mensupları vs. tarafından coşkuyla savunuluyordu. Bu iddiaları doğrulamak için çok büyük zorlamalar yapılıyordu. Örneğin, Fransızca okunuşları "elektrik", "soley" olan kelimelerin kökünün Türkçe olduğu söyleniyor, bu iddialar zorlama yoluyla yaratılan delillerle kanıtlanıyordu. Bu kanıtlamaları yapanlara maddi ve manevi ödüller veriliyordu.

1930'lu yılların başlarında, üniversitenin adı Darülfunun (bilimler evi) idi. Başta Gazi Mustafa Kemal olmak üzere devrin yöneticileri, Darülfunun'un "inkılap"ları, yeni dil ve tarih anlayışını savunmakta yetersiz kaldıklarını, bu konularda hiçbir coşkuya sahip olmadıklarını belirtiyorlardı. Gazi Mustafa Kemal, o zaman, Cumhuriyet Halk Fırkası'nın Genel Başkanı'ydı, aynı zamanda Cumhurbaşkanıydı.

1931 yılında, Birinci Türk Tarih Kurultayı toplandı. Bu toplantıda en çok ve coşkulu bir şekilde konuşulan konu Türk Tarih Tezi'ydi. Türk Tarih Tezi'ni daha çok Bayan Âfet (Prof. Dr. Âfet İnan) dillendiriyordu. 1930 yılında toplanan Türk Ocakları Kurultayı'nda Bayan Âfet'in okuduğu bildiri Türk Tarih Tezi'ni oldukça net bir şekilde dile

---

*- *Yeni İnsan , Sayı 18-19, Mayıs- Haziran 1993*

getiriyordu. 1932 yılında toplanan Birinci Türk Dil Kurultayı'nda da, Güneş-Dil Teorisi konuşulmuştu. Bayan Âfet, Mustafa Kemal Atatürk'e çok yakın birisiydi. Dile getirdiği düşünceler ve özlemler, Atatürk'ün de düşünceleriydi ve özlemleriydi.

1933 ÜNİVERSİTE TASFİYESİ

Yeni tarih anlayışı, yeni dil anlayışı basın mensupları ve yazarlar tarafından, bürokrasi ve eğitim kurumları tarafından büyük bir coşkuyla savunuluyordu. Fakat Darülfunun bu yeni anlayışları bir türlü benimseyemiyor, yeni duruma, "inkılap"lara ayak uyduramıyordu. Öte yandan Darülfunun'un bazı üyeleri, Türk Tarih Tezi ve Güneş-Dil Teorisi gibi anlayışları bilim adına hazmedemiyordu. Birinci Türk Tarih Kongresi'nin toplanmasından sonra Darülfunun, tarih alanında uzman bazı Batılı bilim adamlarını davet etmişti. Bunlar, Türk Tarih Tezi'ni eleştiren, bilime aykırılığını vurgulayan konuşmalar yapmışlardı. Birinci Türk Dil Kurultayı'nın toplanmasından sonra da, Darülfunun'da, bu tür konferanslar, seminerler sürmüştü. Darülfunun'un bu tür faaliyetleri, başta Gazi Mustafa Kemal olmak üzere, Türk Tarih Tezi'ni ve Güneş-Dil Teorisi'ni savunanları kızdırıyordu. Giderek Darülfunun ile devlet ve hükümet yöneticileri arasındaki ilişkiler koptu. 1933 yılı ortalarında devlet, Darülfunun'u ilga etti. Aynı yıl, Darülfunun, üniversite adıyla kuruldu, örgütlendi. Yeni kuruluşta, artık yeni tarih anlayışını, yeni dil anlayışını coşkuyla savunmayan, "inkılap"lara ayak uyduramayan Darülfü'nun mensupları yer almıyordu. Bunların kadroları iptal edilmişti, yeni kuruluşta bunlara yer verilmemişti.

1933-Darülfunun'un tasfiyesi, Türkiye'de, üniversitenin modernleştirilmesi olarak bilinir. Nazi operasyonlarından kaçan Alman profesörlerin, üniversitenin kurulmasında ve kökleşmesinde çok büyük fonksiyonları olduğu kabul edilir. 1933-Darülfunun tasfiyesi hakkındaki genel kanı budur. Halbuki Darülfunun tasfiyesine farklı bir açıdan daha bakılabilir. Bu, resmi ideolojinin oluşturulmasıyla ilgilidir. 1933'den sonra üniversiteye verilen görev, resmi ideolojinin oluşturulması, bu ideolojinin propagandasının yapılmasıdır. Resmi ideolojinin yapılmasında, yeniden üretilmesinde, kişilere, kurumlara ve geniş halk yığınlarına benimsetilmesinde üniversitenin önemli bir işleve sahip olması istenmektedir. 1933-Darülfunun tasfiyesinin bu niteliğini dikkatlerden uzak tutmak mümkün değildir.

BİR ÖRNEK OLAY

Resmi ideolojinin nasıl oluştuğunu ve işlevini gösteren pek çok olay var. Bunlardan birisini şu şekilde göstermek mümkündür. Bu olay, Erciyes Üniversitesi Öğretim Üyesi Yrd. Doç. Dr. Ersoy Taşdemirci'nin, *Belgelerle 1933 Üniversite Reformunda Yabancı Bilim Adamları* (Ankara, Ocak 1992) isimli kitabından alınmıştır.

1. Prof. Dr. E.O. Forrer, Eti diliyle ve tarihiyle uğraşan bir Almandır. 1.1.1937 tarihinde, Yüksek Öğrenim Genel Müdürü Cevat Dursunoğlu'na bir mektup yazıyor. Mektubunda, Türkiye'de, Alman profesörlerin çalışmalarından haberdar olduğunu belirttikten sonra kendisinin de görev almak istediğini söylüyor. Eti tarihi ve Eti uzmanı olduğunu belirtiyor. "Eti Semineri", "Eti İhtisas Kütüphanesi", "Eti Neşriyatı" yapmak istediğini vurguluyor. Bu süreçte, Anadolu'da tarihin çok eski dönemlerinde bu kültür ve medeniyetin gün ışığına çıkarılmasına katkıda bulunacağını yazıyor. (s. 189-191)

2. O sıralarda, yabancı profesörlerin Türkiye'de görev alabilmeleri için göz önünde tutulan başlıca iki koşul var: Kendi ülkelerinde de profesör unvanını almaları ve profesör olarak çalışmaları, isimlerinin, ünlerinin memleketlerinin sınırlarını aşmış olması.

3. Prof. Dr. E. O. Forrer'in bu niteliklere sahip bulunduğu anlaşılıyor. Fakat yukarıda belirtilen iki koşulun dışında, çok daha önemli olan bir koşulun daha yerine getirilmesi isteniyor. Bunun için önemli bir tahkikatın yürütülmesi isteniyor.

Yüksek Öğrenim Genel Müdürlüğü, mektubu, mütalaasını almak için Türk Tarih Kurumu Başkanlığı'na gönderiyor. Türk Tarih Kurumu Başkanı Hasan Cemal Çambel, 3.2.1937 tarihinde, Kültür Bakanlığı'na yazdığı mütalaada, temel koşulu dile getiriyor. Bu koşul, sözü edilen profesörün Türk milli tarih tezini kabul edip etmediğidir. Eğer Prof. Dr. E. O. Forrer, Türk Tarih Tezi'ni kabul ederse, Türkiye'de çalışmalarına izin verilebilir, deniyor. Türk Tarih Kurumu Başkanlığı'nın mütalaasında yer alan bazı düşünceler şöyle:

"... İlmi faaliyetini milli tarih tezimizin çerçevesi içinde tanzim etmesi ümit olunabilir... Milli tarih tezimizi kabul etmek şartıyla Ankara'da çalışmasının ve planlarını tatbik etmesinin mümkün olacağını profesöre anlatmaları ve kendisini iknaya çalışmaları için Berlin elçimizle talebe müfettişimize talimat verilmesi ... profesörden müsbet cevap aldıktan sonra Ulu Şefimizin karar ve iradelerini almak tabiidir..."

Bu belge üzerinde dikkatle durmanın gereği vardır. Eti tarihinde, Eti dilinde, Eti arkeolojisinde uzman bir Alman bilim adamının, "eğer milli tarih tezimizi kabul ederse..." Türkiye'de çalışmasının mümkün olabileceği vurgulanıyor. Eğer milli tarih tezimizi kabul etmiyorsa, ikna edilmesinin gereği üzerinde duruluyor. Eğer ikna olmuyorsa, Türk üniversitesinde çalışmasının mümkün olamayacağının bildirilmesi isteniyor.

Türk milli tarih tezinin, yani Türk Tarih Tezi'nin, dünyanın öteki halkları gibi, Etileri de Türk sayan bir tez olduğunu, Eti dilinin Türk dilinden doğduğunu savunduğunu yukarıda belirtmiştim. Eti kültürü ve medeniyeti de Türklere mal ediliyor. Eti arkeolojisi, Eti tarihi ve Eti dili üzerinde uzman Batılı bir bilim adamına böyle bir teklif nasıl yapılabilir? Bu belge, resmi ideolojinin oluşumunda ve üniversitelere verilen görevin ne olduğu konusunda çok önemli bir açıklama getiriyor. Üniversitenin işlevi belirginleşiyor.

4. Türk Tarih Kurumu Başkanlığı'nın mütalaası üzerine Kültür Bakanı, 10.2.1937 tarihinde, bir yazıyla, Berlin Büyükelçiliği'ne ve Berlin Talebe Müfettişliği'ne bir talimat gönderiyor. Bu talimatta belirtilen düşünceler ve duygular kısaca şöyle:

"... Adresini aşağıda yazdığım Dr. Forrer'le görüşerek bu zatın noktaî nazarı hakkında, bizi tenvir etmenizi bilhassa rica edeceğim. Bunun için iki gün evvel, Ankara'da, size, Almanca bir broşür gönderdim. Bu broşür, Bayan Âfet'in Türk Tarih Kongresi'nde okuduğu tezin tercümesidir. Dr. Forrer'le görüştükten sonra, bu tezi kendisine veriniz ve (Bayan Âfet'in) tezi hakkında noktaî nazarına tavasuk edip etmediğine (tezle aynı düşünüp düşünmediği-ni) evvela şifahi (sözlü) olarak anlayınız. Eğer Dr. Forrer bu tezin esaslarını kabul ediyorsa, kendisinden alacağınız tahriri (yazılı) mütalaanameyi bize gönderiniz." (s. 188)

Berlin Büyükelçiliği'ne ve Berlin Öğrenci Müfettişliği'ne gönderilen talimat da önemli bir belgedir. Burada, sözü edilen profesör tarafından Türk Tarih Tezi'nin, Güneş-Dil Teorisi'nin benimsenip benimsenmediğinin sözlü olarak sorulması yoluyla öğrenilmesi isteniyor. Yazılı bir belgenin oluşmasının önüne geçiliyor.

5. Türkiye'nin bu ince hesaplarına rağmen Alman profesör, Dr. Forrer Türkiye'de çalışmayı kabul etmemiştir.

TÜRK ÜNİVERSİTESİNİN BİLİM ANLAYIŞI

İstanbul Üniversitesi Rektörü Ord. Prof. Cemal Bilsel, *İstanbul Üniversitesi Tarihi* (İstanbul Üniversitesi Yayını, İstanbul, 1943) isimli kitabında şöyle diyor:

"Üniversiteler, milli duyguların, ilmi, hür düşüncelerin, doğru ve ilmi görüşlerin barındığı ve geliştiği yerlerdir. Milli veya prensipli olmayan hükümetler, ilmin prensip münakaşalarını kendilerinin bir tenkidi sanır ve üniversitelerden çekinirler.

Cumhuriyet hükümetinin ne böyle bir mahiyeti, ne de Darülfunun'un alınan tedbirlere karşı bir muhalefeti vardı. Hilâfet kaldırıldığı gün bu hareketi Darülfunun hemen teyid eylemişti." (s. 28)

"... Fikrimce, Darülfunun'u kaldırma kararını Cumhuriyet hükümetinin ilme verdiği üstün önemde aramalıdır. İlmi ve ilim adamını üstün tutan Cumhuriyet ilim evine bu üstünlüğü vermek içindir ki, Darülfunun'u ilkönce bir ecnebi mütehassısa inceletti." (s. 28)

Görüldüğü gibi burada, "milli duygu" gibi sübjektif bir faktörle, "ilmî düşünce", "hür düşünce" gibi objektif faktörler aynı merkezde toplanabilmektedir. 1930'lu yıllara baktığımız zaman Türk Tarih Tezi'ni ve Güneş-Dil Teorisi'ni coşkuyla savunmak "milli duygu"ya sahip olabilmek için şart görülüyor. Halbuki bu, olgulardan kopuk bir düşüncedir. Olgulardan kopuk olduğu için, somut gerçekleri reddettiği için bilimsel değildir. Öte yandan hükümet faaliyetlerinin tenkit edilemeyeceği, eleştirilemeyeceği gibi bir anlayış sergilenmektedir. "Yapılanlar, ilmin prensip münakaşalarıdır, hükümetin tenkidi olarak anlaşılmamalıdır" denmektedir. Halbuki eleştiri, bilimin gelişebilmesi için vazgeçilmez bir kurumdur. Toplumsal ve siyasal eleştiri olmadan bilimi geliştirmek mümkün değildir. O zaman, içerik olarak birbirleriyle çelişen "milli duygu", "ilmi düşünce" gibi kategorilerin aynı önermede toplanabilmiş olması, her ikisinin gelişebilmesi için üniversiteye görev verilmesi, kafa karışıklığıdır, ilim kavramının içeriğini kavramamaktadır. Burada, içi boşaltılmış bir bilim kavramı söz konusudur. Fiili olarak ise "milli duygu" anlayışının "ilmi düşünce"yi bastırdığı besbellidir. Resmi ideoloji, işte böyle bir süreçte oluşmakta ve egemenlik kurmaktadır. Artık resmi ideolojinin üretilmesi sürecine "bilimsel çalışma", resmi ideolojinin ürettiği bilgilere "bilimsel bilgi" denmektedir. İstanbul Üniversitesi Rektörü Ord. Prof. Neşat Ömer İrdelp'ın şu düşünceleri üniversitelere verilen görevi, üniversitelerin işlevini daha açık bir şekilde ortaya koymaktadır:

"... Türk milletinin büyüklüğü, Türk vatanının ebediliği, her şeyin, her türlü düşüncenin üzerindedir. Türk milletine elverişli olmayan fikirleri, Türk inkılabının bir verimi olan üniversitemizde, inançlı ve idealli gençlerimiz barındırmaz ve yaşatmaz." (a.g.e., s. 47)

Bu duygular ve bu düşünceler 1932-1933 yıllarında, Milli Eğitim Bakanlığı yapan Reşit Galip'in Darülfunun'a ilişkin düşüncelerinde de kendisini göstermektedir.

"... Memlekette siyasi, içtimaî büyük inkılaplar oldu. Darülfunun bunlara karşı bitaraf, bimüşahit kaldı. İktisadi sahada esaslı hareketler oldu, Darülfunun bunlardan habersiz göründü, hukukta radikal değişiklikler oldu, Darülfunun bunlardan habersiz göründü, yalnız yeni kanunları tedrisat programına almakla iktifa etti, harf inkılabı oldu, öz dil hareketi başladı, Darülfunun hiç tınmadı; yeni bir tarih telakkisi milli hareket halinde bütün ülkeyi sardı, Darülfunun'da buna bir alaka uyandırabilmek için üç yıl kadar beklemek ve uğraşmak lâzım geldi..." (a.g.e., s. 34)

Benzer düşüncelerin, tavır ve davranışların Milli Şef İsmet İnönü'nün üniversiteyi ziyareti sırasında yapılan konuşmalarda doruk noktasına vardığını görmek mümkündür. Bu, hem Milli Şef'in konuşmasında, hem de rektörün konuşmasında, kendini açıkça belli etmektedir. Üniversite milli duyguların yükseltileceği bir yer olarak değerlendirilmektedir. Bu da ancak resmi ideolojinin oluşturulmasıyla mümkün olmaktadır.

ELEŞTİRİ KURUMUNUN ÇALIŞABİLMESİ

Burada, Türk aydınlarının kolaycı bir yaklaşımına değinmek gerekir. Örneğin, Lozan Antlaşması eleştirildiği zaman, Sevr savunuluyor, biçiminde bir eleştiri yapılmaktadır. Halbuki Lozan'ı eleştirmek, Lozan'ın Kürdistan'ın bölünmesini ve paylaşılmasını uluslararası garanti altına alan bir antlaşma olduğunu söylemek Sevr'e sahip çıkmak değildir. Nitekim Sevr Antlaşması'nın Kürdistan yaklaşımı da ayrıca eleştirilmektedir. Bunun gibi, 1933-Darülfunun tasfiyesi eleştirildiği zaman, Darülfunun'a sahip çıkılıyormuş gibi bir izlenim almak yanlıştır. Darülfunun'un savunulduğu doğru değildir. Esasen Kürt sorunu söz konusu olduğu zaman sağcısıyla, solcusuyla bütün Türk aydınlarının hemen hemen aynı tezleri savunduğu bir gerçektir.

Eleştiri kurumu işlerlik kazanmadan bilimsel gelişmeyi sağlamak mümkün değildir. Eleştiri, bilim için vazgeçilmezdir. Son zamanlarda bazı Türk aydınları, Kürtler tarafından ileri sürülen düşüncelere katılmadıklarını söylüyorlar. Örneğin, "Kürtler ulustur", "Kürdistan sömürgedir" biçimindeki saptamalara katılmadıklarını söylüyorlar. Tartışmalarında, yazılarında bu tür düşüncelerine önemli bir vurgulama yapıyorlar. Aslında burada, bilim yöntemiyle ilgili çok önemli bir konu var. Türk aydınları, profesörler, gazeteciler, yazarlar vs. Kürtlerle ilgili, Kürdistan'la ilgili düşüncelerini gayet kolay bir şekilde dile getirebiliyorlar. Kürtlerin düşüncelerini, tavır ve davranışlarını eleştirebiliyorlar. Yukarıdaki önermelere benzer önermelere hiç katılmadıklarını vurgulayabiliyorlar. Bu sırada, devletin herhangi bir yaptırımıyla, ceza tehdidiyle vs. karşılaşmıyorlar. Fakat bu düşüncelerinden, bu tutumlarından dolayı, Türk aydınlarını eleştiren Kürtler, yukarıda belirtilen önermeleri savunan Kürtler veya bu tür düşünceleri ileri süren kişiler, devamlı olarak devletin yaptırımlarıyla, ceza tehditleriyle karşı karşıya kalıyorlar. Kaldı ki Türk aydınlarının savundukları resmi görüşün kendisi veya resmi görüşe çok yakın düşünceler olduğu besbellidir. Kürtlerin veya bazı kişilerin ortaya koymaya, açıklık kazandırmaya çalıştıkları düşünceler ise toplumun somut gerçekleriyle, her zaman izlenebilen, gözlenebilen gerçeklerle ilgilidir.

İşte Türk üniversitesinin, Türk aydınlarının, Türk basınının, yazarların vs. temel sorunu budur. Herhangi bir konu hakkında siz rahatça görüş ileri süreceksiniz, fakat o konuyla ilgili düşünceler belirtmeye çalışan başkaları ceza tehdidiyle karşı karşıya kalacak veya görüşlerinizden dolayı sizi eleştirdiği zaman benzeri yaptırımlarla karşılaşacaktır. Böyle bir süreç, aslında sizin de özgür olmadığınızı gösterir. Sizi eleştirenlerin ceza tehdidiyle karşılaşması, aslında sizin eleştirilemez, dokunulamaz, tartışılamaz düşünceler ileri sürdüğünüz anlamına gelir. Böyle bir sorun ortada dururken Kürt yurtseverlerine, “sizin görüşünüze, düşüncenize katılmıyorum” demek anlamlı değildir.

İdeolojiler, bu arada resmi ideoloji kapalı düşünce sistemleridir. Resmi ideoloji kendisini ancak cezaî yaptırımlarla ayakta tutabilir, katıdır. Bilim ise esnektir. Türk üniversitesi resmi ideoloji kurumunun bilincinde değildir. Bazı profesörler, resmi ideolojiyi savunurlarken bile “Türkiye'de resmi ideoloji yoktur”, “Atatürkçülük resmi ideoloji değildir” gibi düşünceler ileri sürebilmektedirler. Örneğin, Prof. Dr. Kemal Önen, 3 Nisan 1993 tarihli *Cumhuriyet* gazetesinde, ‘Resmi İdeoloji Kandırmacası’ başlıklı bir yazı yayınlamıştır. Biz profesörün görüşlerine, düşüncelerine hiç katılmıyoruz. Bu görüşleri eleştiriyoruz. Fakat bu eleştirilerden dolayı devamlı olarak ceza tehdidi altında tutuluyoruz. Bu, neden böyle oluyor? Resmi ideoloji yoksa ceza tehdidi neden sık sık kullanılıyor? Profesörün, bunlara karşı söyleyeceği bazı şeyler olmalı... Bir taraf düşüncelerini, duygularını rahatça açıklıyor, karşı taraf ise onu eleştirdiği zaman devletin cezaî yaptırımlarıyla karşı karşıya kalıyor. Böyle bir süreci gözlerden ve dikkatlerden uzak tutmak mümkün müdür? Böyle bir baskı, tehdit karşısında, toplumsal ve siyasal süreci, doğayı, tarih ve toplumu kavramak mümkün müdür?

Üniversite sorununun temelinde, o ülkede düşüncenin özgür olup olmadığı, eleştirinin cezaî müeyyideyle karşılaşıp karşılaşmadığı sorunu yatar. Rektörün, dekanların nasıl seçileceği; bölümlerin, kürsülerin kurulması vs. ikinci derecede olan sorunlardır, teknik sorunlardır. Zaman zaman bu sorunların öne çıkarılması, temel sorunu gizlemekten başka bir amaca hizmet etmemektedir.

Resmi ideolojiyi eleştirmeyen bilimin gelişmesi ve saygınlık kazanması olası değildir. Bilim, ancak resmi ideolojiyi eleştirdiği zaman bilim olabilir. Türkiye'de, Kürt sorunu görmezden gelinerek resmi ideoloji kavranılamaz. Resmi ideolojiyi eleştiremeyen üniversite, siyasal iktidardan gelecek hiçbir baskıya karşı direnemez. Resmi ideolojiyi eleştiremeyen üniversitenin siyasal iktidar karşısında hiçbir değeri olamaz. Resmi ideolojinin, siyasal iktidarın, devletin eylemlerini, operasyonlarını meşrulaştırmaya çalışan bir içeriği vardır. Siyasal iktidar adına yapılan bilim, bilim değildir. Bilim, ancak özgür bir ortamda üretilir.

"ONBEŞ YAŞINDA ÇOCUKLAR..."(*)

PKK'nin tek yanlı olarak ilan ettiği "ateşkes" süreci devletin en ufak bir olumlu adım atmaması üzerine bozuldu. Devlet, bu süre içinde, köyleri yakıp yıkmayı sürdürdü. İnsanları, yerlerini yurtlarını terke zorladı. Evleri içindeki eşyalarla birlikte yaktı, gıda maddelerini heder etti. Devlet terörünü yoğunlaştırarak insanları sürgün ederken, onların temel ihtiyaç maddelerini yanlarına almalarına bile fırsat vermedi. Devlet terörünü yaygınlaştırdı, derinleştirdi.

Bugün, devlet PKK'ye teslimiyeti dayatıyor. Ya teslimiyet ya imha. Bunların dışında üçüncü bir yol olmadığını da vurguluyor. PKK'ye teslimiyetin dayatılması, devletin Kürt politikasını, Kürt sorunu konusundaki düşüncesini bütün açıklığıyla ortaya koyuyor. Bu politikayı kısaca şu şekilde özetlemek mümkündür: "Ey kendilerine Kürt diyenler... Siz Kürt olduğunuzu söyleyebilirsiniz. 'Kürdüm' diyebilirsiniz. Evinizde, tarlanızda kendi dilinizi konuşabilirsiniz... Fakat yaşamak için, insan gibi muamele görmek için Türk olmaktan, Türkleşmekten başka hiçbir yolunuz yoktur. 'Kürtlerin ulusal ve demokratik hakları' gibi söylemlerin gerçeklik kazanma şansları hiç yoktur. Bunları kafanızdan silin..."

Bu dayatmanın hiçbir Kürt tarafından kabul edilmesi beklenemez. Ne PKK'nin, ne de öteki Kürtlerin böyle bir dayatmaya boyun eğmesi mümkün değildir. Günümüz koşullarında, hiçbir ulus, bu tür dayatmalar karşısında sessiz kalamaz. Zira kimlik sorunu, insanlığın temel değerleriyle, evrensel değerlerle ilgili bir sorundur, onur sorunudur.

Teslimiyet çerçevesinde, "Genişletilmiş Pişmanlık Yasası"

---

*- *Özgür Gündem, 17-18-19 Haziran 1993*

yürür-lüğe konuldu. Devlet ve hükümet yetkilileri, bu yasayı, bu yasanın hükümlerini kamuoyuna anlatırlarken, PKK ve gerillalar hakkında, küçümseyici, küçük düşürücü sözler etmektedirler. "On beş yaşındaki çocuklar, kandırılmış, dağa çıkarılmış... Devletin, adaletin şefkatli kollarına sığınsınlar... Devlet onlar için çaba sarf etmiş, güzel bir yasa çıkarmış... Bu yasadan istifade etsinler, silahı bıraksınlar, teslim olsunlar, Türkiye Cumhuriyeti'nin onurlu vatandaşları olsunlar..."

Diyelim ki "On beş yaşındaki çocuklar" dağa çıktı, bunun ciddi bir tahlili gerekmez mi? Eğer "On beş yaşındaki çocuklar" gerillaya katılmışsa, silahlı mücadele içinde yer almışsa, bu ulusal ve toplumsal kurtuluş mücadelesinin çok büyük bir aşama kaydettiğini gösterir. Çünkü "On beş yaşındaki çocuklar" gerilla mücadelesine katılmışsa, bunların ağabeyleri, ablaları, halaları, zaten hareketin içindedirler demektir. Çünkü çocuklar, aile içindeki ilişkilerden, ailenin düşüncesinden ve eyleminden etkilenerek yetişmektedirler. "On beş yaşındaki çocuklar" bu düşüncelerden ve eylemlerden etkilenerek gerillaya katılmakta, dağa çıkmaktadırlar. Devlet bu söylemiyle, kamuoyunda, "On beş yaşında çocuklar"ın ailelerinden ayrı düşmüş, aileleriyle hiçbir bağı kalmamış şeklinde bir izlenim yaratmaya çalışmaktadır. Halbuki durum hiç böyle değildir. "On beş yaşındaki çocuklar"la aileleri arasında yoğun bir bağ, organik bir bağ olduğu açıktır. Bu, devletin, büyük bir hasım, büyük bir düşman kabul ettiği, yok etmek için her türlü önlemi aldığı ve yaşama geçirdiği PKK'yi hiç tanımadığı anlamına gelmektedir. Bu, gerillanın "On beş yaşındaki çocuklar"dan ibaret olmadığını da gösterir. Gerillada, "On beş yaşındaki çocuklar" bulunabileceğini, fakat bunların aktif mücadeleye katılmalarına izin verilmediğini, ancak eğitime alındıklarını da gösterir.

"On beş yaşındaki çocuklar" derken devletin ve basının çifte standardını görmekte yarar vardır. Filistin'de, 1988 yılında, intifada hareketi başladığı zaman Türk kamuoyu bunu kıvançla anlatıyordu. Filistinli küçük çocukların İsrail güvenlik kuvvetlerine taş atmaları, onlarla mücadeleye girişmeleri ulusal ve demokratik hareketin büyük bir kabarması olarak veriliyordu. Gazetelerde, dergilerde, radyoda ve televizyonda "küçük generaller"den övgüyle söz ediliyordu. Bu konuda, fotoğraflar, haberler, yorumlar eksik olmazdı. "Eğer küçük çocuklar bu mücadele içinde yer almışsa, bu iş bitmiştir" denilirdi. Küçük çocukların da bu ruhsal yapıya gelmeleri, bir zafer olarak değerlendirilirdi. Dışişleri Bakanlığı'nın, devlet ve hükümet yetkili-lerinin, işçi sendikalarının, demokratik kuruluşların vs. düşünceleri ve duyguları bu doğrultudaydı. Filistinli kadınların siyasal mücadele içinde yer almaları da benzer şekilde değerlendiriliyordu... Fakat Kür-distan'daki ulusal ve toplumsal mücadele söz konusu olduğu zaman küçümsemenin ve karalamanın egemen kılındığı gözleniyor. Bunun çok çarpıcı bir çifte standart olduğu açıktır. Bunu, Türk basınının etik ve moral değerlerden gittikçe uzaklaşması olarak değerlendirmek gerekir.

1984, 1985, 1986 yıllarında, Kürt gençlerinin örgüte kazandırılması epey bir siyasal propaganda gerektiriyordu. Örgüte katılan bir militanın ilk işi, ailesini örgüte katmak oluyordu. Militan, ailesini örgütüne katabilmek için çok büyük çabalar sarf ediyordu. Bu süreci PKK'nin önemli özelliklerinden biri olarak değerlendirmek gerekir. Karakol, mahkeme, cezaevi sürecinde bu ilişkiler güçleniyordu. "Nizamiye Kapıları"nda, şehit cenazelerinin alınmasında ve toprağa verilmesinde bağ gittikçe güçleniyordu. Aile, bu süreçte politikleşiyor, politik ve ideolojik olarak örgütün yanında yer almaya başlıyordu.

Bugün, artık gerillayla ailesi arasında, karşılıklı bir ilişkiden söz etmek mümkündür. Ve bu ilişki daha belirgindir. Genç insanlar ailenin ideolojik ve politik düşüncesi içinde çoğu zaman da ailenin yönlendirmesiyle örgüte yani PKK'ye doğru akmaktadır. 1984, 1985 ve 1986 yıllarında yaşanan sürecin aksine artık aileler, çocuklarını örgüte doğru daha doğrusu ulusal ve toplumsal kurtuluş mücadelesine doğru yönlendirmektedirler. Giderek karşılıklı bir ilişki, etkileme gelişmekte ve güçlenmektedir. Bunun toplumsal ve siyasal değişmenin, siyasal değer yargılarının, ulusal ve toplumsal mücadelenin kitle tabanının genişlemesinin önemli bir göstergesi olduğu besbellidir. Siyasallaşmanın nasıl geliştiğini somut birkaç örnekle göstermekte yarar vardır.

"BOYNUN KOPSUN APO!"DAN APO SAVUNUCULUĞUNA

Yoksul emekçi bir ailenin 18-19 yaşlarındaki oğlu gerillaya katılıyor. Aile içinde baba, yurtsever özellikleri olan, bu duygularını da her yerde açıklayan bir kişi... Oğlunun gerillaya katılması karşısında ana, büyük bir yıkım yaşıyor, üzülüyor. Babaysa, bunu normal karşılıyor. Hatta oğlunun gerillaya katılmasından memnuniyet duyuyor. Kahvehaneye gittiği zaman arkadaşları arasında, değerinin arttığını düşünüyor. Ana, iki kişiyi suçluyor, birisi kocası... Kadın, kocasına öfkesini şu şekilde dile getiriyor: "Hep Kürdistan'dan söz ederdin. Ah Kürdistan, vah Kürdistan deyip dururdun. Sofrada, bayramda, seyranda, işte, aşta, hep Kürdistan derdin... Bu çocuğu sen aşıladın. Şimdi elimizden uçup gitti. Sebep sensin..." Kadının ikinci olarak öfke duyduğu, tepki duyduğu kişi, Başkan Apo; PKK Genel Sekreteri... "Boynu kopası Apo!", "Oğlumu elimden aldın. Boynun kopsun Apo!" Aile, çocuklarından uzun süre haber alamıyor.

Bu militan, gerillaya katılmasından 8-9 ay sonra, bir çatışmada yaralı olarak ele geçiyor. Kısa süren bir tedaviden sonra cezaevine konuluyor. Kadın, oğlunun yakalanmasından ve cezaevine konulmasından memnun. Her görüş günü ziyarete gidiyor. Öteberi götürüyor, oğlunun ihtiyaçlarını karşılamaya çalışıyor... Kadın, oğlunu görmekten çok memnun. Oğlu, arkadaşlarından da söz ediyor... Onlar da kendi oğlu yaşlarında, gözleri pırıl pırıl, heyecanlı. Onların da anaları, babaları, kardeşleri, dedeleri var. Onlarla da tanışıyor, konuşuyor. Kadın, bu süre içinde kocasının cezaevine, oğlunu ziyarete gitmesini pek istemiyor. Oğluyla, babasının duygu ve düşünce beraberliği içinde olduğunu biliyor. Bu duyguların ve düşüncelerin daha da güçlenmesinden çekiniyor.

Kadın, aslında oğlunun, kısa zamanda kurtulmasını, bir daha bu işlerle uğraşmamasını istiyor. Onu evlendirmeyi düşünüyor. Laf arasında, bir şeyler çıtlatmaya çalışıyor. Oğlu, kararlı, çok makul sözcüklerle, anasına PKK'yi anlatmaya çalışıyor. 8-9 aylık mücadelesi hakkında, kısa kısa bilgiler veriyor. Anasına, dışarıda olup bitenler hakkında bazı şeyler soruyor. Kadın, siyasi olmayan konulardan söz ediyor. Oğlu, mahalledeki bazı kişileri, onların ailelerini soruyor, anasından onlara selam götürmesini istiyor... Kadın, onların siyasal niteliklerinin olduğunu biliyor, pek konuşmak istemiyor. Birkaç görüş böyle sürüyor.

Dördüncü görüşte, henüz oğlu sormadan kadın, "falancanın kızı da dağa çıkmış, çeyizini, sandığını, sepetini öylece bırakmış..." diyor... İşte bu, siyasallaşmanın belirtisidir. İlişkilerde bir dönüm noktasıdır. Çünkü öyle bir havada, ses tonunda söyleniyor ki sözleri, hem kızın gerillaya katılmasına onay içeriyor, hem de oğluna, politik bir konuda bilgi ulaştırıyor, ona yardımcı olmaya çalışıyor.

Bundan sonra ilişkiler daha sıklaşıyor. Haberler getirilip, götürülürken, "falancayla git konuş, o da falancayla konuşsun..." durumu ortaya çıkıyor. Bu süreçte siyasallaşma gelişiyor.

Cezaevindeki ziyaretler, kuşkusuz, her zaman, bu şekilde rahat olmuyor. PKK'nin dışarıda gerçekleştirdiği eylemlere göre içerideki, yani cezaevindeki baskılar da zaman zaman artıyor. Cezaevinde açlık grevleri başlıyor. Protesto eylemleri başlıyor, açlık grevleri ölüm oruçlarına dönüşüyor... Analar, oğullarını görmek, konuşmak istiyorlar... "Nizamiye Kapıları"nda baskılarla, hakaretlerle karşılaşıyorlar. Baskılar, hakaretler, aşağılamalar karşısında oğullarının konuşmalarını, kendilerine söylediklerini düşünüyorlar. Bu, oğulları haklı çıkaran bir süreç. Analar oğullarının haklı olduğunu bir kere daha anlıyor. Oğlunun düşüncesiyle ve eylemiyle biraz daha bütünleşiyor. Siyasallaşma biraz daha yoğunlaşıyor, içerik kazanıyor.

Cezaevlerindeki açlık grevi sırasında analar da, dışarıda açlık grevlerine oturarak oğullarının eylemlerini desteklemeye çalışıyor. Açlık grevlerine oturan kadınlar, eylemlerinin amacı konusunda, kendilerini ziyarete gelenlerle konuşmaya başlıyorlar. Gazetecilerle, milletvekilleriyle, öteki ziyaretçilerle görüşüyorlar... Konuşmalar sırasında Kürtlerin haklarından, Kürdistan'dan, Kürtçe'den vs. söz ediyorlar... Ve bunlar çok doğal bir ortamda gelişiyor. Gazete muhabirleri, "Hele bir namazımı kılayım, ondan sonra konuşmaya devam ederiz..." gibi durumlarla karşılaşıyorlar... Siyasallaşma böyle bir süreçte güçleniyor. Kadınların Kürtler hakkında, Kürdistan hakkında bilgileri artıyor. Oğullarını savunan, onların düşüncelerinin, eylemlerinin doğru olduğunu söyleyen kadınlar, kısa bir zaman sonra Başkan Apo'yu savunmaya başlıyorlar. Başkan Apo'nun söylediklerinin çok haklı olduğunu söylüyorlar.

Yukarıdaki gerillanın anası da aynen böyle yapıyor. Öbür kadınlarla birlikte açlık grevlerine oturuyor. Oğlunun düşüncesini, duygularını değerlendirmeye çalışıyor. PKK'yi öğreniyor. Başkan Apo'yu ilgiyle dinliyor. Bir-iki yıl önce "Boynun kopsun Apo!" diyen kadın, Başkan Apo'nun en önemli savunucularından biri haline geliyor.

Bu sürecin Kürt toplumunda yeni toplumsal kanallar açtığı, siyasal meşruiyet anlayışını hızla değiştirdiği açıktır. Dikkat edilirse, burada ulusçuluğun bilinen mistik söylemiyle karşılaşmıyoruz. Kürt etnik özelliklerinin biricikliği vs. değildir anlatılan... Baskıya, zulme karşı durmak, eşitlik aramak temel bir süreçtir. Politik argümanlar, söylemin ideolojik içeriği hep bu yönde oluşturulmaktadır.

Yukarıda, kısaca anlatılmaya çalışılan örnek, Kürdistan'da, çok nadir rastlanan bir örnek değildir. Bu tür örneklere, her yerde, her zaman rastlamak mümkündür. Çünkü Kürdistan'da, son 8-10 yıl içinde, herhangi bir ferdi karakola düşmeyen, cezaevine düşmeyen aile yok gibidir. Ailelerin pek çoğunda, gerilla vardır, şehit vardır. Bütün bunlar, toplumdaki toplumsal kontrol mekanizmalarını, siyasal meşruiyet mekanizmalarını ister istemez değiştirmektedir. Gerilla mücadelesi, yeni kanallar açmakta, siyasal düşünce bu kanallar içinde gelişmektedir. Yeni yeni siyasal değerler oluşmaktadır. Bu süreçte geleneksel toplum ilişkileri parçalanmakta, yeni bilinç formları ve bunları ifade eden politik yapılar oluşmaktadır. Yeni bilinç formları, yeni politik tavır alışlar ulusal ve toplumsal mücadelenin kitle tabanını genişletici bir sonuç ortaya koymaktadır.

"KENDİNİ DÜŞÜNMÜYORSUN, BARİ BİZİ DÜŞÜN..." ANLAYIŞININ TERSİNE ÇEVRİLMESİ

1960'lı yılların ortalarından itibaren Kürt sorunuyla ilgili olarak düşüncelerimi açıklamaya çalışıyorum. Bu açıklamaların, devletin belirli bir baskısıyla karşılaştığı biliniyor. Bu süreç içinde ailem, aile çevrem bana kolaylık göstermediği gibi hep beni engellemeye çalıştı. Başlangıçta, "Kürtler seni ne ilgilendirir, biz Kürt müyüz? Sen kendi işine bak, sen kendini kurtarmaya çalış" deniyordu... Daha sonra, "Bu memleketin sorunlarını sen mi çözeceksin, sana mı kalmış..?" denilmeye başlandı. Bu tür sitemlere, tarizlere cevabım çok kısa, makul ve yumuşak olurdu. Çalışmalar sürdükçe, "Kendini düşünmüyorsun, bari bizi düşün!" demeye başladılar. Bunun epeyce ağır bir söylem olduğu açıktır... Benim düşüncelerimden, çabalarımdan utandıklarını belirtmeye çalışıyorlardı. Eve polis geliyor, gözaltı, mahkeme, cezaevi süreci başlıyor, veya eve polis tebligat için geliyor. Karakola, savcılığa, mahkemeye vs. gidiyorsunuz... Bu süreçten utandıklarını söylüyorlar. Bunu da şu şekilde dile getiriyorlar: "Kahvehaneye gidip oturamıyoruz. İsmail yine cezaevine düşmüş denilmesinden ödüm patlıyor", "Kapımızı açıp sokağa çıkamıyoruz, bir komşuyla iki çift laf edemiyoruz", "Pencereden kafamızı dışarı çıkaramıyoruz..." Burada, geleneksel özellikler gösteren bir toplumda yaşam bulan toplumsal kontrol mekanizmaları dile getiriliyor, caydırılmaya çalışılıyorsunuz.

Bu süreçte, siyasal meşruiyetin dışına çıktığınız da hatırlatılıyor. Bunun sadece bana ilişkin bir örnek olmadığı da açıktır. Türk toplu-munun çeşitli kesimlerinde, buna benzer örneklerin şu veya bu oranda yaşandığını saptamak mümkündür. Fakat bugün, Kürdistan'da yaşanan süreç çok farklıdır. Oğulları veya kızları itirafçı olmuş pek çok ailenin düşüncelerinin ve tavırlarının incelenmesi bu bakımdan önemlidir. Bugün, Kürdistan'da itirafçılık, Kürt halk yığınları arasında nefretle karşılanan bir kurumdur, utanç duyulan, ailenin onurunu zedeleyen bir kurumdur. Bir ana, itirafçı olmuş, arkadaşlarını ele vermiş, itirafçılar koğuşuna konulmuş oğluna şunları söylemiştir: "Sen bu pis işten vazgeç, sen gerillayken biz başımız dik yürüyorduk, seninle övünü-yorduk. Baban, ağabeylerin, amcaların, dayıların kahvehanede gururla oturuyorlardı, seninle kıvanç duyuyorduk... Bu pis işlere nasıl bulaştın? Bundan vazgeç... Onurlu ol. Bu, iyi bir yaşam değil, bu seni bitirir, bizi de bitirir... En kısa zamanda bu işten vazgeç..."

Kadın, oğluna, şunu da söylüyor: "Seni iki kere daha ziyarete geleceğim. Eğer bu pis, iğrenç işten, onursuz işten yine de vazgeçmezsen seni evlat olarak kabul etmeyeceğiz..." İkinci görüşmede, kadın oğlunun itirafçılıktan vazgeçmeyeceğini anlayarak şunları söylüyor: "Kendini düşünmüyorsan, bari bizi düşün!" Kürdistan'da bu tür örnekler de sık sık yaşanmaktadır. Bunlar ender rastlanan, yüzde bir rastlanan olaylar değildir.

Bugün, Kürdistan'da, koruculuk da halk arasında hiçbir prestij sağlamayan bir kurum olarak kabul edilmektedir. Korucular, kahvehaneye girip oturamamakta, bir bakkala gidip alışveriş yapamamaktadırlar. Şehit gerillaların cenazeleri yüzlerce, binlerce, kişiyle kaldırılırken, korucuların cenazelerini kaldırmak için üç-dört kişi bulmak zor olmaktadır.

Burada, siyasal değer yargılarının, toplumsal kontrol mekanizmalarının kökten değiştiğini görmek gerekir. Siyasal meşruiyet anlayışı, siyasal meşruiyet mekanizmaları da hızla değişimektedir. Örneğin, İskilip'te utanç duyulan, aileyi utandıran süreçlerle, Kürdistan'da utanç duyulan, aileyi utandıran süreçler birbirleriyle kökten çatışmaktadır. Kürdistan'da, aileler mücadeleye katılan, gerillaya katılan oğullarından, kızlarından gurur duymaktadır. Onların teslimiyetinden utanmaktadır. Bütün bunlar, ulusal ve toplumsal mücadelenin Kürt halk kitleleri arasında derinleşmesi ve yaygınlaşmasıyla ilgili bir olaydır. Derinleşme ve yaygınlaşma, yeni toplumsal ve siyasal kanallar açmaktadır. Ve bütün bu süreçte dile getirilen ulusçuluğun bilinen söylemi değildir... "En büyük ulus bizim ulus..!", "Ulusumuzun biricikliği", "Ulusun üstün özellikleri..." vs. Dile getirilen baskıya, zulme, şiddete karşı durma, gasp edilen ulusal kimliğe, ulusal değerlere sahip olma, ulusal onuru koruma, öteki uluslarla eşit olma. vs. gibi konulardır.

UYANAN GENİŞ YIĞINLAR...

10-15 yıl öncesine kadar Kürdistan'a gittiğiniz zaman insanlar hep sizin konuşmanızı isterlerdi. Bir köye, bir kasabaya gittiğinizde, kahvehanede veya bir evde oturduğunuzda, Kürtler etrafınıza birikir, sizin konuşmanızı beklerlerdi. Siyasal konuşmalar yaptığınız zaman önemli tepkiler vermezlerdi. Daha çok havadan sudan şeyler konuşurlardı. "Bu sene yağmurlar iyi, ürünler iyi olacak", "Bu sene kış çok uzun sürdü, hayvanları dışarı çıkaramadık", "Havalar çok sıcak gitti. Susuzluk var, kıtlık olur"... Konuşmalar, sohbetler, daha çok bu çerçevede sürüyordu.

Bugün durum çok değişti. Milletvekili, gazeteci, iş adamı, sendikacı, insan hakları savunucusu vs. olarak Kürdistan'a gittiğiniz zaman insanlar sizin etrafınızı çeviriyorlar ve sorunlarını anlatmaya çalışıyorlar. Anlatılanlar, genellikle baskı, zulüm, işkence, köylerin yakılması, yıkılması, insanların köylerini, evlerini barklarını terke zorlanması gibi konular oluyor... Güney Kürdistan'da, Doğu Kürdistan'da olup bitenler hakkında yorumlar yapılıyor... Filistin'de ve dünyanın başka yerlerinde sürüp giden ulusal kurtuluş mücadeleleri konusundaki gelişmeler anlatılıyor. Türk Devleti'nin, Karabağ, Bosna-Hersek, Kıbrıs, Batı Trakya, Bulgaristan Türkleri konusunda sergilediği politikayla Kürtlere karşı sürdürdüğü politikalar arasında karşılaştırmalar yapılıyor, sizlerin bu konulardaki düşünceleriniz soruluyor... Türk basınına güvenmediklerini belirtiyorlar. Orta Asya Türk Cumhuriyetlerinden, Hikmet Çetin'den, Kâmran İnan'dan söz ediyorlar... Bazen konuşmak için fırsat bulamıyorsunuz. Siyasallaşma gittikçe gelişiyor, ulusallaşma içerik kazanıyor. Özgürlük tutkusu kendini daha güçlü bir şekilde belli ediyor.

Kahvehanelerde, köylerde, hep bu tür konuşmalar dinliyorsunuz. İnsanlar, birbirlerine karşı da bu tür konuları anlatıyorlar. Düğünlerde, cenaze törenlerinde, yeni doğumlarda da bu tür konular konuşuluyor. Eğer ülkeden biriyseniz, bilinen biriyseniz size gerilla mücadelesi hakkında ayrıntılı bilgiler veriliyor. Kimin oğlu-kızı gerillada, kim yakında katılacak, kim cezaevinde, kim itirafçı vs... Günden güne büyüyen ve güçlenen bir halk hareketi karşısında olduğunuzu anlıyorsunuz. Bu süreçte ulusal isteklerin büyüdüğü ve içerik kazandığı da açıktır.

DEVLETİN ULUSAL VE TOPLUMSAL MÜCADELEYİ BASTIRMA HAREKÂTI VE PKK'NİN NİTELİKLERİ

Gittikçe gelişen, yaygınlaşan ve derinleşen bu süreç karşısında devletin tek bir düşüncesi vardır. Bu süreci silah zoruyla bastırmak, dağıtmak. Normal demokratik süreç, kuşkusuz böylesine geniş bir halk hareketiyle ilişki kurmaya, Kürtlerin isteklerinin ne olduğunu anlamaya ve bunları kavramaya çalışır. Fakat bu, Türk egemenlik sisteminin, bu anlayışın içine sindireceği bir durum değildir. Türk egemenlik sistemi, önce bu düşünceyi, bu özlemleri yok etmeye, bunları yok edemiyorsa, bu düşüncelerin ve özlemlerin sahiplerini, fiziki olarak ortadan kaldırmaya çalışır. Geçmişteki Kürt ayaklanmalarını, Kürt ulusal isteklerini ileri süren çeşitli gruplara karşı sürdürülen operasyonları dikkate aldığımız zaman sürecin böyle cereyan ettiğini görürüz.

Devlet, sürecin yine eskisi gibi tekrarlanacağını düşünmektedir. Bu, büyük bir yanılgıdır. Bir kere Kürdistan eski Kürdistan değildir. Ulusal ve toplumsal kurtuluş mücadelesinin önderliğinde köklü bir değişiklik olmuştur. Örneğin, PKK özgür ve yoksul Kürtlerin hareketidir. Hareketteki kararlılık, azim, fedakârlık ve vefakârlık başta bununla ilgilidir. Ulusal ve demokratik istekler ileri süren, duygularını ve düşüncelerini dile getiren pek büyük bir kitle vardır. Kadınlar ulusal ve toplumsal kurtuluş mücadelesinin içindedir. Kadınlar, ulusal ve toplumsal kurtuluş mücadelesinde aktif olarak görev almaktadırlar. Kürtler arasında birlik gelişmektedir. Böl-yönet ve yok et politikasının bilincine varılmıştır, bunu aşmak için ortaya konan çabalar yükselmektedir. Öte yandan devlet, hasım, düşman kabul ettiği PKK'yi de bilmemektedir. Kendi söylemi olan "3-5 eşkıya" sözüne kendisi de inanmaktadır. Böylece hem kendini, hem de Türk kamuoyunu yanıltmaktadır. Hem de uluslararası kamuoyunu yanıltmaya çalışmaktadır.

Kürt halk kitleleri arasında PKK'ye karşı yoğun ve yaygın bir güvenin ve inancın oluştuğu besbellidir. Kanımca bu inancın ve güvenin oluşmasını kavramak çok kolaydır. Bu, insanların, siyasal partileri, siyasal kadroları ve eylemleri nasıl değerlendirdikleri, tercihlerini nasıl yaptıkları konusuyla yakından ilgilidir. İnsanlar, siyasal kadroları, düşüncelerinden ve programlarından önce yapıp ettikleriyle değerlendiriyorlar. O kadronun, o hareketin, ifade etmeye ve ortaya koymaya çalıştığı fikir, inanç ve programdan önce yapılanların, edilenlerin içeriğine bakılıyor. O halde siyasal kadroların temsil ettikleri veya temsil ediyor göründükleri düşünce, program ve inançtan önce eylemlerin o öze uygunluğunun derecesine bakılıyor... Düşüncenin, programın çok iyi, tutarlı olduğu, fakat bu düşünceler ve programlar doğrultusunda eylem yapılmayan bir yerde, kitlelerin böyle bir harekete, siyasal kadroya gönül vermeleri, bu kadro etrafında örgütlenmeleri beklenemez.

İşte PKK, azmi, kararlılığı, fedakârlığı ve vefakârlığı ile Kürt halk kitleleri arasında inanılan ve güvenilen bir odak olmuştur. Sadakat odağı haline gelmiştir. Bu da, PKK'nin düşüncesinin ve eyleminin Kürt halk kitleleri arasında yaygınlaşmasına, derinleşmesine olanak sağlamıştır.

Şu da söylenebilir: Şimdiye kadar Kürtler arasında ulusal ve demokratik hakları için mücadeleye girişen pek çok grup olmuştur. Bunlar çok büyük acı çekmişler, bu acıların üstesinden gelmeye çalışmışlar, fakat somut başarılar elde edememişlerdir. Gerek duygusal ve zihinsel planda, gerekse fiziksel olarak hep ezilmişlerdir. Düşünce ve inanç dünyaları aşınmış, sarsılmış, çökmüştür, kimliksiz kalmışlardır. PKK, düşüncesiyle ve eylemiyle, eyleminin içeriğiyle bu tür insanlara ruh ve heyecan vermiştir. Bu insanlar, istediklerinin fakat yapamadıklarının PKK'yle gerçekleşme yoluna girdiğini görmüşlerdir. Bu insanların, bu kadroların çökmüş düşünce ve inanç dünyaları, PKK'yle birlikte dirilmiş, moralleri yükselmiştir. Örneğin, 30-35 yıl önceki kadrolardan, "Kırkdokuzlar"ı, "Yirmiüçler"i bu çerçeve içinde değerlendirmek mümkündür. Bunlar, PKK'yle birlikte büyük bir moral ve güç kazanmışlardır. Çökmüş, aşınmış düşünce ve inanç dünyaları yeniden canlanmış, dinamizm kazanmıştır. İnsanların düşünce örgüsü, değer yargıları ve inançları, hep yeni açılan toplumsal kanallar içinde gelişmektedir. Bu süreç, siyasal ve toplumsal hayatın, yapıların, kurumların ve kadroların yeniden üretilmesidir.

Böylesine yaygın ve kökleşmiş bir harekete devletin, Türk basınının, Türk aydınlarının, Türk siyasal partilerinin öfke duymalarını, kin duymalarını, bunu bir türlü kabul edemiyor olmalarını kavramak mümkündür. Bu, Türk toplumunun, genel kültürüyle, genel kültürü oluşturan tarihsel birikimle ve tarihsel mirasla yakından ilgili bir sorundur. Devlet, Kürt deyince hâlâ eski Kürtleri hatırlamaktadır. Kürt örgütü deyince eski örgütlenmeleri aklına getiriyor. Onlarla, kolaylıkla başedebildiğini düşünüyor.

Biz, Kürtlerin son 35-40 yıldır sürdürdüğü mücadeleyi elbette biliyoruz. Kürtlerin, bu konulardaki düşüncelerini, örgütlenmelerini biliyoruz. Bunların çok değerli ve saygıdeğer olduğu da kuşkusuzdur. Rahmetli Kürt Bilgesi Musa Anter'in büyük bir isabetle belirttiği gibi eksilerden sıfır aşamasına gelinceye kadar çok büyük çaba sarf edilmiştir. Fakat Kürt toplumunu değiştiren, Kürt toplumuna kimlik ve kişilik kazandıran PKK olmuştur, PKK'nin düşüncesi ve eylemi olmuştur. Türk egemenlik sistemi, topluma kimlik ve kişilik veren her türlü düşünceye ve örgütlenmeye muhaliftir. Devlet, PKK'ye, kendi kafasında kurduğu Kürtlere benzemediği, o anlayışın taşıyıcısı olmadığı için Kürt toplumuna kimlik ve kişilik veren yeni bir anlayışın sahibi ve taşıyıcısı olduğu için kızgındır.

Devlet, kitlesel bir hareketle karşı karşıya olduğunu elbette bilmektedir. Bunun için en ağır silahlarını, hava kuvvetlerini, kara kuvvetlerini kullanmaktadır. Fakat bu durumu gizleyebilmek için "suçlu insanlar"a karşı mücadele söylemini sürdürmektedir.

Devlet, eşkıyaya karşı mücadele ettiğini dile getirmektedir. Devlet, bir taraftan savaş uçaklarını, kobra, Süper Kobra, Skorsky, Ohaç helikopterlerini, tankları, ağır topları, zırhlı araçları, dağ obüslerini, yüzbinlerce askerini kullanıyor, bir taraftan da üç-beş eşkıyadan söz ediyor. "Eşkıya" basit bir suçludur. Eşkıyaya karşı "suçlu vatandaş" muamelesi yapılır. Bunun için de polis ve jandarma harekâtı yeterlidir. Halbuki devlet, "3-5 eşkıya"ya karşı, hava kuvvetlerini ve kara kuvvetlerini etkin bir şekilde kullanmaktadır. Türkiye Cumhuriyeti Devleti, Bosna-Hersek'te Sırpların savaş uçağı kullanmaması için Birleşmiş

Milletler başta olmak üzere uluslararası bütün kurumları harekete geçirmeye çalışmaktadır... Sırplar'ın Bosna-Hersek'te savaş uçağı kullanması denetim altına alınmıştır. Fakat devlet "3-5 eşkıya" dediği Kürtlere karşı hava kuvvetlerini, süper kobralarını en etkili bir şekilde kullanmaktadır... Televizyonlarda, radyolarda ve gazetelerde, her gün, "Kobralarımız ölüm saçıyor" biçiminde haberler yer almaktadır. Bütün bunların Birleşmiş Milletler'in, Avrupa Konseyi'nin, Avrupa Parlamentosu'nun, Avrupa Güvenlik ve İşbirliği Teşkilatı'nın korumaya ve kollamaya çalıştığı değerler olduğu yakından bilinmektedir.

Devletin Kürt halkına yaptığı bu tehditlere karşı en etkili, en değerli cevap PKK Genel Sekreteri Abdullah Öcalan tarafından verilmiştir... "Onurumuz için tek bir ferdimize varıncaya kadar savaşacağız. Yok edilebiliriz, bu şerefli bir şey olur... Teslimiyet şerefsizliktir..." Bugün PKK'yi, Kürtleri güçlü kılan bu kesin karardır, bu tavır ve davranıştır. Eğer bir halk, bir ulus, ulusal ve toplumsal mücadelede böylesine kararlıysa, mücadelenin çok büyük bir aşama kaydettiği, mücadelenin yenilmezliği açıktır. Durmadan ölüm saçan savaş araç ve gereçlerinin Kürdistan'da büyük bir tahribat yarattığı açıktır. Fakat bu, bir yerde Türkiye'nin de tahribi anlamına gelmektedir. Tahribatı her zaman ormanların yakılması, köylerin yakılması, yıkılması, demiryollarının, fabrikaların, barajların, köprülerin kullanılamaz duruma getirilmesi biçiminde anlamamak gerekir. Aslında en büyük tahribat, insanların ruhsal yapılarında, beyinlerinde meydana gelmektedir.

BAŞKA BİR ULUSU EZEN ULUS DA ÖZGÜR OLAMAZ

Bugün Türk basını, Almanya'da Türklerin yakılması, evlerinin kundaklanması karşısında çok büyük tepki gösteriyor... Bu tepkileri her gün izliyoruz. Ama aynı basın, Kürdistan'da insanların yakılmaları karşısında duymaz, bilmez, görmez bir tavır sergiliyor. Örneğin, *Özgür Gündem*'i dağıttığı için arabası içinde gazeteleriyle birlikte yakılan Halil Adanır'dan söz eden oldu mu? İşte bu çifte standart zihinsel bir tahribatın, ruhsal bir tahribatın sonucudur. Kürdistan'da sürdürülen sömürgecilik, Türk insanının ruhsal yapısını, zihinsel yapısını bozmaktadır.

Bosna-Hersekli Müslüman kadınlara Sırp askerler tarafından gerçekleştirilen ırza tecavüz olayları karşısında Türk basını yoğun bir hassasiyet içindedir. Bu konularla ilgili kampanyalar açılmakta, "insanlık" ayağa kaldırılmaya çalışılmaktadır. Fakat hükümet yetkilileri, Türk güvenlik güçlerinin Kürdistan'da gerçekleştirdikleri benzer ırza tecavüz olayları karşısında, "20 yaşlarında gençler bu işleri yapabilirler" rahatlığı içindedir. Bunların çifte standartlı düşünce ve tutum ötesinde toplumsal hastalıklar olduğu açıktır. Ruhsal sağlığı yerinde olan bir kişi, bir yönetici böylesine derin bir manevi kriz sergileyemez. Bu hastalıkların temel kaynağı sömürgeciliktir. Kürdistan'da sömürgeciliği daha da sürdürme, yoğunlaştırma konusunda gösterilen ısrar, bu tür hastalıkları yaygınlaştıracak ve kemikleştirecektir. Halbuki toplumsal ve siyasal yaşantıya, insani ve moral değerleri egemen kılmak gerekir. Etik ve moral değerler medya alanına da egemen olmalıdır.

Bosna-Hersek için "İnsanlığa Davet" kampanyaları açan Türk basınının, Türk güvenlik güçlerinin, Kürdistan'da, köylere ve kasabalara uyguladığı ambargoyu hiç görmemesi, değerlendirmemesi, sadece çifte standart olarak değerlendirilemez. Bunun temelindeki psikolojik ve ruhsal hastalığı, bu hastalığın maddi nedenlerini de görmek gerekir.

Son yıllarda, Türk insanını Almanya'dan kovma çabalarının hızlandığını ve yoğunluk kazandığını görüyoruz. Almanya'da ırkçı akımlar güçlendikçe, bu konudaki düşünceler ve eylemler de güçlenmekte, sistematik bir politikaya kavuşmaktadır. Türk devlet ve hükümet yetkilileri, Türk basını, Türk siyasal partileri vs. bu politikaları ve uygulamaları eleştirmekte, suçlamaktadırlar. Bu ırkçı politikalar konusunda dünya kamuoyuna başvurarak Alman Devleti'nin uyarılmasını istemektedirler. Bunun normal bir süreç olduğu açıktır. Fakat Almanya'daki ırkçılık ile mücadele edenler Kürtleri, Batı Anadolu, Akdeniz gibi yörelerden kovmak için ciddi bir uğraş içindedirler. Bütün bunlar, insanın moral değerlerini zedeleyen, insanı eksilten olaylardır. Sömürgecilik, çifte standartlı yaklaşımların temel nedenidir. Ve bunlar, ruhsal bakımdan sağlıksız nesiller üretir.

Ölüm saçan Türk savaş araç ve gereçleriyle, Kürdistan'ın maddi bakımdan tahrip edildiği açıktır. Fakat Kürt insanları, ruhsal bakımdan, örneğin, 10-15 yıl öncesine nazaran çok güçlüdürler. Zulme ve baskıya karşı durmak Kürt insanına büyük bir güç ve moral vermektedir. Ama örneğin, Almanya'daki Türklerin yakılmasına tepki gösteren, Kürdistan'da, Kürtlerin, Türk güvenlik güçleri tarafından yakılmalarını onaylayan, alkışlayan Türk basını hiç güçlü değildir, sağlıksızdır...

Sömürgeciliğe karşı mücadele insanları sağlıklı kılar. Sömürgecilik yapmak, sömürgecilerin hizmetinde olmak, insanları hastalıklı yapar. Esas tahribat budur. 21. asrı Türk asrı yapmaya hazırlananların, "21. asır, Türk asrı olacak" diyenlerin, Kürt sorununa biraz da bu açılardan bakmalarında yarar vardır...

SEÇİLMİŞ KURUMLARIN SİYASAL DEĞERİ(*)

Türkiye'de halk tarafından seçilmiş kurumların ciddi bir siyasal ağırlığı yoktur. Türk siyasal hayatında, siyasal partiler, hükümet, Türkiye Büyük Millet Meclisi gibi halka dayalı, halkın özlemlerini ve isteklerini dile getiren, aksettiren veya öyle oldukları kabul edilen kurumlar önemli bir ağırlığa sahip değildir. Önemli konularda, hayati konularda uygulanacak politikayı saptayan kurum, Milli Güvenlik Kurulu'dur. Milli Güvenlik Kurulu'nun siyasal ağırlığı yanında, yukarıda sözü edilen kurumların hiçbir kıymet-i harbiyeleri yoktur.

Düşüncenin yargı konusu yapılmasıyla Türk siyasal hayatında, halk tarafından seçilen kurumların, halka dayalı kurumların önemli bir ağırlıklarının olmaması arasında yoğun bir ilişki vardır. Bunlar aynı ideolojik ve siyasal örgünün farklı boyutlarıdır.

Halk tarafından seçilmiş kurumların, halka dayalı kurumların ciddi bir ağırlığa sahip olmamaları, atanmış kurulların belirleyici ve tayin edici ağırlığa sahip olmaları Türk egemenlik sistemiyle yakından ilgili bir durumdur. Veya Türk egemenlik sorununun en önemli özelliklerinden, en önemli göstergelerinden biridir. Türkiye'de Kürt sorunuyla ilgili konularda siyasal partiler, hükümet, TBMM hiçbir insiyatife sahip değildir. Uygulanacak politikalar Milli Güvenlik Kurulu tarafından saptanır. Ve bu politiların hükümet tarafından uygulanması istenir. MGK'nin hükümete yaptığı tavsiyeler, aslında bir direktiftir. Hükümetin veya TBMM'nin saptanan bu politikaları tartışması, değiştirmesi mümkün değildir. Hükümet, bu politikaları harfi harfine uygulamakla görevlidir. Bu politikaların uygulanıp uygulanmadığı MGK tarafından denetlenir. Gerektiği gibi uygulanmadığı zaman hükümet uyarılır.

---

*- *Özgür Gündem, 24 Haziran 1993*

Resmi ideoloji, kişilere, kurumlara tüm topluma egemen kılınırken, resmi ideolojiye aykırı, resmi ideolojiyi eleştiren düşünceler de yargılanır. Düşüncenin yargılanması, örneğin, siyasal partilerin ülke gerçeklerini doğru dürüst kavramalarına ve sorunlara sağlıklı çözümler oluşturmalarına engel olur. Bugün Türk siyasal partileri Kürtler konusunda resmi ideolojiyi aynen tekrarlamaktadırlar. Kürdistan'ı, Kürt toplumunu kendi gözlükleriyle kavrama hakkına sahip değildirler. Düşüncenin yani kitapların, dergilerde ve gazetelerde yayınlanan yazıların yargılanması bu kurumlar üzerinde Demokles'in kılıcı gibi sallanmaktadır. Bu, daima resmi ideoloji gibi düşünmeleri için, onu sorgulamaktan kaçınmaları için yeterli bir nedendir. Siyasal hayatın kadroları ve yapıları resmi ideolojiyi gözetmek için ellerinden gelen her şeyi yaparlar. Resmi ideolojiyi korumak ve kollamak için azami ölçüde çaba harcarlar.

Kürt sorununa yaklaşım bakımından Türk siyasal partilerinin sağ veya sol diye ayrılmaları çok önemli değildir. Sosyal demokrasinin Kürt sorununu kavrayışıyla, ortaya koyduğu çözüm önerileriyle sağ partilerin hiçbir farkı yoktur. Türk sosyal demokrasisi, çok uzun yıllar, Kürtleri ve Kürtçe'nin varlığını inkâr etmiştir. Kürtlerin asimilasyonunu sağlamak için her olanağı kullanmıştır. Militarist politikaları ve uygulamaları hararetle savunmuş, desteklemiştir. Bunun çok koyu bir ırkçılık olduğu açıktır. Bu yönüyle Türk sosyal demokrasisinin dünyada bir örneğini daha bulmak zordur.

Marksist-Leninist sol ise bütün sol söylemlerine rağmen fiili olarak hep Kemalizmin istekleri doğrultusunda hareket etmiştir. Resmi ideolojiden, Kemalizmden çok fazla etkilenmişlerdir. Enternasyonalizm, halkların kardeşliği gibi kavramlar somut olaylar çerçevesinde değerlendirilmemektedir. Düşünceler, Lenin, Stalin gibi devrimcilerin düşünceleriyle doğrulanmaya çalışılmaktadır.

Türk siyasal partilerinin Kürt sorununa bulaşmalarına engel olmak, resmi ideolojiyi eleştirmelerini önlemek için devlet bütçesinden desteklenmeleri de özenle uygulanan bir politikadır.

Devlet bütçesinden yapılan bu yardımın siyasal partileri özgür kıldığı, özgürleştirdiği söylenemez. Bilakis onları bağımlı kıldığı, hatta zincire vurduğu açık bir gerçektir. "Mademki devletten para alıyorsun, o zaman devlet gibi düşünmeye mecbursun..." Düşüncenin idari ve cezai müeyyidelerle karşılandığı bir yerde, devletin bu tür hesaplarının olması çok doğaldır. Veya bu iki süreç arasında organik bir bağ vardır. Ve artık siyasal partiler, ülkenin toplumsal sorunlarını, toplumsal ve siyasal gerçekleri özgür bir şekilde yorumlayamaz bir duruma gelmişlerdir.

Türk siyasal partilerinin resmi ideolojinin bu boyutunu, yani Kürt sorunuyla ilgili boyutunu desteklemeleri için çok büyük bir çaba harcanmaktadır. Siyasal partiler deyince çok seslilik akla gelmekle birlikte siyasal partilerin çeşitli düşünceleri ifade ettikleri düşünülmektedir. Halbuki Kürt sorunu söz konusu olduğu zaman Türk siyasal partilerinin hemen hemen hepsi devletin yani resmi görüşün doğrultusunda düşünmekte, bu doğrultuda tavır ve davranış sergilemektedir.

İdeolojilerin genel olarak çok katı, donmuş düşünce sistemleri olduğu bilinmektedir. Resmi ideolojiyse devlet tarafından korunan ve kollanan, devletin cezai yaptırımlarıyla desteklenen bir ideoloji biçimidir.

Bu yönüyle resmi ideolojinin, dinsel karakterli olanıyla, laik karakterli olanı arasında çok büyük bir fark yoktur. Her ikisi de özgür düşüncenin önünde, bilimsel gelişmenin önünde büyük bir engeldir. Bilim, insan bilincinin ve insan aklının doğa, tarih ve insan hakkında özgürce düşünce üretmesi temelinde gelişir. İnsan aklına ve bilincine değer verir. Halbuki dinsel inançlar, kutsal kitaplar tarafından önceden saptanmış kurallara, kayıtsız ve şartsız teslimiyeti içerirler. Önceden saptanmış ve itaat edilmesi gereken kurallar söz konusu edildiği zaman resmi ideolojiyi de bu çerçevede değerlendirmek gerekir. Resmi ideoloji, nelerin düşünülmesi gerektiğini, hangi konuların düşünülmesinin yasaklandığını zaten tespit etmiştir. Bize bu bilgileri almak, zamanın ve mekânın koşullarına göre yeniden tekrarlamak kalıyor. Sorunlar karşısında nasıl tutum alınması, nasıl tavır sergilenmesi gerektiği yine ince ince belirtiliyor. Bilimdeyse temel dürtünün merak olduğu, bilimin son derece zengin bir düşünce çeşitliliği içinde ortaya koymaya çalıştığı sorunlara, sorulara cevap aradığı biliniyor. İşte, Türk siyasal partileri resmi ideolojinin korumaya ve kollamaya çalıştığı değerlerin geniş halk kitlelerine taşınmasında çok önemli bir rol üstleniyor. Bu değerlerin kitleler tarafından benimsenmesinde önemli çabalar sarf ediyor.

Siyasal partilerin dışındaki kitle örgütlerini de bu çerçeve içinde değerlendirmek mümkündür. Örneğin, işçi sendikalarının sol veya sağ içerikli olması, Kürt sorunu açısından çok önemli bir fark oluşturmaz. Düşüncelerinin, eylemlerinin içeriğinin sol olduğu söylenen sendikalar da, Kürt sorunu söz konusu olduğu zaman, resmi ideolojinin gözlüklerini kullanmaktadır. Resmi ideolojinin bilgilerini tekrarlamaktadır. Bu bilgilerin gerekliliğine göre tutum almaktadır, bunlara göre tavır ve davranış sergilemektedir. Düşüncenin yargılandığı ve bu yargılamaların çok doğal kabul edildiği bir ülkede, farklı bir tavrın oluşması olası değildir. Çünkü işçi sendikaları çok büyük bir kitleye dayanmalarına rağmen bu kitleyi etkili ve özgür bir şekilde harekete geçirme yetkisine ve özgürlüğüne sahip değildirler. Her kadar geniş bir kitleyi örgütlemiş olurlarsa olsunlar, resmi ideolojinin kurumları, sahip oldukları amaçlar, teknikler ve yaptırımlar itibariyle onlardan daha güçlüdürler.

Düşüncenin yargılandığı bir ortamda, resmi ideolojiyi kitlelere ulaştırmada kullanılan en önemli kurum, kuşkusuz basının kendisidir. Gazeteler, radyo, televizyon resmi ideolojiyi en iyi aksettiren kurumlar olmaktadır. Resmi ideolojinin yapılmasında, yeniden üretilmesinde önemli bir fonksiyona sahip olmaktadırlar. Basın, çifte standart sergileyen önemli kurumlardan biridir. Resmi ilanlar, basının siyasi iktidar tarafından denetim altında tutulabilmesinin önemli bir aracıdır.

Düşüncenin yargılandığı bir yerde bütün kurumlar resmi ideolojiyi tekrarlamak, resmi ideolojinin gelişip köklenmesine yardımcı olmak durumundadırlar.

Dinsel kurumları yine burada saymak gerekir. Din adamları, Diyanet İşleri Başkanlığı, müftüler vs. Kürt ulusal hareketine karşı etkili bir şekilde devreye sokulan kurumlardır. Kemalizme karşı durdukları-nı, Kemalizmi eleştirdiklerini vurgulamaya çalışan bazı İslamcı akımlar, Kürt sorunu konusunda aynen Kemalistler gibi düşünmektedirler. Tutumları, tavır ve davranışları da bu doğrultuda gelişmektedir.

Bosna-Hersek'te Müslüman Boşnaklar için kampanyalar açan İslamcı akımlar, Türk güvenlik güçlerinin Müslüman Kürt halkına karşı Kürdistan'da gerçekleştirdikleri yıkımları, zulmü, işkenceyi görmezden, duymazdan gelmektedirler. Giderek bu zulüm ve işkenceyi onaylar, tevşvik eder gibi bir duruma düşmektedirler.

Resmi ideolojinin toplum üzerindeki bu etkileri, ancak bilimin resmi ideolojiyi etkili bir şekilde eleştirebilmesiyle kırılabilir.

TÜRK AYDINI DÜŞÜNCE ÖZGÜRLÜĞÜNE KARŞIDIR(*)

"Türk aydını düşünce özgürlüğüne karşıdır" gibi bir yargının, epeyce ağır bir yargı olduğunu biliyorum. Fakat olguların sistematik bir şekilde izlenmesi sonucunda böyle bir yargı, ister istemez oluşuyor. Bu yargının ve bu yargıya nasıl varıldığının açıklanmasının gerekli olduğunu düşünüyorum. Bu yargının, bütün Türk aydınlarının düşüncelerini, tavır ve davranışlarını aksettirmediği de açık bir gerçektir. Düşünce özgürlüğünü kazanmak, yaşama geçirmek için mücadele eden Türk aydınları olduğunu da biliyoruz.

1. 9 Mayıs 1993 tarihinde, İstanbul'da, Türkiye PEN Yazarlar Derneği Genel Kurulu toplandı. Genel kurula katılan üyelerden 25'i, temel hak ve özgürlüklerin güvenceye alınmasıyla ilgili bir bildiri yayınladılar. Bu bildiride, Prof. İlhan Arsel'in, *Aydın ve Aydın* isimli kitabının ve Salman Rüşdü'nün *Şeytan Ayetleri* kitabının yasaklanmasına karşı tavır alınması gerektiği vurgulanmaktadır. Aynı bildiride, Aziz Nesin'in girişimiyle, "Türkiye'nin sürüklenmek istendiği dinsel bağnazlığa ve gerici hareketlere karşı kurultay" düzenlenmesi için çağrı da yapılmaktadır. Bunların yanında Nazım Hikmet'e yurttaşlık hakkı ve özel radyo ve TV'ler ile ilgili istemler de bildiride yer almaktadır. "Kültür mozaiğimizi oluşturan insanlar"ın anadillerini konuşabilmeleri, kültürlerini yaşatabilmeleri gereği üzerinde de durulmuştur.

Türkiye'de, kitaplara ve dergilere karşı, yayınevlerine karşı çok yoğun baskıların olduğu bilinmektedir. Terörle Mücadele Yasası etkin bir şekilde işletilmek istenmektedir. Baskıların, Kürtlerle, Kürt sorunuyla ilgili kitaplar yayınlayan yayınevlerine, Kürtler tarafından çıka-

---

*- *Özgür Gündem, 1 Temmuz 1993*

rılan dergilere karşı yapıldığı da bilinmektedir. Sözü edilen bildiride bunlardan hiç söz edilmemektedir. Sadece Prof. İlhan Arsel'in *Aydın ve Aydın* kitabının toplatılmasına, Salman Rüşdü'nün *Şeytan Ayetleri* kitabına Bakanlar Kurulu kararıyla yayın yasağı getirilmesine karşı tavır alınması istenmektedir. Aziz Nesin'in, *Şeytan Ayetleri* kitabıyla ilgili girişimine dikkat çekilerek destek verilmesi çağrısı yapılmaktadır. (*Özgür Gündem*, 12 Mayıs 1993, "Türkiye PEN Yazarlar Derneği'nin Genel Kurulu'na katılan üyelerden 25'i istemlerini dile getiren bir duyuru imzaladılar" başlıklı haber)

Bildiride, düşünme ve yaratma özgürlüğünü sınırlayan engellerden ve bunların kaldırılması gereğinden söz edilmektedir. Fakat bu çok genel bir ifadedir. Özel olarak ise yukarıda belirtilen iki kitaba vurgu yapılmıştır. İki yazarın ve kitabın, adının özel olarak vurgulanması, en ağır baskıların bu yazarlara, bu çevrelere yapıldığı gibi bir izlenim yaratmaktadır. Buysa Türkiye'deki somut gerçeği hiç aksettirmemektedir. En ağır baskıların, Kürtlerle ilgili kitaplar yayımlayan yayınevlerine, Kürtler tarafından çıkarılan dergilere ve gazetelere, Kürt sorunuyla ilgili yazılar yayımlayan dergilere yapıldığı bilinmektedir. Bunlara rağmen Türkiye PEN Yazarlar Derneği'nde örgütlenen yazarların bu konulara hiç dikkat çekmemesi, Türk yazarlarının bu tür baskılara karşı olmadıkları biçiminde yorumlanabilir. Biz, Türk yazarlarının, devlet tarafından Kürtlerle ilgili yayın yapanlara karşı gerçekleştirilen baskıları onayladığını düşünüyoruz.

2. Türkiye PEN Yazarlar Derneği'nin bu tutumu, Yurt Kitap-Yayın, Zagros, Ant, Sorun, Komal, Başak ve Tümzamanlar yayınevleri tarafından ayrı ayrı yapılan açıklamalarla protesto edilmiştir. Bu açıklamalarda, Türk PEN üyelerinin tavırları kınanmıştır. Bu açıklamalarda, Türk PEN üyelerinin aynen resmi ideoloji gibi düşündükleri, çifte standartlı oldukları, suya sabuna dokunmama çabaları, nüfusu 20 milyonu aşan Kürt ulusunu kendi mozaiklerini zenginleştiren küçücük bir grup olarak görmeleri, sorunlara yan çizici tavırları irdelenmiştir.

Yurt Kitap-Yayın tarafından yapılan açıklamada, "*Şeytan Ayetleri*'nin Bakanlar Kurulu kararı ile engellenmesine karşı çıkan bu 'cesur' insanlar, milyonlarca Kürtten 'kültür mozaiğimizi oluşturan insanlar' diye söz ederek, aynen resmi ideoloji gibi, devlet gibi düşünmüşlerdir" denilmektedir.

Türkiye PEN Yazarlar Derneği'nin duyurusunda, *Şeytan Ayetleri* kitabının yayımına engel konulması, *Aydın ve Aydın* kitabının toplatılmasının söz konusu edildiği belirtilerek "Sadece Yurt Kitap Yayın'ın, 'kültür mozayiğimizi oluşturan insanlarımız' dedikleri Kürtlerle ve Kürdistan'la ilgili 20 kitabına 30'dan fazla dava açılmıştır, kitaplar yasaklanmıştır" denilmektedir.

Komal Yayınları'ndan yapılan açıklamadaysa, Türk PEN üyelerine "aydın" demenin doğru olmadığı belirtilerek "Kemalist ideolojinin taşıyıcısı ve üreticisi bu 'demokrat' baylar nüfusu 20 milyonu aşan bir ulusu, kendi mozaiklerini zenginleştiren küçük bir ayrıntı olarak görmektedirler. Tek suçları Kürt olduğu için her gün onlarcası öldürülen, yüzlercesi işkence gören, burunları dibindeki bir ulusun acıları PEN'cileri Salman Rüşdü kadar rahatsız etmemektedir" denilmiştir.

Zagros Yayınlarından yapılan açıklamada da "Türk PEN'in kamuoyuna sunduğu duyurudan anlaşılan, yaşadıkları coğrafyada olup bitenlerden habersiz ve gözleri kapalı olarak dolaşmaktadırlar. Devletin Kürt halkına yaptığı baskı, yasaklama, cinayet ve zulme göz yuman böyle bir zihniyetin, bir halkın aydınları olarak geçinmesi utanç verici, yazarlık onuruna yakışmayan bir durumdur..." deniyor.

Başak Basın Yayın tarafından yapılan açıklamada, yayınevinin Kürtlerle ilgili olarak yayınladığı kitaplara yapılan baskılar dile getirilmektedir. Ant, Sorun ve Tümzamanlar yayınevleri de, Türk PEN'in duyurusuna ilişkin bazı eleştirilerini dile getirmektedirler. Ant Yayınları, Türk PEN'inin çifte standartlı olduğunu söylemektedir. Sorun Yayınları'nın açıklamasındaysa, Türkiye'nin gündemini belirleyen esas sorunlardan yan çiziyorlar denilmektedir. (*Özgür Gündem*, 15 Mayıs 1993, Yurt, Zagros, Ant, Sorun, Komal, Başak ve Tümzamanlar yayınevleri Türk PEN üyelerini kınadılar. "TÜRK PEN RESMİ İDEOLOJİ GİBİ DÜŞÜNÜYOR" başlıklı haber, Atilla Halis ve Şükrü Kalpakçı'nın haberi)

Yurt Kitap-Yayın, Komal ve Zagros yayınevlerinin daha çok Kürtlerle, Kürt sorunuyla ilgili yayınlar yaptığı bilinmektedir.

3. 21-22 Mayıs 1993 günlerinde, Ankara'da, "Yaşar Kemal Günleri" düzenlendi. "Yaşar Kemal Günleri"ni, Edebiyatçılar Derneği düzenlemişti. Program sonunda, "Yaşar Kemal'e Soru Yağmuru" vardı. Bu bölümde, Yurt Kitap-Yayın sahibi Ünsal Öztürk, Yaşar Kemal'e bazı sorular sormaya çalıştı. Yaşar Kemal'den, kendisine, devlet tarafından verilen ödüllerle, Yurt Kitap-Yayın'a devlet tarafından yapılan baskılar arasında ne gibi ilişkiler kurulabileceği, bu konudaki düşünceleri soruluyordu... Yaşar Kemal öfkeye kapılıyor, makul cevaplar vermiyor, Ünsal Öztürk'e hakaret ediyor, Ünsal Öztürk'ü aşağılamaya çalışıyor. Videoya alınmış, Yaşar Kemal için hiç hoş bir görüntü değil. Yaşar Kemal, bu sorular karşısında, büyük bir öfkeyle kürsüyü terk ediyor. Anayasa Mahkemesi Başkanı Yekta Güngör Özden, Yaşar Kemal'i teselli etmeye çalışıyor... (bk. *Özgür Gündem,* 23 Mayıs 1993, "Yayıncı Ünsal Öztürk'ün Sorusu Yaşar Kemal'i Kızdırdı, Yaşar Kemal Oturumu Terketti" başlıklı haber, s. 9)

"Yaşar Kemal Günleri"nin Edebiyatçılar Derneği tarafından düzenlendiğini bir kere daha belirtmekte yarar var.

4. 13 Haziran 1993 günü, Ankara'da, Edebiyatçılar Derneği'nin İkinci Olağan Genel Kurulu yapıldı. Genel kurul sonunda bir sonuç bildirgesi yayınlandı. Sonuç bildirgesinde, yöresel kültürlerin, ekonomik güçlerin yoğun saldırısına uğradığı, bu olgunun Türkiye'de de yaşandığı belirtiliyor. Bildiride, ayrıca, *Aydınlık* gazetesine ve Aziz Nesin'e yapılan saldırılar ve İlhan Arsel'in *Aydın ve Aydın* kitabının yasaklanması kınanıyor... (*Özgür Gündem*, 16 Haziran 1993, Edebiyatçılar Derneği Genel Kurulu Yapıldı başlıklı haber, s. 9)

* * *

Yukarıda Türkiye PEN Yazarlar Derneği'nin ve Edebiyatçılar Derneği'nin genel kurulları sonunda yayınlanan bildirilerden söz edildi. Türkiye PEN Yazarlar Derneği'nin toplantısında olduğu gibi Edebiyatçılar Derneği'nin toplantısında da, seçmeci bir tutum takınılıyor, Prof. İlhan Arsel'in *Aydın ve Aydın* kitabının yasaklanmasına, Aziz

Nesin'e ve *Aydınlık* gazetelerine yapılan saldırılara karşı tepkiler dile getiriliyor.

Halbuki yukarıda, Türkiye PEN Yazarlar Derneği'nin duyurusuna karşı bazı yayınevlerinin tepkilerini belirtmeye çalıştık. Demek ki bu tür tepkiler, Türk aydınlarını, Türk yazarlarını hiç etkilemiyor. Onlar, olayları, yine resmi ideolojinin gözlükleriyle görmeye devam ediyorlar. Öte yandan Edebiyatçılar Derneği tarafından düzenlenen "Yaşar Kemal Günleri"nin, "Yaşar Kemal'e Soru Yağmuru"nu, Yurt Kitap-Yayın sahibi Ünsal Öztürk'ün sorularını da kısaca belirtmeye çalıştık. Bunlara rağmen Türk yazarları, seçmeci bir tutum takınıyorlar, Prof. İlhan Arsel'in *Aydın ve Aydın* kitabının toplatılmasına, Salman Rüşdü'nün *Şeytan Ayetleri* kitabının yayınlanmasına engel olunmasına, Aziz Nesin'e ve *Aydınlık* gazetesine yapılan baskılara karşı çıkıyorlar. Buradan, onların öteki yazarlara, gazetelere, kitaplara yapılan baskıları onayladıkları sonucu çıkarılabilir. Türk aydını, Türk yazarı, devletin, Kürtlerle ilgili olarak geliştirdiği baskı mekanizmalarına karşı değil. Türk aydını, düşünce özgürlüğünü savunmuyor, sadece benimsediği değerlere bir baskı olduğu zaman ona karşı çıkıyor. Bu, Türk aydınının, devletin değerleriyle yetişmiş bir kategori olduğunu göstermektedir. Bu bakımdan Türk aydını devlet yönetiminde görev aldığı zaman aynen devlet gibi, yönetici gibi düşünür, yöneticilerin yaptıklarını yapar. Devletin değerlerine karşı bir baskı olduğu zaman Türk aydını, o baskıya tepki göstermektedir. Prof. İlhan Arsel ve onun *Aydın ve Aydın* kitabı da, devletin korumaya ve kollamaya çalıştığı değerleri savunmaktadır. Bunlar, kısaca laiklik kavramı etrafında oluşan değerlerdir. Halbuki devletin ırkçılık ve sömürgecilik kavramları etrafında oluşan değerleri de vardır. Devletin ırkçı ve sömürgeci politikalarını eleştiren, devletin bu konuda oluşturduğu değerleri zedeleyen yazarlara, yayınevlerine, gazetelere yapılan baskıları, Türk aydını, Türk yazarı onaylamaktadır. Bütün Türk aydınlarının, Türk yazarlarının bu görüşte olmadığı açıktır. Örneğin, Türkiye PEN Yazarlar Derneği'nin, 25 kişinin imzasını taşıyan duyurusunda adı geçen Ragıp Zarakolu'nun böyle düşünmediğini yakından biliyoruz. Ragıp Zarakolu, PEN Genel Kurulu'nun duyurusu üzerine kaleme aldığı, "Biraz

Daha Cesaret Lütfen!" başlıklı yazısında bunu belirtiyor... (*Özgür Gündem*, 12 Mayıs 1993) Biz, bunun cesaret eksikliği olmadığını, Türk aydınının düşüncesinin, tavır ve davranışının içeriğinin böyle olduğunu vurgulamaya çalışıyoruz. Devletin değerleriyle yetişen, değerleri sorgulamayı düşünmeyen bir kategorinin farklı tavır geliştirmesi mümkün değildir.

Sağcı olduğunu söyleyen Türk yazarları, Türk profesörleri düşünce özgürlüğüne karşı olduklarını, örneğin, Kürtlerle ilgili düşüncelerin suç sayılması gerektiğini açıkça söylüyorlar. Örneğin, Prof. Dr. Nur Vergin, düşünce özgürlüğüne karşı olduğunu, devletin, resmi görüşü eleştirenlere ceza verebileceğini, cezaevine koyabileceğini açıkça söylemektedir. (bk. *Yeni Zemin*, Sayı 1, Ocak 1993), s. 68; Mehmet Metiner'in, Prof. Dr. Nur Vergin ile yaptığı röportaj, s. 62-71) Bazı sosyal demokratlar da böyle düşünüyor. Fakat solda yer alan yazarlar, bunu açıkça söylemiyorlar. Genel planda düşünce özgürlüğünün gereğini ifade ediyorlar, fakat Kürtlerle ilgili yayınlara karşı devletin geliştirdiği baskıları da hiç eleştirmiyorlar. Devletin Kürtlere karşı sürdürdüğü ırkçı ve sömürgeci politikalar ve uygulamalar karşısında sessiz kalıyorlar, bu baskıları onaylıyorlar. Devletin değerleri, sağcı ve solcu Türk yazarları tarafından aynı oranda korunuyor ve kollanıyor. Bu değerlerin ırkçı ve sömürgeci politikalar ve uygulamalar etrafında oluştuğu bilinmektedir.

Kürt kimliğine ve Kürdistan kimliğine karşı olmak, Kürtlerin asimilasyonunu gerçekleştirmek, Türk Devleti'nin en önemli değeridir.

TÜRK USULÜ BAŞKANLIK SİSTEMİ(*)

Demokratik bir yönetim biçimini benimseyen bütün ülkelerde parlamento vardır. Parlamentolar halk tarafından belirli bir süre için seçilen meclis veya meclislerden oluşur. Demokrasilerde, hükümet şekilleri değişik olabilir. Parlamenter hükümet veya başkanlık sistemi önemli hükümet biçimleri olarak görülmektedir.

Türkiye'de halen yürürlükte olan sisteme parlamenter demokrasi, parlamenter hükümet denmektedir. ABD'de uygulanan demokratik sisteme de başkanlık sistemi denmektedir. Parlamenter siyasal düzenlerde yürütme organı seçimle kurulmuş yasama organına karşı sorumludur. Bunun, parlamenter siyasal düzenin önemli özelliklerinden biri olduğu bilinmektedir.

ABD'deki siyasal sistemle Türk siyasal sistemi karşılaştırılırken ABD'de yürütme organının çok güçlü olduğu, Türkiye'nin de güçlü bir yürütme gücüne sahip olması gereği üzerinde durulur. "Türkiye'de de başkanlık sistemi veya buna yakın bir sistem uygulanmalıdır" denir. 8. Cumhurbaşkanı Turgut Özal ve bazı yazarlar, profesörler, bu düşünceleri ve özlemleri dile getirmişlerdir. "İkinci Cumhuriyet"i savunanların genel olarak bu doğrultuda düşündükleri söylenebilir. İkinci Cumhuriyet anlayışına karşı çıkanlar ise parlamenter sistemi yoğun bir şekilde savunmaktadırlar. Bunlar, başkanlık sisteminin Türkiye'nin toplumsal ve siyasal yapısına hiç uygun düşmediğini, Türkiye'nin toplumsal ve siyasal yapısına uygun düşen en güzel sistemin parlamenter sistem olduğunu vurgularlar. Güçlü yürütme organının, güçlü icranın Türkiye'nin yapısına hiç uygun düşmediğini belirtirler.

Bu tartışmaları yapanlar, Türk siyasal sisteminde Milli Güvenlik

---

*- *Özgür Gündem, 8 Temmuz 1993*

Kurulu'nun rolüne, MGK'nın siyasal sistem içindeki ağırlığına hiç dikkat çekmiyorlar. Böyle bir kurum yokmuş gibi düşünüyorlar, davranıyorlar. Parlamenter sistem veya başkanlık sistemi tartışmasına katılıyorlar. Türk siyasal hayatında, siyasal partilerin, hükümetin, Türkiye Büyük Millet Meclisi'nin büyük bir ağırlığı, fonksiyonu varmış gibi tutum takınıyorlar. Halbuki Türk siyasal sisteminin fiili işleyişine baktığımız zaman, siyasal partilerin, hükümetin, hatta TBMM'nin, sistem içinde ciddi bir ağırlığa sahip olmadıklarını görüyoruz. Türk siyasal sisteminde ağırlığı olan kurum, tayin edici ve belirleyici kararları veren kurum MGK'dır. MGK, anayasal bir kurumdur. (Anayasa, md. 118) Kararları tavsiye niteliğindedir. MGK'nın, tayin edilmiş bir kurul olduğu açıktır. MGK, Cumhurbaşkanı'nın başkanlığında, Başbakan, Genelkurmay Başkanı, Milli Savunma, İçişleri, Dışişleri Bakanları, Kara, Deniz ve Hava Kuvvetleri Komutanları ve Jandarma Genel Komutanı'ndan kurulur. Kararların, askerlerin düşünceleri ve istekleri doğrultusunda alındığı besbellidir. Fiili duruma baktığımız zaman MGK'nın "tavsiye" niteliğindeki kararlarının Bakanlar Kurulu tarafından "direktif", "emir" olarak anlaşıldığı açıktır. Zaten MGK kararlarının, Bakanlar Kurulu'nca, "özellikle dikkate alınması" istenir. Bunun da "tavsiye"den daha önemli bir anlam taşıdığı bellidir.

Türk siyasal sisteminin fiili işleyişine baktığımız zaman, Türkiye'nin bazı sorunları konusunda politikalar saptanması, bu politikaların hükümet tarafından uygulanıp uygulanmadığının denetlenmesi, tamamen MGK'nın yetki alanı içine girmektedir. Bu yönüyle MGK, hükümetin ve TBMM'nin üstünde bir kuruldur. Türkiye için önemli olan sorunların saptanmasında, yetkili olan kurul yine MGK'dır. Burada siyasal partilerin, hükümetin, TBMM'nin hiçbir ağırlığı yoktur. Bu, Türk siyasal sisteminin işleyişinde izlenebilen ve gözlenebilen fiili bir durumdur. Türk egemenlik sistemiyle uyumlu bir durumdur. Örneğin, Kürt sorununun nasıl kavranılacağı, ne gibi politikalar saptanacağı, bu politikaların hükümet tarafından nasıl uygulanıp uygulanmadığının denetlenmesi, MGK'nın yetki alanındadır.

Türkiye'de zaman zaman, Cumhurbaşkanı'nın ve Başbakan'ın fonksiyonlarından, bunların, birbirlerinin yetkilerini kısıtladıkları iddialarından dolayı "iki başlı yürütme"den söz edilmektedir. Türk basınında, zaman zaman bu tür tartışmalar yapılmaktadır. Halbuki MGK'nın fiili ağırlığı karşısında bu "iki baş"ın da ciddi bir ağırlığı olmadığı izlenebilmektedir. "Parlamentoya karşı sorumlu hükümet" kavramı etrafında yine aynı şeyler söylenebilir. Aslında Bakanlar Kurulu'nun, parlamentoya değil, MGK'ya karşı sorumlu olduğu açıkça gözlenebilen bir durumdur. Sadece Bakanlar Kurulu'nun değil, parlamentonun bile MGK'ya karşı sorumluluk taşıdığı bir gerçektir.

ABD'de yürütmenin güçlü olduğu biliniyor. ABD Başkanı halk tarafından seçilir. Başkan'ın ABD Kongresi karşısında önemli bir ağırlığı vardır. ABD'de hükümetin, pek çok konuda kongreye karşı bir sorumluluğu yoktur.

Türkiye Büyük Millet Meclisi halk tarafından seçilmiş bir kurumdur. Hükümetin de bu meclis içinden çıktığı bilinmektedir. Parlamenter demokraside siyasal partilerin kamuoyunu, çeşitli sosyal sınıfları, baskı gruplarını temsil eden çok önemli kurumlar olduğu da biliniyor. Bu durumda, çok partili demokraside, halkın oylarıyla seçilmiş ve siyasal partilerin temsil edildiği parlamentolar, siyasal iradenin tecelli ettiği yerler olmalıdır. Ve bu kurum üzerinde, buna direktif verebilecek, faaliyetlerini sınırlayabilecek herhangi bir kurum olmamalıdır. Halbuki Türkiye'deki durum hiç böyle değildir. Tayin edilmiş kurumların, özellikle MGK'nın Türk siyasal sistemi içindeki fiili ağırlığı çok büyüktür. MGK'nın "tavsiye"lerini yani emirlerini, direktiflerini eleştirebilecek, bu emirlerin yerine getirilmesine karşı çıkabilecek hiçbir güç mevcut değildir. Aslında çeşitli yönlerden, ABD'deki Başkanlık sistemindeki "başkan"dan çok daha güçlü bir yürütme, icra kurumuyla karşı karşıyayız. Bu, MGK'nın bizzat kendisidir. Hükümet, MGK adına işleri yürüten bir görüntüye sahiptir.

ABD'de başkan, gücünü halk tarafından seçilmiş olmaktan alır. Türk siyasal sistemindeki MGK ise gücünü ordudan alır, polisten, silahlı güçlerden alır. MGK, Türk siyasal sistemi içinde organik olarak yer almış bir kurumdur. MGK, siyasal bir kurumdur, ona idari bir kurum olarak bakmak yanıltıcıdır. MGK kendini bu tür yetkilerle donatmıştır. Türk parlamentosu, kendi yetkilerini kısıtlayan bu durumu gönüllü olarak kabul etmektedir. Bu, Türk demokrasisinin en önemli açmazlarından biridir. Bu sürecin demokratik bir içerik taşımadığı açıktır. Türk egemenlik sistemi anlayışına uygundur. Türkiye Cumhuriyeti Devleti, Kürdistan'da sömürgecilik yapmaktadır. Sömürgecilik, ancak böyle bir sistemle yürütülebilir. Zira hem sömürgecilik yapmak, hem de bunu gizlemek önemli olmaktadır. Siyasal partiler, parlamento, parlamenter hükümet gibi kurumları sömürgeciliği gizleyici kurumlar olarak değerlendirmek mümkündür.

Bu ilişkilerin, son günlerde yaşanan çok çarpıcı bir örneği, Kürt Kurultayı'na ilişkin olarak yaşandı. Kurultay, 25-27 Haziran 1993 tarihleri arasında Ankara'da düzenlenecekti. İnsan Hakları Derneği ve Aydın İnisiyatifi tarafından düzenlenen kurultaya Cumhurbaşkanı Süleyman Demirel ve Başbakan Yardımcısı Erdal İnönü, siyasal partilerin temsilcileri de davet edilmişti. Cumhurbaşkanı ve Başbakan Yardımcısı, Kürt Kurultayı'na katılacaklarını belirtmişlerdi. Ankara Valisi, Kürt Kurultayı'nın toplanmasını yasakladı. Yasaklamanın MGK anlayış ve politikası doğrultusunda yapıldığı besbellidir. Bu politika ve anlayış karşısında halk tarafından seçilmiş kurumların hiçbir ağırlığı yoktur.

MGK düşüncesi ve anlayışı doğrultusunda yönetilen devletin illegal bir yönü muhakkak vardır. Devlet bu illegal çekirdek tarafından yönetilmektedir. Siyasal partiler, hükümet, parlamento, yargı kurumları, basın vs. bu illegaliteyi gizleyici birer perdedir. Hükümet, illegal devletin bütün eylemlerini savunmak zorundadır, bunları savunduğu sürece hükümet olma vasfını sürdürebilmektedir. 2 Temmuz 1993 günü Sivas'ta, "Pir Sultan Kültür Etkinlikleri" sırasında meydana gelen olaylar, bunun yine çarpıcı bir örneğidir.

Ragıp Zarakolu, "Gizli Bir El" isimli yazısında, (*Özgür Gündem*, 21 Haziran 1993) Türk siyasal sistemini "yarı-başkanlık sistemli iktidar tarzı" kavramlarıyla değerlendirmektedir. Ercan Kanar da, Türkiye Cumhuriyeti'ni "Emret Komutanım Cumhuriyeti" sözcükleriyle anlatmaktadır. ("Emret Komutanım Cumhuriyeti", *Özgür Gündem*, 25 Haziran 1993)

Demokrasinin temel kurallarından biri askeri otoriteyi sivil otoriteye bağlamaktır. Halbuki Türkiye'de, MGK gibi kurullarla sivil otorite tam anlamıyla askeri otoriteye bağlı duruma getirilmiştir. Bugün Türk yargı kurumları, Türk basını, Türk siyasal partileri, demokratik kitle dernekleri olduğu söylenen çeşitli dernekler, sendikalar, din kurumları vs. MGK'nın yan kuruluşları gibi çalışmaktadır. Siyasal partiler, ancak MGK anlayışını benimseyerek hükümet olabilmektedirler. Siyasal partiler, dernekler, bu anlayışı gerçekleştirme konusunda birbirleriyle yarışa girmektedirler. Bosna-Hersek'te, Sırpların savaş uçakları kullanamaması ve Birleşmiş Milletler'in, Sırpların savaş uçakları kullanmasının denetim altına alınması konusunda hükümeti uyaran siyasal partiler, Kürt sorunu söz konusu olduğu zaman aynı hükümeti, "Neden daha çok savaş uçağı alınmıyor?", "Neden daha çok süper kobra alınmıyor?.." diyerek eleştirmektedirler.

MGK gibi kurumlarla, Türkiye'de demokrasiyi kurmak, insan haklarını geliştirmek, kökleştirmek mümkün değildir. Buna rağmen Türk üniversitesi, Anayasa Hukuku Kürsüleri, Anayasa Hukuku okutan profesörler, Türk siyasal sisteminde MGK gibi kurulların ağırlığını hep gözden uzak tutacaklar, bu kurumlara ciddi bir eleştiri getirmeyeceklerdir. Çünkü Türk üniversitesi, MGK'nın direktifleri doğrultusunda çalışan kurumların başında yer almaktadır. Fakat Özgür Üniversite'nin, BİLAR'ın, BİLSAK'ın, Türk siyasal sisteminin, Türk egemenlik anlayışının bu temel niteliğine dikkat çekecekleri, bu konuyla ilgili açıklamalar geliştirecekleri kuşkusuzdur.

"BEN DE ANNEYİM..."(*)

Başbakan Tansu Çiller, Doğru Yol Partisi Genel Başkanlığı'na seçildiği günlerde, Kürt sorunuyla ilgili olarak ne düşündüğünü soran gazetecilere, "...Ben de anneyim, oğulları şehit olmuş annelerin, şehit asker annelerinin neler hissettiklerini, acılarını, yakından biliyorum, hissediyorum..." diyordu. Bugün de buna benzer şeyler söylüyor. Bu acıları dindirmek, bitirmek için kararlı olduğunu da vurguluyor.

Başbakan Tansu Çiller, annelerin acısı, annelerin ızdırabı, üzüntüsü denildiği zaman hep, Kürt gerillalarla çatışmalarda oğulları ölmüş anneleri hatırlamaktadır. O annelerin acılarını, o annelerin kederlerini dile getirmektedir. Fakat sadece bu annelerden, bunların kederlerinden söz etmektedir. Bir savaşta, bir çatışmada, gencecik oğlu ölmüş, öldürülmüş annelerin acılarını hissetmemek mümkün değildir. Oğlunun terhis olup eve gelmesini bekleyen, onun gelişiyle ve daha sonraki yaşantısıyla ilgili olarak pek çok hayaller kurarken birdenbire onun cenazesiyle karşılaşan annenin ruhsal yapısını anlamak, hissetmek kolaydır. Bununla beraber, şunu da düşünmek gerekir. Her gün merakta olanlar, acı ve keder içinde olanlar, sadece oğulları asker olan anneler midir? Şöyle düşünülsün: Oğlundan aylarca, yıllarca haber alamayan bir anne... Bir gün, önüne bir çuval kemik bırakıyorlar. İşte bu senin oğlun diyorlar. Hakaret ediyorlar, tehdit savuruyorlar, aşağılıyorlar, "sıra sana da gelecek..." diyorlar, gülerek, oynayarak bırakıp gidiyorlar. İskelet parçalanmış, beyin dağılmış, etleri ayrılmış, kupkuru kalmış bir ceset, çok ağır işkencelere maruz kalmış bir ceset. Böyle bir olayla karşılaşan anne neler düşünür, neler hisseder acaba? Henüz 20'li yaşlarda olan veya henüz 20 yaşına bile varmamış olan oğlunun, bu biçimdeki bir cesediyle karşılaşan annenin ruhsal durumu nasıl biçimlenir acaba? Böyle bir annenin ruhundaki fırtınaları, dalga

---

*- *Özgür Gündem, 15 Temmuz 1993*

dalga büyüyen, derinleşen acıları nasıl anlatmak gerekir? "Ben de anneyim..." diyen Başbakan bu annelerin duygularını, düşüncelerini bilinçli olarak dikkate almıyor, bunları, gözlerden, dikkatlerden uzak tutuyor. Böylece bu anneleri, onların duygularını, düşüncelerini aşağılamaya çalışıyor.

Bir anne düşünün... Bir gün oğlunun cesediyle karşılaşıyor... Evin kapısına bırakıp gidiyorlar. Kafatası dağılmış, gözler çıkarılmış, burnu kesilmiş, kulakları kesilmiş, iskeleti parçalanmış bir ceset... Henüz 20 yaş çağlarını yaşayan, belki yirmisine bile henüz ulaşmamış oğlunun böyle bir cesedi ile karşılaşan annenin ruhsal durumunu anlatabilmek, tarif edebilmek mümkün müdür? Kafası koparılmış, kafatası parçalanmış, gözü çıkarılmış, kulağı kesilmiş, burnu kesilmiş, dili koparılmış, kolları, bacakları kırılmış cesetlerle karşılaşan insanların ruhsal yapıları nasıl anlatılabilir?

Bu annelerin duyguları, acıları, kederleri, "Ben de anneyim..." diyen Başbakan Tansu Çiller bakımından hiçbir şey ifade etmemektedir. Devamlı şehit askerlerin annelerinden söz ederek, bunların acılarını dile getirerek başka anneleri yok saymaktadır, onları aşağılamaktadır. Kaldı ki bu anneler, çoğu zaman oğullarının, kızlarının cesetlerine bile sahip olamazlar. Çatışmalarda canlı olarak ele geçirilen gerillalar uçaklara ve helikopterlere bindirilerek nerelere atılmıştır? Cesetlerinin parçaları hangi dağlara, hangi vadilere savrulmuştur? Kurtlara, kuşlara nasıl yem edilmiştir, belli değildir. Ailelere teslim edilen cesetlerin çoğu parça parçadır. Gerillaların öldürülmeden önce işkence gördükleri çok açık bir şekilde belli olmaktadır.

Bütün bunlar Kürdistan'da binde bir kere rastlanan olaylar değildir, her gün yaşanmaktadır, Kürdistan'ın her yerinde yaşanmaktadır. Fakat Türk basını, Türk kamuoyunun, Kürdistan'da yaşanan bu zulmün bilincine varmamaları için her türlü olanağını seferber etmektedir. Yalçın Küçük hocamızın belirttiği gibi Türkiye'de, en büyük terörist Türk basınının kendisidir. Türk basını, devlet terörünün tırmanmasına elverişli bir ortam hazırlıyor, devlet terörünün yükselmesine, yoğunluk kazanmasına meşruluk kazandırmaya çalışıyor. Bu ortamda, sadece oğulları çatışmalarda ölen analar, asker anaları gündemde tutuluyor. Televizyonlarda bu anaların görüntüleri, gazetelerde, dergilerde bu anaların fotoğrafları yer alıyor. Bazen bu analarla yapılmış röportajlar yayınlanıyor. Türk basını, bu konularda, öyle yoğun bir terör estiriyor ki oğulları, kızları öldürülmüş, şehit edilmiş başka analar da olabileceği düşüncesi kamuoyunun bilincine çarpmıyor veya Türk basınının yarattığı terörün amacı, başka analar da olabileceği konusunun kamuoyunun bilincine çarpmasını önlemek biçiminde ortaya çıkıyor.

TV'lerde, devlet güçleri tarafından köyleri yakılan, evleri yakılan, yıkılan, oğulları, kızları çatışmalarda öldürülmüş anaların görüntüleri yer alıyor mu? Türk gazeteleri, bu anaların fotoğraflarını yayımlıyor mu? Helikopterlerle, savaş uçaklarıyla, tanklarla, toplarla, zırhlı araçlarla, panzerlerle, evleriyle yakılan, yıkılan, yiyecek ve giyecek eşyaları kullanılmaz hale getirilen, hayvanları kurşunlanan, oğulları, kızları öldürülen analar neler hissederler, acaba? "Ben de anneyim..." diyen Başbakan Tansu Çiller bu anaları neden görmezden geliyor, bu anaların acılarını, kederlerini neden yüreğinde duymuyor? Neden bu tavır ve davranışlarıyla bu anaları horlamaya, aşağılamaya gayret ediyor? Bunlar bilinmez, bilinemez şeyler değildir. Bunların sömürge politikaları olduğu açıktır. Sömürge politikalarıyla, kardeşliğin, birlik ve bütünlüğün oluşamayacağı ise açıktır.

Türk basını, özellikle kış aylarında PKK'ye karşı, Kürt gerillalara karşı süper kobra ve kobra helikopterleriyle, savaş uçaklarıyla, tanklarıyla, zırhlılarıyla, toplarıyla, panzerleriyle sürdürdüğü savaşta şöyle bir söylem geliştiriyor: "...Kahraman Mehmetçiklerimiz çok olumsuz hava koşullarına rağmen operasyonları sürdürüyor", "Birliklerimiz soğuğa, metrelerce kara ve buza rağmen dağın zirvelerine doğru tırmanmaya devam ediyor..." vs. "Uçaklarımız ve süper kobra helikopterlerimiz, dış güçlerin maşaları teröristler üzerine bomba yağdırıyor", "Dış güçlerin maşaları inlerinde imha edilecek, inleri başlarına yıkılacak." Türk basınının terörist niteliğini, devlet terörünü teşvik eden ve tırmandıran niteliğini burada da görmekteyiz. Halbuki soruna, Kürtler açısından bakmak da mümkündür: Henüz 20'li yaşlarda olan insanlar, belki de henüz 20 yaşına bile ulaşamamış genç insanlar, bu soğukta, bu karda, kışta dağların zirvelerinde, mağaralarda vs. ne arıyorlar? Neyin mücadelesini yapıyorlar, ne istiyorlar? Düşünceleri, özlemleri, beklentileri nedir? Bu kadar olumsuz koşullara rağmen mücadelelerini neden sürdürüyorlar? Bu kadar büyük bir fedakârlığa ve vefakârlığa neden katlanıyorlar? Dünyayı, kendilerini nasıl algılıyorlar, nasıl kavrıyorlar? İnançları, düşünceleri nedir? Aslında bunlar ve benzeri sorular üzerinde soğukkanlı bir şekilde durulduğu zaman, sorunun kavranılmasında ve sağlıklı çözüm yolları aranmasında önemli bir adım atılmış olur. Dış güçlerin maşası olmak, bu kadar büyük bir fedakârlık, vefakârlık ve kararlılık gerektirir mi? Fakat basın o kadar büyük bir terör yapıyor ki Türk kamuoyu, sorunun bu yüzünü düşünemez, kavrayamaz bir hale geliyor. Daha doğrusu, basının yarattığı terör ortamında, sorunun bu yüzü Türk kamuoyunun, Türk insanlarının bilincine çarpmıyor. Sorunun bu yüzünü Türk kamuoyunun bilincine çarptırmamak, medyanın önemli bir amacı olarak beliriyor. Bu koşullar altında Türk kamuoyu, Kürtlerin, Kürt gerillaların özlemleri, istemleri ve beklentileri konusunda sağlıklı bilgilere sahibi olamıyor.

Halbuki Kürtlerin ulusal ve toplumsal kurtuluş mücadelesinin en büyük şansı, dayanağı da burada belirmektedir. Bu kadar derin ve yoğun bir fedakârlığın ortaya çıktığı yerde, Kürdistan'a ve Kürt ulusuna bağlılık bilincinin ortaya çıktığı bir yerde, ulusal ve toplumsal kurtuluş mücadelesi, kuşkusuz başarıya doğru ilerler. Bu süreci, "dış güçlerin maşaları" sözleriyle kavramak mümkün değildir. Fakat oğlunun, kızının parçalanmış, işkence görmüş cesetleriyle karşılaşan Kürt anaları sürecin bilincindedir. Bunca zulüm neden yapılıyor, biliyor, bu bilinç gün geçtikçe büyüyor, derinleşiyor, yaygınlaşıyor...

"Ben de anneyim, şehit annelerinin acılarını yakından hissediyorum..." demek ve sadece asker annelerini dikkate almak, diğer anaları görmezden gelmek, demokratik bir söylem değildir. Özel Savaş'ın bir söylemidir, sömürgeci bir söylemdir. Bu tür söylemlerle ve bu söylemler doğrultusunda gelişen uygulamalarla "birlik ve beraberlik" kurmak, "kardeşlik" kurmak mümkün değildir.

“KÜRT TERÖRÜ”(*)

Türk basını, Türk siyasal partileri, Türk üniversitesi, Kürt sorununu bir terör sorunu olarak ele almaktadırlar. Türk aydınları da, Kürt sorununu, aşağı yukarı bu doğrultuda değerlendirmektedir. Bu kategoriler, Kürt sorununu, Kürt toplumunun ulusal ve demokratik hakları, Kürtlerin hakları açısından ele almaktan ziyade, emperyalizmin planları açısından ele almaktadırlar. Buna göre emperyalizm, Türkiye Cumhuriyeti Devleti'ni veya Osmanlı Devleti'ni zayıf düşürmek için Kürt sorunu gibi, Ermeni sorunu gibi “yapay” sorunlar yaratmakta, zaman zaman bunları kışkırtmaktadır. Bu kışkırtmalarla sorunu yaygınlaştırmaya ve derinleştirmeye çalışmaktadır. Bu, resmi ideolojiye uygun bir anlayıştır, Türk egemenlik sistemine uygun bir anlayıştır.

Bu tür sorunlara, sadece resmi ideoloji açısından, Türk egemenlik sistemi açısından bakmak doğru değildir. Bu tavırla sağlıklı sonuçlara da varılamaz. Halbuki bu sorunlara, Kürtler ve Ermeniler, Kürdistan ve Ermenistan açısından bakmak da mümkündür. Bu tür sorunlarda, emperyalizmin politikaları ve uygulamaları kuşkusuz söz konusudur. Fakat her şeyden önce emperyalist devletlerin, örneğin, Kürdistan'ın bölünmesi, parçalanması ve paylaşılması sonucunu doğuran politikaların incelenmesi önemli olmaktadır. Esas emperyalist politika budur ve bu politika örneğin, Kürt toplumunu çok güçsüz bırakmıştır. Kürdistan'ın, Ermenistan'ın, Çerkes toplumunun uğradığı, karşı karşıya kaldığı büyük yıkım bununla çok yakın bir şekilde ilgilidir. Soruna, Kürt toplumunun, Ermeni toplumunun, Çerkes toplumunun hakları açısından baktığımız zaman bölünmenin, parçalanmanın, paylaşılmanın ve sürgünlerin ortaya çıkardığı yıkımları kavramak mümkündür. Soruna, resmi ideoloji açısından, Türk egemenlik sistemi açısından baktığımız zaman bu ülkelerin, bölünmeleri, parçalanmaları ve payla-

*- *Özgür Gündem, 22 Temmuz 1993*

şılmalarıyla ilgili süreçler hep dikkatlerden uzak kalmaktadır.

1920'li yıllardan beri Kürtlerin ulusal ve demokratik hakları gasp edilmiştir. Kürtlerin ulusal, toplumsal ve kültürel varlığı inkâr edilmiştir. Kürtler Türk sayılmış, Kürtçe, Türkçe'nin bir ağzı sayılmıştır. Kürtlerin asimilasyonunu gerçekleştirmek için her türlü yöntem düşünülmüş, uygulanmıştır. Bu yöntemlerin, ancak devlet terörü eşliğinde uygulanabildiği, devlet terörüyle yaşama geçirildiği açıktır. Günümüzde ulusal ve toplumsal kurtuluş mücadelesinin sonucu olarak artık Kürtler ve Kürtçe inkâr edilememektedir. Bu, fiili bir durumdur. Fakat Türk devlet ve hükümet yetkilileri, durmadan Kürtlere, Türk olarak yaşamaktan başka Türkleşmekten başka hiçbir yolları olmadığını anlatmaktadır. Kürt ulusal ve demokratik haklarının hayalden başka bir şey olmadığını anlatmaktadır. Buna rağmen Türkiye'de Kürt sorunu diye bir sorunun mevcut olmadığını da vurgulamaktadır. Hem nüfusu 20 milyonu aşkın bir halkın ulusal ve demokratik haklarını gasp etmekte, hem de Kürt sorununun mevcut olmadığını, eşkıya sorununun var olduğunu belirtmektedir. Bu düşüncesini ve politikasını devlet terörü eşliğinde yaşama geçirmeye çalışmaktadır.

Son 10-15 yıldır, Kürt toplumunda, çeşitli nedenlerden dolayı çok yoğun ve kapsamlı değişmeler gerçekleşmiştir. Bu toplumsal ve siyasal değişmeler sürmektedir. Kürtler, adeta kendilerini keşfetmektedirler. Kürtler, artık ulusal ve demokratik haklarının ve bu haklarının gasp edildiğinin bilincine varmıştır. Gasp edilen bu haklara yeniden kavuşmak mücadelesi içindedir. Türkiye Cumhuriyeti Devleti, Kürtlerin bu haklara kavuşmak için gerçekleştirdikleri mücadeleyi terör olarak, terörist bir eylem olarak, eşkıya eylemi olarak değerlendirmektedir. Türkiye Cumhuriyeti Devleti'ne göre gerek Kürt sorunuyla ilgili düşünce ürünleri, gerekse bu düşünceleri yaşama gecirmeye çalışan eylemler, mücadeleler, terörizm kapsamında, eşkıyalık kapsamında ele alınmaktadır.

Devletle Kürtler arasında derin, uzlaşmaz bir çelişkinin olduğu açıktır. Devlet, Kürtlerin dilini, kültürünü, kimliğini gasp etmiştir. Kürt adını ve Kürdistan adını yasaklamıştır. Kürtlere, Türkleşmekten,

Türk kültürünü yaşamaktan, Kürt olan her şeyi, Kürt toplumu olma özelliklerini unutmaktan başka bir yol bırakmamıştır. Bu, dünyanın hiçbir yerinde görülmeyen ırkçı bir politika ve uygulamadır. Dünyada bir eşi daha bulunmayan bu politikadan dolayı, Kürdistan sömürge bile değildir diyoruz. Böyle bir politikanın çok yoğun, çok kapsamlı bir devlet terörü içerdiği besbellidir. Buna rağmen Kürtler artık gasp edilmiş ulusal ve demokratik hakları için bilinçli ve kararlı bir mücadele içindedirler. Devlet, Kürtler için en doğal haklarını, insanların, insan oldukları için sahip oldukları temel haklarını kazanabilmek için silaha başvurmaktan başka bir yol bırakmamıştır. Çünkü inkârcı, ırkçı ve sömürgeci politika bunun dışındaki bütün kanalları, görüşme, konuşma, müzakere kanallarını tıkamıştır. Devlet, kendi terörünü, çok yoğun ve kapsamlı terörünü gizleyebilmek için hep Kürtleri, terör yapmakla, eşkıyalık yapmakla suçlamaktadır. Devlete göre en iyi Kürt, Kürt toplumu olma özelliklerini hiç söz konusu etmeyen, Türkleşmiş, Türk ulusunun çıkarları için didinen, Türk olmaktan mutluluk duyduğunu söyleyen, Kürt sorunu diye bir sorunun olmadığını vurgulayan bir Kürttür. Kendi kimliği için, Kürtlerin ulusal ve demokratik hakları için mücadele edenler, terörist olmakla, eşkıyalık yapmakla suçlanmaktadırlar.

Kendi öz kimliğini inkâr ederek egemen ulusla bütünleşmek, egemen ulusun dilini ve kültürünü yaşatmak ise köleleşmekten başka bir şey değildir. Türk basınının, Türk siyasal partilerinin, Bulgaristan'ın Türkleri Bulgarlaştırma politikalarıyla ilgili değerlendirmelerini hatırlayalım. Türk kimliğini inkâr eden, Bulgarlaşan, isminin değiştirilmesine itiraz etmeyen, bu sayede devlet ve parti kademelerinde önemli görevler alan, Bulgarlaşmak istemeyen, Türk kalmakta direnen insanlara karşı mücadele yürüten "Türkler" nasıl değerlendiriliyordu?

Türk yazarlarının çok büyük bir kısmı Kürt sorununu incelerken bu konuyla ilgili yazılar yazarken, hep resmi ideolojinin çerçevesi içinde hareket etmektedirler. Kürtlerin ulusal ve demokratik haklarını gasp eden devlet politikalarının yanlış olabileceği konusunda en ufak bir kuşku duymamaktadırlar. Halbuki Kürt sorununa, kimliği, ulusal ve demokratik hakları gasp edilen Kürtler açısından bakmak da mümkündür. Kürt sorununun demokratik kavranışı, ancak böyle gerçekleşebilir. Kürt sorunu demokratik bir yaklaşımla ele alınmadığı sürece düşüncenin, yani herhangi bir yazarın düşüncesinin mantıksal ve semantik bakımdan bir bütün oluşturmayacağı, çok önemli çelişkiler görüleceği de açıktır.

Çetin Altan, son 13-15 senedir, Türk toplumuyla, Türk insanının düşünceleriyle, tavır ve davranışlarıyla, Türkiye Cumhuriyeti Devleti'nin temel nitelikleriyle, egemenliğin nasıl oluştuğuyla ilgili düşünceler geliştirmekte, açıklamalar yapmaktadır. Türk insanının düşüncelerini, tavır ve davranışlarını Batılı insanların düşünceleriyle, tutumlarıyla karşılaştırmaktadır. Devletin temel nitelikleri, Batılı bir devletin temel nitelikleriyle karşılaştırılmaktadır. Bunlar, dikkate değer düşünceler ve açıklamalardır. Çetin Altan, bu süreçte, ikili kavramlar geliştirmektedir. "Kabuk devlet-teknik devlet", "Zamanı hiç değerlendirmeyen devlet-zamanı değerlendiren devlet", "Sadece yöneticilerin yaşamlarını ve fiyakasını kollayan devlet-halkı kollayan devlet", "Yönetilenlerin yaşamlarını zorlaştıran devlet-yönetilenlerin yaşamlarını kolaylaştıran devlet", "Hazineden geçinenler-hazineden geçinenleri vergileriyle besleyenler", "Kulluk-vatandaşlık", "Kullara dayalı efendi egemenliği-vatandaşlara dayalı halk egemenliği" ... Bu kavram çiftlerinin hepsini, "teknik devlet-kabuk devlet" kavram çiftiyle özetlemek mümkündür.

Bu çerçevede, "yasak", "sansür", "düşünce suçları", "kitap toplatma" gibi süreçler de eleştirilmektedir. "Yapay para", "çapsız adam", "haksız kazanç" gibi olgulara dikkat çekilmektedir. Devlet egemenliğini sınırlayan "yargı bağımsızlığı", "hukuk devleti", "çoğulcu demokrasi" gibi kurumların Türkiye'de, fiili olarak nasıl işlediği belirtilmektedir. "Köylülük" analiz edilmektedir. "Bireyin tepkisizliği", "devletin ezici etkisi" vurgulanmaktadır.

Çetin Altan, "kabuk devlet" anlayışını eleştirmekte, "teknik devlet" anlayışının gelişebilmesinin olanaklarını araştırmaktadır. Bu düşüncelerin zengin olgusal dayanakları vardır... Çetin Altan, son aylarda Kürtlerden de söz etmektedir. Örneğin, 2 Temmuz 1993 ve 4 Temmuz 1993 tarihli *Sabah* gazetelerinde yayınlanan yazıları... Fakat Kürt sorunundan hep "Kürt terörü" kapsamında söz etmektedir, resmi ideolojinin temsilcileri gibi düşünmektedir. "Kabuk devlet" anlayışını sık sık eleştiren, buna ilişkin zengin olgular sunan bir yazarın, Kürt sorunu konusunda "kabuk devlet"in temsilcileri gibi düşünmesi, devlet terörünü onaylar bir konumda olması şaşırtıcıdır. İşte bu, resmi ideolojinin, Kürt sorununa ilişkin boyutlarının yazarların düşüncesini ne kadar derin bir şekilde etkilediğini gösteren önemli bir örnektir. Kürt sorununda devlet gibi düşünenler, devlet terörünün farkına ve bilincine varamazlar. Her gün yakılan ve yıkılan köyler, içindeki eşyalarla birlikte yakılan evler, bu yazarların bilincine çarpmaz. İçinde bebeğiyle birlikte yanan bir ev karşısında Kürt kadınlarının yükselttiği çığlık bu insanlara ulaşmaz. Bu yazarlar, tecavüze uğrayan Kürt kadınlarının çığlıklarını duymazlar. Evler güvenlik güçleri tarafından yakılıyor, bebeklerin yanan evlerden çıkarılmasına bile izin verilmiyor. "Unumuzu da yaktılar ne yiyeceğiz..." diyen kadının sesindeki acı ve hüzün Türk yazarlarının çok büyük bir kısmını hiç etkilemiyor. Türk yazarları devletin bu yoğun ve kapsamlı terörünü görmezden geliyor, varlık mücadeleleri sürdüren Kürtleri, PKK'yi "terörist" olarak suçluyor. Böylece devlet terörünü onaylıyor, teşvik ediyor...

"İkinci Cumhuriyet" tartışmalarında da aynı tutumu izlemek mümkündür. "İkinci Cumhuriyet" aslında önemli bir ihtiyacı dile getirmektedir. Fakat Kürt sorunu söz konusu olduğu zaman, "İkinci Cumhuriyet" anlayışını savunanlar da aynen birinciler gibi düşünmektedirler. Halbuki Cumhuriyet'in tıkanmasına neden olan olayların başında Kürt sorunu birinci planda yer almaktadır.

Kürt sorununa demokratik bir şekilde yaklaşmadan, Kürtlerin, yükselen ulusal ve demokratik özlemlerini dikkate almadan düşünce tutarlılığı geliştirmek, demokrasiyi geliştirmek mümkün değildir.

“SİZE HİÇ YALAN SÖYLEMEYECEĞİM”(*)

Başbakan Tansu Çiller, 20 Temmuz 1993 tarihinde, bütün televizyon kanallarından yapılan canlı yayınla halka hitap etti. Demokrasiden, halka açık olmaktan, halktan gizli hiçbir şey yapmamaktan söz etti. Hep doğruları söyleyeceğini vurguladı. “Size hiç yalan söylemeyeceğim” dedi. Başbakan Tansu Çiller, “Size hiç yalan söylemeyeceğim” derken bile yalan söyledi. Somut gerçekleri tersyüz etmeye çalıştı. Konuşmasında, 18 Temmuz 1993 günü, Van'ın Sündüz yaylasına PKK'nin baskın yaptığını, “16’sı çocuk, 9’u kadın olmak üzere 26 kişiyi kurşuna dizdiğini” anlattı.

Halbuki 20-21 Temmuz 1993 tarihli *Özgür Gündem* gazeteleri, KURD-HA'ya dayanarak Sündüz yaylasına Özel Tim tarafından baskın yapıldığını, katliamın Özel Tim tarafından gerçekleştirildiğini açıklamaktadır. Katliamda, yaşamlarını yitirenlerin sayısını da, 14’ü çocuk, 9’u kadın olmak üzere 23 kişi olarak belirtmektedir.

TRT ve bütün özel televizyon kanalları 19 Temmuz günü, “PKK teröristleri”nin Van'ın Bahçesaray ilçesinin Sündüz yaylasına baskın yaptığını, 16’sı çocuk, 9’u kadın, biri erkek olmak üzere 26 “yurttaşımız”ı katlettiklerini haber vermişlerdir. Radyolar ve televizyonlar gerek ara haberlerinde, gerek ana haber bültenlerinde, bu haberi duyurmuşlardır. TRT'nin yorumcusu, PKK'yi çocuklara ve kadınlara karşı cinayet işlemekle suçlayan bir yorum yapmıştır. Yorumda, Van dolaylarındaki yaylaya çıkma geleneği Orta Asya yaşam ve kültür biçimine bağlanmıştır. Ertesi gün, yani 20 Temmuz tarihli gazeteler ise manşetten, “PKK yine çocuk ve kadın katletti...” gibi haberler vermişlerdir. Köşe yazarları da PKK'yi, Kürt aydınlarını kınayan, Türk güvenlik güçlerini öven, yüreklendiren yazılar yazmışlardır.

---

*- *Özgür Gündem, 29 Temmuz 1993*

Türk basını 12 Temmuz 1993 tarihinde, Diyadin ilçesinde (Ağrı) belediye başkan yardımcısı Burhan Çiftçi, eşi ve dört çocuğunun yakılarak öldürülmesini de PKK'nin üzerine yıktılar. Gazeteler, radyolar ve televizyonlar bu doğrultuda haberler verdiler. *Özgür Gündem* gazetesiyse, bu katliamı gerçekleştirenlerin de Özel Tim olduğunu KURD-HA'ya dayanarak kısa zamanda ortaya koydu.

Kürdistan'ı yönetmek gün geçtikçe zorlaşmaktadır. İleride daha da zorlaşacağı açıktır. Hiç değişmeyen, kaskatı, donmuş bir resmi ideolojiyle, hızla değişen bir toplumu yönetmek mümkün değildir. Yalanlar üreterek, yalanları haklı çıkaracak eylemler gerçekleştirerek, bu yalanlar doğrultusunda kamuoyu oluşturmaya gayret ederek Kürdistan'ı yönetmek mümkün değil. Hele hele topluma, kendi yalanlarını egemen kılmak, toplumu bu doğrultuda yönlendirmek için halka somut gerçekleri duyurmaya çalışan *Özgür Gündem* gibi bir gazeteyi kapatma çabası içinde olarak Kürdistan'ı yönetmek hiç mümkün değil...

12 Temmuz 1993'te Diyadin'de, Özel Tim ve kontrgerilla tarafından 6 kişinin yakılması, 18 Temmuz 1993'te Sündüz yaylasında, yine Özel Tim ve kontrgerilla tarafından 23 kadının ve çocuğun kurşuna dizilmesi devlet terörünün ne kadar yaygınlaştığını ve boyutlandığını göstermektedir. Her iki olayda da katliamların PKK'ye yıkılmaya gayret edilmesi, televizyonların, radyoların, gazetelerin bu konuda yoğun bir çaba içinde olmaları Kürt halkının büyük bir soykırım tehdidi karşısında olduğunu ortaya koymaktadır. Basın, yargı, siyasal partiler, kısaca bütün kurumlar Özel Savaş'ın direktifi doğrultusunda faaliyet yürütmektedir.

Özel Tim'in, kontrgerillanın, cinayet işlediğini açıklamak Türk adaleti tarafından büyük bir suç olarak kabul edilmektedir. Bu yazıların yayınlandığı gazeteler, dergiler vs. toplatılmakta, ilgili kişiler hakkında kısa zamanda dava açılmaktadır.

Türkiye Cumhuriyeti Devleti'nin suç işleme, cinayet işleme özgürlüğü vardır, bu özgürlük sonsuzdur... Hiçbir yargı kurumu, Türkiye Cumhuriyeti Devleti'nin "vatandaşlarım" dediği Kürtlere karşı, "et ve tırnak gibi bir bütünüz" dediği Kürtlere karşı işlediği cinayetleri soruşturamaz. Bu, Türk egemenlik sistemine aykırı bir durumdur. Yasalar, bu anlayışa göre düzenlenir. Fakat bu cinayetlerin açıklanması, eleştirilmesi suçtur. Yargı kurumları bunun için vardır.

Biz, İngiltere'nin Hindistan'ı, Fransa'nın Cezayir'i nasıl yönettiğini biliyoruz. Hiçbir sömürgede, devlet terörü Kürdistan'daki kadar sistematik bir şekilde örgütlendirilmemiştir. Buna rağmen devlet, Özel Savaş'ın emrindeki bütün kurumlar, Kürtlerin özgürlük mücadelesini, ulusal ve toplumsal kurtuluş mücadelesini terör olarak değerlendirmektedirler, suçlamaktadırlar. Kürdistan'daki Türk sömürgeciliği, "demokrasi", "hukukun üstünlüğü", "hukuk devleti" gibi kavramların eşliğinde sürdürülmektedir. Özel Tim'in, kontrgerillanın cinayetleri, köylerin, ormanların, insanların yakılması, kadınların ırzına geçilmesi, çocukların gözleri önünde babalarına işkence yapılması, kadınların saçlarından sürüklenerek götürülmesi, yerleşim bölgelerine sık sık ambargolar konulması, güvenlik aramaları bahanesiyle evlerin talan edilmesi, gıda maddelerinin heder edilmesi, hep "demokrasi" kurallarına göre, "hukukun üstünlüğü" ilkeleri uyarınca, "hukuk devleti" prensipleri gereğince yapılmaktadır. Bu, Kürdistan sömürgesiyle, klasik sömürgeler arasında görülen önemli bir farklılıktır.

Kürdistan sömürge bile değildir.

Cumhurbaşkanı Süleyman Demirel, başbakanlık yaptığı dönemlerde, "bu ülkenin bir çakıl taşını bile kimseye vermeyiz" diyordu. Şimdi de söylüyor. Genelkurmay Başkanı Orgeneral Doğan Güreş ise "bir çakıl taşı"nın bile kimseye verilmesine göz yumulmayacağı bu ülkenin durmadan bombalanmasını emretmektedir. Genelkurmay Başkanı şöyle söylemektedir: "...3-4 gündür Gabar ve Namaz dağlarında büyük operasyonlar yapıyoruz. Telsiz konuşmalarından mahvolduklarını anlıyoruz. Oralarda taş üstünde taş bırakmadık. 500 librelik bombalar attık oraya. Bu bombalara dayanmaları mümkün değil. Aylar sonra bir bakarsınız buralarda ölülerini görürsünüz..." (*Hürriyet*, 9 Temmuz 1993)

Kürdistan'ın, her biri 250 kilo olan bombalarla bombalandığı, taş üstünde taş bırakılmadığı vurgulanıyor. Burada, Kürdistan'ın düşman bir ülke, Kürtlerin düşman bir ulus olarak değerlendirildiği açıkça belli olmaktadır. İnsan kendi ülkesine bu kadar yoğun bir bombardıman yapar mı? Bu tür bir bombardımanın örneğin, Batı illerinde, Trakya'da veya Orta Anadolu'da yapılması düşünülebilir mi? Bir taraftan bir çakıl taşının bile hiç kimseye verilmeyeceği söyleniyor, öte taraftan da her taraf bombardıman edilerek taş üstünde taş bırakılmıyor. Köylüler öldürülüyor, bundan da kıvanç duyuluyor. Bombardımanlarla Cudi, Gabar cayır cayır yanarken, hükümetin, Kürt bölgelerine trilyonluk yatırımlardan söz etmesi inandırıcı olur mu? Böyle bir politikanın güven veren bir yönü var mıdır? Bir taraftan evleri, köyleri, ormanları yakmak, yıkmak, insanları yakmak, göçe zorlamak, öte taraftan trilyonluk yatırım paketlerinden söz etmek iki yüzlü bir tavır ve davranış değil midir? Dağ taş bombalanırken, her biri 250'şer kiloluk bombalar kullanılırken, doğa bilinçli bir şekilde tahrip edilirken, hayvancılık, tarım felce uğratılırken, şehirlerde ve kasabalarda ticaretin çökmesi için her şey yapılırken "kalkınma" sözcüklerinin "şov" olmanın ötesinde bir anlamı olur mu? Bakanlar Kurulu'nu Hakkâri'de toplamak, ikiyüzlü tavır ve davranışları gizleyebilir mi? Devlet güçlerince yakılan ve yıkılan Şırnak'ı, pilot bölge ilan etmek, Kürtlere güven verir mi?

Devlet Kürt politikasını Şırnak'ı yakıp yıkan komutanı ödüllendirerek açık, net bir şekilde ortaya koymuştur. Böyle bir politikanın saptanmasında, Türk siyasal partilerinin, TBMM'nin hiçbir kıymeti harbiyesi yoktur. Bu, tamamen Milli Güvenlik Kurulu tarafından saptanan ve uygulanması için hükümete "tavsiye" edilen, yani emredilen, bir politikadır. Türk siyasal partilerinin, Türk hükümetinin, TBMM'nin, bu politikaları ve uygulamaları tartışma, eleştirme hakları bile yoktur. Hükümet, kendisine emredilen bu politikayı uygulamakla görevlidir. Başbakan Tansu Çiller'in siyasal parti liderleriyle yaptığı görüşmeler sırasında, ANAP Genel Başkanı Mesut Yılmaz'ın sözleri MGK'nın Türk siyasetindeki ağırlığını bütün açıklığıyla ortaya koymaktadır. Kürtçe televizyondan, Kürtçe'nin seçmeli ders olarak okutulmasından söz eden Başbakan Tansu Çiller'e ANAP Genel Başkanı Mesut Yılmaz'ın verdiği cevap, "Bunu MGK'da görüştünüz mü? Bu gibi konular ilk önce orada görüşülür, karara bağlanır" olmuştur.

(*Milliyet*, 13 Temmuz 1993)

ANAP Genel Başkanı Mesut Yılmaz'ın bu sözleri, MGK'nın Türk siyasetindeki ağırlığı karşısında, Türk siyasal partilerinin ağırlığının bir hiç olduğunu açık bir şekilde gözler önüne sermektedir.

Resmi ideolojinin politikalarıyla Kürt sorununu çözümlemek mümkün değildir. Kürt sorunu çözümsüz kaldığı sürece Türkiye'de demokrasi kurulamaz. Resmi ideolojinin gereklerini yerine getiren, resmi ideolojinin politikalarını uygulayan bir başbakan, her zaman yalan söylemek durumunda kalır. Somut gerçekleri, kamuoyuna hiçbir zaman açıklayamaz.

BİLİM YÖNTEMİ VE "ÖZGÜR ÜNİVERSİTE"NİN İŞLEVİ(*)

İnsanlar topluluklar halinde yaşamaya başlamalarından beri kendilerini, yani insanı, doğayı, toplumu, etrafında olup biten her şeyi merak etmişlerdir. Merak ettikleri olgularla, şeylerle ilgilenmişler, onları bilmek, anlamak, kavramak istemişlerdir. Bunun için çeşitli düşünce biçimleri geliştirmişlerdir. Bu düşünce biçimlerine toplumsal bilinç biçimleri de denir. Din, mitoloji, sanat, edebiyat, ortak duyu gibi düşünce biçimleri, insanı, toplumu, doğayı açıklamaya ve kavramaya çalışmaktadırlar. Siyaset, hukuk, töre, felsefe gibi kurumlar da aynı şeyi yapmaya gayret eder.

Ortak duyu, herhangi bir toplumun, herhangi bir çağda, hiç tartışmadan, doğruluğundan kuşku duymadan, geçerli ve doğru saydığı inanç ve düşüncelerdir.

BİLİM YÖNTEMİ

Bilim de düşünce biçimlerinden biridir. Toplum, doğa, tarih hakkında kalıcı, güvenilir, sağlıklı bilgiler elde edilmesini sağlar. Bilim, kendisinden önceki düşünce biçimlerine göre daha objektiftir. Sanat, edebiyat, töre gibi düşünce biçimleri sübjektif olarak değerlendirilebilir.

Toplumsal bilinç biçimlerine üstyapı kurumları da deniyor. Toplumun maddi yaşamı, yani üretim süreci ise toplumsal varlık kavramıyla ifade ediliyor. Toplumsal bilinç, insanların toplumsal varlıklarını yansıtan düşüncelerin, kavramların bütünü oluyor. Toplumsal bilinç ve toplumsal varlık, toplumun karşılıklı olarak birbirlerini etkileyen ve bütünleyen iki yanı oluyor.

---

*- *Özgür Bilim, Sayı 1 Ağustos 1993*

Bilinç objektif gerçeği değil, objektif gerçek bilinci yaratır.

Yöntemi, belli bir amaca ulaşmak için düşünülmüş bir araştırma planı olarak tanımlayabiliriz. Yöntem, bir araştırmada ve incelemede kullanılan işlemlerin meydana getirdiği bir bütündür. Bu işlemlerin eylemsel yönü de vardır. Zihinsel yönü de vardır. Gözlem, deney eylemsel, hipotez kurma, hipotezleri doğrulama veya yanlışlama zihinsel bir yöndür.

Bilim, bir düşünce yöntemidir. Bilim adamı, bilinenlerin ve olup bitenlerin dışında kalanları bilmeye gayret eden, bunun için istek ve heyecan duyan bir kişidir. Merak, böyle bir sürecin temel dürtüsüdür.

Yöntem, olguları ve olgusal ilişkileri kavramada bir tutumdur. Yöntemin, araştırma ve inceleme konularını anlaşılabilir, kavranılabilir, anlatılabilir bir yönü vardır.

Bilim olgusaldır. Bilim yöntemini, kendisinden önceki düşünce yöntemlerinden ayıran en önemli fark bilimin olgusal olmasıdır. Bilim, gözlenebilen ve ölçülebilen olgularla ilgilenir. Bilim bir bilgi yığını değil, bir düşünce yöntemidir. Bilim olgulardan hareket eder, nesnel gerçeğe dönüktür. Bilim nesnel gerçeğe saygılıdır. Olgulardan hareket eden bilim, ulaştığı sonuçları, yine olgulara dayanarak test eder, doğrular veya yanlışlar...

Bilim, gözlenebilen ve ölçülebilen olguları betimler, olgular arasında ilişki kurar, bu ilişkileri açıklamak için varsayımlar geliştirir, bu varsayımları, tekrar olgulara dayanarak, olgular aracılığıyla test eder.

Din, metafizik, mitoloji gibi düşüncelerin doğrulama veya yanlışlama nitelikleri yoktur.

Gerçeğe dayanmayan, nesnel gerçeğe dönük olmayan hiçbir iddia, hipotez veya teori bilimsel değildir. Olgular aracılığıyla veya olgular tarafından doğrulanmayan veya yanlışlanmayan önermeler bilimsel değildir.

Bilime konu olan olgular yalnız başına bir şey ifade etmezler. Olguların bilimsel incelemeye konu teşkil edebilmeleri için kavramlaştırılmaları gerekir.

Bilim bir inandırma aracı veya propaganda usulü değildir. Buna rağmen bilimsel bilginin toplumda değiştirici bir özü vardır.

Bilim toplumsal ihtiyaçtan doğar. Bilime, kendisine kimin ihtiyacı varsa o üretir.

Bilimin üretilmesinde başlıca üç aşama vardır. İnsanlar, çevrelerinde olup bitenleri gözleyerek, izleyerek, deney yaparak olguları saptarlar. Toplumsal bilimler, düşüncelerin değişen toplumsal çevreye bağlı olarak ortaya çıktığını gösterir. Bu aşamada insanlar, daha doğrusu, araştırma, inceleme yapan insanlar duyumlar yoluyla etraflarında olup bitenleri algılarlar. Bu algılar yoluyla maddi dünya, insanların, araştırmacıların bilincine çarpar. Bu, birinci aşamadır.

İkinci aşamada, bu olgular, olgular arasındaki ilişkileri açıklamak için hipotezler yani varsayımlar kurulur. Bu, kavramsal sistemlerin kurulması aşamasıdır. Bu aşamada, olgular, olgusal ilişkiler somutlamaya çalışılır. Olguların çeşitli yönleri, bunların birbirleriyle ilişkileri, çelişmeler, değişmeler, bir bütün olarak kavranılmaya çalışılır. Bu aşamada, akıl yürütmeler, mantıksal çıkarımlar başlıca zihinsel süreçlerdir.

Üçüncü aşamada, hipotezlerin veya varsayımların doğrulaması, gerçeklemesi test edilir. Varsayımlar doğrulanır veya yanlışlanır. Böylece teori, kanun düzeyinde bilgilere ulaşılır.

Bilim adamı dediğimiz insanlar, bilim kafasına sahip insanlardır. Bilim kafasına sahip insanların başlıca iki özelliği vardır: a) Kaynağını otoritelerden alan bazı düşüncelerin ve inançların yanlış olabileceğini görmek gerekir. Bunları ortaya koyabilecek kadar dürüst ve yürekli olmak gerekir. b) Beğenilerimize ve özlemlerimize uyan birtakım düşüncelere ve teorilere değil, nesnel verilere bağlı kalmak gerekir. Görüşlerimizi, varsayımlarımızı olgulara tam uyacak şekilde değiştirmekten kaçınmamak gerekir.

Bu niteliklerden birincisi eleştirel yargılama gücünü, ikincisi nesnel olgulara, olgusal ilişkilere saygıyı gösterir. İkisi birden bilim kafasını niteler.

BİLİM-RESMİ İDEOLOJİ

Bilimin gelişmesini engelleyen en önemli etken resmi ideolojidir. Resmi ideoloji herhangi bir ideoloji değildir. Devletin cezaî yaptırımlarla koruduğu, kollamaya çalıştığı bir ideolojidir. Resmi ideoloji ceza tehdidiyle, kişilere ve kurumlara benimsetilmeye çalışılıyor, somut gerçeklerin, olgusal ilişkilerin ele alınması, incelenmesi engelleniyor.

Bilimin olgusal olduğunu, olgulara dönük olmayan hiçbir önermenin bilimsel olamayacağını belirtmeye çalıştık. Bu, bizi, nesnel gerçek-ideolojik gerçek ayrımına götürüyor. Resmi ideoloji bazı gerçeklerin araştırılmasını, incelenmesini yasaklıyor, bu konuda aksine hareket edenlerin, devletin cezaî yaptırımlarıyla karşı karşıya kalacağını vurguluyor. Yasaklanan alan ile ilgili olarak devletin ürettiği bilgilerin, yani resmi görüşün öğrenilmesinin, öğretilmesinin yeterli ve aynı zamanda gerekli olduğunu bildiriyor. Yasaklama, ceza tehdidi, cezanın sık sık gündeme getirilmesi bir gerçeklik olarak beliriyor. Buna ideolojik gerçek diyebiliriz. Herkesin ideolojik gerçeklerin gereklerine göre düşünmesi, buna göre tavır ve davranışta bulunması isteniyor. Türkiye dikkate alındığında, incelenmesi yasaklanan alanın, Kürt sorunuyla ilgili alanlar olduğu hemen anlaşılabilir.

Resmi ideoloji, düşüncesini, tavır ve davranışını "yurtseverlik" gibi, "Türk ulusunun yüksek çıkarları" gibi, "Türk ulusunun ve Türk yurdunun dış düşmanlarına ve iç düşmanlarına karşı korunması" gibi bazı sübjektif temellere oturtmaya çalışmaktadır. Resmi ideolojiyi eleştirenlere, resmi görüşü benimsemeyenlere, "vatan haini" gibi bazı sıfatlar da yüklenmeye çalışılmaktadır. Oluşturulan bu ağır baskı karşısında insanlar, araştırıcılar resmi ideolojiyi benimsemiyorlarsa bile onu eleştirmekten uzak durmaya çalışmaktadırlar. Zira gazeteler, televizyon, radyo gibi kitle haberleşme araçları, siyasal partiler, hukuk ve din kurumları, sendikalar vs. hep resmi ideoloji doğrultusunda düşünmektedirler, bu ideoloji doğrultusunda tavır ve davranış sergilemektedirler. Üniversiteler de bu çerçeve içinde değerlendirilmektedir.

Resmi ideolojinin, resmi görüşün, egemen siyasal otoritenin

görüşü olduğu açıktır. Egemen siyasal otoritenin bilimsel düşünceye, bilimsel faaliyete böylesine müdahale etmesi kabul edilemez. Bilim kafasının, bilim kafası anlayışının bu müdahaleyi kabul etmemesi gerekir. Fakat Türk üniversitesinin pratiğine baktığımız zaman, üniversitelere, icra organı tarafından, siyaset kurumu tarafından çok yoğun müdahaleler yapıldığını, üniversitelerin de bu müdahaleler, bu istekler doğrultusunda düşünceler ürettiğini, tavır ve davranış sergilediğini görmekteyiz. İcra organının tavrı, genel olarak bu doğrultuda gelişir. Bu, dünyanın hemen hemen bütün memleketlerinde böyledir. Fakat bilim adamlarının, bilim kurumlarının bu tür müdahalelere karşı elbette tepki göstermeleri, bilim kafası anlayışı doğrultusunda tavır ve davranış sergilemeleri gerekir.

Türk üniversitelerinin tarihinde zaman zaman birtakım tasfiyeler olduğu görülmektedir. Tasfiyelerin temelinde resmi ideolojiyi egemen kılmak temel bir amaç olarak görülmektedir. Tasfiye edilen profesörlerin hepsinin, resmi ideolojiyi eleştirmek, resmi görüşü benimsememek gibi bir durumları kuşkusuz söz konusu değildir. Fakat böyle bir potansiyel taşıdıkları düşünülmektedir. Bu potansiyelin, daha başındayken parçalanması, dağıtılması, etkisiz kılınması istenmektedir. Türk üniversite tarihinde rastlanan tasfiyelerin en önemlisinin 1933-'teki tasfiye olduğu söylenebilir. 1933'te Darülfunun'un faaliyetine son verilmiş, iki yüzün üzerinde öğretim üyesinin üniversiteyle ilişkisi kesilmiştir. Nazi Almanyası'ndan kaçarak Türkiye'ye sığınan 40 kadar öğretim üyesi profesörle, Türk üniversitesi yeniden örgütlenmeye başlanmıştır. Bu olay Türk düşüncesi tarafından, "Alman zulmünden kaçıp Türkiye'ye sığınan profesörlere iş verdik, onları koruduk" denilerek böbürlenerek verilmiştir. Fakat görevlerine son verilen, üniversiteden uzaklaştırılan Darülfunun hocalarının geleceği hakkında hiçbir şey söylenmemiştir. Aslında Darülfunun hocalarının önemli bir bölümünün görevlerine Türk Tarih Tezi ve Güneş-Dil Teorisi konu-sundaki görüşleri fazla ciddiye almadıkları için son verilmiştir. Ve bu, üniversite profesörlerine karşı bir tehdittir. O profesörlere, "eğer resmi görüşü benimsemezseniz, resmi görüşü eleştirirseniz sizin de görevinize son verilir" denilmek istenmektedir. Kuşkusuz sadece idari müeyyideler yeterli olmamaktadır. Yerine ve zamanına göre cezaî müeyyideler de sık sık gündeme getirilmektedir.

"ÖZGÜR ÜNİVERSİTE"

Doğayı, tarihi ve toplumu bilimin kavramlarıyla kavrayabiliyorken, varsayımlarınızı olgulara dayanarak kanıtlayabiliyorken bu yaptıklarınızın anlatılmasını, açıklanmasını istemeyen bir resmi ideoloji ile karşılaşıyorsanız nasıl düşünmeniz, nasıl davranmanız gerekir? Burada, çok fazla tercih yoktur. Ya resmi ideolojinin buyurduğu gibi davranacaksınız ya da bilim yönteminin, bilim kafası anlayışının gereklerini yerine getireceksiniz. Eğer resmi ideolojinin buyruklarına evet derseniz, boyun eğerseniz, bilim yöntemi düşüncesinden sapmış olursunuz. Böyle bir tavır ve davranışın bilimi geliştirmesi, bilimi saygın kılması mümkün değildir. Uzun vadeli düşündüğünüz zaman bu tavır, devlete ve ulusa da bir itibar kazandırmaz.

İkinci şık söz konusu olduğu zaman ise devletin idari ve cezaî yaptırımlarıyla karşılaşmanız olasıdır. Araştırmacılar, inceleme yapanlar bu riskleri göğüslemek, bu mağduriyetlere katlanmak, bunları aşmak durumundadırlar. Bilim ancak bu süreçte gelişebilir, bilime saygınlık böyle bir süreçte kazandırılabilir. Bilim kafasından söz ederken vurgulamaya çalıştığımız "dürüstlük", "cesaret" gibi ahlaki özellikler bu konuyla ilgilidir.

Yukarıda, Türk üniversitesinin resmi ideolojiyle çok yoğun bir şekilde bütünleştiğini, resmi ideolojinin yapıcısı ve propagandacısı durumuna geldiğini belirtmiştik. Türk üniversitesinin, kurum olarak bu niteliğinden sıyrılması oldukça zordur. Çünkü resmi ideolojiyi üretenler devlet tarafından çok yoğun bir şekilde ödüllendirilmektedirler. Ödül de kurumlaşmıştır. Bu çıkar ilişkisinin parçalanması aslında çok zordur. Bu, günümüz koşullarında, başta Kürt sorununu görmemeyi, devletin bu konudaki her türlü düşüncesini ve eylemini onaylamayı gerektirir. Bunun bir çürüme süreci olduğu açıktır, besbellidir. Çürümeyi, Türk üniversitesinin özellikle toplumsal bilimler alanında görmek mümkündür. Resmi ideolojinin ürettiği bilgilere, resmi ideolojiye uygun bilgilere bilim denmektedir. Resmi ideolojiyi eleştirenler, örneğin, Kürdistan sorununu kavramaya çalışanlar ise düşüncelerini ancak mahkemelerde açıklayabilmektedirler.

"Özgür Üniversite" düşüncesi bu çürüme sürecinde oluşmuştur. Çürümeye karşı bir tepkidir, yeni bir üniversite anlayışıdır. Çürüme fark edilmiş, buna karşı yeni bir üniversite anlayışı geliştirmek gereği üzerinde durulmuştur.

Resmi ideoloji ile hesaplaşmadan yeni bir üniversite anlayışı geliştirmek mümkün değildir. "Özgür Üniversite"yi temellendiren temel etken budur. "Özgür Üniversite"nin varlık nedeni budur.

"TERÖR ÖRGÜTÜ PKK..."(*)

Bir baba düşünün. Orta halli bir ailenin reisi. İlkokula ve orta öğretime devam eden üç çocuğu var. Bu çocukların giyim-kuşamları, okul ihtiyaçlarının karşılanması aile için her zaman sorun oluşturur. Çocukların ayakkabı, gömlek, ceket, pantalon, palto vs. ihtiyaçları nasıl karşılanacak?.. Kitap, kalem, defter ihtiyaçları nasıl giderilecek? Ulaşım ihtiyaçlarını yoluna koymak için hangi masraflardan kesinti yapılacak? Bunlar, aile için çoğu zaman sorun oluşturur.

ARGK'li gerillaların sayısı, devletin açıklamalarına göre bile on bini geçmiştir. On beş bin gerilladan söz eden Türk yöneticiler de vardır. On bin, on beş bin gerillanın örneğin, ayakkabı ihtiyacı nasıl karşılanmaktadır? İç çamaşırı, üniforması, parkası nasıl temin edilmektedir? On bin gerillaya silah, cephane nasıl sağlanmaktadır? Eskiyenlerin yerine yenileri nasıl alınmaktadır? Örgüte yeni katılan gerillaların giyim-kuşamları, silah araç ve gereçleri nasıl sağlanmaktadır? ARGK'li gerillaların mücadelelerini çok büyük bir fedakârlık ve vefakârlık içinde sürdürdükleri yakından bilinmektedir. Bütün bu fedakârlığa ve vefakârlığa rağmen gerillalar da az veya çok yemek yemektedirler. Onbinlerce gerillanın gıda ihtiyaçları nasıl giderilmektedir? Yemeleri, içmeleri nasıl gerçekleşmektedir? Bunlar temel ihtiyaçlardır, şu veya bu oranda karşılanmaları gerekmektedir.

Bunların yanında, gerillaların belirli bir eğitim görmeleri ve mücadeleye hazırlanmaları gerekir. Onbinlerce gerillanın eğitimi nasıl sağlanmaktadır? Bütün bunların ötesinde gerillalar, emperyalist ve sömürgeci politikalarla bölünmüş, parçalanmış ve paylaşılmış Kürdistan ülkesinde faaliyet göstermektedirler. Tepeden tırnağa silahlanmış sömürgeci orduların, dikenli tellerle, gözetleme kuleleriyle, iz tarlala-

*- *Özgür Gündem, 5 Ağustos 1993*

rıyla, elektrikli tellerle, karakollarla, köpekli timlerle özel olarak koruduğu sınırlardan girmekte ve çıkmaktadırlar. Ve bunlar, sık sık cereyan eden olaylardır, günlük olaylardır.

Bunların dışında Kürdistan'ın çeşitli kesimlerinde, Ortadoğu ülkelerinde, Avrupa ülkelerinde, Amerika'da, Avustralya'da, Afrika'da, dünyanın çeşitli yerlerinde PKK'nin örgütlendiği, bu örgütlerin ciddi bir faaliyet içinde oldukları görülmektedir. Böylesine yaygın, aktif ve ciddi bir örgütlenmenin gerçekleşmesi sıradan bir faaliyet gibi, herhangi bir faaliyet gibi kabul edilemez.

Çok büyük çapta paraların toplandığı ve harcamalar yapıldığı gözlenmektedir.

Bunları, soğukkanlı ve etraflı bir şekilde düşündüğümüz zaman, büyük ve ciddi bir organizasyon karşısında olduğumuz hemen anlaşılıyor. Özgürlük hareketi yükseldikçe, ulusal ve toplumsal kurtuluş mücadelesi geliştikçe, örgütlenmenin daha ciddi boyutlar kazandığı da besbellidir. Aslında bu iki süreç arasında, yani özgürlük hareketinin yükselmesi ve uluslararası planda örgütlenme arasında organik bir bağ vardır. Bu iki süreç birbirlerini etkilemekte, birbirlerinden etkilenmekte, birbirlerini büyütmekte ve çoğaltmaktadır. O halde bu örgütlenme sürecinin, toplumsal dayanaklarıyla incelenmesi gerekir. PKK'nin düşüncesinin ve eyleminin siyasal ve toplumsal içeriğinin incelenmesi, irdelenmesi gerekir. "Eşkıyalar", "haydutlar", "terör örgütü PKK", "teröristler", "kan içiciler", "cinayet şebekesi" gibi sözcükleri sık sık kullanarak sadece öfkenizi, kininizi ifade etmiş olursunuz. Bu tutumla, PKK'yi kavramanız, yukarıda kısaca, ana hatlarıyla belirtilen örgütlenmenin nasıl oluştuğunu anlamanız mümkün değildir.

Büyümeyle birlikte veya büyümeye paralel olarak PKK'nin yeni kurumlar yaratıp yaratamadığı, kurumların sağlıklı çalışıp çalışamadıkları kuşkusuz incelenmelidir. Örneğin, vergilerin toplanması, harcamalarının nerelere ve nasıl yapıldığı gibi konular sürekli bir şekilde irdelenebilmelidir. Aksaklıklar, eleştiriler kuşkusuz açıklanabilmelidir. Bunlar, ayrı konulardır.

Savcılar, bu tür anlatımlara karşı "terör örgütü övülüyor. Terörizmin propagandası yapılıyor, bölücülük propagandası yapılıyor" gerekçeleriyle soruşturma açmaktadırlar. İlgili yazının yayınlandığı gazete veya dergi toplatılmakta, haklarında kısa zamanda dava açılmaktadır. Aslında, bu sürecin de irdelenmesi gerekir. Türk basını tam anlamıyla, devletin, resmi ideolojinin yani ırkçı ve sömürgeci ideolojinin denetimindedir. Radyolar, televizyonlar, köşe yazarları, yorumcular her gün devletin politikalarını ve uygulamalarını övmekte, PKK'yi en ağır bir şekilde eleştirmekte, suçlamaktadır. Türk basınında her gün yüzlerce, binlerce yazı, haber yayınlanmaktadır. Bunları sağ veya sol diye ayırmak da çok anlamlı değildir. Sol terminolojiyi kullanarak resmi ideolojiyi savunan akımlar da vardır. Türk solunun büyük bir kısmını bu kategori içinde değerlendirmek mümkündür. *Özgür Gündem, Azadi, Medya Güneşi, Newroz, Newroz Ateşi, Özgür Halk, Serketin* gibi gazetelerde ve dergilerdeyse Kürdistan'daki somut gerçekleri dile getiren haberler ve yazılar yer almaktadır. Bunların tirajları Türk basınının tirajlarıyla karşılaştırılamayacak kadar azdır. Buna rağmen bunlar hemen toplatılmakta ve ceza davasına konu olmaktadırlar. Bu, gerçeğin gücüyle ilgili bir sorundur. Somut gerçeklere dayalı bir anlatımın, toplumu değiştirici bir gücü vardır. Bu yayınların tirajı çok küçük olsalar bile, toplumsal ve siyasal ilişkileri değiştirici, dönüştürücü potansiyeli büyüktür. Devlet tarafından desteklenen, tirajı çok yüksek olan Türk basınıysa, yalana dayalı resmi ideolojiyi savunmakta, resmi ideolojiyi Kürt halk kitlelerine egemen kılmaya çalışmaktadır. Yalana dayalı bu anlatımların toplumu özellikle Kürt toplumunu dönüştürme özelliklerine sahip olamayacağı besbellidir.

Örneğin, televizyonlar, radyolar, gazeteler ayrıntılı bir şekilde Başbakan'ın konuşmalarını yayınlamaktadır. Başbakan Tansu Çiller, 22-23 Temmuz 1993 tarihinde Hakkâri'de, Şırnak'da, Batman'da ve Diyarbakır'da halka yaptığı konuşmalarda, "Kürt sorunu yoktur" demiştir. Kürt halkının gözünün içine baka baka yalan söylemiştir, 70 yıllık "kutsal yalan"ı bir kere daha duyurmuştur. "Et-tırnak gibi bir bütünüz" demiştir. Kimsenin bu bütünlüğünü bozamayacağını söylemiştir. Bunların da yalan olduğu besbellidir. Irkçı ve sömürgeci politikalarla, inkârcı ve imhacı uygulamalarla birlik beraberlik gerçekleştirilemeyeceği açıktır. Köylerin yakılıp yıkılması, insanların yerlerini yurtlarını terke zorlanmaları, sık sık gerçekleştirilen güvenlik aramalarıyla evlerin talan edilmesi, evlerin içindeki eşyalarla birlikte yakılması, yiyecek maddelerinin heder edilmesi, hayvanların kur-şunlanması "et-tırnak gibi bütünüz" sloganlarıyla nasıl açıklanabilir?

Nusaybin, Silvan, Batman, Diyarbakır gibi Kürt şehirlerinde, "faili meçhul" denen, fakat failleri besbelli olan cinayetlerle 700'den fazla Kürt yurtseveri katledilmiştir. Bu cinayetlerin faillerinin güvenlik güçleri olduğu herkes tarafından, bütün Kürtler tarafından bilinmektedir. Başbakan'ın Kürdistan'daki incelemeleri sırasında TBMM heyeti, örneğin, Cizre'de konuşacak bir kişi bulamamaşıtır. Kürtler, TBMM heyetini protesto etmişlerdir. Böyle bir protesto karşısında "et-tırnak gibi bir bütünüz" sözleri resmi bir slogan olmasının ötesinde hiçbir şey ifade etmez. Bu protesto anlamlı bir serîhildandır. Kürtler, artık sömürgecinin 23 Nisan, 19 Mayıs, 29 Ekim gibi ulusal bayramlarına katılmamakta, o gün çocuklarını okula, bayrama göndermemektedirler. Bu da, güçlü bir serîhildandır.

"Et ve tırnak gibi bir bütün" olan Kürt gerillalarla Kürt halkının kendisidir. Bu bütünlüğü en iyi açıklayan ilişki, deniz-balık ilişkisidir. Başbakan'ın "halka şefkat teröriste ezme politikası" hiçbir anlam ifade etmemektedir. Fiili olarak da Kürt halkı, baskı, zor ve zulümden başka bir şey görmemektedir... Köylerin yakılması, yıkılması, evlerin içindeki eşyalarla birlikte ateşe verilmesi vs.

Devlet, devlet terörünü gizlemek için, Kürtleri PKK'yi, "terörist" olarak suçlamaktadır. Halbuki devlet, Kürdistan'da sömürgeci bir konumdadır. Kürtler ise Kürt yurdunu özgürleştirmenin ve Kürdistan'a sahip olmanın mücadelesi içindedirler. Devlet terörünü tırmandıran, Kürdistan'ı yakıp yıkan, Kürtlere hesaplı-kitaplı soykırım düzenleyen, "Kürt sorunu yoktur" diyerek Kürtlerin ulusal ve toplumsal varlığını inkâr eden bu düşmana karşı belirli bir şiddetin kullanılması ise kaçınılmazdır. Zira Türk Devleti, Kürtlere, ulusal haklarına, onurlarına sahip olabilmek için silaha başvurmaktan başka bir yol bırakmamıştır.

Ortada bir savaşın olduğu besbellidir. Zaten Türk yetkililer de,

Kürtlere, PKK'ye karşı sürdürülen operasyonları "savaş" kavramıyla değerlendirmektedirler. Fakat devlet, savaş kurallarına kati surette uymamaktadır. Savaşın hedefi, Kürt gerillalardan çok, silahsız ve savunmasız Kürt halkının bizzat kendisidir. Balıkları ancak "denizi kurutarak" öldürebileceklerini düşünmektedirler. Sivil halka böylesine zarar vermek, savaş hukuku kurallarına kuşkusuz aykırıdır. Bunun dışında çatışmalarda, canlı olarak ele geçen Kürt gerillalara ne kadar ağır işkenceler yapıldığı, kulaklarının, burunlarının kesildiği, gözlerinin çıkarıldığı herkes tarafından bilinen gerçeklerdir. Kulak toplayan, katlettiği gerillaların kulaklarını biriktiren özel tim elemanları vardır. Bunlar savaş hukukunun, Cenevre Sözleşmeleri'nin kesinlikle yasakladığı yaptırımlardır. Halbuki Kürt gerillalar, savaşta esir aldıkları askerlere çok iyi muamele yapmaktadırlar. Bunlar, ailelerine teslim edilen esir askerler tarafından da anlatılmaktadır.

Sömürgeci devletler, ulusal kurtuluş mücadelesi yürüten halkları, her zaman, "eşkıya", "haydut", "terörist", "hain" olarak nitelemişlerdir. Cezayir halkı, Cezayir ulusal kurtuluşçuları, Fransa tarafından 1954-1961 yılları arasında böyle anılıyordu. 1971'de, Pakistan'a karşı ayaklanan Bangladeş halkı "eşkıya", "haydut" idi. Hatta Türkiye Cumhuriyeti Devleti 1971 yazında sık sık yaptığı açıklamalrla "eşkıya", "haydut" olarak nitelediği Micubürrahman önderliğindeki Bangladeş ulusal kurtuluşçularına karşı Yahya Han rejimini destekliyordu. Eritreliler, Habeşistan Devleti tarafından daha düne kadar, "haydut", "eşkıya", "terörist"tiler. Fakat bütün bunlar, Cezayir'in, Bengladeş'in, Eritre'nin bağımsızlık kazanmasına engel olamadı. Türkiye Cumhuriyeti Devleti de, "haydut", "eşkıya", "terörist" dediği bu örgütlerle, devletlerle diplomatik ilişkiler geliştirdi... Kürtler de bağımsızlıklarına, birgün kuşkusuz kavuşacaklardır.

1919-1920 yıllarında, Mustafa Kemal'in de bazı emperyalist Avrupa Devletleri tarafından "eşkıya", "haydut" diye anıldığı bilinmektedir.

Türk siyasal hayatında, Milli Güvenlik Kurulu'nun belirleyici ve tayin edici ağırlığı karşısında, Türk Başbakanı'nın hiçbir kıymet-i harbiyesi yoktur. Bu, Kürdistan sorunu karşısında besbelli ortada durmaktadır. Türk Başbakanı, halka, her zaman, "Kürt sorunu yoktur", "et-tırnak gibi bir bütünüz", "halka şefkatle yaklaşacağız..." yollu yalanlar söyleyecektir. "Size her zaman doğruları söyleyeceğim" derken bile yalan söyleyecektir. Türk Başbakanı, örneğin, özel savaş harcamaları konusunda, bu harcamaların enflasyona etkileri konusunda, hiçbir zaman gerçekleri kamuoyuna duyuramayacaktır...

Başbakan, "Halka çevrilen silahlar ilk önce beni vurmalıdır" demektedir. Halbuki Kürt halkına çevrilen silahların devletin silahları olduğu herkes tarafından bilinen bir gerçektir. Başbakan'ın bu tür konuşmaları "şov"dan öte bir anlam taşımaz. Bu yaklaşımlar, Kürt sorununun kendini dayatan temel niteliğini gizleyemez.

"LOZAN KUTSAMALARI(*)

Lozan Antlaşması'nın 70. yıl kutlamaları bir kutsamaya dönüştü. Kutsama sürecinde, bir kere daha gördük ki bir kısım Türk aydınının düşünceleriyle ve tutumlarıyla, Kürtlerin düşünceleri ve tutumları arasında hiçbir diyalog yoktur, bir diyalog kurulamıyor. Bu, kuşkusuz Kürtlerden kaynaklanan bir durum değildir. Bir kısım Türk aydını, yaşanan objektif gerçeklere rağmen, önemli araştırmalara ve incelemelere rağmen resmi ideolojiden kaynaklanan inkârcı düşünceleri ısrarla savunuyorlar, devletin gösterilmesini istediği tavır ve davranışı sergiliyorlar. Devletin düşüncesini ve tutumunu sergilerken, bu düşüncelerin Kürtler tarafından eleştirildiğine hiç dikkat çekmiyorlar, objektif koşulların bu düşünceleri çürüttüğüne hiç değinmiyorlar...

Tartışmanın tutarlı, sağlıklı sonuçlara varabilmesi için taraflar arasında diyalog olması gerekir. Tarafların, bazı kavramlara aynı içeriği yüklemeleri gerekir. Taraflar birbirlerini dinlemezlerse, karşı tarafı yok sayarlarsa, ciddi bir tartışmadan söz edilemez. Bir kısım Türk aydını, hâlâ Kürtleri yok sayıyor. Kürtlerin düşünceleri olduğunu, özlemleri olduğunu, bunları gerçekleştirme doğrultusunda siyasal iradeye sahip olduğunu bilmezden, görmezden geliyor, şunca mücadeleye rağmen görmezden geliyor. Bir kısım Türk aydınları, devlet gibi düşünüyor, devlet gibi tutum alıyor...

Diyalog eksikliği, bizler için kuşkusuz çok önemli bir olaydır. Bunu, mahkemelerde de her zaman yaşıyoruz. Örneğin, 20-25 sene önceki duruşmalarda, biz, Kürtlerin ulusal ve toplumsal varlığından söz ediyorduk, Kürtçe'nin bağımsız bir dil olduğunu belirtiyorduk. Mahkemeler ise "Kürt diye adlandırılan bir halk, bir millet yoktur, bunların asılları Türktür, Kürtçe diye bağımsız bir dil yoktur, Türkçe'nin bir ağzıdır..." diyordu. Bu konuda, bizlerle mahkeme arasında en ufak bir diyalog

*- *Özgür Gündem, 12 Ağustos 1993*

yoktu. Mahkeme, "Herkes Türktür, Kürtlerden, Kürtçe'den söz edenler suç işlemektedir" diyerek ceza veriyordu.

Durum bugün de aynıdır. Bugün artık ulusal ve toplumsal mücadelenin fiili kazanımlarından dolayı Kürtler ve Kürtçe inkâr edilemiyor. Fakat bu sefer de, "Türkiye Cumhuriyeti Devleti'nde herkes eşittir. Herkes yetenekleri ölçüsünde her istediği makama gelebilir. Kürt denilenlerden de vali, yargıç, general, milletvekili olanlar vardır. Hatta Başbakan, Cumhurbaşkanı bile olabilmektedirler..." denmektedir. Savcıların iddiaları ve mahkemelerin, kararlarıyla bu iddiaları onaylaması karşısında söylenenler çok açıktır: Kürtler kendi kimliklerini inkâr etmişlerse, Türkleşmişlerse devlet bürokrasisinin her kademesinde görev alabilirler, Kürt olduğunu söyleyen, Kürtlerin ulusal ve demokratik hakları için mücadele eden Kürtleri odacı, kapıcı bile yapmazlar... Bu düşünceler duruşmanın her safhasında ileri sürülüyor, fakat ne savcılarla, ne de mahkeme heyetiyle bir diyalog kuruluyor. Sizin bütün anlatımlarınıza, savunmalarınıza rağmen, mahkeme, "...Herkes eşittir, ayrım-gayrım yoktur, herkes her makama gelebilir..." diyerek size ceza veriyor. Mahkemeyle en küçük bir diyalog kurulamıyor. Diyalogsuzluk mahkemelerin önemli bir tavrı oluyor.

Bir kısım Türk aydınının düşüncesinin ve tutumunun da mahkemeninkiler gibi olduğu bilinmektedir.

Bu seneki Lozan kutlamaları kutsama şeklinde geçti. Diyalogsuzluk bir kere daha kendini gösterdi. Devlet bürokrasisinin, kamu yönetiminin, siyasal partilerin dışında bazı dernekler de bu konuyla ilgili toplantılar düzenlemişlerdir. Burada, bazı üniversite mensuplarının ve yazarların görüşlerine değinmeyi yararlı buluyoruz.

24 Eylül 1993 tarihli *Cumhuriyet* gazetesinde "Sevr'e Bak, Lozan'ı Anlarsın" başlıklı yazıda, Birinci Dünya Savaşı ertesinde imzalanan antlaşmaların hepsinin ortadan kalktığı, fakat Lozan'ın "dimdik" ayakta olduğu belirtilerek şöyle söyleniyor:

"Aradan 70 yıl geçtiği için bugün Lozan'ın coşkusu yeterince duyumsanmayabilir."

"Çünkü bugünkü kuşakların içinden hiç kimseyi İstanbul kaldırımlarında bir İngiliz subayı kırbaçlamadı. Fransız işgalindeki Adana'da düşman neferinden, hiç kimse taş köprünün başında tokat yemedi. İzmir'in Konak Meydanı'nda, Yunan çavuşu, bugünkü kuşaktan birinin suratına tükürmedi."

24 Temmuz 1993 tarihli *Cumhuriyet* gazetesinde profesörler de Lozan'ı kutsayan yazılar yazmışlardır. Prof. Dr. Aysel Çelikel, "Ulusal Kurtuluşa Diplomatik Tescil" başlıklı yazısında şunları söylemektedir:

"Sevr Antlaşması, 24 Temmuz 1923'ten hemen 3 yıl önce, 10 Ağustos 1920'de savaşı kazanan Batılı devletlerin Osmanlı padişahı ve hükümetine kabul ettirilmiş; Damat Ferit Paşa, Rıza Tevfik ve diğerleri tarafından çaresizlik içinde imzalanmıştı. Türklerin öz vatanını paylaştıran, Türk ulusunu siyasal, askeri, ekonomik ve mali yönetim açısından Batılı devletlerin hükümranlığı altına sokan Sevr Antlaşması'nın bazı hükümlerini hatırlatmak Lozan'ın önemi ve değerini anlatmak açısından yararlı olacaktır..."

Prof. Dr. Aysel Çelikel daha sonra Sevr Antlaşması'nın bazı hükümlerini eleştirmekte, Türk ulusuna vurulan boyunduruğun Lozan Antlaşması'yla kırıldığı vurgulanmaktadır.

Türk basınının, Türk üniversitesinin, Türk profesörlerinin gizlemeye çalıştıkları temel konu, Kürdistan konusudur. Kürdistan, Lozan Antlaşması'yla bölünmüş, parçalanmış ve paylaşılmıştır. Veya Kürdistan'ın bölünmesi, parçalanması ve paylaşılması Lozan Antlaşması'yla, uluslararası planda garanti altına alınmıştır. Kürdistan üzerindeki bu politikanın emperyalist ve sömürgeci bir politika olduğu açıktır. Birinci Dünya Savaşı'ndan sonra en önemli böl-yönet politikası Kürt ulusu üzerinde ve Kürdistan üzerinde uygulanmıştır.

20. yüzyılın ilk çeyreğinde dünyaya nizam vermeye çalışan en büyük emperyalist gücün İngiltere, ikinci derecede de Fransa olduğu bilinmektedir. Kürdistan'ın bölünmesinde, parçalanmasında ve paylaşılmasında bu devletlerin rollerinin çok büyük olduğu besbellidir. Kemalistlerin, Arap krallıklarının ve İran'daki Şah yönetiminin bu politikanın Ortadoğu'daki yerli işbirlikçileri olduğu da bilinmektedir.

Resmi ideoloji, Kürdistan'a ve Kürtlere uygulanan bu politikanın niteliğini gözlerden ve dikkatlerden uzak tutmak için çok büyük bir çaba içindedir. Bunun için yasal düzenlemeler vardır, çeşitli idari yasaklar vardır.

Lozan Antlaşması'yla Kürdistan'a dayatılan statü, sömürge statüsü bile değildir, statüsüzlüktür. Kürt adı ve Kürdistan adı, dillerden ve tarihlerden silinmek üzere bölünmüş, parçalanmış ve paylaşılmıştır. Kürdistan ülkesinin sınırlarının çizilmemesi, Kürtlerin ulusal varlığının inkârı, örneğin, Lozan Antlaşması'nda, Kürt, Kürdistan sözcüklerinin hiç geçmemesi Kürdistan'ı klasik sömürgelerden ayıran temel özelliklerdir. Bu gibi konuların irdelenmesi, kuşkusuz çok önemlidir.

Kürdistan, sömürge bile değildir.

Kürtlere ve Kürdistan'a dayatılan devletlerarası sömürge sistemini, dünyanın başka bir ülkesinde, başka bir ulusunda izlemek mümkün değildir.

1920'li yılların ortalarından itibaren Türkiye'de Kürtlerin ve Kürtçe'nin varlığı inkâr edilmiştir. Herkesin Türk olduğu, Kürçe'nin de Türkçe'nin bir şivesi olduğu söylenmiştir. Bu iddiaya uygun olarak ve bu amaç doğrultusunda, Kürtler ve Kürtçe yok edilmeye çalışılmıştır. Asimilasyon yani Kürt dilinin, Kürt kültürünün, Kürt olan her şeyin imhası, vazgeçilmez bir devlet politikası olarak saptanmıştır. Asimile olmamak için direnenler, Kürt kültürünü yaşamak isteyenler, Kürtlerin ulusal ve demokratik haklarından söz edenler, çok ağır baskılarla karşı karşıya kalmışlar, fiziki olarak imha edilmişlerdir.

Türk üniversitesi, Türk profesörlerinin pek çoğu, Türk basını, herkesi Türk sayan bu anlayışı hiçbir eleştiriye tabi tutmadan, doğruluğundan hiç kuşku duymadan aynen kabul etmişlerdir. Uluslararası İlişkiler, Devletler Hukuku konularında profesör olan Aysel Çelikel de bunlardan biridir. Sevr Antlaşması'yla "Öz Türk yurdu"nun parçalandığını ifade etmektedir. Halbuki "Öz Türk yurdu" dediği toprakların çok büyük bir kısmı Kürdistan'dır. Ve Kürdistan, hem Sevr'de, hem Lozan'da parçalanmıştır.

Kürdistan olgusunun dikkatlerden uzak tutulması, bilimsel bir tutum değildir. Kürdistan olgusunun böylesine inkâr edilmesi yalana dayalı resmi ideolojinin hizmetinden olmaktan başka bir anlama gelmez. Bilim, olgularla başlar. Resmi ideolojinin verileri, kabulleri doğru sayılarak bilimsel düşünce geliştirilemez.

Kürdistan'ın nasıl bölündüğü ve parçalandığı, nasıl paylaşıldığı konuları elbette olgulara dayanılarak incelenebilir. Fakat bir de evrensel bazı değerler vardır. Ulusların eşitliği, ulusal kimliklerin yok edilemeyeceği vs... Resmi ideolojinin savunuculuğunu yapanlar bu değerlerin de çiğnenebileceği mesajını vermektedirler. Halbuki ulusal onuru koruma, ulusal kimliğe sahip olma insanlığın evrensel değerleridir. Bunlar savunulacak, uğrunda mücadele yapılacak değerlerdir. Bunlar, bugünkü Avrupa ulusları için vurgulanması gereken değerler olmayabilir, fakat devletlerarası sömürge baskısı altında olan, bütün ulusal değerleri ırkçı ve sömürgeci politikalarla yok edilmeye çalışılan Kürtler için çok önemlidir. Kürtlerin, böylesine ağır baskılarla, tehditlerle karşı karşıya olması da sadece Kürtlerin değil, bütün insanlığın sorunudur... Türk aydınlarının önemli bir bölümü, somut sorunlar, örneğin, Kürtler söz konusu olduğu zaman bu değerlere inanmamaktadır.

24 Temmuz tarihli *Cumhuriyet* gazetesinde, Prof. Dr. Şükrü S. Gürel, "Lozan Bugün Çok Daha Önemli"; Prof Dr. Bülent Tanör "İnkârcılık Sevr'i Yok Sayıyor"; Bilal Şimşir "Tarih Sahnesine Çıkış Belgeleri"; Aynur Soydan "Eşitsizliği Eşitliğe Dönüştürme Savaşı"; Osman Olcay "Lozan'ın Düşündürdükleri" başlıklı yazılarında, Lozan Antlaşması'nın Kürdistan'a ilişkin ırkçı ve sömürgeci içeriğini, emperyalist bölüşüm antlaşması olması niteliğini gizlemeye çalışmışlardır.

Hürriyet gazetesinin 24 Temmuz tarihli sayısında benzer yazılar yayınlanmıştır. Oktay Ekşi'nin "Lozan'ın 70. Yılında..."; Emin Çölaşan'ın "İki Gazetecinin Ardından"; Doğan Hızlan'ın "Lozan ve Sonrası"; başlıklı yazıları...

Milliyet gazetesinin aynı tarihli sayısında, Hasan Pulur'un "Lozan Anıtı"; Ali Sirmen'in "Lozan'ın Anlamı" (*Milliyet*, 25 Temmuz 1993) başlıklı yazıları yine aynı kategori içinde değerlendirilebilir.

Çağdaş Yaşamı Destekleme Derneği'nin gençlik grubu tarafından düzenlenen "70. Yılında Lozan'ın Getirdikleri" konulu panelde yapılan konuşmaların temel niteliği de budur.

PEN Yazarlar Derneği Başkanı Şükran Kurdakul'un yaptığı açıklamaysa şöyledir:

"Lozan emperyalizme karşı yaşama hakkını savunan Anadolu insanının var oluş belgesidir. Kurtuluş Savaşımızın en haklı mirası, dün olduğu gibi bugün de ulusal bağımsızlık bilincimizde yaşıyor. Dün olduğu gibi bugün de emperyalizm ve yeni işbirlikçilerinin gizli açık oyunlarına karşı 70 yıllık emaneti özenle koruyacağımız bilinmelidir." (*Cumhuriyet*, 25 Temmuz 1993)

İlerici, devrimci gibi gözüken bu söylem tam anlamıyla resmi ideolojinin söylemidir. Bunun katı, donmuş, çeşitli ceza yasalarıyla korunmaya çalışılan bir ideoloji olduğu bilinmektedir. Bu bakımdan, emperyalizme karşı olduğu söylenen bu savaşın sonucunda, emperyalistlerle birlik olup Kürdistan'ın bölünmesi, parçalanması ve paylaşılması sürecinin nasıl cereyan ettiği, artık sorulamaz... Resmi ideoloji de din gibi bir kurumdur, bilgiden çok inanç içeriklidir. Bu konuda, diyalog geliştirmemek resmi ideolojinin istediği temel bir tutumdur.

Şurası açık bir şekilde ortada durmaktadır. Lozan Antlaşması, Türkler ve Kürtler açısından birbirine zıt anlamlar içermektedir. Lozan, Türkler için Osmanlı Devleti'nin geriye kalan temelleri üzerinde yeni bir Türk Devleti'nin kurulması demektir. Kürtler için ise esarettir, devletlerarası boyunduruktur. Bunların devletlerarası planda garantiye alınmasıdır. Lozan, Kürtlere dayatılan devletlerarası sömürge statüsüdür.

Esasında Kürdistan sömürge bile değildir. Yok sayılan, yok edilmeye çalışılan bir ülkedir. Kürtler, yok sayılan, yok edilmeye gayret edilen bir ulustur.

Bilim yöntemi söz konusu olduğu zaman şu hususun önemle vurgulanması gerekir: Kürdistan sorununa ilişkin yukarıdaki düşünceler, benzer düşünceler, hep cezaî yaptırımlarla karşılaşmaktadır.

Resmi görüşü savunanlar ise devlet tarafından çeşitli şekillerde ödüllendirilmektedir. Resmi görüşün, resmi görüşü savunanların, objektif düşüncelerin cezaî müeyyidelerle karşılaştığı bir ortamda, profesörlerin düşüncelerinin de hiçbir inandırıcılığı olmadığı, bilimsel olmadığı açık bir konudur. Zira profesörler eleştirisi mümkün olmayan, dokunulamaz, doğruluğundan kuşku duyulamaz düşünceler ileri sürüyorlar demektir.

Kürdistan sorununa ilişkin yukarıdakine benzer düşünceler hep baskı altındadır. İlgili kitaplar, dergiler toplatılmakta, dağıtımı yasaklanmakta, haklarında dava açılmaktadır... Davalar mahkûmiyetle sonuçlanmaktadır. Fakat bu düşünceleri eleştiren, suçlayan düşünceler, hatta ilerici terminolojiyi, sol terminolojiyi, Marksist terminolojiyi kullanarak bunu yapanların yazıları, dergileri, kitapları serbestçe dağıtılmaktadır. Bunlar, hiçbir cezaî kovuşturmaya uğramamaktadır. Konunun bu boyutunun da ciddi bir şekilde düşünülmesi, irdelenmesi gerekir.

ULUSUN ONURU(*)

24 Temmuz 1993 tarihli *Cumhuriyet* gazetesinde yayımlanan "Sevr'e Bak Lozan'ı Anlarsın" başlıklı yazıda yazar, Türk aydınlarını, Lozan Antlaşması konusunda yeteri kadar heyecan duymamakla eleştiriyordu. Heyecanın azalmasıyla ilgili bir açıklama da yapıyordu. "Çünkü" diyordu yazar, "Bu yıllar zarfında, herhangi bir İngiliz subayı, İstanbul kaldırımlarında, hiçbir Türk'ü kırbaçlamadı; Fransız işgalindeki Adana'da, Taşköprü'nün başında hiçbir Türk bir düşman neferinden tokat yemedi; İzmir'in Konak Meydanı'nda, bir Yunan çavuşu, bir Türk'ün suratına tükürmedi...

Bir insanın ülkesinin düşman işgali altında olmaması, insanların, düşman askerleri tarafından kırbaçlanmaması, suratlarına tükürülmemesi, insanlara düşman askerleri tarafından tokat atılmaması, insanların, doğal toplumsal ilişkilerini sürdürebilmeleri, kendi hayatlarını yaşayabilmeleri büyük bir mutluluktur. İnsan, *Cumhuriyet* yazarının bu anlatımlarını derin bir hüzün içinde izliyor. Zira *Cumhuriyet* yazarının duygu ve düşünceleriyle, Kürtlerin bugün içinde bulundukları toplumsal ve siyasal koşullar ve günden güne artan katliamlar ve soykırım tehditleri arasında en ufak bir bağ, bir ilinti yoktur. *Cumhuriyet* yazarı, Kürdistan'da olup bitenlerden habersizdir veya habersiz kalmayı yeğlemektedir. Zira Kürtler, Kürdistan'da, 70 yılı aşkın bir zamandır, İngilizlerin İstanbul'da, Fransızların Adana'da, Yunanlıların İzmir'de sergiledikleri baskı ve zulümden kat kat ağır olanlarıyla karşı karşıyadırlar. Türk sömürgeciliği Kürdistan'da, İngiliz ve Fransız emperyalistlerinin ve Yunanlıların gerçekleştirdikleri baskılardan kat kat ağır olanlarını gerçekleştirmektedir. Kürdistan'da uygulanan sömürge politikaları bu üç devletin uygulamalarının toplamından çok daha ağır-

*- *Özgür Gündem, 19 Ağustos 1993*

dır, yoğundur. Bu yoğunluğu hem nitelik olarak, hem de nicelik olarak izlemek mümkündür. Bunlar, dünyada bir eşi daha bulunmayan sömürge politikalarıdır. Bütün bunlara rağmen *Cumhuriyet* yazarı, bu uygulamalara karşı varlık mücadelesi veren, ayakta kalmaya çalışan Kürt halkını, Kürt aydınlarını, "Kürtçü" diyerek aşağılamaya, "ırkçı" diyerek suçlamaya çalışmaktadır. Kendi devletinin Kürdistan'daki ırkçı ve sömürgeci uygulamalarına, bu uygulamaları sürekli hale getiren politikalarına karşı en ufak bir eleştiri getirememektedir. İnsana hüzün veren yön budur. Kürdistan'da, gün geçtikçe boyutlanan zulüm, katliam bir kısım Türk aydınlarının bilincine çarpmamaktadır. Devlet güçlerinin gerçekleştirdikleri katliamlar karşısında bir kısım Türk aydını sessiz kalmakta, böylece bu katliamları onaylamaktadır.

Bir ulusun ülkesinin işgal edilmesi, insanların işgalci askerler tarafından kırbaçlanması, tokatlanması, suratlarına tükürülmesi, kuşkusuz ulusu, insanları yaralayan bir durumdur. Böyle bir durum ulus için onursuzluktur. Kürtler ise ulusal onuru zedeleyen çok daha ağır ırkçı ve sömürgeci baskılarla karşı karşıyadırlar. Kürt ulusunun siyasal ve toplumsal varlığının inkârı bunların başında yer almaktadır. 1984-'te, dönemin Cumhurbaşkanı Kenan Evren, Şemdinli'de, Kürtlerin gözünün içine baka baka, Kürt adıyla bilinen bir milletin olmadığını, herkesin Türk olduğunu, Kürt olduklarını söyleyenlerin, Kürtlerden söz edenlerin hain olduklarını söylüyordu. 1993'te Başbakan Tansu Çiller, yine Hakkari'de, Kürtlerin gözlerinin içine baka baka Türkiye'de Kürt sorununun olmadığını, terör sorunu olduğunu anlatmaya çalışıyor. Kürtlerin bütün ulusal ve demokratik hakları gasp edilmiş, Kürtlerin ulusal ve toplumsal varlığı inkâr ediliyor, ulusal ve toplumsal haklar için yoğun bir mücadele var, on yıla yakın bir zamandır bu uğurda binlerce gerilla şehit olmuş ama yine de, Kürt sorunu diye bir sorunun olmadığı söyleniyor.

Kürtlerin ulusal varlığının inkârı, Türk sömürgeciliğinin temel özelliğidir. Kürt ulusunun, Kürt insanlarının onurunu zedeleyen olguların başında, bu inkâr yer almaktadır.

İnkâr, yok sayma, temel bir politika olarak saptanınca, ulusal varlığın fiziki olarak imhasını, yani yaşayan organizmayı ortadan kaldırmayı, yok etmeyi gerçekleştirecek süreçler fiili olarak gündeme gelmektedir. Kürt olan her şey, kişi, kurum baskı altına alınmaya, imha edilmeye çalışılmaktadır. Kırbaçlamak, tokatlamak, suratına tükürmek gibi hakaretler, Kürtlerin gördüğü baskının, zulmün ve hakaretin yanında çok masum kalır. Çocuklarının gözleri önünde, babalarına işkence yapılmaktadır. Çocuklarının ve erkeklerin gözleri önünde kadınlar saçlarından sürüklenerek götürülmektedir. Kadınlara tecavüz edilmektedir. Erkekler, kadınlar, çocuklar, ihtiyarlar, gençler, bütün bir köy halkı, karların, çamurların içine yatırılmakta, saatlerce bekletilmektedir. Köyler yakılmakta, yıkılmaktadır. Evler içindeki eşyalarla birlikte yakılmaktadır. Gıda maddeleri heder edilmektedir. Sık sık yapılan güvenlik aramalarıyla evler talan edilmektedir. Hayvanlar kurşunlanmakta, ormanlar yakılmaktadır. İnsanlar yerlerini yurtlarını terke zorlanmaktadır. Bu konularda, yoğun, kapsamlı bir devlet terörü vardır. İşkence sistematik bir devlet politikasıdır. Gerek güvenlik güçleriyle yapılan çatışmalarda sağ olarak ele geçirilen gerillalara, gerek köylülere çok yoğun işkenceler yapılmaktadır. Kürtler işkence edilerek öldürülmektedir. Türk güvenlik güçlerinin Kürtleri öldürme özgürlüğü sonsuzdur. Devlet terörünün Kürdistan'daki yoğunluğu gün geçtikçe artmaktadır. Devlet terörüne ilişkin haberler, Türk basınında hiç yer almamaktadır. Zira Türk basınına, Genelkurmay tarafından sık sık brifing verilmekte, Kürdistan'da cereyan eden olay karşısında nasıl düşünecekleri, ne gibi bir tutum takınacakları ince ince anlatılmaktadır. Türk basını, sık sık helikopterlere bindirilerek Kürdistan'a götürülmekte, devletin, basından istekleri olay yerinde anlatılmaktadır. Somut gerçeklerin Türk kamuoyuna, Kürt kamuoyuna ve dünya kamuoyuna ulaştırılmasına engel olunmaktadır. Haber, devletin gözlükleriyle ve devletin istediği biçimde verilmektedir. Türk basını, Genelkurmay brifinglerinde kendisine verilen bu direktiflere harfiyen uymaktadır. Haberleriyle, yorumlarıyla emirlerin gereklerini yerine getirmeye çalışmaktadır.

Bütün bu baskılara ve zulümlere rağmen ulusal ve toplumsal kurtuluş mücadelesi gelişmektedir. Mücadele kitleselleşmiştir. Ulusal istemler artık kitleler tarafından dile getirilmektedir. Bu seneki 15 Ağustos kutlamaları Kürt halkının diriliğinin, ulusal istemlerde kararlılığının önemli bir göstergesidir. Kürdistan'da cereyan eden "kirli savaş"ın boyutlarını, operasyonlarını dile getiren etkin bir basın da vardır. *Özgür Gündem*'i bu kategori içinde değerlendirmek gerekir. Bu basını susturmak, etkisini kırmak sömürgeci yönetimin önemli bir amacı haline gelmektedir.

Kürdistan'da tırmandırılan, hiçbir kural tanımayan devlet terörüyle birlikte *Özgür Gündem* ve benzeri basın üzerindeki baskılar da artmaktadır. Bugün Kürdistan'da devlet illegal bir yapı olarak vardır. Kürdistan, devletin illegal birimleri tarafından yönetilmektedir. Bu birimler, "Hizbullah", "Osmanlı Ordusu", "Türk İntikam Tugayı" gibi adlarla Kürtleri kaçırmakta, bir hafta, on gün tutarak işkence yapmakta, sonra da öldürmektedir. Öldürdüğü insanın cesedini bir köşeye atmakta, "sahipsiz" diyerek bir çukura gömmektedir. Bu, çok yaygın bir uygulamadır. "Faili meçhul" denen fakat failleri belli olan cinayetlerle birlikte, adam kaçırmalar ve öldürmeler de tırmanmaktadır.

Ulusal bilince ulaşmış köylülere, Kürdistan'daki devlet terörünü kamuoyuna sunmaya çalışan Kürt gazetecilere karşı çok yoğun bir baskının geliştirildiği gözlenmektedir. 19 yaşındaki gazeteci Ferhat Tepe Bitlis'te, devletin güvenlik güçleri tarafından kaçırılmış ve günlerce işkence edilerek öldürülmüştür. Cesedi, Hazar Gölü'ne atılmış, "boğulmuş" görüntüsü verilmeye çalışılmıştır. 11 Ağustos 1993 tarihli *Aydınlık* gazetesi, henüz Diyarbakır Cezaevi'nde olan üç tutuklunun tanıklıklarına dayanarak, Ferhat Tepe'nin devlet güçleri tarafından öldürüldüğü haberini vermiştir. Aynı tanıklar Yücel Dolan'ın da Diyarbakır'da jandarmaya ait bir sorguevinde öldürüldüğünü haber vermektedirler. Ferhat Tepe'nin öldürüldüğü günlerde, yine *Özgür Gündem* muhabiri Aysel Malkaç İstanbul'da *Özgür Gündem* gazetesinin önünden alınarak kaçırılmış ve kendisinden haber alınamamaktadır.

Bazı itirafçılar kullanılarak Kürt milletvekillerine karşı çeşitli mizansenler düzenlenmekte, onların kendilerini savunan bir konumda tutulmaları sağlanmaktadır. İmamlar kurşuna dizilmekte, boynuna haç asılmakta, sonra da "İmam Ermeni Çıktı" diye propaganda yapılmaktadır.

Özgür Gündem gazetesi muhabiri Ferhat Tepe'nin kaçırılması ve işkence edilerek öldürülmesi "kirli savaş"ın nasıl boyutlandığını gösteren önemli bir örnektir. Ferhat Tepe gibi henüz 19 yaşındaki genç bir gazetecinin somut gerçeklerin anlatımından taviz vermemek için ölümü bile göze alması ise gazetecilik adına bir onurdur. Ferhat Tepe "kirli savaş" ortamında, brifingci gazetelerin oluşturduğu kokuşmuşluğu dağıtma azminde olan bir bahar yeli gibidir.

ULUSAL UYANIŞIN GÖRKEMİ(*)

15 Ağustos, sadece Kuzey Kürdistan'ın tarihinde değil, Kürdistan'ın tarihinde, Kürt halkının tarihinde çok önemli bir dönüm noktasıdır. 1930'lu yılların başlarında, "Bağımsız Kürdistan bu mezarda yatıyor", "Kürdistan'ı, Kürtleri, Ağrı Dağı'na gömdük, mezarını betonladık", "Bağımsız Kürdistan hayali burada yatıyor!" gibi sloganlarla ifade edilen bir sorun, 15 Ağustos 1984'te görkemli bir şekilde ortaya çıktı. Bu görkemli çıkış, "İlk Kurşun" kavramıyla ifade ediliyor. 15 Ağustos, asimile edilmesi için her türlü tedbir düşünülen ve uygulanan, köleleştirilmesi, kişiliksizleştirilmesi için her türlü uygulama mübah sayılan, tavır ve davranışlarıyla, düşünceleriyle bu politikaları bir hayli başarılı kılan, yok olma, tarihten ve yeryüzünden silinme tehlikesiyle karşı karşıya kalmış bir ulusun, köleliğine kurşun sıkıp öldürdüğü, yeniden doğduğu bir gündür. 15 Ağustos, Kürtlerin çok önemli bir günüdür, ulusal bayram günüdür.

"İlk Kurşun" atılımının ilk günlerinde "Irak'tan geldiler, vuruş yaptılar, kaçtılar", "Kaçamayacaklar", "Kıstırıldılar", "Çembere alındılar", "Çember daralıyor", "Ya teslim olacaklar ya da imha edilecekler", "Hepsi bir avuç eşkıyadır", "3-5 çapulcudan başka bir şey değildirler"... gibi basmakalıp sloganlar kullanılıyordu. Devlet ve hükümet yöneticileri, Türk siyasal partileri, Türk basını PKK adını hiç anmadan, bu sloganları tekrar edip duruyordu... 1984'ten bu yana binlerce ARGK gerillası şehit oldu. Kürt halkı çok ağır katliamlar yaşadı, fakat PKK büyüdü, güçlendi. 1984'te ancak yüzlerle ifade edilen gerilla, bugün binlerle, on binlerle ifade ediliyor. Milislerin sayısı yüz bine yaklaşmıştır. Sempatizanlar yüzbinlercedir. Buna rağmen PKK'ye "Terörist bir örgüt", PKK eylemlerine "terörist eylemler" deniyor.

*- *Özgür Gündem, 26 Ağustos 1993*

Kürt halk kitleleri içinde gittikçe daha yoğun ve yaygın bir biçimde örgütlenen, büyük bir kitlesellik kazanan, kitlesel gelişmesi durmadan büyüyen bir örgüt "Terörist bir örgüt" olur mu? Ulusal kurtuluş istemlerinin geniş kitleler tarafından dile getirildiği gösteriler, yürüyüşler "terörist faaliyetler" olarak değerlendirilebilir mi? Bunların ulusal ve toplumsal kurtuluşçu hareketler olduğu açıktır. "Terörist örgüt", "terörist faaliyetler" suçlaması basmakalıp bir suçlama olmaktan öte bir anlama sahip değildir. Gerek Türkiye'de, gerek dünyada devrimci ve demokratik kamuoyunun bu gerçeği artık kavradığının hiç kuşku yoktur. Kuşku duyulmayan bir şey daha vardır. Devletin "Kürt sorunu"nu inkâr çabaları, Kürt sorununu şiddete dayanarak çözme çabaları devlet teröründen başka bir şey değildir.

Bu seneki 15 Ağustos kutlamaları ulusal ve toplumsal kurtuluş mücadelesinin çok büyük bir kitleselliğe kavuştuğunu göstermesi bakımından önemlidir. Bu bakımdan 1993 yılı 15 Ağutos kutlamaları hem zaman içinde, hem de mekân içinde irdelenmelidir. Kutlama yapılan yerler, kutlamalara katılanlar, kutlamaların gerçekleştiği tarih, haykırılan sloganlar, taşınan pankartlar, resimler, bayraklar, kutlamalara katılanlara karşı devletin tavrı etraflı bir şekilde irdelenmelidir.

15 Ağustos yaklaşırken devlet, 15 Ağustos'un kutlanmaması için, 15 Ağustos'un kutlanmasına engel olmak için çok yoğun bir terör estirmiştir, devlet terörünü tırmandırmıştır. Köylerde, kasabalarda, ilçelerde, illerde çok yoğun ve yaygın tutuklamalar yapmıştır. Köyleri, kasabaları bombalama, arama-tarama, köy yakma, köyleri terke zorlama gibi operasyonları genişletme, yine izlenebilir ve gözlenebilir bir süreçtir. Köylere girişi-çıkışı engelleme, *Özgür Gündem, Aydınlık* gibi gazetelerin Kürdistan'a girişini engelleme her yerde uygulanan bir politika olmuştur.

Bütün bu devlet terörüne rağmen Kürtler, 15 Ağustos'u, Kürdistan'ın hemen hemen her yerinde, büyük bir kitlesellik içinde kutlamışlardır. 14 Ağustos günü, Kars'ın Digor ilçesinde binlerce kişinin katıldığı kutlamanın dikkate değer yönleri vardır. Traktörleriyle 3-4 koldan Digor'a insanlar gelmişlerdir. Kalabalık yol üzerindeki köylerden yapılan katılımlarla gittikçe büyümüştür. Bu büyük insan kitlesi içinde kadınlar, çocuklar, ihtiyarlar da vardır. Silahsız bir grup. Ellerinde ulusal istemlerini dile getiren pankartlar var. Başkan Apo'nun resimlerini ve PKK'nin bayraklarını taşıyorlar. Güvenlik güçleri, bu büyük insan kitlesinin Digor'a girmesini ve Digor'da yürüyüş yapmasını engellemeye çalışıyor. Kitlenin kararlı tutumu karşısında, silaha başvuruyor. Kitleye gelişigüzel ateş açıyor. Aralarında kadınların da bulunduğu pek çok insan ölüyor. Devletin kaynaklarına göre 10 civarında. Kurd-Ha'ya göre 20 civarında Kürt öldürülüyor. Onlarca yaralı var. 60 civarında insan gözaltına alınıyor.

Silahsız bir kitle üzerine gelişigüzel ateş açmak, yürüyüş yapan insanları öldürmek devlet terörünün önemli bir göstergesidir. Bu devlet terörüne rağmen insanların 15 Ağustos'u kutlamada kararlı olması, bütün engellmelere rağmen yürümesi, ulusal ve toplumsal mücadelenin büyük bir kitleselliğe kavuştuğunu, ulusal istemlerin kitleler tarafından dile getirildiğini gösteriyor.

Ertesi gün, yani 15 Ağustos 1993'te, Malazgirt'te, *Özgür Gündem*'in haberine göre 20 binin üzerinde büyük bir kitle, yine traktörleriyle yürüyüşe ve gösteriye katılmıştır. Bu gösteri ve yürüyüşte de ulusal istemleri dile getiren sloganlar atılmıştır. Bu eylemlere de kadınlar, çocuklar, yaşlılar katılmışlardır. Kitlenin üzerine burada da ateş açılmış, devletin açıklamalarına göre 2 kişi, *Özgür Gündem*'in "Yurt Haberler Servisi"ne göre 20 kişi öldürülmüştür. Traktörlerin motorları, tekerlekleri parçalanmış, iki yüzü traktör sürücüsü olmak üzere 400 kişi göz altına alınmıştır.

14 Ağustos günü, Digor'da yaşanan devlet teröründen sonra 15 Ağustos'ta, Malazgirt'te, büyük bir kitlenin kutlamalara katılmış olması irdelenmesi gereken bir olaydır. Bu durum, ulusal hareketin kitleselleşmesinin önemli bir göstergesidir.

15 Ağustos günü, Cizre, Derik, Tekman gibi Kürt şehirlerinde, Adana, Mersin, İstanbul, İzmir gibi Kürtlerin yaşadığı yörelerde de kutlamalar yapılmıştır. Batman, Viranşehir, Kurtalan, Diyarbakır, Bismil, Çınar, Tunceli, Mazgirt, Nazımiye, Ovacık, Pülümür gibi şehir-

lerde de insanlar kepenk kapatarak, kontak kapatarak 15 Ağustos'u kutlamışlardır.

Ulusal ve toplumsal mücadele yükseldikçe sorunları da ortaya çıkmaktadır. Devletin, ARGK gerillalarının kılığına girerek gerçekleştirdiği katliamların, yani kontrgerilla operasyonlarının gerektiği gibi deşifre edilememesi, Türk ve dünya kamuoyunun bu konuda aydınlatılamaması çok önemli bir sorundur. Örneğin, geçtiğimiz ay, Van'ın Bahçesaray ilçesinde, Sündüz yaylasını basıp 23 Kürt kadınını ve çocuğunu öldürenin kontrgerilla olduğu açık bir şekilde bilinmektedir. Fakat sömürgeci ve ırkçı devlet, bütün olanaklarını ve propaganda araçlarını kullanarak bunu PKK'nin üzerine yıkmaktadır. Aslında burada, devletin çirkin yüzü gizlenmektedir. Bu çirkin yüzün deşifre edilmesi ulusal ve toplumsal mücadelenin önemli bir görevi olmalıdır.

Ulusal hareket, ırkçı ve sömürgeci devletin Kürdistan'da hiçbir kural tanımadan sürdürdüğü operasyonları, demokratik kamuoyuna gerektiği gibi duyuramamaktadır. Örneğin, köyler yakılmakta, yıkılmakta, insanlar köylerini, evlerini-barklarını terke zorlanmaktadır. Hayvanlar kurşuna dizilmekte, ekinler yakılmaktadır. Sömürgeci devlet, hayvancılığı ve tarımı felce uğratmak için her türlü baskıyı uygulamaktadır, baskıları günden güne yoğunlaştırmaktadır. Diyarbakır, Batman, Kızıltepe gibi şehirlere çok büyük bir Kürt nüfus birikmiştir. Yoksullaşma süreci hızlanmıştır. Şehirlerde de, ulusal bilince ulaşmış insanların, yurtsever Kürtlerin, esnafın dükkanları birer birer yakılmaktadır. Kürtleri ekonomik bakımdan felce uğratmak için her şey yapılmaktadır. Hayvanları kurşuna dizen, yayla yasağı koyan, ormanları, ekin tarlalarını yakan, tarımı felce uğratan devletin, Kürdistan'da, hayvancılığı ve tarımı geliştirme propagandası ikiyüzlülükten başka bir şey değildir. Devletin bu ırkçı ve sömürgeci uygulamalarını olgulara dayalı bir şekilde anlatmak, Türkiye'de ve dünyada demokratik kamuoyunu, insan hakları savunucularını aydınlatmak, devletin çirkin yüzünü göstermek yine ulusal hareketin önemli bir görevi olmalıdır.

Devlet, *Özgür Gündem* gibi gazetelere karşı çok yoğun bir baskı mekanizması geliştirmektedir. *Özgür Gündem* muhabirlerini çeşitli illegal örgütlerin adlarını kullanarak kaçırmakta, 8-10 gün işkence yapmakta, sonra da katletmektedir. Gerek Kürdistan'daki ırkçı ve sömürgeci operasyonlar, gerek bu operasyonları kamuoyuna duyurmaya çalışan *Özgür Gündem, Azadi* gibi gazetelere ve bu gazetelerin muhabirlerine yapılan baskılar, Türk basınında hiç yer almamaktadır. Türk basını, Türk yazarları, bu gibi olayları görmezden, duymazdan gelmektedirler. Böylece bunları onaylamaktadırlar Örneğin, Ferhat Tepe'nin kaçırılması ve öldürülmesi, Aysel Malkaç'ın kaçırılmasıyla ilgili olarak devlete en ufak bir eleştiri, suçlama yöneltmeyen yazarlar, devletin mizansenleri sonucunda meydana gelen bir olayda, Şırnak Milletvekili Orhan Doğan'a yüklenip durmaktadırlar. Ulusal mücadele bu gibi çirkinlikleri de deşifre edebilmelidir.

Bütün bu süreçte, Türk demokratlarının, Avrupa'nın demokratik kamuoyunun Kürtlere çok büyük yardımı olacağı açıktır. Avrupalı demokratlar, insan hakları savunucuları, ırkçı ve sömürgeci yönetimin çirkin yüzünü, Kürtlere karşı sürdürülen operasyonları bu yöneticiler nezdinde protesto edebilmelidirler, bunları dünyanın demokratik kamuoyuna duyurabilmelidirler.

Kürtlerin 15 Ağustos'u kitlesel bir şekilde kutlamaları çok önemli bir olaydır. Buna paralel olarak Kürtler, artık başka bir süreci daha yaşıyorlar, gerçekleştiriyorlar. Kürtler, artık sömürgecinin 29 Ekim gibi, 23 Nisan gibi, 19 Mayıs, 30 Ağustos gibi ulusal bayramlarına da katılmıyorlar. Çocuklarını bu bayramlara göndermiyorlar... Bu da büyük bir serîhildandır, serîhildanın başka bir görünümüdür.

"LOZAN'IN DEHASI" VE "GÜNEYDOĞU SORUNU"(*)

"Güneydoğu can almaya devam ediyor, Bingöl'de 2 güvenlik görevlisi şehit oldu, 3 vatandaş öldürüldü", "Güneydoğu'da teröristler ölüm saçtı, Iğdır'da bir köye baskın düzenleyen teröristler 2 geçici köy korucusunu şehit etti, 5 terörist ölü ele geçirildi", "Güneydoğu'da kanlı bir gün, Kars'ın Digor ilçesinde teröristler halka yürüyüş yaptırdı. Çıkan çatışmada ilk belirlemelere göre 10 kişi yaşamını yitirdi."... vs.

Son yıllarda devlet ve hükümet yöneticileri, Türk basını, Türk siyasal partileri Kürt sorunu kavramını kullanmamak için "Güneydoğu sorunu"ndan söz ediyor. Onlara göre zaten Kürt sorunu diye isimlendirilebilecek bir sorun da yoktur. Coğrafi bakımdan geri kalmış bir bölge ve "feodal kalıntılar" sorunu vardır. "Güneydoğu" sözcüğünün kullanılması ise sorunun mekândaki kapsamını daraltmak, siyasal ve ideolojik ağırlığını hafifletmek anlamına gelmektedir.

Bilindiği gibi "Güneydoğu", 7 coğrafi bölgeden biridir. Bu bölge Diyarbakır, Urfa, Gaziantep, Adıyaman ve Mardin illerini kapsamaktadır. Kürtlerin yaşadığı öteki iller "Doğu" olarak adlandırılmaktadır. Tunceli, Bingöl, Muş, Bitlis, Van, Hakkâri, Siirt, Ağrı, Kars, Erzurum, Erzincan, Elazığ, Malatya illeri, coğrafi olarak "Doğu" bölgesi içinde ele alınmaktadır. Kürtlerin ulusal ve toplumsal mücadelesine baktığımız zaman Kars'tan Hatay'a, Maraş'a; Hakkâriden, Erzincan'a, Sivas'a kadar çok geniş bir alanı kapsadığı görülmektedir. Halbuki ısrarla, "Güneydoğu" sözcüğü kullanılmaktadır. Maraş'taki bir gerilla eylemi de, Kars'taki, Ağrı'daki bir gerilla eylemi de "Güneydoğu" kapsamı içinde ele alınmaktadır. Kürt sorununun coğrafi ve politik ağırlığını

*- *Özgür Gündem, 2 Eylül 1993*

daraltmak için böyle yapıldığı besbellidir. Fakat serhad illerinde gerilla eylemlerinin yoğunlaşması, hükümetin, Türk basınının ve Türk siyasal partilerinin söyleminin sahteliğini, Kürt sorununun gerek coğrafi olarak, gerek ideolojik ve politik olarak daraltılamayacağını göstermektedir. Örneğin, Digor'u, Dersim'i, Van'ı vs. "Güneydoğu" kapsamında değerlendirmek mümkün değildir.

Bilindiği gibi Lozan Antlaşması, Kürdistan'ın bölünmesini, parçalanmasını ve paylaşılmasını garanti altına alan, Kürtleri, dilleriyle, tarihleriyle, kültürleriyle yeryüzünden silme operasyonlarına onay veren bir antlaşmadır. Kürtler, Kürt adı ve Kürdistan dillerden ve tarihlerden silinmek üzere bölünmüş, parçalanmış, paylaşılmışlardır. Lozan'da, tarafları en fazla ilgilendiren sorunların başında Kürdistan sorunu gelmektedir. Kürdistan sorunu normal oturumlarda değil, kulislerde çözülmüştür. Antlaşmanın hiçbir yerinde, Kürt ve Kürdistan sözcükleri geçmez. Antlaşmanın metninde, Kürt sorununu insanların bilincine çarptıracak sözcükler, ifadeler yer almaz. Örneğin, Hıristiyan halkların, Rumların, Ermenilerin, Yahudilerin adları antlaşma metninde veya Lozan'dan önce imzalanan antlaşma ve bildiri metinlerinde yer almaktadır. Büyük diplomasinin kulislerde oluşturulduğu bilinen bir gerçektir.

Cumhurbaşkanı Süleyman Demirel, Lozan Antlaşması'nda, Kürt adı ve Kürdistan adının geçmemesini, "deha" olarak değerlendirmektedir. "Lozan'ın dehası, Müslümanlar arasında azınlık yoktur hükmündedir." (*Milliyet*, 15 Ağustos 1993, "Federasyon Sevr'dir" başlıklı haber)

Cumhurbaşkanı Süleyman Demirel şunu söylemektedir: "Kürtler, Kürt dili vardır, fakat Lozan Antlaşması'nda, bu varlığı kabul ettirmedik. Türk Devleti'nin bu görüşünü antlaşmaya katılan öteki devletlere de kabul ettirdik."

Türkiye'de devlet terörünün niteliği Lozan görüşmeleri süreciyle yakından ilgilidir. İlk önce somut varlık yasalarla reddedilmekte, inkâr edilmektedir. Bu, herkesin Türk olduğu, Türkçe'den başka dillerle eğitim yapılamayacağı şeklinde ifade edilmektedir. Sonra da herkesi Türk yapmak için, Türkçe'den başka dilleri yok etmek için her türlü yöntem düşünülmekte ve uygulanmaktadır. Bu önlemlerin, uygulamaların, devlet terörünü içerdiği besbellidir.

Yasalar yaparak bir ulusun varlığını inkâr etmek, o ulusu, egemen dil ve egemen kültür içinde asimile etmek, Türk egemenlik sistemine uygun bir anlayıştır.

Kürtler, kuşkusuz, azınlık değildir. 20 milyonluk azınlık olur mu? Fakat Kürtlerin, "çoğunluk"tan sayılarak, azınlık haklarına bile sahip olmadıkları dikkatle irdelenmesi gereken bir olaydır. Lozan'da, Kürt adının ve Kürdistan adınan geçmemesi, Kürdistan'ın bölüşülmesi, parçalanması ve paylaşılması amaçlarıyla yakından ilgilidir. 1920'li yıllarda, zamanın emperyalist devletleriyle çatışma, Kürdistan'dan daha fazla pay alabilmenin oluşturduğu bir çatışmadır. Bu çatışmanın antiemperyalist, antisömürgeci hiçbir yönü yoktur. Nitekim uzlaşmayla sonuçlanmıştır. Uzlaşma Kürdistan'ın bölünmesini, parçalanmasını ve paylaşılmasını getirmiştir. Lozan Antlaşması, emperyalist ve sömürgeci devletler bakımından bir "deha"dır. Dünyada, bir örneğine daha rastlamak mümkün değildir. Türk yönetimi için bunun en büyük başarısı, emperyalistlerle işbirliği sürecinin, sömürgeci ve ırkçı sürecin, antiemperyalist, ilerici, devrimci bir süreç olarak kabul ettirilebilmesidir. Türk solunun, Marksist-Leninistlerin bile bu Kemalist düşüncenin ve uygulamanın etkisi altında olduğu bilinmektedir.

Fiili duruma baktığımız zaman 1919-1922 yılları arasında, örneğin, İngiltere'ye karşı tek bir kurşunun bile sıkılmadığı görülmektedir. Buna rağmen mücadeleye antiemperyalist denmektedir. Kürdistan sorunu konusunda, antiemperyalizm adı altında, sonucu uzlaşmaya varan gizli görüşmeler yapılmaktadır. Güney Kürdistan'daysa, Şeyh Mahmut Berzenci'nin, aşiretler üzerinde merkezi bir Kürdistan oluşturma çabaları, İngiltere'nin ve Fransa'nın çok büyük tepkileriyle karşılanmaktadır. Emperyalist devletler, merkezi bir Kürdistan'ın oluşmaması için her türlü çabayı göstermektedir. 1919 yılında ve 1920'li yıllarda, Kürtlerin İngiltere'yle savaşı, yer yer çok kanlı geçen bir savaştır. Bağdat'taki İngiliz Yüksek Komiseri A. Wilson'un raporlarına göre Kürdistan vadilerinden oluk oluk kan akmıştır. Merkezi yapıda bir Kürdistan oluşturmanın, Kürdistan'ı birleştirmenin, aşiretler üzerinde yeni bir egemenlik oluşturmaya çalışmanın, antiemperyalist, antisömürgeci niteliklerine hiç dikkat çekilmemektedir.

Son yıllardaysa, Kürdistan konusunda insanların düşüncelerinde, bilinçlerinde çok büyük değişiklikler olmuştur. İnsanların beyinlerinde sarsıntılar meydana gelmiştir. On yılı aşkın bir süredir yaygınlaşarak ve derinleşerek süren gerilla mücadelesi, Kürtlerin siyasal kültürünü artırmış, Kürtler ve Kürdistan konusunda çok yoğun bir bilincin oluşmasını sağlamıştır. Gerillaya destek veren, gerillanın, Kürt halk yığınlarıyla bütünleşmesini sağlayan bu bilinçtir. "PKK halktır, halk PKK'dir" görüşü yaygın bir görüştür.

Devlet hem bu bilincin oluşmasını, gelişip güçlenmesini, yaygınlaşmasını önlemek, hem de gerillanın kaynağını kesmek, halkla gerilla arasındaki organik bütünlüğü bozmak için çok yoğun bir çaba içindedir. Gerek iç politikada, gerek dış politikada bütün olanaklarını kullanarak PKK'nin "terörist bir örgüt" olduğu anlayışını yaymaya çalışmaktadır. Silah araç ve gereci alma yanında, Özel Savaş'ın bu doğrultudaki propaganda çalışmaları konusunda da çok büyük harcamalar yapılmaktadır.

Özel Savaş'ın bu harcamalarının denetimi yoktur. Sınırsız harcamalar TBMM'nin denetimine tabi değildir. Özel Savaş harcamalarının enflasyonun en önemli nedeni olduğu da bilinmektedir. İşçiler ve memurlar Özel Savaş konusunda, Özel Savaş'ın harcamaları konusunda bilince ulaştıkları zaman kendilerine neden az ücret verildiğini veya neden ücretlerine yeteri kadar zam yapılmadığını anlayacaklardır. Bu bakımdan, işçiler ve memurların grevlerinde, gösterilerinde, "Savaş uçağı, helikopter alınmasın, memura, işçiye insanca yaşayacak kadar para ödensin" yollu açıklamalar önemli olacaktır. Kürdistan'da Özel Savaş sürdüğü sürece sağlık, eğitim hizmetleri, imar faaliyetlerinin düzenli bir şekilde yürüyemeyeceği de açıktır.

Bütün bunlar Kürt sorununun çözümü konusunda, Özel Savaş yöntemlerinin dışında yeni yolların düşünülmesinin gerekli olduğunu ortaya koymaktadır. Siyasal çözüm yollarının, barışçıl çözüm yollarının düşünülmesi bu bakımdan önemlidir. Diyarbakır'da, "Diyarbakır Demokrasi Platformu" tarafından, "Barışa Çağrı Festivali"nin düzenlenmiş olması bu bakımdan anlamlıdır. "Barışa Çağrı Festivali"ni düzenleyenlerin niyetlerini ve özlemlerini iyi kavramak gerekir. Devlet, benzerlerini olduğu gibi bu festivali de yasaklamıştır. Bu, devletin barışçıl düşünceden ne kadar uzak olduğunu da göstermektedir. Lozan'ı Kürtlerin ulusal varlığını kabul etmediği için "deha" sayan anlayış fiili olarak da Kürt ulusal varlığını yok etmeye çalışmaktadır. Fakat Türkiye Cumhuriyeti Devleti'nin kendisini yok etmeden Kürtleri, Kürdistan'ı yok etmesi mümkün değildir. Çünkü Kürdistan eski Kürdistan değildir.

"TEMİZ TOPLUM" KAMPANYASI(*)

İSKİ yolsuzluğunun açıklanmasından sonra Türk basınında, "Temiz toplum" kampanyasının açıldığını, kampanyanın çeşitli gazetelerde ve TV kanallarında sürdürüldüğünü görüyoruz. "Temiz toplum" kampanyası, kamu kurum ve kuruluşlarında, herkesin işini rahatça takip edebildiği, rüşvetin olmadığı bir toplum oluşturmayı amaçlıyor. Sadece rüşvet verenlerin, verebilenlerin işlerini takip edebildiği, öncelik aldığı bir toplum giderek kirli bir toplum oluyor. Rüşvet, alana da, verene de hak edilmeyen kazançlar sağlıyor, gerçek hak sahipleri mağdur oluyor. Kamu olanakları, bu yollarla, benzer yollarla yağma ediliyor.

"Temiz toplum" isteği dile getirildiği zaman, başka bir süreci daha irdelemekte yarar vardır. Devlet terörü, Kürdistan'da gün geçtikçe yükselmekte, tırmanmaktadır. Devletin illegal ve legal örgütleri, her gün onlarca Kürdü katletmektedir. Kontrgerillanın cinayetleri artmakta ve yaygınlaşmaktadır. Köyler, ormanlar yakılmaktadır. Evler içindeki eşyalarla birlikte yakılmaktadır. Bazı olaylarda, insanların evleriyle, hayvanlarıyla, eşyalarıyla birlikte yakıldığı görülmektedir. Kürtler, evlerini barklarını, köylerini terke zorlanmakta, sefalete mahkûm edilmektedir. Her gün bu tür operasyonların yaşandığı bir ülkede "temiz toplum" nasıl kurulabilir? İnsanların, devletin gizli güçleri tarafından kaçırılıp işkencelerle öldürüldüğü bir yerde "temiz toplum" kurulabilir mi?

Gerçekleri kamuoyuna duyuran gazetelerin ve dergilerin toplatıldığı, birbiri ardına davalar açıldığı, resmi görüşün propagandasını yapan basının ödüllendirildiği bir yerde toplum nasıl temiz kalabilir? Rüşvet olaylarının, daha çok, basının susturulduğu, antidemokratik

*- *Özgür Gündem, 9 Eylül 1993*

yönetimlerin egemen olduğu dönemlerde yoğunluk kazandığı bilinen bir gerçektir.

"Temiz toplum" kampanyası yürütülürken Türk siyasal hayatını yönlendiren, bazı önemli konularda politikanın saptanmasında ve uygulanmasında biricik belirleyici olan bazı güç odaklarına dikkat çekmekte çok büyük bir yarar vardır. Türk siyasal hayatında, siyasal partilerin, hükümetin ve hatta Türkiye Büyük Millet Meclisi'nin küçücük bir ağırlığı bile yoktur. Örneğin, Kürdistan sorunu gündeme geldiğinde, bu kurumların en küçük bir kıymeti harbiyelerinin olmadığı açıkça görülmektedir. Türk siyasal partileri, Türk hükümeti, Türkiye Büyük Millet Meclisi, Kürdistan sorunu konusunda, politika üretme, tartışma hakkına sahip değildir. Bu konuda etkili olan Milli Güvenlik Kurulu'dur, Genelkurmay'a bağlı olan Özel Harp Dairesi, Toplumsal İlişkiler Başkanlığı gibi kurumlardır. Türk hükümeti, sadece Milli Güvenlik Kurulu tarafından "tavsiye" edilen bazı politikaları yürütmekle görevlidir. "Tavsiye", "emir" anlamına gelmektedir. Bu kurumların atanmış kurumlar olduğu besbellidir. Fakat Türk siyasal partileri üzerinde, Türk hükümeti üzerinde, Türkiye Büyük Millet Meclisi üzerinde, kesin bir egemenlikleri vardır. Atanmış kurumların, halk tarafından seçilmiş kurumlar üzerinde kesin ve tartışılmaz egemenliklerinin kurulması Türk demokrasisinin temel bir özelliğidir. Türk üniversitelerinde, Anayasa Hukuku, Siyaset Bilimi gibi dersler okutanlar, Türk siyasal hayatı konularında incelemeler yapanlar, Türk siyasetinin bu temel niteliğini hep gizlemeye çalışmışlardır. Böyle bir konuyu bilmezden, görmezden gelmişlerdir. Türk basınını, Türk siyasal partilerini, çeşitli kitle örgütlerini de bu çerçeve içinde değerlendirmek gerekir.

Atanmış kurulların, seçilmiş kurumlar üzerindeki kesin egemenliğinin sindirilmesi, görmezden gelinmesi demokratik bir düşünceye ve anlayışa işaret etmez. Bu, "Türk'e has demokrasi"dir. Bu antidemokratik sürecin Türk siyasal partileri, Türk hükümeti ve Türkiye Büyük Millet Meclisi tarafından sorgulanmayacağı açıktır. Örneğin, Kürt sorunuyla ilgili konularda, Türk siyasal partilerinin politika oluşturmaları, bu politikaları yaşama geçirmeye çalışmaları mümkün değildir. MGK politikaları bütün partiler tarafından coşkuyla kabul edilmektedir. Türk siyasal partileri, ancak "Kürtleri en iyi biz ezeriz" konusunda birbirleriyle yarışabilmektedirler. Hükümetin, Kürdistan'da durmadan tırmandırdığı devlet terörü en ufak bir eleştiriye neden olmamaktadır. Hükümet, sadece "neden daha çok süper kobra helikopter alınmıyor?", "neden özel timin mevcudu yükseltilmiyor" gibi konularla eleştirilmektedir. Bunun, Milli Güvenlik Kurulu politikaları olduğu açıktır. Böyle bir politikada, insan hakları anlayışına, ulusların kendi kaderlerini tayin hakkı anlayışına yer olmadığı bilinmektedir. Türk siyasal partileri, ancak Milli Güvenlik Kurulu politikalarını yaşama geçirme konularında birbirleriyle yarış edebilmektedirler. Bu politikaları eleştirme ve tartışma söz konusu değildir.

Türk toplumunun, yolsuzluklarla, rüşvetlerle kirlenmesiyle, Türk siyasetinin bu temel niteliği arasında organik bir bağ vardır. Temel toplumsal ve siyasal konularda atanmışların politikalarına ve dayatmalarına tam anlamıyla boyun eğen, bu uygulamalara en ufak bir eleştiri getirmeyen yöneticilere rüşvet, yolsuzluk, dolandırıcılık gibi alanlar denetimsiz bırakılmaktadır. Hükümet adamları, siyasal parti yöneticileri, belediye yöneticileri, bu koşullarda, gayet rahat bir şekilde yolsuzluk, rüşvet, dolandırıcılık gibi işlere yönelebilmektedirler. Ve Türk demokrasisi bu gibi yolsuzlukları, rüşvetleri açığa çıkaracak kadar güçlü değildir. Milli Güvenlik Kurulu politikalarını kati surette eleştirmeyen, bu uygulamalara, dayatmalara boyun eğen ilişkinin bir demokrasi yaratamayacağı çok açıktır. 1992 yılında, Şırnak'ın, Çukurca'nın, Lice'nin, Kulp'un, 1993'te Yüksekova'nın yıkılmasını sorgulayamayan bir hükümetin demokrasiyi kurması, geliştirmesi mümkün değildir. Göle'deki toplu mezarları, Satê köyü (Yüksekova), Gere köyü (Şırnak), Sündüz Yaylası (Bahçesaray) vs. katliamlarını sorgulayamayanların, demokrasiyi kurmaktan söz etmesi, iki yüzlülükten başka bir şey değildir. Bini aşkın faili meçhul denen, fakat failleri tastamam belli olan cinayetlerin olduğu bir ülkede demokratik bir zihniyetin, insan hakları anlayışının kırıntısı bile yoktur. Böylesine ırkçı ve sömürgeci operasyonları sorgulayamayan, ancak "iyi oldu, daha da fazlası olmalıdır" diyerek alkışlayan bir parlamentonun, siyasilerin, yöneticilerin gerçekleştirdikleri yolsuzlukları, dolandırıcıkları, alınanverilen rüşvetleri sorgulaması mümkün değildir. Nitekim İLKSAN yolsuzluğu gibi İSKİ yolsuzluğu da kapatılacaktır, daha fazla kurcalanmayacaktır. Türk siyasetinin bu temel özelliği "kirli toplum" için elverişli bir ortam hazırlamaktadır. Türk siyasetinin bu temel özelliği, her zaman yolsuzluk, dolandırıcılık, rüşvet gibi süreçleri besleyip gidecektir. Belediyelerde, hükümet kademelerinde, orduda, devlet bürokrasisinin her kesiminde bu ilişkileri izlemek mümkündür.

Başbakan Tansu Çiller, "Temiz bir sayfa" açtığını söylemektedir. Kürt köylerinin yakılıp yıkıldığı, insanların güvenlik güçlerince kaçırılıp öldürüldüğü bir yerde bu sayfayı temiz tutmak mümkün müdür?

Başbakan Tansu Çiller, bütün televizyon kanallarında yaptığı "Ulusa Sesleniş" konuşmalarında, halka sık sık "Size hiç yalan söylemeyeceğim" demektedir. Fakat kendi mal varlığı hakkında bile doğru bir bildirimde bulunmamaktadır. 20 Ağustos 1993 tarihli *Aydınlık* gazetesi, Başbakan'ın beyan etmediği arsalarının ve arazilerinin dökümünü vermektedir. Sarıyer Belediye Başkanı İhsan Yalçın, Başbakan Tansu Çiller'in 95 bin dönüm arazisinin mal bildiriminde yer almadığını belirtmektedir. 2 Eylül 1993 tarihli *Aydınlık* gazetesinde bu gayrimenkullerin dökümü yeniden yayınlanmıştır. Ve İşçi Partisi Başkanı Doğu Perinçek, doğru mal bildiriminde bulunmadığı için Başbakan hakkında suç duyurusunda bulunmaktadır. Suç duyurusuyla ilgili dilekçe de 2 Eylül tarihli *Aydınlık* gazetesinde yer almıştır.

Öte yandan ülkenin gerek iç politikası, gerek dış politikası Kürt ulusal hareketine, PKK'ye endekslenmiştir. Devlet, Kürt ulusal hareketi konusunda, PKK konusunda, sağlıklı bilgilerin oluşmasını ve bu bilgilerin Türk kamuoyuna ve dünya kamuoyuna ulaşmasını engellemek için çok büyük tavizler vermektedir. *Aydınlık* gazetesi, Ağustos ayının ortalarında, günlerce Başbakan'ın arsa yolsuzluğundan, trilyonlarca liralık haksız kazancından söz etmiştir. Arsa yolsuzluğuna ilişkin haberler, yorumlar yayınlamıştır. Başbakan bu suçlamaları, ancak on gün kadar sonra ve hiç tatminkâr olmayan bir içerikte cevaplandırmıştır. Milyarlarca, trilyonlarca liralık yolsuzluk haberleri yargı organlarını hiç harekete geçirmemektedir. Fakat Kürt ulusal hareketiyle ilgili objektif bir kitap veya yazı hakkında haftasına varmadan soruşturma açılmaktadır. İlgili kitap, dergi veya gazete hemen toplatılmaktadır. Yolsuzluklar üzerine gidemeyen, yolsuzlukları sorgulayamayan, fakat düşünce üzerinde yoğun bir baskı oluşturmuş bir adalet kurumu normal fonksiyonlarını sürdürebilir mi, inandırıcı, güven verici olur mu? Başbakan'ın yolsuzlukları konularında hiçbir soruşturma yürütemeyen yargı kurumları, sıradan vatandaşların, politikacıların, devlet ve hükümet yöneticilerinin yolsuzluklarını nasıl araştırabilir?

Kürt ulusal hareketine, PKK'ye endeksli bir yargı, yargının çürümesi demektir...

"BİRİNCİ SINIF VATANDAŞ..."(*)

Türk devlet ve hükümet yöneticileri, Kürtlerin ulusal ve demokratik haklarıyla ilgili sorular soran yabancı basın mensuplarına "...Onlar birinci sınıf vatandaştır, Türkiye'nin Doğu'su, Batı'sı, Güney'i, Kuzey'i bir bütündür, Doğu'daki ve Batı'daki vatandaşlar arasında en ufak bir ayrım gayrım yoktur, Türkiye ülkesiyle ve milletiyle bölünmez bir bütündür..." şeklinde cevaplar vermektedirler. Cumhurbaşkanı Süleyman Demirel, gerek Türk basın mensuplarına, gerek yabancı basın mensuplarına her zaman bunları, bunlara benzer düşünceleri açıklamaktadır. Türk Cumhurbaşkanı Süleyman Demirel'e göre Türklerle Kürtler birbirleriyle et-tırnak gibi bütündür, bu bütünlük hiçbir zaman bozulamaz. "Ora" halkı, bu ülkede yaşayan birinci sınıf vatandaştır. Türk milletiyle birlikte bu vatanın asli sahibidir. Zaten "azınlık hakları" istemek "onlar" için de iyi değildir. Ve ayrıca "onlar" sadece "orada" değil, Türkiye'nin her tarafında yaşamaktadırlar. Güçlü bir kaynaşma meydana gelmiştir. "Kürtçe okul"dan, "Kürtçe TV"den söz edenler, bu toplumun bütünlüğüne nifak sokmaya çalışmaktadırlar. Türk milletinin, Türk devletinin geleceğini tehlikeye atmaktadırlar vs... Cumhurbaşkanı Süleyman Demirel, öteki devlet ve hükümet yetkilileri bu düşünceleri sık sık belirtmektedirler. Radyoda, televizyonda, gazetelerde vs...

Cumhurbaşkanı Süleyman Demirel'in bu açıklamaları, Kürt gerçekliğine, Kürdistan gerçekliğine hiç uymamaktadır. Kürtlerin, Türkiye'de, "birinci sınıf vatandaş" oldukları hiç doğru değildir. Kürtlere, Türkler gibi muamele yapıldığı, eşit davranıldığı hiç doğru değildir. Bu gerçek son yıllarda her gün yaşanıyor. Kürtler, kesinlikle farklı bir muamele gördüklerini iliklerine kadar hissetmektedirler. Devletin gizli

---

*- *Özgür Gündem, 16 Eylül 1993*

güçleri tarafından katledilmiş Mardin Milletvetili Mehmet Sincar'ın cenazesinin kaldırılması sırasında meydana gelen olaylar, Kürtlere farklı muamele yapıldığını gösteren son olaylardan biridir. Bu çarpıcı örneği biraz irdelemekte yarar vardır.

Kürtler, ulusal kurtuluş mücadelesi sürecinde şehit olmuş bir yurtseveri toprağa verebilmek için bazen 10-15, bazen 2-3 yurtseveri daha toprağa vermek zorunda kalıyorlar. Son olaylarda bu durum bir kere daha yaşandı:

2 Eylül 1992 günü, Batman DEP İl Yönetim Kurulu üyesi Habip Kılıç, kortgerilla saldırısı sorucunda şehit edildi. Aynı saldırıda Habip Kılıç'ın ağabeyi Hikmet Kılıç da ağır yaralandı. Aynı gün Silvan'da, yine kontrgerilla saldırısı sonunda, Silvan Hastanesi Başhekimi Dr. Zeki Tanrukulu şehit edildi.

DEP milletvekillerinden ve DEP Genel Başkan yardımcılarından Nesim Kılıç'dan oluşan bir heyet 2 Eylül akşamı DEP Batman il yöneticisi Habib Kılıç'ın cenazesini kaldırmak için Batman'a gitti.

DEP Genel Başkan Yardımcısı Nesim Kılıç, Diyarbakır Havaalanı'nda gözaltına alındı. Milletvekilleri, Nesim Kılıç'ı gözaltına alan polisler arasında kontrgerillada çalıştığı bilinen "itirafçı" Alaattin Kanat'ın olduğunu da fark ettiler.

Devlet, ağabeyi kontrgerilla tarafından öldürülmüş bir kişinin acılarını, duygularını açıklamasına, cenaze törenine katılmasına, ailesini ziyaret etmesine engel oluyor.

DEP milletvetilleri, 3-4 Eylül'de, Batman'da, gruplar halinde incelemeler yapmışlardır. 4 Eylül günü akşama doğru Batman'ın kalabalık bir caddesinde, Mardin Milletvekili Mehmet Sincar'ın ve Nizamettin Toğuç'un içinde bulunduğu gruba ateş açılmıştır. Bu saldırı sonunda Mehmet Sincar ve Batman İl yönetim Kurulu üyesi Metin Özdemir şehit olmuş, Nizamettin Toğuç yaralanmıştır. 5 Eylül 1993 günü de Mehmet Sincar'ın cenazesi ve yaralılar, DEP'liler tarafından özel olarak kiralanan bir uçakla Ankara'ya getirilmiştir.

Kontrgerilla, Kürdistan'da gerçekleştirdiği bu tür cinayetlere genel olarak "öldür, kaçır, göm" yöntemini uygulamaya çalışıyor. Musa Anter'in katledilmesinden itibaren devletin uygulamaya çalıştığı yöntem bu. Şehit edilen yurtseverlerin ailelerine yaptığı baskıyla cenaze törenlerine katılımın mümkün olduğu kadar az olmasını sağlamaya çalışıyor. 12 Temmuz 1991'de, Diyarbakır'da yapılan Vedat Aydın'ın cenaze törenine yüz bine yakın insan katılmış, bu da, devlet yetkililerini çok rahatsız etmişti. Yüz bine yakın Kürt kitlesinin ulusal mücadele yönünde ve devlete karşı duygularını açığa vurması devletin hiç istemediği, engellemeye çalıştığı bir olay...

Mehmet Sincar'ın cenazesinin toprağa verilmesi sırasında, devlet "öldür, kaçır, göm" yöntemini uygulayamadı. Bu yöntemin uygulanamamasında Mehmet Sincar'ın milletvekili olmasının kuşkusuz önemli bir etkisi vardı. Devlet, cenazeyi, TBMM'ye götürüp, Türk bayrağına sarıp tören yapmayı da düşünmüş olabilir. Nitekim böyle bir töreni gerçekleştirebilmek için devlet yetkilileri Cihan Sincar'a gittiler. Devletin denetiminde yapılacak bir tören için Cihan Sincar'ın iznini istediler, bunun için baskı da yaptılar. Fakat Cihan Sincar eşinin Türk bayrağına sarılmasını ve TBMM'de tören yapılmasını istemediğini, eşinin cenazesinin DEP'in parti bayrağına sarılmasını ve törenin DEP tarafından yapılacağını ısrarla belirtti.

Burada, "bayrak" tartışması yapmanın hiçbir anlamı yoktur. Devlet tarafından öldürüldüğü besbelli olan bir Kürt milletvekilinin cesedinin Türk bayrağına sarılmaması çok doğaldır.

DEP yetkilileri cenazenin kaldırılması konusunda program yaptı. Bu programın uygulanabilmesi için Cumhurbaşkanıyla ve Başbakanla görüştü. Cumhurbaşkanı ve Başbakan, bu programın uygulanması konusunda yardımcı olacaklarını bildirdiler. Ankara Valiliği ise DEP'nin hazırladığı programın hayata geçirilmesine karşı çıktı. Ankara Valiliği cenaze törenine halkın katılmasına kesinlikle engel olmak istiyordu. Ankara Valiliği'ne göre cenaze morgdan birkaç DEP'li tarafından alınsın, arabayla DEP'in önüne getirilsin, burada, DEP Genel Başkanı veya uygun göreceği bir kişi tarafından bir iki cümlelik bir konuşma yapılsın, cenaze yine arabayla, Maltepe Camisi'ne götürülsün, cenaze namazından sonra da, birkaç DEP'linin eşliğinde, uçakla, Diyarbakır'a, oradan da Kızıltepe'ye götürülsün... Ankara Valiliği'nin dayattığı plana göre bütün bu süreç içinde halk cenaze törenine kesinlikle katılamayacak, yürüyüş kesinlikle olmayacak, pankart taşınmayacak, slogan atılmayacak vs.

DEP kendisine dayatılan bu koşulları kabul etmedi ve kendi koşullarını uygulayamadığı sürece cenazeyi morgdan almama kararı aldı. Devlet, cenaze töreni için büyük kitlelerin toplanmasından, yürüyüşte pankart taşınmasından, slogan atılmasından rahatsızdı. Cenaze töreninin bir fiyasko olmasını, yani törene kimsenin katılmamasını istiyordu. "Cenaze törenine katılmak için bütün kanallar açıktı, fakat kimse katılmadı..." denilmesini istiyordu.

7 Eylül günü öğleden sonra DEP Genel Merkezi'nde, sembolik bir katafalk hazırlandı. Halk katafalkın etrafında saygı yürüyüşü yaptı. DEP yöneticileri ve milletvekilleri saygı nöbeti tuttular. İnsanlar açılan deftere duygularını ve düşüncelerini yazdılar.

8 Eylül günü, yani DEP programına göre cenazenin DEP Genel Merkezi'ne getirileceği gün, Ankara'da bütün yollar panzerlerle, polislerle, askerlerle kesilmişti. DEP Genel Merkezi'nin bulunduğu Necatibey Caddesi'ne girişler, çıkışlar çok sıkı bir şekilde kontrol altına alınmıştı. Parti binasına DEP yöneticileri, DEP milletvekilleri dahil kimse yanaştırılmıyordu. Mamak, Aydınlıkevler, Keçiören, İncirli, Etlik, Yeni Mahalle, Bahçelievler, Balgat, Dikmen, Abidinpaşa gibi dış semtlerden, Kızılay'a açılan bütün yollar tutulmuştu. Otomobillerdeki, belediye otobüslerindeki kişiler eşyalarıyla birlikte aranıyordu. Kürdistan doğumlu olanların Kızılay'a girişine, hele hele Necatibey Caddesi taraflarına yönelişine kesinlikle engel olunuyordu. Bir gün öncesinden İnsan Hakları Derneği yöneticileri, sendika başkanlıkları, demokratik kitle örgütleri tehdit edilerek cenaze törenine katılmamaları yönünde uyarılmışlardı.

Antalya, Mersin, Adana, Aydın, Diyarbakır, Mardin, Urfa, Van, Siirt gibi yörelerden Ankara'ya gelen ve cenaze törenine katılacak insanları getiren otobüslere yoğun bir engelleme yapılmıştı. Bazı yerlerde, bu otobüslerin sahipleri bile gözaltına alınmıştı. Kürdistan'da ve Türkiye'de binlerce insan gözaltına alınmıştı.

Bu koşullarda, Ankara Valiliği, DEP yöneticilerine cenazenin alınmasını dayatıyordu. DEP yöneticileri bunu kabul etmediler. Kendi koşullarında bir cenaze töreninin yapılması ortamı gerçekleşinceye kadar cenazenin alınmayacağını bildirdiler.

Ankara Valiliği, "Madem siz cesedi Türk bayrağına sarmadınız, TBMM'ye götürmediniz, biz de parti önünde ve camide tören yaptırmayız..." diyordu.

8 Eylül öğleden sonra DEP Genel Merkezi civarındaki barikat bir ara kaldırılır gibi oldu. Bu kısa süre içinde, genel merkezin önünde epeyce insan birikti. Bu birikmeden kısa bir süre sonra kitle üzerine polisin şiddetli bir saldırısı gerçekleşti, 10-12 kişi yaralandı. Aynı zamanda, Abdi İpekçi Parkı'nda birikmiş kalabalık üzerine ve Opera Meydanı'nda birikmiş kalabalık üzerine de polis saldırısı gerçekleşti, onlarca insan yaralandı.

Devlet, 9 Eylül günü de önlemlerini sürdürdü. DEP'den, Ankara Valiliği'nin dayattığı koşullarla cenazenin alınmasını istedi. DEP'in kararlı tutumu karşısında, cenazeyi kaçırarak, Diyarbakır'a, sonra da Kızıltepe'ye götürdü. Kızıltepe'de cenazeyi, Mehmet Sincar'ın ailesine teslim etmek istedi. Ailesi, cenazeyi almadı. Devlet, 7-8 kişiyle, Mehmet Sincar'ın cenazesini toprağa verdi.

10 Eylül günü içinde DEP yöneticilerinin ve milletvekillerinin de bulunduğu 90 civarında kişiden oluşan bir grup taziye için özel bir uçakla Kızıltepe'ye gitti. Grup içinde Cihan Sincar da vardı. Grup, akşam Ankara'ya döndü, fakat Diyarbakır milletvekili Leyla Zana ve birkaç milletvekili taziye evinde kaldı. Gece, aralarında Leyla Zana'nın da bulunduğu kadınlar tarafı bombalandı. Evin bu tarafına, aynı anda üç bomba atılmıştı. 5 kadın ve çocuk yaralandı...

Cumhurbaşkanı Süleyman Demirel, Kürtlerin, Türkiye'de "birinci sınıf vatandaş" olduğunu söylüyor. Halbuki Kürtler, milletvekillerinin, aydınlarının cenazelerini bile kaldıramıyor. Kürtler bu konularda binbir türlü güçlüklerle karşılaşıyor. Vedat Aydın'ın, Musa Anter'in, Mehmet Sincar'ın cenazelerinin kaldırıldığı günleri, bu günlerde meydana gelen olayları Kürtlerin belleklerinden silmek mümkün değildir. Türkiye'de, Kürtlerin bu kaderini, düzene soldan muhalefet yapan insanların kaderiyle karıştırmak mümkün değildir. Prof. Muammer Aksoy'un, Prof. Bahriye Üçok'un, gazeteci Çetin Emeç'in, Turan Dursun'un, Uğur Mumcu'nun cenaze törenlerinin nasıl yapıldığını da hatırlamak gerekir. Bu ölümlerin büyük bir kısmının da kontrgerilla saldırısı sonucunda meydana geldiği bilinmektedir. 2 Temmuz 1993 tarihinde, kontrgerilla tarafından, Sivas'ta yakılan 37 devrimci ve demokrat insanın cenazelerinin nasıl toprağa verildiği yine belleklerdedir. "Öldür, kaçır, göm" Kürtler için uygulanan bir yöntemdir. Devletin, cenaze evini bombalaması, taziyeye gelmiş insanları bombalaması ancak Kürdistan'da görülebilir.

Türk Cumhurbaşkanı Süleyman Demirel, "birinci sınıf vatandaş" derken hep etrafındaki "Kürtler"i düşünmektedir, kendi kimliğini inkâr eden, hep Türklerin çıkarları için çalışan, Kürtlerin gasp edilmiş ulusal ve demokratik hakları için hiçbir şey söylemeyen, bu konularda hiçbir talebi bulunmayan "Kürtler"i, Hikmet Çetin'i, Necmettin Cevheri'yi, Kamran İnan'ı, Mehmet Kahraman'ı... Köyler yakılırken, yıkılırken, insanlar birer birer kaçırılıp öldürülürken, evinde, tarlasında kurşunlanırken, evler, içindeki eşyalarla, hayvanlarla, insanlarla birlikte yakılırken, bu "Kürtler", parti gruplarında veya Bakanlar Kurulu'nda veya TBMM'de, "Kürtlere yapılan bu zulme son verelim, ben de bu millettenim..." demişler mi? Ama Batı Trakya'da, Karabağ'da, Kıbrıs'ta, Türklerin, Türk toplumu olmaktan doğan haklarına bir kısıtlama söz konusu olduğu zaman ilk önce bu "Kürtler" karşı çıkıyorlar... Türk Cumhurbaşkanı, Türkleşmeyi kabul etmeyen, Kürtlerin gasp edilmiş ulusal ve demokratik hakları için mücadele eden, eşitlik ve özgürlük isteyen Kürtlere ne yapılması gerektiğini ise 1 Eylül 1993 tarihinde, TBMM'nin açış konuşmasında göstermiştir.

"OMERYAN AŞİRETİ" SİNCARLAR(*)

Mardin Milletvekili Mehmet Sincar'ın devlet tarafından öldürülmesi ve naaşının toprağa verilmesi sırasında meydana gelen olaylar, gerek devlet tarafından, gerekse Kürtler tarafından soğukkanlı ve dikkatli bir şekilde irdelenmelidir.

Mehmet Sincar bazı milletvekili arkadaşlarıyla, Batman'a gitmiştir. Milletvekilleri, "faili meçhul" denen, aslında faili tastamam belli olan bir cinayet sonucunda katledilmiş, DEP Batman il yöneticilerinden Habip Kılıç'ın cenazesini kaldırmak, yaralıları ziyaret etmek ve Batmanlılarla cinayet hakkında görüşmek için oradadırlar. Milletvekilleri 3-4 Eylül'de halkla çeşitli temaslar yapmışlardır. Cinayet 4 Eylül akşamı meydana gelmiştir.

Mehmet Sincar'ın katledilmesinden sonra devlet, cesedi Mehmet Sincar'ın babası Tevfik Sincar'a teslim etmek istemiştir, bu konuda baskı da yapmıştır. Tevfik Sincar, devlet yetkililerine, Mehmet Sincar'ın, Kürt halkının evladı olduğunu, cenaze töreninin nasıl yapılacağı konusunda partisinin, yani Demokrasi Partisi'nin karar vereceğini söylemiş, cenazeyi almamıştır. Cenazenin alınması konusunda, devlet tarafından yapılan baskılar, Sincar ailesi tarafından sergilenen kararlı tutum karşısında etkili olmamıştır.

Mehmet Sincar'ın cenazesi, 5 Eylül akşamı, DEP yöneticileri ve DEP milletvekilleri tarafından Ankara'ya getirilmiştir. DEP cenaze töreni için program hazırlığına başlamıştır. Devlet tarafından öldürülen Mardin Milletvekili Mehmet Sincar'ın cenazesinin Türk bayrağına sarılmaması, parti bayrağına sarılması kararlaştırılmıştır. Cenazenin TBMM'ye götürülmemesi, TBMM'de tören yapılmaması da kararlaş-

*- *Özgür Gündem, 23 Eylül 1993*

tırılmıştır. Cenazenin, TBMM'ye götürülmemesi konusunda başlıca üç neden sayılmaktadır. TBMM kontrgerilla konusunda, yapılması istenen meclis araştırmasını engellemiştir. Kürdistan'da gerçekleşen bin civarındaki "faili meçhul" denen cinayetler konusunda, hiçbir ciddi inceleme yapmamış, bu cinayetlerin aydınlığa kavuşmasını sağlamamıştır. 1 Eylül 1993 tarihinde, Cumhurbaşkanı Süleyman Demirel'in konuşmasının, DEP milletvekillerini "katil" gösteren kısmı, meclis tarafından alkışlanmıştır. Cumhurbaşkanı Süleyman Demirel'in konuşmasının TBMM üyeleri tarafından alkışlanan kısmı sadece bu kısımdır.

Devlet görevlileri, Mehmet Sincar'ın eşi Cihan Sincar'ın, cenaze töreninin TBMM önünde yapılması, cenazenin Türk bayrağına sarılması konularında iznini almak istemişlerdir. Cihan Sincar, tören programının DEP tarafından hazırlanacağını vurgulamıştır. TBMM'de tören yapılmasına, cenazenin Türk bayrağına sarılmasına karşı olduğunu belirtmiştir. Devlet görevlilerinin bu konulardaki isteklerini geri çevirmiştir. Bu konularda yapılan baskıları, "Mehmet Sincar, Kürt halkının evladıdır, tören programını hazırlama hakkı ve görevi partinindir..." diyerek göğüslemiştir. Her istek karşısında bu görüşlerini kararlı bir şekilde dile getirmiştir.

Cihan Sincar'ın ve DEP'in bu kararlı tutumu karşısında devlet, cenazeyi kaçırarak Diyarbakır'a, oradan da Kızıltepe'ye götürdü. Tevfik Sincar'a cenazenin alınması konusunda tekrar baskı yapıldı. Sincar ailesi cenazeyi almayacağını söyledi. Bu yolda yapılan çeşitli baskılara aynı kararlılıkla karşılık verdi.

Mardin Milletvekili Mehmet Sincar'ın cenazesi devlet tarafından 7 kişinin katılımıyla toprağa verildi. Sincar ailesi törene katılmadı. Cenazenin Ankara'dan Kızıltepe'ye getirildiği sıralarda, Kızıltepe sokakları bomboştu. Dükkânların kepenkleri kapalıydı.

10 Eylül günü, DEP yöneticilerinden, milletvekillerinden, çeşitli örgütlerin temsilcilerinden oluşan 90 kişilik bir grup, Cihan Sincar'la birlikte Kızıltepe'ye gitti. Bu grup Sincar ailesiyle birlikte, Mehmet Sincar'ı mezarı başında ziyaret etti. Kızıltepe'den ve çevreden binlerce

kişi Sincar ailesine taziyeye geliyordu. Geceleyin, Sincarlar'ın evine aynı anda üç bomba atıldı. İçinde Diyarbakır Milletvekili Leyla Zana'nın da bulunduğu evde, 3 çocuk, 3 kadın yaralandı.

Mardin Milletvekili Mehmet Sincar'ın devlet tarafından öldürülmesinden sonra gelişen olayların bir bölümünü kısaca bu şekilde anlatmak mümkündür. Bu olay bizlere neyi anlatıyor?

Sincarlar'ın Omeryan Aşireti'nden oldukları bilinir. Fakat yukarıda kısaca anlatılan olayları, aşiret anlayışı, aşiret değerleri çerçevesinde kavramak mümkün değildir. Devlet on yılı aşkın bir zamandır, Kürtler hakkında, "yok edildiler, kıstırıldılar, kuşatıldılar, yok edilecekler, ya teslim olacaklar, ya imha olacaklar..." biçiminde propaganda yapıyordu. Halbuki Mardin Milletvekili Mehmet Sincar'ın cenazesinin toprağa verilmesi sırasında meydana gelen olaylar, ulusun görkemli bir şekilde ortaya çıkışını göstermektedir. Sincar ailesi, devletin her türlü baskısına rağmen cenazeyi almamış, "Mehmet Kürt halkının evladıdır, Kürtler için mücadele etmiştir, cenaze töreni için program yapmak Demokrasi Partisi'nin görevidir, biz o program çerçevesinde törene katılacağız" demiştir. Bu sözlerin aşiret değerlerini çok aştığını gösterdiği açıktır. Kürt halkının siyasal kültürü hızla gelişmektedir.

Kuzey Kürdistan'ın pek çok yerinde aşiret, artık sembolik bir kurumdur. Bazen belirli bir mevkiyi anlatmaktadır, bazen de uzaktan da olsa akrabalığı... Kralların, Batı Avrupa'da, İngiltere, Hollanda, Danimarka, Belçika, İsveç, İspanya gibi ülkelerde sembolik bir role sahip oldukları bilinmektedir. Örneğin, "Omeryan Aşireti" adı da, sembolik bir toplumsal kurumu işaret etmektedir. Fiili olarak ise gördüğümüz şudur: Aşiretler, dağılmış, bütün Kürt halkını kavrayan çok daha ileri siyasal ve toplumsal değerler oluşmuştur. "Sincarlar" olayında gördüğümüz gibi "aşirete sadakat" duygusu çoktan aşılmıştır. "Ulusa sadakat" duygusu gelişmiştir. Bu, çok güçlü bir duygudur. Ulusa bağlılık duygusunun güçlü bir şekilde gelişmesi çok doğaldır. Aşiret bağlarının zayıflamasının, kuşkusuz maddi temelleri vardır. Kapitalist ilişkilerin gelişmesi önemli bir nedendir. Bu arada, PKK'nin düşüncesini ve eylemini irdelemek de önemlidir.

Örneğin, Güney Kürdistan'da, "aşirete sadakat", "ulusa bağlılık" gibi duyguların daha farklı bir şekilde geliştiği, aşiret yapılanmasının varlıklarını önemli ölçüde korudukları görülmektedir. Kuzey Kürdistan'daysa ulus bilinci, yoğun ve yaygın bir gelişme içindedir. Pek çok Kürt ailesinde gerilla vardır. Kürdistan'ın bazı yörelerinde her ailede birkaç tane gerilla vardır. Hemen hemen her ailede şehit vardır. Aileler, organik olarak gerilla mücadelesiyle bütünleşmişlerdir.

Halkla bu kadar yoğun bağlar kurmuş bir gerilla mücadelesiyle karşı karşıya olduğumuz açıktır. Bu hareket hakkında, "terörist bir hareket"; PKK hakkında, "terörist bir örgüt" tanımlaması Türk Devleti'nin bir söylemidir. Daha çok da Batı kamuoyunu etkilemeyi amaçlamaktadır. Bu tanımlama toplumsal gerçeği ifade etmemektedir. Örneğin, Avrupa'da düzenlenen gösterilerde, yürüyüşlerde, festivallerde yüz bine yakın Kürt toplanabilmektedir. Kürt gerillalar, milyonlarca insanın ulusal ve demokratik özlemlerini ifade etmektedir. Bu, ulusal ve toplumsal kurtuluş mücadelesinin büyük bir kitleselliğe kavuştuğunu göstermektedir. Bu kitleselliği en iyi kavrayan devletin bizzat kendisidir. DEP'i, önümüzdeki yerel seçimlere sokmamak için gösterilen çabalar, düzen partilerinin Kürdistan'da işlevsiz kaldığını göstermektedir. Bu, DEP'in kitleselliğini göstermesinin de engellenmesi anlamına gelmektedir. Gerilla hareketinin özlemlerini ve düşüncelerini yansıtmayan hiçbir siyasal partinin Kürdistan'da gelişmesi, varlığını sürdürmesi söz konusu değildir.

Devlet güçleri gerillalarla baş edememekte, hep köylüleri öldürmektedirler. Devletin radyosundan, televizyonundan, özel televizyon kanallarından her akşam yayınlanan "9 terörist ölü ele geçirildi", "4 terörist ölü ele geçirildi"... gibi haberlerde sözü edilen "teröristler" kimi zaman kaçakçıdır, kimi zaman çobandır, kimi zaman evinde, tarlasında vs. çalışan köylülerdir. Devlet, geniş Kürt kitlelerini fiziki olarak yok ederek gerillaların etkinliğini kırmaya çalışmaktadır. Köylerin yakılması, yıkılması, hayvanların kurşunlanması, yiyecek maddelerinin heder edilmesi, ekinlerin yakılması vs. hep böyle bir mağduriyeti sağlamak içindir. Gerillaya destek veren halk kitleleri bu şekilde cezalandırılmaya gayret edilmektedir. Buysa devlet terörünün tırmandırılmasından başka bir şey değildir. Bugün Kürdistan, Kürt insanları öldürülerek, mağdur edilerek, korkutularak yönetilmektedir. Türk sömürge yönetiminin bundan başka bir yönetim geliştirebilmesi de olanaklı değildir. Zira militarist ideoloji, sömürgeci anlayış, Türkiye'nin bütün kurumlarını etkilemektedir.

"Sincarlar" olayı, ulusun, ulusal değerlerin yoğun bir şekilde ortaya çıktığını göstermektedir. Bunu, devlet terörüyle sindirmenin, geriletmenin kolay olmadığı da besbellidir. Kimyasal silahlar gibi kitle imha silahları, bu silahlara maruz kalanlar kadar, kullananları da yok edici, yaralayıcı özelliklere sahiptir. Bu süreçte, Türk Devleti'nin, devlet terörüne dayalı politikaları, Türkiye'de demokratik değerler için mücadele eden bazı kişiler ve kurumlar tarafından da gittikçe daha iyi anlaşılmaktadır. 12 Eylül 1993 tarihli *Cumhuriyet* ve *Özgür Gündem* gazetelerinde yayınlanan bir ilan bunun önemli bir göstergesidir. Bu ilanda, "Biz Kürt olmayan kadınlar nüfus kağıtlarımızın bize verdiği ayrıcalıktan utanç duyuyoruz" denilmektedir. Kamuoyuna açıklanan bu bildiride yüz kadının imzası vardır. Kürdistan'daki Türk sömürge yönetimine karşı bu tür demokratik tepkilerin boyutlanacağı açıktır.

BAŞBAKAN'IN HESABI[*]

Türk Başbakanı Tansu Çiller, "Her gün 15-20 terörist öldürüyoruz, terörü yakında bitireceğiz. Her gün bu kadar kayıp veren bir örgütün varlığını sürdürmesi mümkün değildir" demektedir. Başbakan'ın sözlerinde "terörist" ile Kürt aynı anlamı ifade etmektedir. Başbakan, Kürt sorununun çözümünü devlet terörünü yükseltmekte, Kürt kimliğini ve Kürdistan kimliğini savunan bütün Kürtleri yok etmekte bulmaktadır. Türk Devleti, Kürt sorununun çözümü konusunda, "öldürme"den, "öldürüp yok etme"den, böylece sorunun maddi temelini ortadan kaldırmadan, Kürt nüfusunu çürütmeden başka bir yöntem düşünememektedir, geliştirememektedir.

"Her gün 15-20 terörist öldürüyoruz" demekle, "Her gün 15-20 Kürt öldürüyoruz" demek arasında önemli bir fark yoktur. Bu Kürtler, kuşkusuz ulusal varlığının bilincine varan, ulusal ve demokratik haklarının gasp edildiğinin bilincine varan, köleleştirildiğini fark eden, gasp edilmiş haklarını tekrar kazanmak için mücadele eden Kürtlerdir. Asimile olmuş, Türk olmakla övünen, Kürt kimliğini inkâr eden ulusal bilince ulaşmış Kürtlerle savaşan "Kürtler" için öldürme, yok etme, şu aşamada söz konusu değildir.

Devlet, Kürt sorunu konusunda, devlet teröründen başka bir şey düşünememektedir ve bu, zaafın açık bir şekilde kendini göstermesinden başka bir şey değildir. Kürdistan'ın çok kötü yönetildiği, bu yönetimin işkenceye, baskıya, zulme, kısaca devlet terörüne dayandığı açıktır. Bu yönetim anlayışında demokratik zihniyetin kırıntısı bile yoktur. Gerillalara karşı savaşan devlet, köylüleri neden öldürmektedir? Kürt

*- *Özgür Gündem, 30 Eylül 1993*

aydınlarına karşı kontrgerilla cinayetleri neden devam etmektedir? Köyler yakılarak, yıkılarak, insanlar, yerlerini yurtlarını terke zorlanarak neden mağdur edilmektedirler? Burada, bütün Kürtleri "terörist" gören, bütün Kürtleri PKK'li sayan bir anlayışın var olduğunu görüyoruz. Aslında devletin bu varsayımının toplumsal bir gerçekliğin ifadesi olduğu açıktır. Bu, "PKK halktır, halk PKK'dir" sözüyle ifade edilmektedir. Bu bakımdan köylere, kasabalara, şehirlere karşı südürülen operasyonlarda "bu PKK'lidir, bu halktır" ayrımı hiç yapılmamaktadır. Böyle bir ayrımı yapmak da mümkün değildir. "Halka şefkat, teröre şiddet" sadece ikiyüzlü bir devlet söylemidir. Kürt gerillalara karşı başarılı bir mücadele yürütemeyen güvenlik kuvvetleri, gerillaları destekleyen halkı yok etmeye, böylece gerillayı desteksiz bırakmaya çalışmaktadır.

Türk Başbakanı Tansu Çiller, "2500 Kürt öldürdük, bu gidişle köklerini kazıyacağız" demektedir. Bunların hepsinin gerilla olmadığı yakından bilinmektedir Gerillaların yakınları olabilir, gerillalara maddi manevi yardım edenler, gerillalara sempati duyan Kürtler olabilir... "Faili meçhul" denen cinayetlerde, bin civarında Kürt yurtsever öldürülmüştür. Kürdistan, devletin gizli güçleri tarafından yönetilmektedir. Devletin Kürdistan'da gizli bir yönetimi egemen kılması Türk yönetiminin en önemli zaafıdır. Kürt yurtseverlerini öldürerek, Kürt kitleler üzerinde korku, endişe ve yılgınlık yaratarak sindirmeye çalışmak zaafın belirgin bir göstergesidir. Birkaç yıl önce, örneğin 1990'da, sömürgelerin kararnamelerle yönetildiğini söylüyorduk. Bugün ise ne kararname, ne kural, ne kaide hiçbir şey söz konusu değil. Türk güvenlik kuvvetlerinin, Kürtleri öldürme, köyleri yakma, yıkma, hayvanları kurşunlama, evleri içindeki eşyalarla birlikte yakma, devlet terörünü tırmandırma konularında sonsuz bir özgürlüğü vardır. Kürdistan'da insan hakları anlayışının kırıntısı bile yoktur. Ulusal bilincin gittikçe yükseldiği, devlet katındaysa demokratik bir zihniyetin oluşamadığı bir yerde başka bir yönetim söz konusu olamamaktadır. Sömürgelerin, başka türlü yönetilmesi de mümkün değildir. "Sömürgenin demokratik bir şekilde, insan haklarına saygı duyularak yönetilmesi" söz konusu olamaz. Bu, sömürge-sömürgeci ilişkilerinin tabiatına aykırıdır. Kaldı ki Kürdistan sömürge bile değildir. Bu bakımdan Kürdistan'daki ulusal ve toplumsal gelişmeye karşı mücadele etmek çok daha yoğun bir devlet terörünü gerekli kılmaktadır.

Bu yönetimin en önemli özelliği, yalana dayalı olması, çifte standartlı olması, bu politikayı, basın, üniversite gibi kurumlara kabul ettirebilme, onları, bu doğrultuda yönlendirebilme başarısını götere-bilmiş olmasıdır. Fakat Kürdistan'da gelişen olaylar karşısında, gerilla mücadelesinin yükselmesi karşısında bu düşünceler ve uygulamalar, bu yalanlar, her gün deşifre olmaktadır. Buna rağmen yönetim devlet terörünü daha da tırmandırmaktan başka bir yol düşünememekte, deneyemektedir. Başbakan Tansu Çiller'in, 20-22 Eylül 1993 tarihleri arasında Almanya'ya yaptığı resmi ziyaret sırasında devletin Kürdistan politikasının nasıl iflas halinde olduğu bir kere daha göz önüne serilmiştir. Başbakan, yabancı basın mensuplarının ekonomik politikalarla, Ermenistan-Azerbaycan, Filistin-İsrail ilişkisi ile ilgili sorularına cevaplar verirken çok rahattır. Fakat Kürtlerle ilgili, Kürtlerin insan haklarıyla ilgili soruları karşısında panik göstermekte, sorulara cevap vermek yerine, karşı sorular sormaya çalışarak, soru soranları güç durumlara düşüreceği yanılgısını yaşamaktadır. Bu, aslında, Kürt sorunu karşısında, Türk diplomasisinin gittikçe sıkıştığını ve işlevsiz kalmaya başladığını göstermektedir.

Başbakan Tansu Çiller, bir yabancı basın mensubunun, örneğin, "Kürt sorunu konusunda, sizden önceki hükümetlerden farklı olarak yeni bir tasarınız var mı?" sorusuna karşı, "Bizde Kürt sorunu diye bir sorun yoktur" demektedir. Böylesine bir inkâr, yabancı basın mensuplarını sadece tebessüm ettirir. Çünkü Türkiye'de bir Kürt sorununun olduğunu, sorunun, Ortadoğu'daki Kürt sorunuyla bağlantılı olduğunu dünyada bilmeyen kalmamıştır. Üstelik uluslararası kamuoyunun Kürt sorununa duyduğu ilgi gün geçtikçe artmakta, içerik kazanmaktadır. Yabancı basın mensupları, çeşitli ülkelerdeki demokratik kurumlar, insan hakları kurumları, Kürt halkının, gerillalarla çok sıkı bağlar içinde olduklarını yakından görmektedirler. Avrupa'da, onbinlerce Kürdün, belirli bir amaç doğrultusunda toplanabildiğini, gösteriye katıldığını görmektedirler. Yine bu süreçte, devlet terörünün nasıl hızlı bir şekilde tırmandırıldığını, Kürtlere karşı çok yoğun baskı ve işkencelerin sürdürüldüğünü, köylerin yakılıp yıkıldığını, geniş kitlelerin mağdur edildiğini, esas terörün, devlet terörü olduğunu görmektedirler.

15-20 yıl öncesine kadar Kürt sorunuyla, sadece çeşitli ülkelerdeki demokratik kamuoyu ilgilenirdi. Bu da, aslında cılız bir ilgiydi. Ulusal parlamentolar, uluslararası kurumlar, hükümetler, Kürt sorunuyla hiç ilgilenmezlerdi. Ortadoğu'da, Kürt sorununu, sorunun enini boyunu bilmezden, görmezden, duymazdan gelirlerdi. Hele hele, Türkiye'deki Kürt sorunuyla hiç ilgilenilmezdi, Türk devlet politikası aynen benimsenirdi. Hiçbir yabancı basın mensubu veya diplomat, Türk diplomatlara, Türk devlet ve hükümet yöneticilerine Kürt sorunuyla ilgili veya Kürt sorununu çağrıştıracak küçücük bir soru bile sormazlardı. Sovyetler Birliği, Çin Halk Cumhuriyeti, Arnavutluk Halk Cumhuriyeti gibi devletlerin politikaları da bu merkezdeydi. Gerek bu sosyalist ülkeler, gerekse Çekoslovakya, Macaristan, Polonya, Romanya, Bulgaristan gibi Doğu Avrupa'daki sosyalist devletler, Ortadoğu'daki Kürt sorununu, hele de Türkiye'deki Kürt sorununu hiç sorun yapmazlardı. Dış politikalarında, Kürt sorununu dikkate alan bir boyut yoktu. Bu devletler, Kürtler yerine, hep Irak'ı, İran'ı, Türkiye'yi, Suriye'yi gözeten ilişkiler geliştirirlerdi. Kürtlerin bölünmüş, parçalanmış, paylaşılmış, bütün ulusal ve demokratik hakları gasp edilmiş mazlum bir ulus olduğu, Kürdistan'da, devletlerarası sömürge sistemini egemen kılmaya çalışan devletlerin ise sömürgeci, ırkçı, faşist yönetimler geliştirdikleri açık bir gerçekti. Ulusların Kendi Kaderlerini Tayin Hakkı, sosyalizmin önemli bir ilkesiydi ama fiili planda, yaşanan buydu. Bu sosyalist ve komünist devletler, teorik olarak, Ulusların Kendi Kaderlerini Tayin Hakkını, enternasyonalizmi savunurlar, Kürtleri, “gerici” olmakla, enternasyonalist olmamakla suçlarlar, fiili olarak ise hep bu sömürgeci, ırkçı, faşist yönetimlerle işbirliği yaparlardı. Bu yönetimlerin zaman zaman birbirleriyle işbirliği de yaparak, Kürtleri ezme ve yok etme politikalarına, uygulamalarına kayıtsız kalırlardı.

On seneyi aşkın bir zamandır, PKK'nin başlattığı ve geliştirdiği gerilla mücadelesi, çok şeyi değiştirdi. Kürt toplumunda, siyasal ve toplumsal bakımlardan çok büyük değişmeler oldu. Bu değişmelerin sadece Kuzey Kürdistan'la sınırlı kaldığını söylemek mümkün değildir. Kürdistan'ın her tarafında, bu değişiklikleri izliyoruz. Kürt sorununun Ortadoğu'da bir sorun olduğu, gün geçtikçe daha iyi anlaşılmaktadır. Kürt toplumunun bütün kesimlerinde dinamizm vardır. Ortadoğu'da, politik ve askeri bakımlardan yepyeni, taptaze bir güç yükselmekte, gelişmektedir. İşte bu süreçte, çeşitli ülkelerdeki demokratik kamuoyu Kürt sorununa karşı çok yoğun, ciddi bir ilgi gösterir olmuştur. Bu ilgi ulusal parlamentoların ve uluslararası kurumların da ilgisini sağlamıştır. Günümüzde, hükümetlerin de Kürt sorununa karşı ilgilerinin arttığı bilinen bir gerçektir. Bütün bunlara rağmen, Türk Başbakanı, "Bizde Kürt sorunu yoktur, terör sorunu vardır" diyebiliyor. "2500 Kürt öldürdük, her gün 15-20'sini öldürüyoruz, bu kayıplara karşı dayanamazlar, yakında kökleri kazınacaktır" diyebiliyor... Bu, sadece kendilerini gülünç ve güven vermez bir duruma düşürür, bundan başka bir sonuç vermez.

Dikkat edilirse Başbakan'ın hesabında, Kürtlerin ulusal ve demokratik haklarını talep etmelerinin, gasp edilmiş haklarına yeniden sahip çıkma mücadelelerinin haklılığı veya haksızlığı tartışılmamaktadır. Başbakan, sadece askeri bakımdan güçlüyüz, çok modern, çok öldürücü silahlarımız var, hepsini ezeceğiz, demektedir. Haksız olanların tavır ve davranışının böyle olduğu bilinmektedir. Başbakan "güçlüyüz, öyleyse haklıyız" demeye çalışmaktadır.

Türk Başbakanı'nın, Kürt sorunu karşısında kullanmaya çalıştığı başka bir taktik de, soru soranı güç duruma düşürme taktiğidir. "Türkiye'de Kürtlerin hiçbir sorunu yoktur, keşke Almanya'daki Türkler de, Türkiye'deki Kürtlerin sahip oldukları hakların onda birine sahip olsalar..." Birbirine hiç benzemeyen iki sorunu karşılaştırmak, sadece Türk Başbakanı'nın cehaletini ortaya koyar. Acaba Almanya'da Türklerin ulusal ve toplumsal varlığı mı inkâr ediliyor... Almanya'da Türk dili ve kültürü yasaklanmış mı? Almanya Türk bölgelerini işgal mi etmiş?..

Başka bir taktik de, soru soranı çifte standartlı düşünmek ve davranmakla suçlamak. "Bosna-Hersek'te insanlar boğazlanırken neredeydiniz?", "Bosna'da insan hakları ayaklar altında çiğnenirken ne yaptınız?", "Neden durmadan, ısrarla, aynı soruyu soruyorsunuz?" Bunlar Kürdistan'da da, bu süreçlerin benzerlerinin yaşandığının kabul edildiği anlamına gelmiyor mu? Aslında dünyanın demokratik kamuoyu, Kürdistan'da, çok daha ağır bir sürecin yaşandığı, Türk sömürgecilerinin devlet terörünü tırmandırmaktan başka bir yönetimi olmadığını çok yakından bilmektedir. Bütün bunlar, devletin Kürdistan politikasının iflas noktasına geldiğini göstermektedir. "Ezeceğiz, yok edeceğiz..." diyerek devlet terörünü gittikçe tırmandırarak Kürt sorununun çözülemeyeceğini, uluslararası kamuoyu, gittikçe daha iyi anlayacaktır...

Türk Başbakanı, Kürt sorunu konusunda, yabancı basın mensupları tarafından bir soru sorulduğu zaman, yanında oturan bakanları göstererek, "Geziye katılan bakanların üç tanesi 'Doğu' kökenlidir" demektedir. Türkiye'de, ayrım-gayrım yapılmadığını göstermeye, herkesin kamu yönetiminde görev alabildiğini, yükselebildiğini anlatmaya çalışmaktadır. Halbuki özellikle yabancı basın mensupları, Türkiye'de kendi öz kimliğini inkâr etmeyen, Türkleşmeyen Kürtlerin kamu yönetiminde görev almalarının mümkün olmadığını çok iyi bilmektedirler. Örneğin, Bulgaristan'da, Türk kimliğini inkâr eden, Bulgarlaşan ve böylece Bulgaristan devlet kademelerinde görev alan "Türkler"i, Türk basınının, Türk siyasal parti yöneticilerinin vs. hangi kavramla suçladıklarını da çok iyi bilmektedirler...

"KADER"-"GELECEK"(*)

İlk sayısı Eylül 1993 tarihini taşıyan *Hevdem* dergisinde, Bayram Ayaz'ın "'Self-determination' ve Kürt Ulusal Hareketi" başlıklı bir yazısı var. Yazıda, "Ulusların Kendi Kaderlerini Tayin Hakkı" kavramlarındaki "kader" sözcüğü tahlil ediliyor. "Kader" sözcüğünü kullanmanın isabetli olmadığı, "gelecek" sözcüğünü kullanmanın gerekli olduğu vurgulanıyor. Bayram Ayaz, "Ulusların Kendi Kaderlerini Tayin Hakkı" yerine, "Ulusların Kendi Geleceklerini Tayin Hakkı" kavramlarını kullanmanın isabeti ve gereği üzerinde duruyor.

"Kader", "alınyazısı", "yazgı" gibi sözcükleri çağrıştırıyor. "Kader", "alınyazısı", doğaüstü, mistik bir güç tarafından belirleniyor. "Kader" doğaüstü bir iradenin değişmez ve değiştirilemez kararını işaret ediyor. Doğaüstü bir mistik güç insanlar için kimi zaman iyilik, daha çok da kötülük hazırlıyor. Bu durumda, "kader"lerinin belirlenmesinde insanların hiçbir çabası söz konusu olamıyor. Doğaüstü, mistik bir güç, insanlara bazı süreçleri, ilişkileri "kader" diye dayatıyor. Doğaüstü bir iradenin, gücün kararını insanlar kendi çabalarıyla değiştiremiyorlar. İnsanlar, kendilerine dayatılan bu ilişkileri sadece yaşıyorlar. "Kader"in Tanrı'yı çağrıştırdığı besbellidir.

"Gelecek" sözcüğü mistik bir anlam içermiyor. "Gelecek" söz-cüğüne böyle bir anlam yüklenemiyor. İnsanlar, "gelecek"lerinin belirlenmesinde temel bir role sahip olabiliyorlar. İnsanlar, toplumlar, "ge-lecek"leri konusunda karar alabiliyorlar, o kararları değiştirebiliyorlar. Burada, "kader" sözcüğündeki gibi değişmez, değiştirilemez bir karar, bir irade söz konusu değil. "Kader" metafizik, sübjektif bir kavram, "gelecek" ise objektif... İnsanlar, toplumlar, "gelecek"lerini kendi ira-deleriyle belirleyebiliyorlar, "gelecek"lerini kendi çıkarları doğrultu-sunda belirlemeye

*- *Özgür Gündem, 7 Ekim 1993*

çalışan güçlere karşı mücadele edip o planları boza-biliyorlar.

Kürt sorunu, ulusal sorun, Türkiye'de, 1960'lı yıllardan beri konuşuluyor, tartışılıyor. Bu konuda pek çok kitap, yazı yayımlandı. Türk solunun gelişmesi, Türk sol akımlarının Kürtleri etkilemesi, Kürt solunun ve Kürt demokrat hareketlerinin gelişip serpilmesi sürecinde, en çok konuşulan, tartışılan, yazılan ilkelerden biri de ulusal sorun oldu. Ulusal sorun konusunda, Ulusların Kendi Geleceklerini Tayin Hakkı İlkesi, üzerinde en çok durulan konulardan biridir. Fakat bu ilke, hep, "Ulusların Kendi Kaderlerini Tayin Hakkı", "Ulusların Kendi Kaderlerini Kendilerinin Tayin Etmesi" kavramlarıyla ifade edildi. Bu ilişkiyi anlatan pek çok yazı, makale var. Bayram Ayaz, yukarıda sözü edilen "'Self-determination' ve Kürt Ulusal Hareketi" başlıklı yazısında, bu kavramların çeşitli dillerde nasıl ifade edildiğini irdeliyor, Türkçe'ye çevirisinin yanlış olabileceğini vurguluyor. Bu ilişkiyi çeşitli dillerde, örneğin, Arapça'da ifade eden kavramlarda "kader" sözcüğünün geçmediğini, "gelecek" sözcüğünün kullanıldığını anlatıyor.

"Self-determination", "Ulusların Kendi Geleceklerini Tayin Hakkı" ilkesi; sömürge ülke-sömürgeci devlet; ezilen ulus-ezen ulus ilişkilerinin açıklanmasında çok önemi olan bir kavramdır. Ulusun kendi geleceğini belirleyememesi, ulusun siyasal iradesini ortaya koyamadığını, ulusun özgür olmadığını, topraklarının işgal altında olduğunu, ulusal ve demokratik bütün haklarının gasp edilmiş olduğunu göstermektedir.

Bir ulusun kendi geleceğini belirleyememesi veya ulusun geleceğinin belirlenmesi sırasında, o ulusa mensup politikacıların, önderlerin, partilerin vs. en ufak bir role sahip olamamaları, ulusun geleceğinin belirlendiği toplantılara katılamamaları, siyasal isteklerini ve özlemlerini dile getirememeleri, ulusun geleceğinin tamamen dış güçler tarafından belirlenmesi, ulus için büyük bir yıkımdır. Çünkü ulusun geleceğini belirleyen dış güçler, bu süreçte, hep kendi çıkarlarını ön plana koymaya, bu çıkarları gerçekleştirmeye çalışmaktadırlar. Bu da, sürecin, ilişkinin doğası gereği ulusun çıkarlarına karşı büyük bir zıtlık, bazen yüzde yüz zıt bir durumu ifade etmektedir. Ulusun tarihsel ve toplumsal gelişmesi durdurulmakta, ulus, kendi tarihini yaşayamaz, doğal, toplumsal ilişkilerini sürdüremez bir duruma gelmekte, tarih dışı kalmaktadır. Ulus, artık dış güçler tarafından dayatılan tarihi ve toplumsal ilişkileri yaşamaya başlamaktadır. Ülke, ekonomik bakımdan gittikçe yoksullaşmaktadır. İnsanların, halkın, siyasal bilince ulaşmasını engellemek için ülke geri bırakılmaktadır. Dış güçler bakımından önemli olan, ülkenin doğal kaynaklarını yağmalamaktır. Dış güçler, yabancı güçler, bölgede siyasal bakımdan etkinlik kurabilmek ve bu etkinliğini sürdürebilmek için o ülkeyi stratejik bakımdan elinde tutmak gereğini de hissedebilir.

Kürdistan, emperyalist ve sömürgeci politikalarla, bölünmüş, parçalanmış ve paylaşılmış bir ülkedir. Kürt ulusu bölünmüş, parçalanmış ve paylaşılmıştır. Bölünme, parçalanma ve paylaşılma, ülkenin ve ulusun iskeletini parçalamış, beynini dağıtmıştır. Kürtler, kendi geleceklerinin tayin edildiği toplantılara, konferanslara da katılamamışlardır. Örneğin, Lozan Konferansı'nda, Kürtlerin siyasal istemlerini ve özlemlerini dile getiren hiçbir politikacı, örgüt veya parti yoktur. Kürtlerin geleceği, yabancı güçler tarafından, dış güçler tarafından Kürtlere dayatılmıştır. Bu, Kürtlerin ulusal çıkarlarını hiç gözetmeyen, Kürtleri, ezmeye, yok etmeye çalışan bir dayatmadır.

Kürt sorununu bu çerçeve içinde düşünmek gerekir. Kürt sorununun odak noktasında, Kürdistan'ın bölünmesi, parçalanması, paylaşılması, Kürt ulusunun bağımsız devlet kurma hakkının gasp edilmesi yatar. Kürtlerin geleceklerinin belirlenmesinde, dönemin en güçlü, en etkili emperyalist devleti İngiltere'nin, ikinci derecede emperyalist bir devlet olan Fransa'nın payı kuşkusuz çok büyüktür. Fakat bu süreçte, bunlar, yalnız değildirler. Bu emperyalist güçlerin, Ortadoğu'da yerli işbirlikçileri, sömürgeci ortakları vardır. Kemalistler, bu konuda, emperyalist devletlerle işbirliği yapan güçlerin başında yer almaktadır. Kemalistlerin en büyük başarısı, Kürdistan konusunda emperyalist devletlerle gerçekleştirdikleri bu işbirliğini, "antiemperyalist mücadele", "antisömürgeci mücadele", "Doğu'nun ezilen halklarına, sömürge milletlerine milli kurtuluşları yolunda ilham olmak, ışık olmak" diye gösterebilmiş, kabul ettirebilmiş olmasıdır. Arap ve Fars monarşisi de, emperyalist devletlerin Ortadoğu'daki yerli işbirlikçilerindendir. Kürtlerin, Kürdistan'ın bölünmesini, parçalanmasını ve paylaşılmasını, örneğin, Arapların bölünmesi gibi değerlendirmemek gerekir. Birinci Dünya Savaşı'ndan sonra gelişen süreçte Araplar da bölünmüşlerdir ama bunlar ayrı ayrı manda (sömürge) devletler olarak biçimlenmişlerdir. Bundan çok daha önemli olarak,Araplar, kendi geleceklerini belirleyen antlaşmalara, konferanslara, toplantılara şu veya bu düzeyde katılmışlar, siyasal isteklerini ve özlemlerini dile getirmişlerdir. Kürtler ise Kürt kimliği ve Kürdistan kimliği yok edilmek üzere, Kürt adı ve Kürdistan adı, dillerden ve tarihlerden silinmek üzere bölünmüşler, parçalanmışlar ve paylaşılmışlardır. Sınır yoktur. Kürdistan ülkesinin sınırları çizilmemiştir. Kürdistan kimliği, Kürt kimliği tanınmamaktadır. Halbuki Kürdistan, klasik sömürgelere benzeseydi, bir sömürge statüsüne sahip olsaydı, ülkenin sınırları olurdu, halkın kimliği inkâr edilmezdi. Bu bakımdan Kürdistan sömürge bile değildir, diyoruz. Nitekim irili ufaklı nüfuslarıyla, klasik sömürgelerin hepsi de bağımsızlığına kavuşmuştur. Kürtler ise bunca nüfusa, bunca toprak genişliğine, bunca mücadeleye, bunca şehide rağmen henüz kimliklerine bile sahip olamamışlardır.

Bütün bunlar, Kürtlere, Kürdistan'a "kader" olarak dayatılmıştır. Bu ilişkiler, değişmez, değiştirilemez görülmektedir. Bu ilişkilerin değişmesi, değiştirilmesi hiç istenmemektedir. Halbuki Kuzey Kürdistan'da PKK önderliğinde on yıldır süren gerilla mücadelesi, Kürtlere "kader" olarak dayatılan bu ilişkileri parçalamıştır. Bu, açıkça görülmektedir. Kürtler, "gelecek"lerini belirlemek için kendilerine dayatılan "kader"i hükümsüz kılmak için çok yoğun, çok kapsamlı bir mücadele içine girmişlerdir. Bu mücadelenin çok yoğun bir fedakârlığı ve vefakârlığı içerdiği bilinmektedir.

“KADER”İN YENİLİŞİ(*)

Kürt sornunu söz konusu olduğu zaman “kader”, “gelecek” kavramlarının daha soluklu ve soğukkanlı bir şekilde ele alınmasında yarar vardır.

Kürdistan'ın bölünmesinden, parçalanmasından ve paylaşılmasından sonra Kürdistan'daki işgal ve ilhak süreci pekiştirilmiştir. Kürt kimliği ve Kürdistan kimliği inkâr edilmiş, ulusal ve demokratik haklar tamamen gasp edilmiştir. Gasp operasyonlarını meşru kılacak ideolojiler de üretilmiştir. “Tarihte Kürt diye bilinen bir millet olmamıştır”, “Tarihte Kürtçe diye bilinen bir dil yoktur”, “Kürtlerin aslı Türktür”, “Kürtlerin kökeni Farstır”... Ve bütün bunlar, Kürtlere, Kürdistan'a “kader” diye dayatılmıştır. “Bu sizin kaderiniz”dir, “Kadere isyan edilmez” denmiştir. Bu ilişkilerin değişmesinin, değiştirilmesinin engellenmesi için her önlem alınmıştır. Kürdistan'daki devletlerarası sömürge sistemini güçlendirmek için her çareye başvurulmuştur.

Sömürge ilişkilerini gizleyecek, dikkatlerden uzak tutacak sloganlar da üretilmiştir. “Bin yıldır beraber yaşıyoruz”, “Kardeşiz, et-tırnak gibi bütünleşmişiz” bu sloganlardan bazılarıdır. Bu sloganların, toplumsal ve siyasal gerçekliği hiç aksettirmediği açıktır. Kürdistan'ın bölündüğü, parçalandığı ve paylaşıldığı bir gerçekken, Kürdistan emperyalist ve sömürgeci devletlerle işbirliği ve güçbirliği yapılarak paylaşılmışken, “bin yıldır beraberiz...” deniyor. Kürt olanlara, Kürtlerin ulusal ve demokratik hakları için mücadele edenlere çok farklı uygulamalar yapılırken, insanlar bok yemeye zorlanırken, sık sık “Kürtlerin kökünü kazıyacağız” yollu tehditler yapılırken, “kardeşlik”ten, “et-tırnak gibi bir bütün oluşturmak”tan söz ediliyor. Kürdistan böylesine bölünmüşken, parçalanmışken ve paylaşılmışken, “bin yıldır beraber yaşıyoruz” şeklindeki sloganlar nasıl söylenebiliyor?

---

*- *Özgür Gündem, 14 Ekim 1993*

15-20 yıl öncesine kadar Kürtlerin ulusal ve toplumsal varlığı inkâr ediliyor, "Tarihte Kürt diye bilinen bir millet yoktur, yaşamamıştır, Kürtçe diye bilinen ayrı, bağımsız bir dil yoktur, Kürtlerin aslı Türktür, Kürtçe denilen dil Türkçe'nin bir şivesidir, mahalli bir ağzıdır, ilkel bir ağızdır..." deniyordu. Günümüzde artık Kürtlerin ve Kürtçe'nin varlığı, gerilla mücadelesinin oluşturduğu fiili durumlardan dolayı inkâr edilemeyor. Artık "Türkiye'de herkes eşittir, hiç ayrım-gayrım yoktur, herkes vali, yargıç, general, profesör, milletvekili, bakan olabilmektedir..." deniyor... Kürtlerle Türklerin eşit olduğu vurgulanıyor. Kürtlerin örgütlenmeleri yasakken, Kürtçe eğitim, Kürtçe radyo, TV yasakken "Kürt Kültür Vakfı", "Kürt Hak ve Özgürlükler Vakfı" gibi kurumların kurulamadığı, "Kürt Enstitüsü"nün tabelasının asılamadığı bir yerde, Türklerle Kürtler arasında eşitlikten nasıl söz edilebilir? Aslında eşitsizlik çok derin ve çok kapsamlıdır. Kürt adını taşıyan vakıflar kurulmasıyla, "Kürt Enstitüsü"nün tabelasını asabilmesiyle sağlanabilecek, hayata geçirilebilecek bir süreç değildir. Şurası besbellidir ki eşitlik, Kürtlerin ulusal kimliklerini inkârla ve Türkleşmekle gerçekleşen bir süreçtir. Bunun da "eşitlik" olmadığı, çarpıtılmış, içeriği boşaltılmış, eğilmiş, bükülmüş, büzülmüş bir kavram olduğu açıktır.

Kendi geleceğini belirleyememenin acısını, dünyada Kürtler kadar duyan bir toplum daha var mıdır acaba? Kürt insanlarının nasıl yaşayacakları, nasıl konuşacakları, ne okuyacakları, nasıl giyenecekleri hep dış güçler, yabancı güçler tarafından belirlenmiştir. Bu konulardaki kurallar Kürt toplumuna dayatılmaktadır. Bugün Kürdistan'da, doğum, ölüm, düğün gibi törenlerin gelenek ve göreneklere göre icra edilmesi mümkün değildir. Ticari faaliyetlerin, tarımsal faaliyetlerin, zanaatkârlığın sürdürülmesi mümkün değildir. Devlet güçlerinin, müdahaleleri, baskınları, ev ve iş yerlerinde sık sık yapılan güvenlik aramaları, kitle halinde gözaltına almalar, tutuklamalar, adam kaçırmalar, kaçırıp öldürmeler, bu törenlerin gereklerinin yerine getirilmesine, ekonomik faaliyetlerin sürdürülmesine engel olmaktadır. Kürt anadan ve Kürt babadan doğmuş çocuklara, her sabah "Türküm, doğruyum..." şeklinde and içirilmektedir. Böylesine ırkçı ve sömürgeci bir düşünceyi ve uygulamayı dünyanın hiçbir tarafında görmek olası değildir. Bütün bunlar, kendi geleceğini tayin edememiş, bir toplumun karşı karşıya kaldığı günlük olayların bazılarıdır. Bir kısım Türk aydını ve solcusu da, böyle bir ırkçılığı ve sömürgeciliği eleştirecekleri yerde, Kürtlerin bu ırkçılığa karşı mücadelelerini eleştirmekte, Kürtleri ırkçılık yapmakla, "Kürtçülük" yapmakla suçlamaktadır. Bu da tarihin büyük bir ironisidir.

Kürtlere ısrarla dayatılan ve uygulanan bu politikaların asimilasyonu hızlandırdığı, önemli sonuçlar aldığı, bu süreçte, Kürt toplumunun ve Kürt insanının "düşürülmüş" oldukları da bilinmektedir. Bunlara rağmen on yıldır, yükselerek ve genişleyerek süren gerilla mücadelesi Kürtlere "kader" olarak dayatılan, değişmesi, değiştirilmesi hiç istenmeyen bu "kader"i yenmiştir. Artık Kürtleri, resmi ideolojinin kabulleri doğrultusunda yönetmek mümkün değildir. Özgürlük ve bağımsızlık bilinci Kürtlerde de hızlı bir şekilde gelişmektedir. Devlet, Kürt toplumundaki bu demokratik uyanıştan, özgürleşme sürecinden çok rahatsızdır. Bu gelişmeyi durdurmak, dağıtmak, etkisiz hale getirmek için her türlü silahı kullanmaktadır. Kürtlere, "suçlu" değil, "düşman" muamelesi yapmakta, savaş uçaklarını, süper kobra ve skorsky helikopterlerini, zırhlı araçlarını, tanklarını etkin bir şekilde kullanmaktadır. Psikolojik savaş yöntemlerini de kullanmaktadır. Topyekün savaş stratejisi yürürlüğe konulmuştur.

Köyler yakılıyor, yıkılıyor, evler içindeki eşyalarla birlikte, bazen içindeki insanlarla birlikte yakılıyor, ormanlar yakılıyor, doğal kaynaklar tahrip ediliyor. Herhangi bir askeri güç, kendi ülkesinin doğal kaynaklarına karşı bu kadar büyük bir düşmanlık besleyebilir mi? Ormanların yakılması, doğanın tahrip edilmesi kendi geleceğini belirleyemeyen bir toplumun yaşadığı en ağır yıkımlardan biridir. Çünkü herhangi bir halk, herhangi bir yönetim, kendi doğal zenginliklerine karşı hiçbir zaman bu kadar tahripkâr olamaz. Kürdistan'ın doğal kaynaklarına karşı sürdürülen bu katliam, ancak düşman bir gücün operasyonu olabilir. Düşünelim ki ormanların yakılması, dağların, vadilerin, zehirli gazlarla kirletilmesi, Kürdistan'ın hemen hemen bütün parçalarında rastlanabilen, izlenebilen ve gözlenebilen bir devlet eylemidir.

Kürdistan'ın doğasını tahrip etmek, doğal zenginliklerini yağmalamak, yok etmek, gelecek kuşaklara hiçbir şey bırakmamak için her şey yapılmaktadır. Bu tahrip, bu yağma, devletin Kürdistan'dan vazgeçtiği anlamına da gelmektedir. Devlet, Kürdistan'ı yakarak, yıkarak, gelecek kuşaklara hiçbir şey bırakmamaya özen göstererek, "bana yar olmayan kimseye de yar olmasın..." anlayışı içerisindedir. Devlet, Kürdistan'ın zenginliklerini tahrip edebilmek için çok büyük bir harcama yapmaktadır.

İşkence vazgeçilmeyen, gittikçe ağırlaşan bir devlet politikasıdır. Kürt yurtseverlerinin kaçırılmasında, kaybedilmesinde, öldürülmesinde, devlet güçlerinin sonsuz bir özgürlüğü vardır. Kürdistan, devletin gizli güçleri tarafından yönetilmektedir. Kürtlerin Newroz gibi ulusal bayramlarını kutlamaları yasaklanmaktadır. Kürtlere, Türklerin ulusal bayramlarının kutlanmasına katılmaları için çok yoğun bir baskı ve zulüm yapılmaktadır.

Bütün bunlar, Kürtlere dayatılan, "kader"in değişmemesi, değiştirilmesinin engellenmesi için yapılmaktadır. Kürtlere, devletin, resmi ideolojinin dayatılması şunu içermektedir: Kürtlerin Türklerle eşitlik aramaları hayaldir, "Onlar"ın Türk olmaktan, Türkleşmekten, Türk gibi yaşamaktan başka yapabilecekleri hiçbir şey yoktur. "Onlar", "Ora halkı" ilkel dillerini tarlalarında "öküzleriyle", evlerinde "inekleriyle" konuşabilirler. Fakat okumak, adam olmak, çağdaş uygarlıkla bütünleşebilmek için Türkçe öğrenmek, Türk gibi tutum sergilemek zorundadırlar. Evet, şunca mücadeleye, binlerce şehide, Güney Kürdistan'da, Kürt Federe Devleti gibi bir oluşuma rağmen devletin Kürt politikasının içeriği budur. Resmi ideolojinin hiç değişmemesi, aynen sürdürülmesi istenmektedir. Kürt toplumunun toplumsal dinamiklerinin güçlenmeye ve işlemeye başlaması, Kürtlerin değer yargılarının değişmesi, siyasal bilincinin ve siyasal kültürünün artması, dikkate alınan hususlar değildir. Bunları görmemek, duymamak, anlamamak için olağanüstü bir çaba sarfedilmektedir. Bu, Kürt sorununa ilişkin Türk resmi ideolojisinin en önemli boyutudur. Türk devlet ve hükümet yöneticileri, bir taraftan "demokrasi"ye övgüler düzmektedirler, bir taraftan da resmi ideolojinin hiç değişmeyeceği konusunda, Türklerin ırkçı ve faşist çevrelerine garantiler vermektedirler.

Türkiye'nin, Kürdistan'da uyguladığı, dünyada bir eşi daha bulunmaz bu ırkçı ve sömürgeci rejimi Batı'nın demokratik devletleri yoğun bir şekilde desteklemektedirler. Türk Devleti'nin Kürdistan'da uyguladığı devlet terörü görmezden gelinmekte, bu ırkçı ve sömürgeci devlet terörüne karşı Kürtlerin uyguladığı şiddet sorun yapılmaktadır. Halbuki devlet, Kürtlere, silaha sarılmaktan, silah kullanmaktan başka hiçbir yol bırakmamıştır. Batı'nın demokratik kamuoyunun bu mücadeleyi, devletin Kürtlere karşı açtığı bu savaşı çok daha yakından izlediği, Kürtlerin haklı mücadelesine karşı duyarlı olduğu, devlet terörünü eleştirdiği bilinmektedir.

Kürtler, artık kendilerine dayatılan "kader"i yenmişlerdir. Onurlu bir "gelecek" için yoğun bir mücadele içindedirler. Devletin, Kürtleri resmi ideoloji doğrultusunda yönetmesi mümkün değildir. Zira Kürtler, vatanları için, özgürlükleri için, gasp edilmiş ulusal ve demokratik hakları için mücadele etmektedir. Özel Savaşı yürütenler, Özel Tim mensupları ise aydan aya ellerine geçecek 20 milyonu düşünmektedirler. Bilgi, inanç ve sevgi karşısında "milyon hesapları"nın önemli bir sonuç alamayacağı açıktır. Bunu "vatan sevgisi" gibi birtakım kavramlarla gizlemek mümkün değildir. Başkalarının vatanını sevmenin, orada, silah zoruyla oturmanın adı, sömürgeciliktir. Özel Savaş'tan maddi çıkarı olan özel savaş kurmaylarının, özel timlerin, korucuların, muhbirlerin bu savaştan maddi çıkar sağladıkları, Kürtleri öldürdükleri sürece örtülü ödenekten milyonlar, milyarlar kazandıkları bilinen bir gerçektir. Fakat şu da tarihsel bir gerçekliktir: Maddi çıkarlar karşılığında oluşan kan gölünde, ilk önce kan dökenler boğulacaktır.

Batı devletlerinin de bu kirli savaşta birkaç uluslararası ihale ve rüşvet karşılığında devletin yanında tavır almaları, ilk önce, şimdiye kadar oluşturdukları, demokratik kurumların çürümesini, demokratik değerlerin aşınmasını getirecektir. Batı'nın demokratik kamuoyunun kendi devletlerinin ve uluslararası kurumların kirli savaş yanlısı politikalarını eleştirmeleri konusunda önemli görevleri vardır. Sömürge savaşını izlemek onlar için önemli bir görevdir.

KÜRTLERİN TARİH SAHNESİNE ÇIKIŞI(*)

Kürtler, Ortadoğu'nun yerli halklarından biridir. Onuncu yüzyıldan itibaren Arap, Fars, Süryani, Ermeni, Gürcü vs. kaynaklarında, Kürtlerden ve Kürdistan'dan söz eden anlatımlar vardır. Artık ana hatlarıyla da olsa bilebildiğimiz bazı nedenlerden dolayı Kürtler, kendi ulusları için çok fazla gayret sarf etmemişlerdir. Arapların, Farsların, Türklerin ulusal çıkarları için daha fazla çaba sarf etmişlerdir. İslamiyet için daha fazla çalışmışlardır. 19. yüzyılın sonunda, yirminci yüzyılın başında bu sürecin daha çarpıcı bir hale geldiğini görüyoruz. Bu süreçte Kürtler, artık siyasal iradesi olan, siyasal istekleri ve siyasal özlemleri olan bir kategori olarak ele alınmamaktadır, "şey" gibi değerlendirilmektedir. Türklerin, Arapların, Farsların, siyasal iradesi, siyasal özlemleri ve istekleri vardır, fakat Kürtlerin yoktur. Kürtler, bu ulusların, ulusal çıkarları doğrultusunda kullanılmaya çalışalan herhangi bir "şey" gibi ele alınmaktadır. Buysa Kürtlerin, tarihten ve yeryüzünden silinmesi sonucunu doğuran bir süreçtir.

Daha dün diyebileceğimiz bir zamana kadar Kürtler tarihten silinmek üzere olan bir ulustu. Kürdistan'ın bölünmesi, parçalanması ve paylaşılmasının, Kürdistan'a dayatılan devletlerarası sömürge sisteminin amacı, Kürtleri, dilleriyle, kültürleriyle tarihten silmektir. Kürdistan'ı devletlerarası sömürge baskısı altında tutan devletlerin bu amaç doğrultusunda önemli başarılar kazandıkları, Kürt insanının kişilik yapısını parçaladıkları, toplumda önemli bir bozulma gerçekleştirdikleri biliniyor. Ulusal ve toplumsal varlığın ısrarlı bir şekilde inkârı, bu süreçte devlet terörünün temel bir politika olarak belirlenmesi ve uygulanması, Kürtlerin, Kürt toplumu olmaktan doğan özelliklere yabancılaşma gibi bir sonuç ortaya çıkarmıştır. Kürt diline, Kürt tari-

---

*- *Özgür Gündem, 21 Ekim 1993*

hine, Kürt kültürüne yabancılaşma, asimilasyon, Türkleşme belirgin bir süreç olarak yaşanmıştır. Bölünme, parçalanma ve paylaşılma, devletlerin, Kürtlere karşı uyguladıkları baskı politikalarını ortaklaşa bir şekilde gerçekleştirmeleri gibi nesnel bir sonuç ortaya çıkarmıştır.

Kürdistan'a ortaklaşa uygulanan baskı politikaları Kürt toplumunun parçalanmasını, ulusal değerlerin geriletilmesini, yok edilmesini daha da kolaylaştırmıştır. Bunlar, hep egemen devletlerin çıkarları doğrultusunda gelişen olaylardır. Bölünme, parçalanma ve paylaşılma kendini durmadan üreten, çeşitli zamanlarda ve çeşitli mekânlara göre yeniden üreten bir durumdur. Kürdistan, ilk önce devletler arasında bölünmüş, parçalanmış, paylaşılmıştır. Daha sonra devletler böl yönet politikalarını aşiretler seviyesinde, aileler seviyesinde derinleştirmişler, Kürt kitlelerin birbirlerine karşı yabancılaşmasını sağlamaya çalışmışlardır. Devletler, mayın tarlalarıyla, dikenli tellerle, gözetleme kuleleriyle, elektrikli tellerle, aydınlatma araçlarıyla, iz tarlalarıyla, casus uçaklarıyla, Kürtleri birbirlerinden tecrit etmek, onların birbirlerine karşı yabancılaşmalarını gerçekleştirmek istemişlerdir. Herhangi bir devletin sınırları içinde de kan davaları yaratılarak, küçük şeyler kışkırtılarak, büyütülerek aynı sonucu sağlamak vazgeçilmez bir devlet politikası olmuştur. Bütün bunlar Kürt ulusal değerlerini epeyce bozmuş, dili, kültürü geriletmiştir.

Kürdistan üzerinde sürdürülen bu devlet terörünün en önemli destekleyicileri Batı devletleri olmuştur. Batı devletleri, Kürdistan'daki devletlerarası sömürge sistemini her zaman onaylamıştır. Kürtlerin ulusal isteklerini, bu uğurda yürütülen mücadeleyi anlamazlıktan gelmişlerdir. Bu isteklerin ve mücadelelerin farkına varmamak için özel bir çaba içinde olmuşlardır. Kürtlerin haklı isteklerinin bastırılmasını, bu süreçte çok yoğun bir devlet terörü uygulanmasını, geniş Kürt halk kitlelerinin sürgünlerini, Kürdistan'ın yakılıp yıkılmasını, görmezden, duymazdan gelmişlerdir. Böylece Kürdistan'da ısrarlı ve kararlı bir şekilde uygulanan devletlerarası sömürge sistemini onaylayan, meşru gören bir tutum sergilemişlerdir.

Kürtler, dilleriyle, kültürleriyle inkâr edilmişler, bu, doğal karşılanmıştır. Kürt adı, Kürdistan adı yasaklanmıştır. Kürtlere karşı soykırımlar, sürgünler birbirini izlemiştir, Kürtçe insan ve yer isimleri yasaklanmış, bunlar sömürgeci devletin resmi dilindeki sözcüklerle değiştirilmiştir. Kürtler kendi ülkelerinde, yerlerinden, yurtlarından sık sık kovulmuşlardır. Batı devletleri, Kürtlere karşı ısrarlı ve kararlı bir şekilde uygulanan ırkçı ve sömürgeci politikaları görmezden, duymazdan, bilmezden gelmişlerdir. Bunun karşılığında Türkiye'ye mallarını ihraç etmişler, Türkiye'den önemli ihaleler almışlardır. Bu süreçte, insan hakları gibi, ulusların kendi geleceklerini belirleme hakları gibi, özgürlük, demokrasi gibi evrensel değerler kuşkusuz zarar görmüştür.

On yılı aşkın bir zamandır, Kuzey Kürdistan'da, PKK önderliğinde gelişen ulusal ve toplumsal kurtuluş mücadelesi, Kürt ulusunun tarih sahnesine çıkışı gibi son derece önemli bir sonuç ortaya çıkarmıştır. Bu mücadelenin çok sancılı ve çok sarsıntılı olduğu bilinmektedir. Bugüne kadar binlerce şehit vardır. Henüz 20'li yaşlarını yaşayan, 20 yaşına bile gelmemiş binlerce genç insan şehit olmuştur. Kürdistan, dağlarıyla, ormanlarıyla yakılmakta, yıkılmaktadır. Köyler, kasabalar, şehirler, yoğun bir şekilde, tank ve top ateşlerinin hedefidir. İnsanlar geniş kitleler halinde göçertilmektedirler. Bazı yerleşim birimlerine planlı ve programlı bir şekilde ambargo uygulanmakta, kitleler mağdur edilmekte, açlığa mahkûm edilmektedir. İşkence vazgeçilmez, planlı, programlı, sistematik bir şekilde uygulanan devlet politikasıdır. İnsanlar gözaltına alınmakta, gözaltında kaybedilmekte, öldürülmektedir. Kaçırılan, öldürülen, cesetleri şuraya buraya atılan, bazen de hiç haber alınamayan Kürt yurtseverlerinin sayısı günden güne artmaktadır. Bütün bunların illegal çalışan kontrgerilla denen Türk güvenlik güçleri tarafından gerçekleştirildiği açıktır. “Faili meçhul” denen fakat failleri tastamam bilinen cinayetlerin sayısı binlerle ifade edilmektedir. Kürdistan devletin illegal güçleri, illegal birimleri tarafından yönetilmektedir. Bu güçlerin, bu birimlerin, Kürt insanını öldürme, sakat bırakma, ezme, yok etme konularında sonsuz özgürlükleri vardır. Devletin, başta adalet, yargı olmak üzere, herhangi bir birimi, bu operasyonlar ve cinayetler hakkında herhangi bir soruşturma başlatamaz. Bu, fiili olarak böyledir, yasal olarak da garantiye alınmıştır. Olağanüstü

Hal Bölge Valiliği Yasası, devletin suç işleme özgürlüğünü garanti altına almaktadır. Bütün bunlar, Kürtleri korkutmak, yıldırmak, sindirmek, ulusal ve demokratik haklarını istemekten, bu haklar doğrultusunda mücadele etmekten caydırmak için yapılmaktadır. Halbuki Kürtlerin önü artık açılmıştır. Günümüze kadar tarihe "şey" olarak katılan Kürtler, artık siyasal istekleri olan, siyasal özlemleri ve siyasal iradesi olan bir kategori olarak, bir ulus olarak katılmaktadırlar. Günümüze kadar da kuşkusuz Kürtlerden söz eden tarihsel metinler, tarihsel belgeler vardı, fakat bu, daha çok, "İran şahı Osmanlı padişahıyla savaşında, Kürtlerden teşekkül eden bir ordu kurmayı düşündü, Osmanlılar da, aynı şekilde Kürtlerden kurdukları bir orduyu İranlılarla savaşta en önde kullanmayı düşünüyorlardı...", "Kemalistler, Nasturilerin ayaklanmasını bastırmak için Simko'dan yararlanmanın yollarını aradı, ayaklanan Nasturilere karşı Simko'nun Kürtlerini sürdü, bunun için Simko parayla, altınla desteklendi...", "Padişah İkinci Abdülhamid'in, Ermenilere karşı Kürtleri kullanması önemli bir taktikti..." şeklinde kayıtlardı. Osmanlılarla İranlıların bu savaşlarında, pek çok Kürt ölüyordu. Savaşlar da daha çok Kürdistan topraklarında gerçekleşiyordu. Günümüzdeyse Kürtler, artık kendileri için savaşmakta, kendileri için ölmektedir... Bu, Kürt ulusunun tarih sahnesine çıkışı demektir. Bu süreci durdurmak, geriletmek artık mümkün değildir. Bilgili, bilinçli ve kararlı bir şekilde süren bir mücadele vardır. PKK önderliğinde yürütülen bu gerilla mücadelesinin çok büyük bir fedakârlığı ve vefakârlığı içerdiği bilinmektedir. Gerilla, düşüncesiyle ve eylemiyle geniş Kürt halk yığınlarıyla bütünleşmiştir. Kürt bölgelerinde, mahalli seçimlerin yapılmasının ertelenmesinin düşünülmesi, bu bütünleşmenin önemli bir sonucudur. Gerilla disiplinlidir. Disiplin içinde olma Kürt gerilla mücadelesinin önemli bir özelliğidir.

PKK, ARGK ve ERNK saflarında, hissedilen bir hiyerarşi vardır. Gerek gerillaların, gerek Kürt halk yığınlarının mücadeleye inancı gittikçe büyümektedir. Bunlar, Kürtlerin artık dönülmez, döndürülemez bir yolda olduklarını açıkça göstermektedir. Bu süreçte, devletin, devlet terörünü tırmandırmaktan, kimyasal silahlar, zehirli gazlar kullanmaktan, Kürtlere, tanklar, ağır toplar, süper kobralar, skorskyler kullanmaktan köyleri, kasabaları, şehirleri yıkmaktan başka hiçbir programı yoktur. Buysa, acizliğin temel göstergesinden başka bir şey değildir. Zira son derece hızlı bir şekilde siyasal ve toplumsal bir değişme yaşayan, siyasal kültürü artan bir halka, baskıyla, zulümle, öldürerek, kaybederek, "faili meçhul" cinayetlerle yok ederek yönetmenin hiçbir geleceği yoktur.

Mücadele çok sancılı ve sarsıntılı geçmektedir. Özgürlük, eşitlik için ağır bir bedel ödenmektedir. Bu ağır bedel karşılığında, Kürtler, tarihteki onurlu yerlerini alma yolundadırlar...

DEVLET BASININA ÖZGÜRLÜK!...(*)

Ferhat Tepe çok genç bir gazeteciydi. *Özgür Gündem* gazetesinin Bitlis muhabiriydi. Ulusal ve toplumsal kurtuluş mücadelesinin Bitlis yöresinde cereyanıyla ilgili haberler veriyordu. Kürt halkına karşı sürdürülen devlet operasyonlarını izlemeye çalışıyordu. Geçtiğimiz Ağustos ayının başlarında, devletin güvenlik güçleri tarafından kaçırıldı. Cesedi bir hafta kadar sonra Elazığ'daki Hazar Gölü'nde boğulmuş olarak bulundu. Devlet basını, genç gazeteci Ferhat Tepe'nin devletin gizli güçleri tarafından kaçırılması ve işkence edilerek öldürülmesi konusunda küçücük bir tepki bile göstermedi. Hatta "kaçırıldığı söylenen", "boğulmuş olarak bulunan kişi gazeteci değildir", "bu kişi terörist bir gazetecidir" gibi açıklamalar yaparak katliamı meşrulaştırmaya çalıştı. Türk basın kuruluşlarının bu konuda hiçbir tepkisi olmadı.

Yine geçtiğimiz Ağustos ayında, Ferhat Tepe'nin kaçırılıp öldürüldüğü günlerde, yine *Özgür Gündem* gazetesi muhabiri Aysel Malkaç sivil polisler tarafından kaçırıldı. Aysel Malkaç'tan hâlâ haber yok. *Özgür Gündem* gazetesinin sayısız çabalarına, demokratik kitle örgütlerinin çabalarına rağmen Aysel Malkaç'ın akibeti hakkında hiçbir açıklama yapmamıştır. Sadece "Aysel Malkaç poliste değil" denmekte. Halbuki Aysel Malkaç'ın, İstanbul'da, *Özgür Gündem* gazetesinin önünden sivil polisler tarafından alındığı bilinmektedir. Genç bir kadın gazetecinin kaçırılması ve gözaltında yok edilmesi olayında da devlet basınının en ufak bir tepkisi olmamıştır. Aysel Malkaç'ın bulunması konusunda gerçekleştirilen eylemleri görmezden, duymazdan gelmişlerdir. Türk basın kurumlarının en küçük bir tepki geliştirmedikleri de yine gözlenen bir olaydır.

Özgür Gündem muhabirlerine devlet tarafından yapılan baskılar, saldırılar bunlardan ibaret değildir. 24 Şubat 1992'de Cengiz Altun, 8 Haziran 1992'de Çetin Abayay, 31 Temmuz 1992'de Yahya Orhan

---

*- *Özgür Gündem, 28 Ekim 1993*

devletin gizli güçleri tarafından katledildiler. Bunlar, *Özgür Gündem, Yeni Ülke, Welat* gazetelerinin Diyarbakır muhabiriydiler. Bunlar, kuşkusuz, basın özgürlüğünün devlet tarafından çiğnenmesinin somut göstergesiydiler. Fakat devlet basınının, başka bir ifadeyle "Mehmet-çik basını"nın bu olaylara ilişkin hiçbir tepkisinin olmadığı da bilinmektedir.

10 Ağustos 1992'de Hüseyin Deniz, 20 Eylül 1992'de Musa Anter, 18 Şubat 1993'te Kemal Kılıç katledildiler. Bu kişiler de, *Özgür Gündem, Yeni Ülke, Welat* gibi basın organlarında gazetecilik yapıyorlardı. Bu arada, 22 Şubat 1992'de katledilen *2000'e Doğru* dergisinin muhabiri Halit Güngen'i, 20 Kasım 1992'de katledilen *Gerçek* dergisinin muhabiri Namık Tarancı'yı da anmak gerekir. Bu kişiler de Diyarbakır'da çalışıyorlardı. 13 Mart 1993'te katledilen İhsan Karakuş Silvan'da gazetecilik yapıyordu. Devlet basınının bu olayların hiçbirinde tepki göstermediği, bilakis bu gazetecilerin katledilmesini teşvik ettiği, kışkırttığı yakından biliniyor. Türk basın kuruluşlarının, herhangi bir tepki oluşturmaktan uzak durdukları da gözleniyor.

Kürdistan'da gazetecilik yapmanın, gerçekleri yazmanın, muhalif bir gazeteci olmanın çok farklı bir boyutu daha var. *Özgür Gündem* gazetesinin Kürdistan'da dağıtımını engellemek için hukuk ve insanlık dışı olan her yola başvurulmuştur. *Özgür Gündem* gazetesini satmamaları için büfeler sık sık uyarılmıştır, büfe çalışanlarına günden güne artan baskılar yapılmıştır. *Özgür Gündem*'i kendi olanaklarıyla dağıtmaya çalışan yurtseverlere kurşun sıkılmıştır. Dağıtım yapmaya çalışanlar arabalarının içinde gazeteleriyle birlikte yakılmışlardır. *Özgür Gündem*'i satmaya devam eden gazete büfeleri, kurşunlanmış, yakılmıştır. Öteki gazetelerle birlikte *Özgür Gündem*'i de satan büfe sahipleri, büfelerinde gazeteleriyle birlikte yakılmışlardır. Devlet, Diyarbakır, Batman, Van gibi yörelerde, benzer bazı yöntemlerini sık sık uygulamıştır. *Özgür Gündem*'in dağıtımını ve okunmasını engellemek için her şey yapılmıştır. *Özgür Gündem* gazetesini satmaya, dağıtmaya çalışan 15-16 yaşlarındaki çocuklar satırlarla doğranmış, birkaçı kaçırılıp öldürülmüştür. Ve bunlar devletin güvenlik güçlerinin teşvikiyle gerçekleştirilmiştir. Devlet basını bu gibi olayları, görmezden, duymazdan, bilmezden gelmişlerdir. Devletin *Özgür Gündem* üzerindeki bu baskılarına karşı en ufak bir tepki göstermemişlerdir. İstanbul, Ankara, İzmir gibi yörelerdeki etkili basın kuruluşlarının bir tepkisi söz konusu değildir. Basın özgürlüğü böylesine devlet baskılarıyla ayaklar altına alınırken, gerek devlet basını, gerekse Türk basın kuruluşları hiç ses çıkarmıyor. Kaldı ki dağıtımı engellenen gazete, sadece *Özgür Gündem* de değildir. *Aydınlık* gazetesinin dağıtımı da pek çok yerde engellenmektedir.

Bütün bunların yanında, *Özgür Gündem* gazetesinin pek çok sayısı toplatılmıştır. *Özgür Gündem*'e açılan davaların sayısı "yüzlerce" sözcüğüyle ifade edilmektedir. Yazı işleri müdürleri tutuklanmıştır. *Özgür Gündem* gazetesinin sahibi ve Demokrasi Partisi Genel Başkanı Yaşar Kaya tutukludur. Bunlar, devlet basını tarafından ve Türk basın kuruluşları tarafından basın özgürlüğünü zedeleyen olaylar olarak değerlendirilmemektedir.

Böyle bir süreç yaşanırken PKK, 16 Ekim 193 tarhinde, devlet basınının Kürdistan'daki faaliyetlerini yasaklayan bir karar aldı. Günlük basının bürolarını kapatmalarını, faaliyetlerine son vermelerini istedi. PKK, iki gün sonra, yabancı basının da bu yasak kapsamına alındığını açıkladı. Bu yasak üzerine devlet basınının, Diyarbakır'da ve genel olarak Kürdistan'ın her yerinde dağıtımı durdu. Polisler gazete dağıtmaya, gazete satmaya başladılar. Olağanüstü Hal Bölge Valiliği gazetecilere koruma önerdi, gazetecilerin haberler için polis eşliğinde dolanmalarını istedi. Gazeteciler bu öneriyi kabul etmediler. Gazeteciler 19 Ekim 1993 tarihinde Diyarbakır'daki ve çevre illerdeki bürolarını kapattılar. 21 Ekim 1993 günü de, İstanbul, Ankara, İzmir gibi metropollerde etkili olan Türk basın kuruluşları ve Devlet Bakanı Yıldırım Aktuna dayanışma için Diyarbakır'a gitti ve döndü. Samsun, Konya, Bursa, Eskişehir gibi şehirlerdeki Türk basın kuruluşları da "Doğu"daki ve "Güneydoğu"daki gazatecilerle dayanışma için bildiriler yayınladılar. Diyarbakır'daki gazete çalışanları, basın kuruluşları yasağın ciddi olduğunu, yasağa uyacaklarını açıkladılar.

Türk basın kuruluşları ve devlet basını, PKK'yi basın özgürlüğünü çiğnemekle suçladılar. Devlet basını ve Türk basın kuruluşları, bölgede, gazetecilerin faaliyetini engellemekle, PKK'nin kendi bindiği dalı kestiğini açıkladılar. PKK'nin panik içinde olduğunu, gücünü kaybetmekte olduğu için bu yola başvurduğunu söylediler...

Aslında PKK'nin bu yasağının veya protestosunun devlet basınının faaliyetlerini, çalışmalarını engelleyici bir yönü yoktur. Çünkü devlet basını, Kürdistan'da cereyan eden olayları, ARGK gerillalarıyla Türk güvenlik güçleri arasındaki savaşın cereyan şeklini, hep Olağanüstü Hal Bölge Valiliği'nin yayımladığı bildirilere göre verdiler, bu bildirilerdeki haberlerin dşında hiçbir haber yayımlamadılar. Yakılan, yıkılan köylerden; evleriyle, eşyalarıyla birlikte yakılan insanlardan; faili meçhul denen fakat failleri tastaman belli olan cinayetlerden hiç söz etmediler. Bu cinayetleri, görmezden, duymazdan, bilmezden gelmek için özel bir çaba sarfetttiler. Kürtlerin, PKK önderliğinde yürütülen ulusal ve toplumsal kurtuluş mücadelesini, hep devletin istemleri doğrultusunda değerlendirdiler. Bu bakımdan PKK'nin eylemlerini yasaktan çok protesto olarak değerlendirmek daha doğrudur.

Hep devleti seslendirmiş, resmi gazete gibi çalışan bir basın için özgürlüğe gerek yok. Özgürlük muhalefet için gereklidir.

Devlet basını, Bosna-Hersek'teki "Sırp zulmü"nü fotoğraflarla, görüntüler eşliğinde vermek için çok büyük bir çaba harcıyor, fakat bu tür zulümleri çok daha ağır bir biçimde yaşayan Kürdistan'dan, yakılan, yıkılan köylerden, evlerinde, eşyalarıyla, hayvanlarıyla birlikte yakılan insanlardan hiçbir görüntüye rastlanmıyor.

Benzer nedenlerden dolayı PKK'nin Türk basınına koyduğu yasağın, basın haber kaynaklarına ulaşma, güvenlik güçleriyle gerillalar arasındaki mücadeleyi izleme açısından yaratacağı bir engel yoktur. Olağanüstü Hal Bölge Valiliği'nin bildirisini alıp gazeteye ulaştırmak, sadece bunu yapmak gazetecilik de değildir. *Özgür Gündem*'e yapılan baskıları görmezden gelen, muhabirler kaçırılıp öldürülürken, gazete satmaya çalışan çocuklar satırlarla doğranırken basın özgürlüğünü hatırlamayan devlet basınının ve Türk basın kuruluşlarının, PKK'nin "Kürdistan'dan çekiliniz" direktifi karşısında, bu ilkeyi hatırlaması inandırıcı değildir. Halbuki sürecin çok daha önemli bir anlamı vardır. Bu, PKK'nin bölgede yaygınlaşmasını, kökleşmesini, iktidar sahibi olamasını, sözü dinlenir bir otorite olmasını gösteren bir süreçtir.

"TÜRK YAZARLARI..."(*)

10-15 yıl öncesine kadar "Türk yazarı", "Türk şairi" "Türk sanatçısı" denildiği zaman, bu deyimler, sözcükler etrafında önemli bir tartışma olmazdı. Falan Türk değildir, Kürt kökenlidir, vs. denmezdi. Örneğin, "Abdullah Cevdet bir Türk düşünürüdür", "Saidi Nursi bir Türk din adamıdır" dendiği zaman herhangi bir itiraz, tartışma söz konusu olmazdı. Bugün, Yaşar Kemal, Ahmet Arif, Cemal Süreya, Yılmaz Güney gibi yazarlar, şairler, sanatçılardan söz açıldığı zaman bazı itirazlar, tartışmalar olabiliyor.

Bu, etnik köken ile kullanılan dil, bütünleşilen ve yaşanan kültür arasındaki çelişkiden, uygunsuzluktan ortaya çıkan bir sonuç oluyor. Türk kökenli olup Türkçe yazanlarla Kürt kökenli olup Türkçe yazanların durumları belirginlik kazanıyor. Daha çok, Kürt kökenli olup, Türk diliyle yazanların, Türk kültürüyle bütünleşenlerin, Türk kültürünü yaşayıp Kürt toplumu olma özelliklerine yabancılaşanların durumları tartışma konusu ediliyor. Bu yazarların ve şairlerin eserlerinin hangi edebiyat çerçevesinde değerlendirileceği tartışılıyor. Bu yazarları ve eserlerini, Türk edebiyatı içinde mi, yoksa Kürt edebiyatı içinde mi ele almak gereği üzerinde duruluyor...

Aslında konunun, bu tartışmalardan çok daha önemli olan, çok daha temelde duran bir yanı vardır. Konunun Türk egemenlik sistemiyle, asimilasyon süreciyle, asimilasyonu meşru kılacak düşünce açıklamalarıyla çok yakın ilişkisi olan bir yönü vardır. Asimilasyonun, Kürt sorunu söz konusu olduğu zaman, çok önemli olan, vazgeçilmez olan bir devlet politikası olduğu bilinmektedir. Ve Kürtlerin asimilasyonunu gerçekleştirmek için her türlü önlemin alınması ve yürürlüğe konulması mübah sayılmaktadır. Asimilasyonun amacı kısaca Kürt

---

*- *Yeni İnsan, 20 Kasım 1993*

kimliğini silmek, Kürt insanlarını Türk kimliği içinde yetiştirmek olarak anlaşılabilir. Burada dilin birinci planda önemli olduğu açıktır. Kürt dilinin unutturulması, Türk dilinin egemen kılınması, Kürt folklor ürünlerinin gasp edilip Türk folkloruna mal edilmesi temel bir amaçtır. Bu süreçte, örneğin, bir taraftan Kürtçe yasaklanmış, bir taraftan da Kürtlerin varlığı inkâr edilmiştir, bir taraftan da Kürt diline, Kürt tarihine, Kürt kültürüne ilişkin bütün ürünler bütün izler yok edilmeye çalışılmıştır.

Bütün bunlardan dolayı "Türk yazarlar" sorununu, kendi öz kimliğine yabancılaşan, kendi öz kimliğine yabancılaştığı ölçüde egemen ulusun, egemen dilin ve kültürün bir değeri haline gelen yazarlar sorunu olarak ele almak ve değerlendirmek gerekir. Kendi öz kimliğine, ulusal kimliğine yabancılaşma nasıl gerçekleşmektedir? Egemen ideoloji açısından yabancılaşmanın anlamı nedir? Yazarların, sanatçıların kendi öz kimliklerine yabancılaşması, egemen dili ve kültürü benimsemeleri, bu dilde ürünler üretmeleri, asimilasyon politikası açısından neyi ifade etmektedir? Bu sorunların, benzer soruların biraz kurcalanması gerekmektedir.

Kürtlerde ulusal bilincin gelişmediği ulusal ve toplumsal mücadelenin çok cılız bir şekilde sürdüğü, kitlelerle organik bağlar kuramadığı dönemlerde, Kürt kökenli olan, fakat Türkçe yazan, Türk siyasal, toplumsal ve kültürel değerleriyle bütünleşen yazarlar sorunu veya buna benzer bir sorun kamuoyunun bilincine çarpmamaktadır. İnsanlar, kültür ve sanat kurumları, bu tür sorunlarla meşgul olmamaktadır. Bu, bir ihtiyaç olarak kendisini hissettirmemektedir. Örneğin, Kürt kökenli bir yazarın veya şairin eserlerinin "Türk Şairleri Dizisi" içinde veya "Çağdaş Türk Edebiyatı" dizisi içinde yayınlanması, insanların bilincine çarpan konular olmamaktadır. Fakat ulusal bilinç yükseldikçe, ulusal ve toplumsal kurtuluş mücadelesi yaygınlık kazandıkça, derinleştikçe, herhangi bir yazarın etnik kökeni, yazdıklarıyla kime hizmet ettiği, Türk yazarı mı, "Kürt yazarı mı" olduğu gibi konular konuşulmaya ve tartışılmaya başlanmaktadır.

İşte, bu süreçte, Türk etnik kökeninden gelmeyen, örneğin, Kürt kökenli olan, fakat hep Türk diliyle yazan, Türk kültürüyle bütünleşen yazarların yapıp ettikleri, insanların bilincine çarpmaktadır.

Bu, kişilerle ilgili küçük bir inceleme yapıldığı zaman, aslında bunların kendi toplumunun değerlerine, ulusal kimliğine yabancılaştıkları da görülmektedir. Bunun belirli bir süreç içinde ele alındığı açıktır. Kendi özüne yabancılaşma sürecinde egemen ulusun, egemen dilin ve kültürün bir değeri haline geldiği de gözlenmektedir. Resmi ideolojinin böyle bir süreçten yararlanmaması, bunları resmi ideolojinin düşüncesi ve eylemi doğrultusunda değerlendirmemesi düşünülemez.

Resmi ideoloji Kürt olarak bilinen bir ulusun, Kürtçe diye bilinen bir dilin varlığını kabul etmemektedir. Bu söylemde ulusal ve toplumsal mücadele sürecinde oluşan fiili kazanımlarla elbette bir değişme olmuştur. Fakat resmi ideoloji, Kürtlere, Türk olmaktan başka, Türkleşmekten başka hiçbir yol olmadığını anlatmaya çalışmaktadır. "Kürt ulusal hakları", "Kürtlerin ulusal ve demokratik hakları" gibi söylemlerin hayal mahsulü olduğunu vurgulamaktadır. Bunların gerçeklik kazanmaları imkânsız hayal mahsulü düşünceler olduğunu da belirtmektedir. Kürtlere, "Eğer yaşamak istiyorsanız, Türk olmaktan, Türkleşmekten başka yol yoktur, bunu iyice bilin, kafanıza sokun..." denmektedir. Bunun ırkçı bir dayatma olduğu açıktır. Bu ırkçı dayatmaları haklı göstermek için temel özelliği yine ırkçı olan ideolojik açıklamalar da yapılmaktadır. "Kürtçe ilkel bir dildir. Dil bile değildir, mahalli bir ağızdır. Bu ilkel dille bilim, felsefe yapılamaz. Doğulular böylesine ilkel bir dille medeniyete açılamaz, çağdaş uygarlıkla bütünleşemez. Onun için Doğulular bu ilkel ağızı unutmalı, Türkçe öğrenmeli, çocuklarına Türkçe öğretmelidir. Medeniyete açılma, çağdaş uygarlıkla bütünleşme ancak böyle olur..."

Bu noktada, kendi kimliğine yabancılaşarak, egemen ulusun, egemen dilin ve egemen kültürün bir değeri haline gelen yazarlar da resmi ideoloji için önemli bir delil olmaktadır. Örneğin, Türk basını, Türk yazarları, Kürt deyince bu gibi isimleri hatırlamakta, bunların da eserlerini ancak Türkçe yazabildiklerini vurgulamaktdırlar. "Çünkü Kürtçe denen dil ilkel bir dildir, bir ağızdır, bu ilkel ağızla, roman, hikaye yazılamaz..." demektedirler. Resmi ideoloji, Kürt denildiği zaman bu tür kişileri, yazarları ön plana çıkarmakta, Türk kültürüyle, Türk değerleriyle bütünleşerek Türkçe konuşarak ve yazarak kendini maddi ve manevi olarak geliştirebildiklerini belirtmektedir.

Kendi öz kimliğine yabancılaşarak egemen ulusun, egemen dilin, kültürün bir değeri haline gelme sürecinden resmi ideoloji istifade ettiği kadar, ilgili yazarlar da istifade etmektedir. Bu yazarlar, Kürtler konusunun, devlet tarafından çok hassas bir konu olarak değerlendirildiğini bilmektedirler. Bu konularda, devleti rahatsız edecek, devleti zor durumda bırakacak yazılar yazmamaya, açıklamalar yapmamaya özen göstermektedirler. Bu da onların devlet katındaki itibarlarını daha da arttırmaktadır.

Yukarıda, ulusal bilincin gelişmediği bir dönemden söz etmeye çalıştık. Ulusal bilincin gelişmediği, ulusal ve toplumsal mücadelenin kitlelerde önemli yankılar bulmadığı dönemler, toplumsal kontrol mekanizmalarının da sağlıklı bir şekilde işlemediği dönemlerdir. Siyasal meşruiyetin bilince çıkmadığı dönemlerdir. Halbuki günümüzde ulusal bilinç yükselmiş, kitleler, ulusal ve toplumsal mücadeleye kanalize olmuş, siyasal meşruiyet anlayışı kökten değişmiş, toplumsal kontrol mekanizmaları dinamik bir şekilde çalışmaktadır.

Kendi kimliğine yabancılaşma ve egemen ulusun değeri haline gelme sürecinde bir konu daha dikkat çekmektedir. Kendi diline yabancılaşan yazarlar, şairler, içinden çıktıkları toplumun bazı değerlerini, özellikle sözlü folklor ürünlerini de egemen dile, egemen kültüre taşımaktadırlar. Ve bunlar, artık egemen dile, egemen kültüre mal edilmektedir.

Bunu kültürlerarası, halklararası bir etkileşim olarak değerlendirmemek gerekir. Kültürlerin, dillerin birbirlerini etkilemelerinden, ancak halkların birbirleriyle eşit olduğu, kendi geleceklerini belirledikleri, kendi tarihlerini yaşadıkları zaman söz konusu edilebilir. Halbuki Kürtler dilleriyle, kültürleriyle yok edilmek, asimile edilip eritilmek istenen bir ulustur. Bunu gerçekleştirmek için her yol mübah sayılıyor. Halklar arasında siyasal eşitlik bulunmadığı zaman, etkileşimin egemen dil ve kültür lehine olduğu açıktır. Bu sürecin demokratik hiçbir özü yoktur. Tam anlamıyla ırkçı ve sömürgeci bir politikanın göstergesidir. İşte böyle bir ortamda, "Türk yazarlar", "Türk Şairler", Kürtlerin sözlü edebiyatını, folklor değerlerini alıyorlar, Türk diliyle ifade ediyorlar ve bunları, Türk diline, Türk kültürüne mal ediyorlar... Böylece asimilasyon sürecine de katkı sunmuş oluyorlar. Kendi diline yabancılaşma, Kürt toplumu olma özelliklerine yabancılaşma, Kürt değerlerinin egemen dile, kültüre taşınmasına engel olmuyor.

Halbuki bunlar, Kürt değerlerinin gasp edilmesinden başka bir şey değildir. Bunun Kürt kökenli olan yazarlar, şairler, ses sanatçıları vs. tarafından gerçekleştirilmiş olması resmi ideolojiye daha büyük bir güç kazandırmaktadır. Kürt şarkılarının, ezgilerinin Türkçe sözlerle ifade edilmesi, Türkleştirilmesi ancak gasp kavramıyla açıklanabilir.

* * *

Yaşar Kemal gibi yazarların durumunu bu çerçeve içinde ele almak gerekir. Bunun için örneğin, Bosna-Hersek'te ve Kürdistan'da cereyan eden olayları ve bu olaylar karşısında sözü edilen yazarların nasıl tutum ve davranış sergilediğini incelemekte yarar vardır. *Oslobodenje*, Bosna-Hersek'te yayınlanan bir gazete. Sırp saldırıları sonucunda yakılmış, yıkılmış, yayını sürdürme olanakları güçleşmiş... Yaşar Kemal, "*Oslobodenje* Çalışanları, Dostlarım" başlıklı yazısında, gazete çalışanlarıyla dayanışma duygularını dile getiriyor. (*Milliyet*, 5 Nisan 1993)

Bu, çok doğal bir duygudur. Fakat şunu da düşünmek gerekir. Baskıya ve zulme uğrayanlar sadece Bosna-Hersek'te yayınlanan gazeteler mi? 1992 yılında *Özgür Gündem* gazetesine çok ağır baskılar yapılmıştır. Gazetenin dağıtımını engellemek için arabalar yakılmış, gazetenin satışının yapıldığı büfeler imha edilmiş, büfelerde çalışanlar öldürülmüştür. Bazıları büfeleriyle birlikte yakılmıştır. 15 civarında

Kürt gazeteci öldürülmüştür. Bütün bunların devlet güçleri tarafından gerçekleştirildiği bilinmektedir. Kürdistan'daki zulmün, işkencenin Bosna-Hersek'le kıyaslanamayacak kadar ağır olduğu da bilinmektedir. Köylerin yakılması, yıkılması, insanların, evlerini köylerini terke zorlanmaları, her gün yaşanan, sık sık yaşanan olaylardır. Örneğin, Bosna-Hersek'te, Birleşmiş Milletler'in de denetimiyle savaş uçakları kullanılamıyor, Kürdistan'daysa savaş uçakları, kobralar, süper kobralar en etkin şekilde kullanılıyor. Yaşar Kemal'in romanlarındaki kahramanlar devletten kaynaklanan bu haksızlıklara hep karşı çıkıyorlar, onlarla mücadele ediyorlar, fakat Yaşar Kemal'in, kendisinin, Kürdistan'daki zulme tavır aldığı hiç görülmüyor. Bu haksızlıklar karşısında Yaşar Kemal neden sesini yükseltmiyor acaba? Kürdistan'da gittikçe artan, gün geçtikçe boyutlanan ırkçı ve sömürgeci zulüm karşısında "Türk yazarları..."nın sesleri çıkıyor mu?

Kaldi ki Bosna-Hersek'teki iç savaş, sınırların yeniden çizilmesini amaçlamaktadır. Sırplar, Hırvatlar yanında, Müslüman Boşnaklar gerçeği de vardır. Savaşın amacı, bu gerçeği yok etmek değildir, sınırları yeniden çizmektir. Türk sömürge yönetiminin Kürdistan'daki amacıysa diliyle, kültürüyle tarihiyle, Kürt ulusunu tamamen yok etmektir.

Bütün bu gerçekler karşısında "Türk yazarları", başka bir ülkede cereyan eden olaylarda, baskıya uğrayanların yanında tavır koyabiliyorlar. Baskıyı ve zulmü yapan yönetimleri eleştirebiliyorlar. Fakat kendi devletlerinin gerçekleştirdiği baskıları da çoğu zaman görmezden, duymazdan geliyorlar, bu zulme karşı tavır almıyorlar. İnsanların, kimlerle dayanışma yapıp yapmayacakları, ne yazacakları ne yazmayacakları elbette kendileriyle ilgili bir olaydır. Yazarları neden falanca konuya eğilmiyorsunuz diye eleştirmek de doğru değildir. Fakat yazarların, çeşitli olaylar karşısında sergiledikleri çifte standartlı tutum ve davranışlar ilgiyle izlenir olmuştur. Buna açıklık getirmeye çalışıyoruz. Kaldı ki çifte standartlı olmak, aydın niteliğiyle, evrensel ölçütlerle bağdaşmaz.

Devletin değerleriyle bütünleşme söz konusu olduğu zaman

çelişkili, çifte standartlı tavır ve davranışlar da kaçınılmaz oluyor. Devletin değerleriyle bütünleşme. Kanımca bu, önemli bir kavram, Türk aydınının temel özelliği...

Kendi toplumuna, ana diline ve kültürüne yabancılaşma, egemen ulusun, egemen dilin ve kültürün bir değeri haline gelme, kuşkusuz sadece yazarlarla ilgili bir olay değildir. İbrahim Tatlıses, İzzet Altınmeşe, Burhan Çaçan gibi bazı ses sanatçılarının durumları da bu çerçevede ele alınabilir.

"Türk yazarları", "Türk sanatçıları" bu çelişkilerinin gündeme getirilmesini istemezler, çelişkilerin deşifre edilmesine şiddetle tepki gösterirler. Ankara'da 21-22 Mayıs tarihleri arasında, Edebiyatçılar Derneği tarafından düzenlenen "Yaşar Kemal Günleri"nde, Yurt Kitap-Yayın Sahibi Ünsal Öztürk'ün Yaşar Kemal'e sorduğu soru, bunu bir kere daha göstermiştir.

KİTAP ÜZERİNDEKİ GÖLGE(*)

Kitap sözcüğü, her şeyden önce "düşünce" ve "özgürlük" kavramlarını çağrıştırır. İnsanlık, bilgi birikimini kitaplarla korur, kitaplarla geliştirir. Egemen düzenler, her zaman kendilerini yasaklarla korurlar, yasaklar koyarak, yasakları cezaî yaptırımlarla koruyarak kendilerinin eleştirilmesine engel olurlar. Yasaklar her zaman keyfidir, kamu vicdanınca eleştirilmekte, kabul edilmemektedir. Düşünceyi açıklama, yeni bir şeyler yaratma, yasaklarla engellenir. İnsanlığın bilgi birikimi bu yasakları eleştirerek, aşarak büyümüştür, çoğalmıştır. Bu uğurda, çok ağır bir bedelin ödendiği bilinmektedir.

Demokratik olmayan devletler, her zaman bir resmi ideolojiye ihtiyaç duymuşlardır. Resmi ideoloji, insanlara, hangi konuları düşünmemeleri gerektiğini bildirmektedir, bazı konuların nasıl düşünüleceği hususunda direktifler vermektedir. Hangi konuların yasak kapsamına girdiğini, hangi konuların girmediğini resmi ideoloji saptamaktadır. Aydınların, halkın, resmi ideoloji doğrultusunda düşünmeleri, buna göre tavır ve davranış sergilemeleri için her türlü önlem alınır. Bu amacı gerçekleştirmek için etkili bir ceza sistemi de uygulanmaktadır. Bilimsel düşüncenin, sanatın ve kültürün gelişmesini engelleyen en önemli engellerden biri resmi ideolojidir. Resmi ideolojinin etkili bir kurum olarak çalıştığı toplumlarda özgürlükler gelişip kökleşemez, özgürlükleri boğmak, işlemez hale getirmek, bu kurumun temel işlevi ve amacı olarak belirmektedir.

Resmi ideoloji bazen devletin dışındaki kurumlar tarafından, sivil toplum kurumları tarafından da savunulmaktadır. Bu, resmi ideolojinin kurumlaşmasıyla, toplumda önemli bir işleve sahip olmasıyla ilgili bir durumdur. Fakat sivil toplum kurumlarının resmi ideolojiye sahip çıkmaları, coşkulu bir tavır sergilemeleri özgürlüklerin geleceği açısından çok tehlikeli bir oluşumdur.

12. TÜYAP KİTAP FUARI yöneticilerinin düşünceleri, tutumları

---

*- *Özgür Gündem, 4 Kasım 1993*

irdelenmesi gereken bir olaydır. 12. TÜYAP KİTAP FUARI yöneticileri, Ağustos ayı ortalarında, Yurt Kitap-Yayın'a bir taahhütname göndermişlerdir. Bu taahhütnamenin Yurt Kitap-Yayın'dan yetkili bir kişi tarafından imzalanıp gönderilmesini istemektedir. Bu taahhütname şöyledir.

"TAAHHÜTNAME

TÜYAP FUAR PAZARLAMA A.Ş. tarafından 6-14 Kasım 1993 tarihleri arasında İstanbul Tepebaşı Sergi Sarayı'nda düzenlenecek olan 12. Kitap Fuarı süresince mahkeme kararı ile yasaklanmış kitapların standda bulundurulmayacağını, aksi takdirde stand sözleşmesinin iptal edilip, standın kapatılacağını ve stand ücretinin tarafımızca ödeneceğini kabul ve taahhüt ederiz.

Tarih:

Firma:

Yetkili Kişi:

İmza ve Kaşe:"

Taahhütnamede belirtilenlerin bir direktif olduğu besbellidir. TÜYAP KİTAP FUARI yöneticileri, sadece "yasak kitaplar"ın satılamayacağını değil, standda, bu kitapların bulundurulamayacağını da, bunların standda teşhir edilemeyeceğini de buyurmaktadırlar.

TÜYAP KİTAP FUARI yöneticileri, bu düşünceleri ve tutumlarıyla, devletin düşünceye uyguladığı baskılara, kitap yasaklamalarına aynen katıldıklarını göstermiş olmaktadırlar. Bir sivil toplum kuruluşu olan Kitap Fuarı'nın böylesine bir baskıyı seslendirmesi, baskıya aracılık etmesi, ortak olması, demokrasi adına, fikir özgürlüğü adına büyük bir ayıptır.

TÜYAP KİTAP FUARI yöneticileri, daha sonraki konuşmalarında, bu taahhütnameyi 210 yayınevi içinde sadece Yurt Kitap-Yayın'a gönderdiklerini söylemişlerdir. Olayın bu boyutunun da üzerinde durulması gerekir. Bu noktada, yine devletin kitap yasaklamasıyla ilgili bir politikasına değinmekte yarar var. Devlet, kitaplara, dergilere sık

sık yasaklar getiriyor. Fakat bu yasaklardan söz edilmesini, yasakların teşhir edilmesini istemiyor. Devletin işkenceye ilişkin politikaları da böyledir. İşkence vazgeçilmez bir devlet politikasıdır, sistematik bir şekilde uygulanan sorgu yöntemidir, fakat işkencenin anlatılması, teşhir edilmesi yasaktır. Devlet, işkenceyi anlatanlara, devleti küçük düşürdükleri iddiasıyla yeni yeni davalar açmaktadır. 1992 Kitap Fuarı'nda Yurt Kitap-Yayın'ın, yayınevinin yayımladığı ve devlet tarafından yasaklanan, haklarında davalar açılan birtakım kitapları zincire vurup teşhir etmesi, devleti ve fuar yöneticilerini epeyce rahatsız etmiştir. Fuar yöneticileri benzer bir olayın bu seneki fuarda da gerçekleşebileceğini düşünerek önlem almaya gayret etmektedir.

Taahhütname, Yurt Kitap-Yayın tarafından kabul edilmemiştir. Yurt Kitap-Yayın, taahhütnamenin düşünce özgürlüğüne aykırı olan içeriğine vurgu yaparak, bu yılki TÜYAP KİTAP FUARI'ndan çekilmiştir. 21 Ağustos 1993 tarihini taşıyan bir mektup fuar yöneticilerine gönderilmiştir. Yurt Kitap-Yayın'ın bu yılki TÜYAP KİTAP FUARI'ndan çekilmesi üzerine, basında, fuarla ilgili bazı tartışmalar gelişmiştir. Bu tartışmalar üzerine TÜYAP KİTAP FUARI yöneticileriyle bazı yayınevlerinin yöneticileri arasında bir toplantı yapılmıştır. Bu toplantıda fuar yöneticisi, Yurt Kitap-Yayın'ı ve yazarlarını suçlayan, aşağılayan bir konuşma yapmıştır. Bu suçlamaları yaparken, toplantıya Yurt Kitap-Yayın yöneticisi Ünsal Öztürk'ün de katılmış olduğunun bilincinde değildir. Yurt Kitap-Yayın yöneticisi Ünsal Öztürk suçlamalara ve aşağılamalara gerekli cevabı verdikten sonra TÜYAP KİTAP FUARI yöneticilerinin Yurt Kitap-Yayın'a ve yazarlarına ilişkin düşünceleri ve tutumu da değişmiştir. Bu sefer, ilk söyledikleriyle tamamen zıt olan olumlu şeyler söylemiştir. Tartışmalar sürecinde, fuar yöneticileri tarafından taahhütnamenin geri alınabileceği, fuar sürecinde, Yurt Kitap-Yayın'a bazı olanaklar sağlanabileceği belirtilmişse de, Yurt Kitap-Yayın, fuardan çekilme kararını değiştirmemiştir. Zira taahhütnamenin geri çekilebileceği değil, gönderilebilmiş olması önemlidir. Buysa, kitap fuarı üzerinde bir gölge, bir leke oluşturmaktadır.

TÜYAP KİTAP FUARI yöneticilerinin Yurt Kitap-Yayın ve

yazarları hakkında çok büyük bir çelişki içinde olduğu, TÜYAP tarafından hazırlanan "11. İstanbul Kitap Fuarı, Araştırma Özet Sonuçları ve Basında Kitap Fuarı" isimli çalışmadan da belli olmaktadır. Gazetelerden derlenen haberlerin ve yorumların önemli bir kısmı Yurt Kitap-Yayın'ın düşünce yasağına karşı geliştirdiği tutumla ilgilidir, olumlu yazılardır.

Devlet, TÜYAP KİTAP FUARI yöneticilerinden bazı yayınevlerine baskı yapılmasını, onların, "yasak kitaplar"ını teşhir etmelerini engellemesini istemiş olabilir. Devletin bu direktifine uymak TÜYAP KİTAP FUARI'na çok şey kaybettirmiştir. Halbuki bu direktif doğrultusunda çaba sarfetmek fuar yöneticilerinin görevi değildir. Direktife uymamak, fuar yöneticilerine onur kazandırırdı. Fuar yöneticileri, bir polis gücü gibi hareket etmişlerdir. Devletin kitap yasaklamalarını meşru görmüşlerdir, bu direktifler doğrultusunda aktif bir çaba sarf etmişlerdir. Bu, Kitap Fuarı'nın uyandırmaya çalıştığı imgeye son derece aykırı bir durumdur. Kitap Fuarı, insan zihninde, özgürlük gibi, baskıya karşı mücadele gibi imgeler uyandırmaktadır.

Devletin düşünce üzerindeki baskılarıyla, kitap yasaklamalarıyla bütünleşen, düşünce özgürlüğüne karşı tavır ve davranış sergileyen TÜYAP KİTAP FUARI'nın "Yılın Yazarı", "Kitap Fuarının Onur Yazarı" gibi seçimler yapması çok yanlıştır. Özgürlüklere karşı böylesine tutum sergileyen, düşünce özgürlüğünü hiçe sayan TÜYAP KİTAP FUARI'nın bu tür seçimleri hiçbir yazara onur vermez. TÜYAP KİTAP FUARI'nın özgürlüklere karşı olan bu tutumu, geçmiş yıllarda verdiği benzer ödüllere de gölge düşürmüştür.

Kürtler söz konusu olduğu zaman Türk aydınının, genel olarak düşünce özgürlüğüne karşı olduğu bilinen bir gerçektir. Son yıllarda, bu genel doğruyu çürüten önemli bir süreç de yaşanmaktadır, buna rağmen ana düşünce, ana tutum ve davranış yine bu doğrultudadır. Örneğin, Prof. İlhan Arsel'in bir kitabı toplansa, Türk aydınının buna karşı tepkisi çok büyüktür, fakat Kürtlerle ilgili bir kitabın toplatılması görmezden, duymazdan, bilmezden gelinebilmektedir. TÜYAP KİTAP FUARI yöneticilerinin düşüncelerini ve tutumlarını da bu çerçeve içinde değerlendirmek gerekir.

ÖZGÜR GÜNDEM'İN İŞLEVİ(*)

Başbakan Tansu Çiller, son günlerde yaptığı konuşmalarda, PKK'nin, Kürdistan'da, Türk basınına getirdiği yasaklamalara ve Türk basınının bölgeden çekilmesi konusuna önemli bir vurgulama yapıyor. Örneğin, 4 Kasım 1993 günü İstanbul'da yaptığı basın toplantısında, 5 Kasım günü de İzmir'de Ticaret ve Sanayi Odalarında yaptığı konuşmada bu konuya büyük bir ağırlık vermiştir. Başbakan Tansu Çiller, PKK'nin Türk basınına getirdiği direktifi şöyle yorumlamaktadır: "...PKK cinayet işlemektedir, çoluk-çocuk öldürmektedir, kadın-çocuk demeden, genç-ihtiyar demeden, herkesi öldürmektedir, öldürmekten başka da hiçbir şey yapmamaktadır. İşte PKK, basını Ora'dan kovarak, Ora'da çalışmasına izin vermeyerek, cinayetlerinin, Türk kamuoyuna ve dünya kamuoyuna ulaşmasına engel olmaktadır..." Başbakan Tansu Çiller, basının, PKK'nin direktifine uymasını ve Kür-distan'daki bürolarını kapatmasını, bölgeden çekilmesini ise hiç irdelememektedir.

Başbakan'ın olayı kavrayışı ve anlayışı son derece yanlıştır. Çünkü Türk basını, örneğin, ARGK gerillalarıyla Türk güvenlik güçleri arasındaki mücadeleyi, korucuların, özel timlerin, polisin, jandarmanın ve ordunun operasyonlarını hiçbir zaman kendi incelemeleri ve araştırmaları doğrultusunda vermediler. Türk basını, Kürdistan'da hiçbir zaman haber peşinde, fotoğraf peşinde koşmadı. Haberler, fotoğraflar, kendisine, her zaman Olağanüstü Hal Bölge Valiliği tarafından verildi. Türk basını Kürdistan'daki büroları aracılığıyla, İstanbul'daki veya Ankara'daki merkezlerine hep Olağanüstü Hal Bölge Valiliği'nin istediği haberleri ve fotoğrafları geçti. PKK ile Türk Devleti arasındaki mücadeleyi, hep Olağanüstü Hal Bölge Valiliği'nin gözlükleriyle

---

*- *Özgür Gündem, 11 Kasım 1993*

verdi. Bu tür bir faaliyetin gazetecilik olmadığı açıktır. Bu bakımdan PKK'nin, Türk basınına getirdiği direktifi, yasaklamadan çok protesto olarak kavramak daha doğrudur kanısındayım. "Mehmetçik gazeteci" olma tavrına protesto, Türk güvenlik güçlerinin Kürt halkına karşı giriştiği katliamı görmezden gelen tavrına karşı protesto...

Halbuki sürecin çok daha önemli bir anlamı vardır. Süreç, PKK'nin Kürdistan'da yaygınlaştığını, kök saldığını, egemen duruma gelmeye başladığını göstermektedir.

Başbakan Tansu Çiller'in diüşüncelerinin zıt anlamından şöyle bir sonuç çıkarılabilir. Bu sonuç bize *Özgür Gündem* gazetesine yapılan baskıları düşündürmektedir. Başbakan'ın düşüncesine göre Kürdistan'da, Türk güvenlik kuvvetlerinin, Kürt halkına karşı giriştiği katliamların Kürt, Türk ve dünya kamuoyunun bilincine ulaşmasını önlemek için bunları duyurmaya çalışan gazetelere her türlü baskı yapılmalıdır. Yukarıda, Türk basınının Genelkurmay direktifi doğrultusunda çalıştığını, Olağanüstü Hal Bölge Valiliği'nin bildirilerini merkezlerine ulaştırmaktan başka bir iş yapmadıklarını belirtmiştik. Halbuki Kürdistan'da, her gün köyler yıkılıyor, yakılıyor, insanlar kitleler halinde gözaltına alınıyor, gözaltındaki insanlar kaybediliyor... Biz bunları genel olarak *Özgür Gündem* gazetesinden öğreniyoruz.

Evler içindeki eşyalarla birlikte yakılıyor, evler içindeki insanlarla birlikte yakılıyor... Ailelerin, evleri, yiyecek, giyecek ve yakacak malzemeleri yakılıyor, yok ediliyor, heder ediliyor... İnsanlar, aileler mağdur edilerek yerlerinden, yurtlarından göçertilmeye çalışılıyor... Kürt halkına karşı sistematik olarak girişilen bu tür devlet operasyonlarının Türk basını tarafından hiç haber yapılmadığı, görüntü, fotoğraf verilmediği yakından biliniyor. Biz bunları, ancak *Özgür Gündem* gazetesinden öğrenebiliyoruz.

Özgür Gündem gazetesinden öğrenebildiğimiz başka şeyler de var. Örneğin, işkence, Kürdistan'da sistematik olarak uygulanan bir devlet politikasıdır. İşkence, sadece sorgu yöntemi olarak uygulanmamaktadır, öç alma yöntemi olarak da uygulanmaktadır. Gözaltına alınan ve gözaltında gördüğü işkence sonucu öldürülen pek çok Kürt yurtseveri vardır. Kürt yurtseverleri kaçırılmakta ve öldürülmekte, cesedi, birkaç gün sonra şehirlerin, kasabaların, köylerin giriş yollarına atılmaktadır. Batman, Silvan, Diyarbakır, Nusaybin, Kızıltepe gibi yerlerde, "faili meçhul" denen cinayetlerin sayısı bini aşmıştır. Bu cinayetler daha çok Kürt yurtseverlerine yöneliktir. Cinayetler hakkındaki etraflı bilgileri, örneğin, oluş şekillerini, görgü tanıklarının ifadelerini yine *Özgür Gündem* gazetesinden öğrenebiliyoruz.

Başbakan Tansu Çiller'in PKK'yi anlatırken görmezden geldiği, bilmekten, anlatmaktan ısrarla kaçındığı bir nokta daha var. Kürtler ne istiyor, PKK ne istiyor? PKK'ye kimler katılıyor? PKK'ye katılanların yaş ortalaması nedir? Kürt toplumunun daha çok hangi kesimleri ulusal ve toplumsal kurtuluş mücadelesine, PKK'ye ilgi duyuyor? ARGK saflarında kimler mücadele veriyor? ARGK'ye katılan kadınların oranı nedir? Binlerce şehit var. Giyim-kuşam, konaklama, kamp, barınak olanaklarının her zaman elverişli olmadığı biliniyor. Büyük ve yoğun bir özveriyle, fedakârlıkla ve vefakâralıkla yürüyen bir mücadele... Bunlara rağmen binlerce katılım var. Kürtlerin yanında başka uluslardan devrimciler de bu mücadeleye destek veriyor. Türk, Arap, Azeri, Fars, Ermeni, Alman, İtalyan, İngiliz... vs. Bu coşkunun, bu inancın, bu güvenin kaynağı nedir? Ulusal ve toplumsal kurtuluş mücadelesinin Kürt halk yığınlarındaki etkisi nedir? Kürt kadını, bu mücadele içinde nasıl yer alabilmiştir? Bu son nokta bile Kürt toplumunun hızlı bir dönüşüm içinde olduğunu göstermektedir. PKK'nin düşüncesi ve eylemi Kürt toplumunu derinden sarsmıştır. Bu, Türk toplumunun, Türk devlet ve hükümet yapısının, Türk siyasal hayatının, Türk egemenlik sisteminin sarsılması anlamına da gelmektedir. Başbakan Tansu Çiller bunları anlatmaktan özenle kaçınmaktadır. Türk basını da bu tür konulara hiç eğilmemektedir. Böylece ne Başbakan, ne Türk basını "cinayet örgütü PKK" diyerek, sadece bunu söyleyerek ve bundan başka hiçbir şey söylemeyerek "düşman"ı da iyi tanımamış olmaktadır. Halbuki hasmını, hasmının gücünü, özlemini, beklentisini, politikasını iyi tanımak savaşın önemli bir kuralıdır. Biz yukarıdaki soruların, benzer soruların karşılıklarını da ancak *Özgür Gündem* gazetesinde, benzer yayın organlarında bulabiliyoruz.

Devlet ve hükümet ise bu tür yazıların yayınlanmasını, Kürtlere karşı sürdürülen devlet operasyonları hakkında haber, görüntü, fotoğraf sızdırılmasını hiç istememektedir. Bu bakımdan, bunları haber yapmaya çalışan *Özgür Gündem*'e karşı çok yoğun bir baskı uygulamaktadır. Bu baskı, günden güne artmaktadır. Bugüne kadar ona yakın *Özgür Gündem* muhabiri, yazarı devletin güvenlik güçleri tarafından katledilmiştir. 8 Ağustos 1992'de Hafız Akdemir, 30 Temmuz 1992'de Çetin Abayay, 1 Ağustos 1992'de , katledilmişlerdir. 5 Ağustos 1992'de Burhan Karadeniz ağır yaralanmış, sakat bırakılmış-tır. 9 Ağustos 1992'de Hüseyin Deniz, 20 Eylül 1992'de Musa Anter, 18 Şubat 1993'te Kemal Kılıç cinayete uğramışlardır. 28 Temmuz 1993'te Ferhat Tepe kaçırılmış ve 4-5 gün sonra, öldürülmüş olarak bulunmuştur. İşkence edilerek katledildiği besbellidir. Ferhat Tepe'nin kaçırılmasından 3-4 gün sonra Aysel Malkaç kaçırılmıştır. Aysel Malkaç'tan, hâlâ haber alınamamıştır.

Devlet ve hükümet yetkilileri *Özgür Gündem* gazetesine karşı ayrımcı, bölücü bir politika uygulamaktadır. Benzer politika, *Aydınlık* gazetesine de uygulanmaktadır, fakat uygulamanın biçimi, içeriği ve amacı değişiktir. *Özgür Gündem*'in özellikle Kürdistan'da dağıtımını engellemek için her yol denenmektedir. Öteki gazetelerle birlikte *Özgür Gündem*'i de satan gazete büfeleri tehdit edilmiştir. *Özgür Gündem*'in satılmaması buyurulmuş, aksi halde büfelerinin daha sonra da büfeleriyle birlikte kendilerinin ve gazetelerin de yakılacağı söylenmiştir. *Özgür Gündem*'i dağıtan gazete bayileri tehdit edilmiştir. *Özgür Gündem*'i kendi olanaklarıyla dağıtmaya çalışanlar arabaları içinde gazeteleriyle birlikte yakılmıştır. *Özgür Gündem*'i satan büfe sahipleri, dağıtım yapan bayiler büfelerinde gazeteleriyle birlikte yakılmışlardır. *Özgür Gündem*'i dağıtan, satan çocuklar kaçırılmış, öldürülmüş, cesetleri görülebilecek yerlere atılmıştır. Gazeteyi dağıtmaya ve satmaya çalışanlar satırlarla doğranmış, sakat bırakılmıştır. 22 Kasım 1992'de Halil Adanır; 16 Aralık 1992'de Kemal Ekinci; 31 Aralık 1992'de Lokman Gündüz; 10 Eylül 1993'te Adil Başkan; 29 Eylül 1993'te Zülküf Akkaya *Özgür Gündem d*ağıtırlarken yakılmışlar, kurşunlanmışlar, katledilmişlerdir. 10 Eylül 1993'te Recep Demirtaş,

Orhan Okçu; 30 Eylül 1993'te Abdulkadir Altan isimli gençler satırlı saldırıya uğramış, ağır yaralanmışlardır.

Hem *Özgür Gündem* çalışanlarına, hem *Özgür Gündem*'i satmaya ve dağıtmaya çalışanlara karşı çok yoğun bir saldırı ve baskı olduğu besbellidir. Bütün bunlar devletin Kürt halkına karşı sürdürdüğü çok yoğun ve yaygın şiddetin, devlet terörünün anlatılmasının engellenmesi için yapılmaktadır. Kürt kamuoyunun, Türk kamuoyunun ve dünya kamuoyunun devletin operasyonları hakkında, devlet terörü hakkında ciddi bilgiler sahibi olması istenmemektedir. Başbakan'ın PKK ile ilgili konuşmalarının zıt anlamından çıkan belli başlı sonuç bu olsa gerekir.

LİCE, PARLAMENTO, BAŞBAKAN(*)

22 Ekim 1993 günü Lice'de başlatılan devlet operasyonlarını, Türk egemenlik sisteminin anlaşılması bakımından önemli bir olgu olarak değerlendirmek gerekir. "Teröristler bir general öldürdü" denerek başlatılan operasyonlar 5-6 gün sürmüştür. Operasyon başlatılır başlatılmaz Lice'ye giriş-çıkış yasağı konmuş, telefonlar kesilmiş, Lice çevre il ve ilçelerden, köylerden tamamen tecrit edilmiştir. Böylece devletin, Lice'de gerçekleştirdiği operasyonlar hakkında sağlıklı bilgiler alınmasının önüne geçilmiştir.

Bu, aslında bildik bir yöntemdir. Şırnak'ta, Çukurca'da Varto'da Kulp'ta, Yüksekova'da, Doğu Beyazıt'ta vs. yaşanmış bir uygulamadır. İlgili yerleşim birimlerine girişi ve çıkışı yasaklayan devlet güçleri, 2-3 gün süren operasyonlarla şehirleri yakıp yıkmaktadır. Tank, top, havan, helikopter gibi savaş araç ve gereçlerini en etkin bir şekilde kullanmaktadır. Güvenlik güçleri, bu tür operasyonlara, hep "PKK ile çatışma" süsü vermektedir. "PKK baskın yaptı, devlet güçleri de baskına karşılık verdi. Çatışma sırasında, evler ve işyerleri ve kamu binaları zarar gördü..." denmektedir. Operasyonlar sırasında, yüzlerce Kürt yurtseveri gözaltına alınmakta, bunlardan, "PKK şehre baskın yaptı, ben de PKK'liyim" biçiminde ifade almaya çalışılmaktadır. Bu süreçte, işkencenin önemli bir sorgu ve intikam yöntemi olarak kullanıldığı besbellidir.

General Bahtiyar Aydın'ın öldürülmesinde, üzerinde durulması, irdelenmesi gereken iki önemli nokta vardır. Birincisi, olaydan hemen sonra PKK'nin yaptığı, "Generali biz öldürmedik, 22 Ekim günü de

*- *Özgür Gündem, 18 Kasım 1993*

herhangi bir gerilla birliği Lice'ye girmemiştir" şeklinde yaptığı açıklamadır. ARGK komutanlarından Cemil Bayık, "Generali devlet öldürdü" demiştir. (*Özgür Gündem*, 24 Ekim 1993) İkincisi, Cumhurbaşkanı Süleyman Demirel'in 22 Ekim günü TRT'ye yaptığı açıklamadır. Demirel, General Bahtiyar Aydın'ın kaza kurşunuyla öldüğünü söylemiştir. (*Sabah*, 23 Ekim 1993)

Türk basını, bu açıklamaları hiç irdelememiş, görmezden, duymazdan gelmeye özen göstermiştir. "Lice'deki devlet operasyonlarının PKK'nin general öldürmesi üzerine başlatıldığı bildirilmiştir. "Generalin kaza kurşunuyla öldüğü, PKK de Lice'ye herhangi bir gerilla birliğinin girmediğini açıkladığına göre, devlet operasyonları neden başlatılmış ve sürdürülmüştür..." sorusunu sormamıştır, bu soruya aydınlık getirmemiştir. Cumhurbaşkanı da, devlet terörünü yoğun bir şekilde desteklemesine rağmen kendi açıklamasıyla Lice'deki operasyonlar hakkında bağ kurmamaya özen göstermiştir.

Lice'de tırmandırılan devlet terörü incelenirken, operasyonun devam ettiği günlerde milletvekillerinin Lice'ye sokulmaması üzerinde de durmak gerekir. Operasyon günlerinde CHP Genel Başkanı Deniz Baykal, partinin Genel Başkan Yardımcısı Erol Çevikçe, partinin genel sekreteri Ertuğrul Günay, Genel Sekreter Yardımcısı Eşref Erdem ve partiye bağlı milletvekilleri Diyarbakır'dadırlar. CHP heyeti, liderleri Deniz Baykal'la birlikte 23 Ekim günü Lice'ye hareket eder. Lice'de olup bitenleri gözleriyle görmek, yöneticilerle ve halkla konuşmak, olayları incelemek istemektedirler. Beraberlerinde gazeteciler de vardır. Heyet, Lice'ye 25 kilometre kala güvenlik güçleri tarafından durdurulur, Lice'ye girmelerinin yasak olduğu söylenir. Bunun üzerine CHP heyetiyle güvenlik güçleri arasında tartışma olur. Güvenlik güçleri, gazeteciler arabadan inerlerse, Deniz Baykal'a ve arkadaşlarına yol verebileceklerini bildirirler. Bunun üzerine Ertuğrul Günay, Devlet Bakanı Necmettin Cevheri'yi arar. Çünkü heyet, gazetecilerin de Lice'ye girmesini istiyordur. Devlet Bakanı Necmettin Cevheri, gazetecilerin Lice'ye girebilmesi için talimat verir. Fakat güvenlik güçleri bu talimatın gereklerini yerine getirmez. Bunun üzerine Deniz Baykal ve arkadaşları, gazeteciler olmadan Lice'ye doğru yollarına devam ederler. Güvenlik güçleri CHP heyetini taşıyan otobüsün sürücüsüne de izin vermez, arabayı heyet içindeki parti yöneticilerinden biri kullanır.

CHP heyetini taşıyan otobüs Lice'ye 7-8 kilometre kala tekrar durdurulur. Askerler CHP heyetinin Lice'ye girişine izin vermiyorlardır. Askerler, herhalde, heyet içinde yer alan parti yöneticilerinden birinin otobüsü kullanabileceğini tahmin edememişlerdi. CHP Genel Başkanı Deniz Baykal durumu şöyle anlatıyor: "...Yol, tank ve greyderlerle kesilmişti. Devlet Bakanı Necmettin Cevheri'yi tekrar telefonla aradık. Lice'ye girmek istediğimizi söyledik. Bakan talimat verdi, oradaki astsubay ve jandarma erleri giremeyeceğimizi söylediler. Hükümetin sözü ne yazık ki orada geçmiyor... Orada görülmesi istenmeyen şeyler olmalı..." (Sabah, 24 Ekim 1993)

CHP lideri Deniz Baykal, "Orada hükümetin sözü geçmiyor" diyor. Halbuki parlamenterlerin de hiçbir ağırlığı yoktur. Parlamenterlerin Lice'ye girmelerine izin verilmemiştir. CHP heyeti Diyarbakır'a dönmek zorunda kalmıştır. Savaş esnasında Saraybosna'ya girebilen Deniz Baykal Lice'ye girememiştir. Herhalde, Lice'de çok daha kötü şeyler cereyan etmiş olmalıdır.

Lice'de devlet terörünün tırmandırılmasından bir hafta kadar sonra Başbakan Tansu Çiller Lice'ye gitmek, Lice'de olup bitenleri yerinde görmek istemiştir. Etkili çevreler, Başbakan'ın Lice'ye gitmesine, her şeyi kendi gözleriyle görmesine izin vermemişlerdir. "Cumhurbaşkanı Kars'a gidiyor, isterseniz siz de beraber gidebilirsiniz..." denmiştir. Başbakan'a Lice'ye 15-20 gün sonra gidebileceği de söylenmiştir. (*Hürriyet*, 30 Ekim 1993)

Başbakan'ın Lice'ye gidememesi, Lice'ye gidişine izin verilmemesi, Lice olayları incelenirken, devlet terörü hakkında irdeleme yapılırken üzerinde durulması gereken üçüncü bir olgudur.

Milletvekillerinin de içinde bulunduğu CHP heyetinin Lice'ye girişine izin verilmemesinden, Başbakan'ın Lice'ye gidişine engel olunmasından, Ora'da görülmesi istenmeyen çok kötü şeyler olduğu besbellidir. Devlet güçleri, tank, top gibi ağır silahlar kullanarak, savaş uçakları, helikopterler, zırhlılar, panzerler kullanarak Lice'yi yakıp yıkmıştır. İş yerlerini yağmalamış, bütün paralara, altınlara, mücevherlere el koymuştur. Evleri yakıp yıkmış, gıda maddelerini heder etmiştir. Ölü sayısı, devletin açıkladığı rakamların çok çok üzerindedir. Lice'ye giriş-çıkış yasağı koyarak, telefonları keserek, gazetecilerin, milletvekillerinin girişlerine engel olarak kamuoyunun olup bitinler hakkında bilgi sahibi olmasına fırsat verilmemiştir. Fakat her şey açık, ayan beyan ortada durmaktadır. PKK'nin korucu ailelerine bir saldırısı olsa, değil giriş-çıkış yasağı koymak, gazeteciler özel olarak toplanır, ilgili eve götürülür, fotoğraf çekmeleri, aile bireyleriyle konuşmaları sağlanır.

Milletvekillerinin, siyasal parti yöneticilerinin Lice'ye girme isteği olumlu karşılanmamıştır. Başbakan'ın Lice'ye gitmesine engel olunmuştur. General öldürüldü bahanesi yaratılarak devlet terörünün yoğun bir şekilde tırmanması sağlanmıştır. Bütün bunların, Türk egemenlik sistemiyle çok yakından bir ilişkisi vardır. Türk siyasetinde, Türk siyasal partilerinin, hükümetin, Türkiye Büyük Millet Meclisi'nin hiçbir ağırlığı yoktur. Kürdistan konusunda, bu açık olarak böyledir. Kürt sorununun kavranılmasında, soruna çözüm yolları konusunda politikalar geliştirilmesinde en önemli güç Milli Güvenlik Kurulu'dur. Milli Güvenlik Kurulu'nun tayin edici olan ağırlığı karşısında Türk siyasal partilerinin, hükümetin, Türkiye Büyük Millet Meclisi'nin kıymet-i harbiyesi yoktur. Bu, atanmış kurullar karşısında, halk tarafından seçilmiş kurumların önemli bir ağırlığı olmadığı anlamına gelmektedir. Seçilmiş kurumlar, ancak Milli Güvenlik Kurulu'nun tartışılmaz üstünlüğünü kabul ettikten sonra ve bu çerçeve içinde politik faaliyet sürdürebilirler. Bu da militarist bir politikayı düşünmek ve uygulamakla eş anlama gelir. Başbakan Tansu Çiller Kürtçe TV'den "Kürtçe seçmeli ders"ten söz ettiği zaman, ANAP lideri Mesut Yılmaz'ın bu önerilere karşı tepkisinde, Türk siyasetini belirleyen ve yönlendiren odağın neresi olduğu açık bir şekilde kendini göstermektedir. ANAP lideri Mesut Yılmaz, "Bu düşüncenizi, önerinizi, Milli

Güvenlik Kurulu'nda görüştünüz mü?" demiştir. Kürdistan sorunuyla ilgili politikaların tespitinde ve uygulanmasında Türk siyasal partilerinin en ufak bir ağırlığı yoktur, yukarıdaki örnek, bunu çarpıcı bir şekilde göstermektedir. Bu açıdan baktığımız zaman, milletvekillerinin Lice'ye girişlerine askerler tarafından izin verilmemesini, Türk siyasetinin gereği olarak kavramak gerekir.

Öte yandan güvenlik güçlerinin Lice'deki operasyonları sırasında belediye binasının da yerle bir edildiği gözlenmiştir. Bu halk tarafından seçilmiş ve resmi ideoloji doğrultusunda çalışmayan kurumlara duyulan yoğun husumeti anlatmaktadır.

Hükümetin ve Başbakan'ın da Türk siyasetinde ciddi bir ağırlığı olmadığı bilinmektedir. Başbakan'ın Kürtçe TV, "Kürtçe seçmeli dersler" konusundaki düşünceleri MGK ve bu kurulun düşüncesini seslendiren yazarlar tarafından büyük bir tepkiyle karşılaşmıştır. Başbakan önerisini geri almıştır. "Bask modeli" konusunda da aynı süreç yaşanmıştır. Ve askerler devlet bakanının talimatını dinlememişlerdir. Başbakan istediği zaman Lice'ye gidimeyecek kadar siyasal iradeden yoksundur.

Başbakan'ın bundan sonraki tavrının incelenmesi önemlidir. Başbakan, artık devlet terörü konusunda Genelkurmay kadar coşkulu bir tutum benimsemiştir. Askeri çözüme kayıtsız şartsız, tam olarak boyun eğmiştir. Ancak bu çerçevede görevini sürdürebilmektedir. Halbuki, devlet terörü konusunda daha katı bir tavır sergilemek, sivil siyaset yapmak değildir. Hükümetin, Türkiye Büyük Millet Meclisi'nin, siyasal partilerin vs. görevi siyasal çözümler üretebilmek olmalıdır.

Türk siyasetinde belirleyici ve yönlendirici olan odak noktası konusunda açıklamalar yaparken *Özgür Gündem*'in işlevini yine dikkate almak gerekir. Türk siyasetinin bu temel niteliği *Özgür Gündem*'de eleştirilmektedir. Güvenlik güçlerinin Kürdistan'daki operasyonları konusunda, devlet terörünün nasıl tırmandırıldığı konusunda haber verilmekte, yorumlar yapılmaktadır... Buysa egemen güçleri rahatsız eden önemli bir süreçtir. Bu bakımdan *Özgür Gündem*'in pek çok sayısı toplatılmıştır. *Özgür Gündem* hakkında davaların sayısı yüzü aşmıştır. Yazı işleri müdürleri tutuklanmıştır. *Özgür Gündem*'in kapatılması için yeni yeni iddianameler yazılmakta, eski iddianamelere kapatma istemini içeren ekler yapılmaktadır. *Özgür Gündem* gazetesi sahibi Yaşar Kaya 3 aya yakın bir zamandan beri tutukludur.

KİRLENEN KAVRAMLAR(*)

PKK'ye, başka bir ifadeyle Kürtlere karşı sürdürülen Özel Savaş'ın en önemli sonuçlarından biri, bazı kavramların kirlenmesi olmuştur. Türk yöneticilerinin dilinde, bazı kişilerin ve kurum yöneticilerinin dilinde pek çok kavram kirlenmiştir. "Hukuk", "adalet", "insan hakları", "demokrasi", "hukukun üstünlüğü", "eşitlik", "özgürlük", "bilim" gibi kavramlar, kirlenen kavramların başında yer almaktadır. Bu tür kavramların kirlenmesi, başta hukuk kurumları olmak üzere pek çok kurumun saygınlığının ve etkinliğinin azalması, kurumların çürümesi gibi başka bir sonuç daha doğurmaktadır.

Anayasa Mahkemesi Başkanı Yekta Güngör Özden, *Hukukun Üstünlüğüne Saygı, İnsan Hakları, Lâiklik, Demokrasi Yolunda* adıyla kitaplar yayımlamıştır. Anayasa Mahkemesi Başkanı, "hukuk", "adalet", "demokrasi", "insan hakları", "hukukun üstünlüğü", "bilim" gibi kavramları kirletenlerin başında yer almaktadır.

Anayasa Mahkemesi Başkanı Yekta Güngör Özden, hemen hemen her konuda görüş bildirmektedir; gazetelere, televizyonlara sık sık açıklamalar yapmaktadır. Bir siyasal partinin başkanı gibi hareket etmektedir. Kürt sorunuyla ilgili konular, Anayasa Mahkemesi Başkanı Yekta Güngör Özden'in, sık sık konuştuğu, görüş bildirdiği konuların başında yer almaktadır. Bir devlet veya hükümet yetkilisi "Kürtçe dersler"le ilgili bir görüş mü açıklıyor, Yekta Güngör Özden, Anayasa Mahkemesi Başkanı olarak hemen karşı çıkar; Türk Devleti'nin ülkesiyle ve milletiyle bölünmez bütünlüğünden söz eder, bu düşüncelerden ve tutumlardan kaçınılması gerektiğini söyler. Herhangi bir yetkili, "Kürtçe TV"den "Kürtçe eğitim"den mi söz ediyor, "yüksek yargıç", Anayasa Mahkemesi Başkanı olarak hemen görüşünü açıklıyor; Türk milleti bölünmez bir bütündür... "Kürt realitesi"nden söz edenler

*- *Özgür Ülke, 19-20-21-22 Eylül 1993*

mi var, "yüksek yargıç"ın demeci hazırdır; Türkiye'de Kürt de yoktur, Kürt sorunu da yoktur, herkes Türk ulusunun bir parçasıdır. Türkiye'nin bölünmesine hiçbir Atatürkçü izin vermeyecektir.

Yekta Güngör Özden, yalana ve inkâra dayalı resmi ideolojinin en yılmaz savunucularından biridir. Yalana ve inkâra dayalı resmi ideoloji, "yüksek yargıç" unvanıyla, "Anayasa Mahkemesi Başkanı" sıfatıyla savunulmaktadır. Yalana ve inkâra dayalı bir düşüncenin çağdışı, ilkel bir düşünce olduğu, kişilere, kurumlara, devletin cezaî yaptırımlarıyla dayatıldığı biliniyor. Yalana dayalı resmi ideolojiyi benimsemeyenlerin, eleştirenlerin ağır hapis cezalarıyla, ağır para cezalarıyla tehdit edildiği bilinen bir gerçektir. Anayasa Mahkemesi Başkanı, "yüksek yargıç" Yekta Güngör Özden düşüncelerini, her türlü kitle iletişim araçlarından yararlanarak ortaya koyabilmektedir. Fakat onun ortaya koyduğu düşüncelere katılmayanlar, o düşünceleri eleştirenler ceza tehdidi ile karşılaşmaktadır. Bu süreçte "düşünce özgürlüğü" var mıdır? Bu süreçte "eşitlik" anlayışı, "demokrasi" var mıdır? Eleştiricinin ağır hapis cezalarının, ağır para cezaların tehdidi altında tutulduğu bir yerde eleştirilen düşüncenin doğru olduğu söylenebilir mi? Bu, ahlaki bir durum mudur?

Devletin cezaî yaptırımlarıyla korunan bir düşüncenin doğruluğundan kuşku duymak gerekmez mi? Devletin belirli bir düşünceyi çeşitli cezaî yaptırımlarla baskı altında tutmasına, etkili bir şekilde karşı çıkmak gerekmez mi? "Eşitlik", "eşit koşullarda yarışma" bunu gerektirmez mi?

Anayasa Mahkemesi Başkanı, "yüksek yargıç" Yekta Güngör Özden, Boğaziçi Üniversitesi Atatürkçü Düşünce Kulubü'nün düzenlediği "Kemalizm ve Gençlik" konulu konferansta yaptığı konuşmada şunları söylemiştir:

"Kürt sorunu diye bir sorun yoktur. Bu ülkede Kürt sorunu var diyenin alnını karışlarım. Bu ülke Kürdü Türküyle, Çerkezi Lazıyla hepimizindir. Bu ülkeyi kimseye böldürmeyiz. Sokakta bulmadık. Kimsenin çöplüğü yapmayız." (*Aydınlık*, 21.4.1994)

Anayasa Mahkemesi'nin 32. yıldönümü kutlamalarında yapılan

konuşmada, Cumhurbaşkanı Süleyman Demirel'in "anayasal vatandaşlık" kavramı şu şekilde eleştiriliyor:

"TC'yi kuran halk, içindeki tüm değişik topluluklarla Türk ulusudur. Ülkemizde uluslararası antlaşmalarla belirtilenler dışında, herhangi biçimde azınlık sayılacak ya da çoğunluktan çıkarılıp azınlığa indirilecek topluluk yoktur." (*Hürriyet,* 26 Nisan 1994)

Cumhurbaşkanı Süleyman Demirel tarafından tekrarlanan "anayasal vatandaşlık" kavramı Anayasa Mahkemesi tarafından bir kere daha eleştirilmiştir:

"Her devletin bir adı olur, yurttaşlar da etnik kökenleri ne olursa olsun, yurttaşı oldukları devletin adıyla tanınır, onun vatandaşlığını taşırlar. Türk ulusu ırkçılık esası üzerine değil, insanlık temeli üzerine kurulmuştur... Anayasal vatandaşlık kavramı, yapay sorunlarla ulusal birliği bozmak isteyenlere yeni savlar olanağı verecek, Türk ulusal yapısına ve bilincine aykırı ödünsel tanımlara gerek yoktur." (*Hürriyet*, 26 Mayıs 1994)

Biz bu düşüncelere katılmıyoruz. Çünkü bu düşünceler somut gerçeklerden hareket etmemektedir. Somut gerçekleri inkâr etmektedir. Somut gerçekleri inkâr eden düşünce çağdışı, ilkel bir düşüncedir. Böyle bir düşüncenin devletin cezaî yaptırımlarıyla kişilere ve kurumlara empoze edilmesinin ayrıca antidemokratik, çağdışı bir süreç olduğu apaçıktır.

Batılı düşüncenin, demokratik düşüncenin üç önemli boyutu vardır. Birincisi, düşüncenin dinsel dogmalardan, ilkel inançlardan kurtulması, özgürleşmesidir. İkincisi, doğayı, tarihi ve toplumu kavramada akla dayanan bir araştırma yönteminin geliştirilmesidir, buna bilim yöntemi diyoruz. Batılı düşünce biçiminin veya Batılı dünya görüşünün üçüncü boyutuysa, toplumda, insan haklarına saygıyı temel alan bir dünya görüşünün gelişmesine çalışmaktır. Devlet-İnsan ilişkilerinde insana, insanlığa, insan haklarına dayalı bir anlayışı egemen kılmaktır.

Düşüncenin özgürleşmesi için mücadele etmek, düşünceyi

boğmaya çalışan yapılara, kurumlara karşı olmak esastır. Geçmişte din bu kurumların başında yer alıyordu. Günümüzdeyse resmi ideolojiler, en az dinler kadar özgür düşünceyi boğmaya, yok etmeye, engellemeye çalışıyor. Dinin, bazı ilkel inançların, artık düşünce hayatı üzerinde önemli bir ağırlığı yoktur, fakat resmi ideolojilerin baskısı bütün ağırlığıyla sürüyor. Dinsel ideolojinin resmi ideoloji olduğu toplumlarda, durum kuşkusuz değişir. Demokratik olmayan bütün toplumların resmi ideolojisi vardır. Resmi ideoloji herhangi bir ideoloji değildir. Devletin cezaî yaptırımlarıyla desteklenen, kişilere ve kurumlara dayatılan bir ideolojidir. Demokratik olmayan toplumlarda resmi ideoloji egemen ideolojidir. Batı toplumlarında da ideoloji vardır, hatta bunlar içinde egemen ideolojiler de vardır, örneğin, burjuvazinin ideolojisi egemen ideolojidir, fakat resmi ideoloji değildir, çünkü devletin cezaî yaptırımlarıyla kişilere ve kurumlara dayatılan bir ideoloji değlidir.

Bugün resmi ideolojiler, düşünce hayatının, bilimin, sanatın önündeki en büyük engeldir. Bu ilişkiyi kısaca şu şekilde açıklamak mümkündür: Eğer siz herhangi bir konuda düşüncenizi açıklıyorsanız, düşünceleriniz herkes tarafından eleştirilebiliyorsa ve düşüncenizi eleştirenler de, devletin herhangi bir cezaî yaptırımıyla karşı karşıya kalmıyorsa, işte o toplumda, düşünce hayatının gelişmesine uygun bir ortam vardır demektir. Batılı düşünce veya Batılı dünya görüşü dediğimiz büyük oluşumun temelinde bu süreç, düşüncenin özgürleşmesi süreci vardır. Burada "Batı" sözcüğünün, dünyada belirli bir coğrafyayı anlatmadığı, bir dünya görüşünü, bir zihniyet yapısını anlattığı pek açıktır. Örneğin, Yeni Zelanda, Avustralya, Hindistan, İsrail, Güney Afrika gibi toplumlar Türkiye'ye nazaran çok daha Batılı toplumlardır.

Türkiye, demokratik bir toplum değildir. Türk siyasal hayatında resmi ideoloji çok etkin bir kurumdur. Resmi ideoloji düşünce hayatını, bilimi, sanatı belirlemektedir. Resmi ideolojiyi Kemalizm olarak tanımlamak da mümkündür. Kemalizmin ilkeleri olarak bilinen 6 Ok arasında demokrasi yoktur. Resmi ideoloji militarist bir ideolojidir. Devletin silahlı kuvvetlerinin, silahlı bürokrasisinin ideolojisidir. Devlet bürokrasisi tarafından da, aynen kabul edildiği, savunulduğu açıktır. Demokrasiyi içermeyen bir düşüncenin veya yönetimin otoriter özellikler taşıyacağı, otoriter düşüncelerin, otoriter ilişkilerin yeşermesi için elverişli bir ortam yaratacağı açıktır. Resmi ideoloji, kişilere ve kurumlara neleri araştıracakları, hangi terminolojiyi, hangi kavramları kullanarak araştıracakları, hangi konulara dokunmamaları konularında açık direktifler verir. Yasak olan konularda devletin ürettiği bilgilerin öğrenilmesini, o bilgilerin yayılmasını ve ona göre davranışta bulunulmasını ister. Bu direktiflere en iyi uyan kurumların başında Türk üniversitesi gelir. Türk basını, Türk siyasal partileri de, resmi ideolojinin direktiflerine harfiyen uymaktadırlar. Daha doğrusu, bu kurumlar yaşamlarını sürdürübilmek için resmi ideolojinin direktiflerine harfiyen uymak zorunda kalmaktadırlar.

Türk siyasal hayatının temel niteliğiyle, resmi ideoloji kurumu arasında organik bir bağ vardır. Türk siyasal hayatında ordunun etkinliği çok açıktır. Ordu, Milli Güvenlik Kurulu aracılığıyla Türk siyasal hayatını, siyasal ilişkileri yönlendirir, denetler. Ordunun yönlendirme ve denetleme gücü karşısında, Türk siyasal partilerinin, Türk hükümetinin, Türkiye Büyük Millet Meclisi'nin hiçbir ağırlığı yoktur. Türkiye'nin önemli sorunlarında, örneğin, Kürt sorununda durum kesinlikle böyledir. Kürt sorunu konusunda politikalar üretilmesi, MGK'nın yetkisindedir, bu görev MGK'nındır. Hükümet, bu politikayı yaşama geçirmekle görevlidir. Ne hükümet, ne de TBMM, MGK tarafından oluşturulan politikaları tartışamazlar bile. Hükümet bu politikaları uygulamak, TBMM de, gerekirse, uygulanan politikaları onaylamak durumundadır. Politikaların uygulanıp uygulanmadığını, ne kadarının uygulandığını denetleme görevi MGK'nındır. MGK çeşitli araçlarla bu denetlemeyi etkin bir şekilde yapar. Ortaya çıkan aksaklıklara göre uygulanan politikaları gözden geçirir, yeni politikalar oluşturur.

MGK kararlarının hükümet için tavsiye niteliğinde olduğu söylenir. Ama bu kararlar, hükümet tarafından "emir" telakki edilir. Nitekim Milli Güvenlik Kurulu kararlarının hükümet tarafından tartışılıp geri çevrildiği günümüze kadar hiç görülmemiştir. MGK, 1961 Anayasası ile kurulmuş bir kurumdur. Generallerin ağırlıkta olduğu bir kurumdur. Kurumun asker olmayan üyeleri, resmi ideolojiyi en az generaller kadar coşkulu bir şekilde savundukları için orada olduklarının bilincindedirler.

Askerlerin ağırlıkta olduğu bir kurum, otoriter, militarist bir ideoloji üretir. Resmi ideolojiyle bu kurum arasında organik bir bağ vardır. Birbirlerini etkilerler, birbirlerinden etkilenirler. Hangisi, ötekinin sonucudur, diye düşünmemek gerekir. İki kurum bir madalyonun iki yüzü gibidir.

Resmi ideolojinin en önemli özelliği Kürtlerin ulusal ve toplumsal varlığını inkâr etmektir. Dikkat edilirse, Anayasa Mahkemesi Başkanı Yekta Güngör Özden, "Kürt de yoktur, Kürt sorunu da yoktur, herkes Türktür" demektedir. Bunun yalana dayalı bir saptama olduğu besbellidir. Türkiye'de, yargıçların şöyle bir kanıları var veya yargıçlar, Türk toplumunda, yargı hakkında, şu şekilde ortak kanının oluştuğunu düşünüyor: Eğer herhangi bir konuda yargı karar verirse, o karar doğrudur. Hele hele "yüksek yargıçlar"ın vermiş olduğu kararların doğruluğundan hiç kuşku duyulamaz. Bu karar, hem objektif olarak, hem de ahlaki olarak doğrudur... Örneğin, "Kürt diye bir halk yoktur, herkes Türktür, Kürtçe diye bir dil yoktur, Kürtçe denen dil, Türkçe'nin mahalli bir ağzıdır, ilkel bir ağızdır..." diyen bir yargı kararı varsa, artık Kürtler yoktur, yok edilmiş olur, Kürtçe yoktur... Mahkemelerin, yargı organlarının, yargıçların böyle bir anlayışı var. Halbuki Kürtlerin varlığı, tarihsel, toplumsal bir gerçekliktir. Mahkeme kararlarıyla somut gerçekliklerin yok edilebilmesi mümkün değildir. Mahkeme kararlarıyla somut gerçeklerin yok edilebildiğini sanmak da ilkel bir anlayıştır. Yalan, mahkeme kararlarıyla doğruya dönüşmez, yine yalan olarak kalır, mahkeme veya yargıç yalan söylemiş olur. Bir yargıç rüşvet alırsa, rüşvet ahlaki olmaz, yargıç, yüz kızartıcı suç işlemiş olur.

Yargıçların, mahkemelerin, yargı organının, böyle bir konuda kendilerini yetkili saymaları da ilkel bir anlayıştır. Resmi ideoloji tarihsel ve toplumsal bir gerçek olan Kürtlerin varlığını inkâr etmekle, reddetmekle yalana dayalı olduğunu ortaya koymaktadır. Mahkemelerin, yargıçların böyle bir süreçte görev almaları, kendi görevleriyle hiç ilgisi olmayan bir göreve soyunmaları demektir. Zira mahkemeler, yargıçlar, "Kürtler yoktur, Kürtçe yoktur", "varsa bile, hakları yoktur, olmamalıdır" diye karar vermekle Kürtlerin ve Kürtçe'nin yok olmayacağını bilmek durumundadırlar. Bu durumda mahkemeler, yalana dayalı resmi ideolojinin sözcülüğünü yapan bir kuruma dönüşüyorlar.

Bazen bu ifadeler, "mahkemeye hakaret", "yargıçlara hakaret", "mahkemeyi, yargıçları küçük düşürmek" olarak değerlendirilip dava açılıyor. Halbuki "yalan" sadece ahlakın değil, bilimin de kavramıdır. Örneğin, "demir"e bilinçli bir şekilde "tahta"dır diyen bir kişi yalan söylüyor demektir. Burada sadece yalan söylendiğinin saptaması yapılmaktadır. Kürde Türk diyen, Kürtçeye Türkçe diyen yargıçların da yalan söyledikleri objektif bir gerçektir. Bu da bir saptamadır ve bu saptamanın yapılmasında hakaret kastı, kurumları, kişileri küçük düşürme kastı yoktur.

Resmi ideoloji, Kürtlerin ulusal ve toplumsal varlığını inkâr etmekte, reddetmektedir. Bu, "Kürtler Türk sayılarak, Kürtlerin aslı Türktür" denerek yapılmaktadır. "Kürtçe adıyla bilinen bağımsız bir dil yoktur" denerek yapılmaktadır. Bu, ideolojik kabulün çok önemli bir sonucu olmaktadır. Fiili durumun ideolojik gerçeğe uydurulması için Kürtlerin Türkleştirilmesi, Kürt dilinin ve kültürünün yok edilmesi, Kürtlere ait bütün değerlerin gasp edilmesi için her türlü yol-yöntem uygulanmıştır. Anayasa Mahkemesi Başkanı, Türkiye Cumhuriyeti Devleti'nin 1923'te, "ırkçılık" temeli üzerinde kurulmadığını, "insaniyet" temeli üzerinde kurulduğunu vurgulamaktadır. Hem "Türkiye Cumhuriyeti sınırları içinde yaşayan herkes Türktür" denmektedir, hem de Türkiye Cumhuriyeti'nin bir ırk devleti olmadığı iddia edilmektedir. Bunun için de "Türk" sözcüğünün etnik bir terim, ırki bir terim olmadığı, Türkleri, Kürtleri, Arapları, Lazları, Çerkesleri vs. herkesi kapsadığı belirtilmektedir. Osmanlı Devleti'nden Cumhuriyet'e geçişte toplumsal koşullarda ne gibi bir değişiklik olmuştur da Türklerin, Arapların, Kürtlerin, Çerkeslerin, Lazların toplamı, yeni bir ulusu, Türk ulusunu meydana getirmiştir? Bu, son derece zorlama bir iddiadır. Türk ırkçılığını ve sömürgeciliğini gizlemeyi amaçlamaktadır.

Türk ırkçılığının belirgin özelliği, Türk olmayanların asimilasyonunun sağlanması için her türlü yöntemin uygulanmasıdır. İdamlar, iç sürgünler, dış sürgünler bu yöntemler arasındadır. Kürtleri ulusal ve toplumsal bakımlardan inkâr edebilmek, Kürt olan herkesi aşağılamak için her şey yapılmıştır. Kürtler, kendi dillerinden, kültürlerinden, öz kimliklerinden utanır hale gelmişlerdir. Kürtleri düşürmek için her türlü yol-yöntem uygulanmıştır. Devlet terörünün tırmandırıldığı bu ortamda, Türklerle Kürtlerin ve diğerlerinin karışması ve yeni bir ulus meydana getirmesi mümkün müdür? Kuşkusuz değildir. Kürtlerle Türklerin toplamı yeni bir ulus, yeni bir karışım meydana getirmez, yine Kürtlerle, Türkler olarak kalır. Türkler elbette bir etnik grubun, bir ulusun adıdır. Fakat bu etnik grup, bu ulus, Kürtleri kapsamı içine almaz. Çünkü Kürtler de ayrı bir etnik grubun, ayrı bir ulusun adıdır. Kürt denildiği zaman da, örneğin, Türkler, Araplar, Farslar bu kapsam içine girmezler. Türklerin, Türkiye Cumhuriyeti Devleti'nin sınırları dışında da yaşadığı bilinir. Nitekim Türk yöneticilerinin, Türk halkının, Türk basınının, Türk siyasal partilerinin vs. Türkiye'nin dışında yaşayan Türklere çok yoğun ilgi gösterdikleri yine bilinen bir gerçektir. Kıbrıs Türklerinin sorunu milli bir sorun kabul edilmiştir. Bulgaristan Türklerine yapılan haksızlıklar yine öyle... Batı Trakya Türkleri, Azeriler, Orta Asya Türkleri, Irak'taki Türkmenler, Türkleri ve Türk yönetimlerini yakından ilgilendirmektedir. Bu Türklerin ulusal ve demokratik haklarına karşı, yani Türk toplumu olma özelliklerine karşı bir baskı söz konusu olduğu zaman, hemen tepki gösterilmekte, uluslararası kurumlar harekete geçirilmeye çalışılmaktadır.

Kürdistan'ın bölünmesinden, parçalanmasından ve paylaşılmasından dolayı Türkiye Cumhuriyeti Devleti'nin sınırları dışında Kürtler de yaşamaktadır. Fakat Türk yönetimleri, bu Kürtlerle değil, bunları ezmeye, yok etmeye çalışan yönetimlerle işbirliği yapmaktadır. Örneğin, Irak'ta Saddam Hüseyin yönetiminin Kürtlere karşı soykırım yaptığı dönemlerde, Türk Devleti, her zaman, gizli veya açık yollarla, Saddam yönetimiyle işbirliği yapmıştır. Bütün bunlar, Yekta Güngör Özden, Bülent Ecevit, Mümtaz Soysal, Toktamış Ateş gibi has Türk ırkçılarının, “Türk bir etnik grubun adı değildir, Türklerin, Arapların,

Kürtlerin, Lazların, Çerkeslerin vs. karışımının oluşturduğu yeni bir ulusun adıdır..." şeklindeki görüşlerinin ne kadar zorlama görüşler olduğu açıkça ortada durmaktadır. Has Türk ırkçılarının, örneğin, Kıbrıs Türklerine, Bulgaristan Türklerine veya Batı Trakya Türklerine yaklaşımlarıyla, Güney Kürdistan Kürtlerine yaklaşımları arasında çok derin farklar vardır.

Türk ırkçılığını, Türk usulü ırkçılığı gizleyen kavram "eşitlik" kavramıdır. Türk ırkçıları, Türkiye'de, ırk, din, cins farkı gözetilmeksizin herkesin eşit olduğunu, bütün Türk anayasalarının bunu böyle yazdığını belirtirler. Bu eşitlik anlayışının çok önemli bir koşulu olduğundan has Türk ırkçıları hiç söz etmezler. Kürt kimliğini reddeden, Kürtlerin dil, kültür gibi hakları olamayacağını söyleyen, Türkleşen, Türküm diyenler, Kürtlerin ulusal ve demokratik haklarına karşı mücadele edenler Türklerle eşit sayılırlar. Bunların kamuda görev almaları, görevlerinde yükselmeleri mümkündür. Fakat Kürt olarak, Kürtlerin gasp edilmiş ulusal ve demokratik hakları için mücadele edenler, ne kamuda görev alabilirler, ne de görevlerinde yükselebilirler. Burada "eşitlik" Türk ırkçılığını ve sömürgeciliğini gizleyen bir kavramdır. Kirletilmiş bir kavramdır. Türk ırkçıları bu koşulu her zaman yok sayarlar, görmezden gelirler. Bunun çağdışı, ilkel bir dayatma olduğu, bizzat Türk yöneticileri, Türk basını, Türk siyasal partileri, Türk yargı kurumları, Türk üniversitesi vs. tarafından açık ve kesin bir şekilde vurgulanmıştır. 1985-1988 yılları arasında, ülkesinde Türk azınlığın isimlerini Bulgarlaştırmaya çalışan, Türklerin Bulgarlarla eşit muamele görebilmesini Türk kimliğinin inkârı koşuluna bağlayan Bulgaristan bu şekilde eleştirilmiştir, suçlanmıştır. Demokrasi, eşitlik, özgürlük gibi değerler evrensel degerlerdir, fakat bunların ırkçı amaçlar doğrultusunda ve ırkçı düşünceyi ve uygulamaları gizlemek için kullanılması çirkin bir tavırdır, ahlaki bir tavır değildir.

Irkçılık deyince, ilk önce akla Güney Afrika gelmektedir. Bir zamanlar Güney Afrika'da, yerleşme birimleri, okullar, sinemalar, plajlar, parklar, lokantalar vs. beyazlara veya yerlilere göre ayrılıyordu. Irkçılık deyince bu düşünce ve uygulama akla geliyordu. Aslında Türkiye'de Kürtlere karşı uygulanan politika çok daha gericidir, çok daha barbardır. “Sen bana benzemiyorsun, ayrı bir yerde otur” politikasına ve uygulamasına göre, “Sen benimle oturacaksın ve bana benzemek, kendi öz değerlerini unutmak zorundasın” uygulaması çok daha gericidir, yıkıcıdır ve barbardır. Birincisinde, insanların öz kimliği, değerleri yok olmaz, değerler mümkün olduğu kadar diridir, çok olumsuz koşullarda da olsa, bunlar varlığını sürdürür. Daha elverişli koşulların yaratılması doğrultusunda mücadele yükseltilir. İkincisindeyse kimliğin, kişiliğin parçalanması, insanların düşürülmesi, özgürlük, eşitlik gibi değerlerin yozlaştırılması temel amaçtır. Asimilasyonla insanlar kendi öz değerlerine ve ulusuna ihanete zorlanır. Toplumsal ilişkiler çarpıtılır, saptırılır, giderek ulus, diliyle, kültürüyle, tarihiyle yok olur... Bunun çok daha gerici, yıkıcı ve barbar olduğu besbellidir.

Nitekim Güney Afrika'da, 27 Nisan 1994 seçimlerinden sonra çok büyük siyasal ve toplumsal bir değişim gerçekleşmiştir. Yerliler iktidar olmuşlardır. Irkçı yönetimin Cumhurbaşkanı De Klerk, Cumhurbaşkanı Nelson Mandela'nın yardımcısı olmuştur. Nelson Mandela'nın, Afrika Ulusal Kongresi'nin uzun zamanlar “terörist” muamelesi gördüğü bilinmektedir. Böyle bir değişim, Türkiye'de neden gerçekleşemiyor? Çünkü yalana dayalı resmi ideoloji çok daha tutucudur, gericidir. Bu ideoloji sahiplerinin, “Dünyada ilk ulusal kurtuluş savaşını biz yaptık, bütün ezilen uluslara ışık ve önder olduk” diye övünmeleri içi kof bir övünmedir, tamamen duygusaldır. 1992 Uluslararası Atatürk Barış Ödülü'nün Nelson Mandela tarafından reddedilmesi bu kofluğu çarpıcı bir şekilde ortaya koymaktadır.

KÜRTLER, ALEVİLER

Cumhuriyet tarihi boyunca Kürtlere uygulanan asimilasyon politikasıyla, Alevilere uygulanan asimilasyon politikası birbirine çok benzemektedir. "Herkes, din, dil, ırk, mezhep, cinsiyet bakımından eşittir" deniyor. Kendi kimliğini inkâr eden, Türkleşen "Kürtler", Türklerle eşit muamele görebiliyordu. Alevi kimliğini inkâr edenler, Sünnileşenler, Alevi toplumu olmaktan doğan haklarını sorun yapmayanlar da, Müslümanlarla eşit muamele görüyorlar. Örneğin, isteyen herkesin köyüne cami yapılabiliyor, isteyen her yerleşim biriminde Kur'an Kursu açılabiliyor, herkes Diyanet İşleri Başkanlığı'nda görev alabiliyor. Herkes imam olabiliyor, herkes Hicaz'a gidebiliyor... İmam-Hatip okulları herkes için açıktır, hiçbir ayrım söz konusu değildir, falancalar giremez diye bir kural yoktur, deniyor. Bunlar mezhep bakımından, din bakımından eşitliğin kanıtları olarak gösteriliyor. Böylece Sünnileşenlerin, Alevi toplumu olmaktan doğan haklarını savunmayanların, Diyanet İşleri Başkanlığı tarafından temsil edilen Sünni Müslümanlarla eşit olacakları belirtiliyor. Halbuki Aleviler'in istedikleri, her köye cami yapılması değildir. Alevi toplumu olmaktan doğan bütün kurumları serbestçe kurup çalıştırabilmektir. Alevi toplumu olmaktan doğan haklarını savunabilmek, bunun için örgütlenebilmektir. Bu koşullarda çok büyük baskılar olduğu, Alevi toplumunu asimile edebilmek, Sünnileştirebilmek için çok büyük çabalar harcandığı bilinmektedir. Örneğin, cemevlerinin yapımı yasaklanmakta, her köye cami yapılmaya gayret edilmektedir. Burada, çarpıtılmış "eşitlik" anlayışı, dinsel baskının, mezhep baskısının gizlenmesi yolunda kullanılmaktadır. "Eşitlik" kavramı bir kere daha kirlenmekterdir. Örneğin, "Osmanlı toplumunda, bütün dinlere eşit muamele yapılıyordu, hoşgörülü davranılıyordu. 15. yüzyıl sonunda, İspanya'dan kovulan Yahudiler, bu 'eşitlik' ve 'hoşgörü' anlayışı sayesinde

Osmanlı ülkesine rahatça sığınabildiler" denilmektedir. Halbuki aynı dönemde, Osmanlılar'ın Alevi toplumuna "eşitlik", "hoşgörü" şöyle dursun yoğun bir soykırım uyguladığı bilinmektedir. Yavuz Sultan Selim'in İranlılarla yaptığı savaş sırasında, 40 binin üzerinde Alevi'nin kılıçtan geçirildiği, yok edildiği biliniyor. Yahudiler'in Osmanlı ülkesine kabul edildikleri tarih 1492 ve sonrasıdır. Aleviler'e soykırım yapılması ise 1510'lu yıllara, özel olarak da 1514 yılına rastlamaktadır. Aleviler'e gösterilmeyen hoşgörünün Yahudiler'e gösterilmesi, dinsel bakımdan, mezhep bakımından "eşitlik" anlayışının kanıtları olarak değerlendirilebilir mi?

TARİHSEL HAKSIZLIK NASIL GİZLENİYOR?

Anayasa Mahkemesi Başkanı Yekta Güngör Özden, Kürtçe eğitim, Kürtçe TV, Kürt realitesi gibi konulardan söz edildiği zaman, hemen karşı çıkmakta, herkesin Türk olduğunu, bundan da mutlu olduğunu söylemektedir. "Türkiye Cumhuriyeti Devleti ülkesiyle ve milletiyle bölünmez bir bütündür" demektedir. Devletin ülkesiyle ve milletiyle bölünmez bütünlüğü sloganı sık sık kullanılıyor. Bu slogan, elbette somut durumun ifadesi değildir, resmi ideolojinin önemli bir unsurudur. Bu sloganın sık sık kullanılması, aslında tarihsel bir haksızlığın gizlenmesini amaçlamaktardır. Aslında 1915-1925 sürecinde bölünen Kürdistan'dır, bölünen, parçalanan ve paylaşılan Kürt ulusudur. İşte bu süreci gizleyebilmek için, yani Kürtleri, ülkeleriyle ve uluslarıyla bölünmüş, parçalanmış ve paylaşılmış tutabilmek için devletin ülkesiyle ve milletiyle bölünmezliği sloganı sık sık kullanılmaktadır. Bu noktada yoğun bir devlet terörü vardır. Bu slogan o kadar çok kullanılmaktadır, insanlar bu sloganın belirttiği bütünlüğü bozmakla o kadar çok tehdit edilmektedirler ki devamlı savunmada kalmakta; bölünmenin, parçalanmanın ve paylaşılmanın bilincine varamamaktadırlar. İnsanlar bu yoğun devlet terörü karşısında, bölünmenin, parçalanmanın ve paylaşılmanın bu kadar kolay bir şekilde nasıl gerçekleştirilebildiğini düşünememektedir.

"Bağımsız Kürt Devleti'ne karşıyız", "Bağımsız Kürt Devleti, hatta federasyon vs. Kürtler için de iyi değildir" sözleri, neden her ağızdan duyulabilmektedir? Dünya'da 50 bin nüfuslu bağımsız devletler bile varken, nüfusu 30 milyonu aşan Kürtler neden bağımsız bir devlete sahip olamıyorlar? 150 bin civarında nüfusu barındıran Kuzey Kıbrıs'ta bağımsız bir Türk Devleti savunulurken veya Kuzey Kıbrıs Türk Federe Devleti'nin bağımsızlığını ilan etmesi istenirken, 30 milyondan fazla nüfusa sahip olan Kürtler için bağımsızlık, "hatta federasyon bile" neden iyi değildir? Bütün bunların, Kürdistan'ın bölünmesi, parçalanması ve paylaşılması süreciyle yakından ilgili olduğu çok açıktır. Buysa Kürtlere ve Kürdistan'a yapılan çok büyük bir tarihsel haksızlıktır. İşte devlet, Türk sömürge yönetimi, kitlelerin, dünyada bir eşi daha bulunmayan bu tarihsel haksızlığın bilincine varmalarını engellemek için düşünce hayatı üzerinde çok yoğun bir terör estirmektedir. "Türk Devleti ülkesiyle ve milletiyle bölünmez bir bütündür" denerek Kürt ülkesinin yani Kürdistan'ın bütünlüğünün nasıl parçalandığının gizlenmesi amaçlanmaktadır.

Anayasa Mahkemesi Başkanı Yekta Güngör Özden'e göre Kürt sorunu diye bir sorun yok. "Vardır diyenin alnını karışlarım, bu ülkeyi kimseye böldürmeyiz" diyor. İşte bu, Kemalistlerin İngiliz ve Fransız emperyalizmiyle işbirliği ve güçbirliği yaparak Kürdistan'ı nasıl böldüğünü, parçaladığını ve paylaştığını gizlemek için, araştırmacıların ve kitlelerin bilincine böyle bir konunun çarpmasına engel olmak için estirilen devlet terörünün önemli bir parçası oluyor. Burada, söz konusu edilen "alın karışlamak" olayını tehdit olarak değerlendirmek mümkündür. Bu tehdidin fiziki baskıyı, şiddeti içerdiği açıktır. Kaldı ki bu, sadece şiddet içeren bir baskı değildir. Anayasa Mahkemesi Başkanı'nın bu düşüncelerini benimsemeyenler, eleştirenler, ağır hapis ve ağır para cezalarının da tehdidi altındadır. Buna rağmen yine de "eşitlik"ten söz ediliyor. Örneğin, biz Anayasa Mahkemesi Başkanı Yekta Güngör Özden'le nasıl eşit olabiliriz? Kendisi, gazetelerle, radyolarla, televizyonlarla, çeşitli panel ve konferanslara katılarak düşüncelerini açıklıyor, bu düşünceleri eleştirenler ise cezai yaptırımlarla karşı karşıya kalıyor, bu süreçte "eşitlik" var mıdır?

Cumhuriyet'ten sonra Kürdistan'da gerçekleştirilen operasyonları kısaca hatırlayalım. 1927 yılından itibaren Kürdistan, Genel Müfettişliklerle yönetiliyor. Müfettişlikler dikkate alındığı zaman Kürtlerle Türklerin eşit oldukları nasıl söylenebilir? 2510 sayılı yasa, Kürtleri Mecburi İskân'a tabi tutuyor. Mecburi İskân'a tabi tutulan Kürtlerle Türklerin eşit oldukları nasıl söylenebilir? Tunceli Kanunu uygulamaları ortadayken, Kürtler, Türkler nasıl eşit kabul edilebilir? Orgeneral Muğlalı Olayı (Otuzüç Kurşun) Türkiye'de yaşanıyor mu? 1960'da, 27 Mayıs darbesiyle gündeme gelen "55 Ağalar Olayı" sadece Kürtleri kapsamamış mıdır? 1960'lı yıllarda komando harekâtı sadece Kürt köylerinde gerçekleştirilmedi mi? 1970'li yılların sonlarında "Kanatlı 78" sadece Kürt halkını hedef almadı mı? Kürdistan yıllardır olağanüstü hal yönetimleriyle idare ediliyor, böyle eşitlik olur mu?

Anayasa Mahkemesi, 1991 yılında, TCK 125 ve TCK 146. maddelerle ilgili karar aldı, 146. maddeden mahkûm edilenler aftan yararlanıp tahliye edilirken, 125. maddeden yargılanıp mahkûm edilenler cezaevinde bırakıldı. Bu, Kürtlere göre ve Türklere göre ayrı ayrı mevzuat oluşturmak anlamına gelmektedir. TCK 125. maddeden sadece Kürtlerin yargılandığı bilinen bir gerçektir. Türklere ayrı mevzuat, Kürtlere ayrı mevzuat oluşturma düşüncesinin ve pratiğinin bizzat Anayasa Mahkemesi'nden kaynaklandığını bilmek gerekir... Bütün bu çarpıcı olgulara rağmen hâlâ Kürtlerle Türklerin eşit olduğu söyleniyor... Bunun hiçbir inandırıcılığının olmadığı, somut durumlar tarafından devamlı çürütüldüğü açık bir gerçektir.

Anayasa Mahkemesi Kürtlerin ulusal ve toplumsal varlığını inkâr etmektedir. Kürtlerden, Kürt sorunundan söz eden, Kürtlerin ulusal ve demokratik haklarından söz eden siyasal partileri kapatmaktadır. Türkiye Birleşik Komünist Partisi (TBKP), Sosyalist Parti (SP) bu nedenle kapatılan siyasal partilerdendir. Kürtler tarafından oluşturulan siyasal partileri kapatmak, Kürt milletvekillerinin dokunulmazlıklarının kaldırılmasını onaylamak Anayasa Mahkemesi'nin en önemli görevi olmuştur. Halkın Emek Partisi (HEP), Özgürlük ve Demokrasi Partisi (ÖZDEP) programlarına Kürt sorununun çözümüne ilişkin maddeleri koydukları için kapatılmışlardır. Demokrasi Partisi hakkında yine aynı mahkemede açılan dava karar aşamasındadır. Anayasa Mahkemesi'nin şimdiye kadar geliştirdiği pratikten bu partinin de kapatılacağını söylemek kehanet sayılmaz.

Gerek partilerin kapatılması, gerek Demokrasi Partisi (DEP) milletvekillerinin dokunulmazlıklarının kaldırılmasının savunulması, Anayasa Mahkemesi'nin ve onun başkanının milli iradeye saygılı olmadıklarının açık delilidir. Milletvekillerinin dokunulmazlıkları siyasal düşüncelerinden dolayı kaldırılıyor, tutuklanıp cezaevine konuluyorlar. Parti kapatılıyor, milletvekillikleri düşürülüyor. Bunları milli irade anlayışı ile açıklamak mümkün değildir. Çünkü bu milletvekilleri 50 bin, 60 bin oyla seçilmişlerdir. Milletvekillerinin arkasında güçlü halk desteği vardır. Kürt halkının isteklerini ve iradesini temsil ettikleri söylenebilir. Ve Kürt halkı, bu kişileri, TBMM'ye gönderirken yol, su, elektirik gibi işlerinin değil, Kürt sorunu konusunda bazı çözümlerin üretilmesinde katkıda bulunmalarını ummuştur, bunları düşünmüştür. Bu milletvekillerinin Kürt sorununa ilişkin düşüncelerinden, Kürtlerin ulusal ve demokratik hakları için yaptıkları mücadeleden dolayı dokunulmazlıklarının kaldırılması, cezaevine konulmaları, milletvekilliklerinin düşürülmesi, Kürt halkının iradesine saygısızlıktan başka bir şey değildir. Bu bakımdan, bu tür kişilerin, yazılarında ve konuşmalarında, "hakimiyet kayıtsız şartsız milletindir" demeleri milli iradeye saygılı oldukları anlamına falan gelmiyor. Kaldı ki Milli Güvenlik Kurulu'nun tayin edici ve belirleyici ağırlığı karşısında, Türkiye Büyük Millet Meclisi'nin, hiçbir ağırlığı yoktur. Örneğin, DEP milletvekillerinin dokunulmazlıklarının kaldırılması, cezaevine konulmaları konularında, TBMM'den ve hükümetten çok MGK'nın direktifleri belirleyici olmuştur. Anayasa Mahkemesi'nde kapatma davasanın açılması ve sürdürülmesi konularında da...

Anayasa Mahkemesi Başkanı "yüksek yargıç" Yekta Güngör Özden'in DEP ve DEP milletvekilleriyle ilgili olayda, demokratik sürece Kürt halkının iradesine ve isteğine saygı duymadığını belirtmiştik. Fakat Anayasa Mahkemesi Başkanı "yüksek yargıç" Yekta Güngör Özden demokrasi dışı oluşumlara çok yoğun saygı göstermektedir. Örneğin, 12 Eylül 1980 cuntası, Türkiye'de faşist bir yönetim kurmuştur.

Anayasayı lağvetmiştir. Fakat anayasının cunta tarafından lağvedilmesine rağmen Anayasa Mahkemesi yaşamını sürdürmüştür. Anayasa Mahkemesi üyeleri, anayasanın ortadan kaldırıldığı bir yerde, bizim de işimiz olamaz deyip ayrılmamışlardır. Bilakis, cunta şefine yazdıkları mektuplarla, cuntaya bağlılıklarını bildirmişlerdir. Bunun önemli bir demokrasi terbiyesi eksikliği olduğu aşikârdır. Bu ilişkiyi dalkavukluk olarak belirtmek de mümkündür. 12 Eylül'de faşist cuntaya bağlılık bildirmiş, cuntayı kutlamak için sıraya girmiş "yüksek yargıçlar"ın, "demokrasi"den söz etmeleri derin bir çelişkidir. Bu tutum "demokrasi" kavramını kirletmektedir.

"ADALET" KAVRAMI ÜSTÜNE

"Adalet" kavramı üzerinde biraz duralım. 11 Haziran 1994 tarihli *Hürriyet, Milliyet, Sabah, Cumhuriyet* gibi günlük gazeteler, 12 Nisan 1994 tarihinde de Kanal D televizyonu, saat 19.00 haberlerinde Yahya Demirel'le ilgili bir haber yayınladılar. Haber kısaca şöyle: Yahya Demirel 1988 yılında Şekerbank'tan 20 milyon 50 bin dolar kredi alıyor, fakat krediyi zamanında ödemiyor. Zamanı geçtikten sonra da ödemiyor. Yahya Demirel'le Şekerbank arasında ihtilaf meydana geliyor. İhtilafın çözümü için Ankara 4. Asliye Ceza Mahkemesi'nde dava açılıyor.

Davada 3 kere beraat hükmü veriliyor. Dosya Yargıtay Ceza Daireleri Genel Kurulu'nda da inceleniyor. Sonunda, Ankara 4. Asliye Ceza Mahkemesi, 9 Haziran 1993 tarihinde, "hizmet nedeniyle emniyeti suistimal" suçundan, yani dolandırıcılık suçundan, Yahya Demirel'i 15 ay 16 gün hapis cezasına çarptırıyor. Bu ceza Yargıtay 9. Ceza Dairesi tarafından onaylanıyor.

Burada "adalet"in dağıtılması açısından irdelenmesi gereken bir durum var. Devletin bir bankası 20 milyon 50 bin dolar dolandırılıyor. Doları, bugünkü kurdan, örneğin, 35 bin liradan hesapladığımız zaman 700 milyar lira civarında Türk Lirası yapıyor. İlgili kişi bu krediyi geri ödemiyor. İhtilaf mahkemeye intikal ediyor. Üç kere beraattan sonra mahkemenin verdiği ceza on beş ay on altı gün hapis... Ve bu da,

6 yılda sonuçlandırılabilmiştir.

Yahya Demirel, sadece Şekerbank'tan dolandırdığı krediler dolayısıyla bilinen bir kişi değildir. 1974'te 20 milyonluk hayali ihracat davasıyla adını duyurmuş bir kişidir. Mobilya yerine sunta ihraç etmiştir. 1976'da bu davadan dolayı yurtdışına kaçmış, daha sonra da Türk vatandaşlığından çıkarılmıştır. 1984'te Türkiye'ye dönmüştür. Zonguldak Ağır Ceza Mahkemesi tarafından toplu kaçakçılıktan dolayı 23 yıl 4 ay ağır hapis cezasına çarptırılmıştır. Bu ceza Yargıtay'da 4 kez bozulmuştur. Zonguldak Ağır Ceza Mahkemesi 1989'da davanın zaman aşımına uğradığına karar vermiştir.

Bugünlerde, Halkbank'ın da Yahya Demirel'le ihtilafı vardır. Halkbank, Kuzey Kıbrıs Türk Cumhuriyeti'nde Yahya Demirel'in kurduğu Kıbrıs Yatırım Bankası'na verdiği yüksek faizden dolayı 4 milyon 500 bin dolar para yatırmıştır. Fakat dönem sonunda, parasını geri alamamıştır. Yahya Demirel, Halkbank'a "paramız yok, Ankara'da gayrimenkullerimiz var, satabilirsek paranızı vereceğiz..." demiştir. Halkbank yetkilileri, yaptıkları incelemede, Ankara'da, Yahya Demirel tarafından gösterilen gayrimenkullerin "satılmaz" olduklarını saptamışlardır. (*Hürriyet*, 11 Haziran 1994)

Devlet 700 milyar civarındaki parasını, yukarıda faaliyetleri özet olarak anlatılan kişiden geri alamıyor. Eğer yakalayabilirse, ilgili kişiyi cezaevine koyacak. Halbuki devlet, mahkemeler, savcılar, kitaplara, dergilere, gazetelere yani "düşünce suçları"na böyle davranmıyor. Dergiler, kitaplar, gazeteler yayınlanır yayınlanmaz toplatılıyor, kısa zamanda dava açılıyor. Kitaplarla, dergilerle ilgili davalar Terörle Mücadele Yasası'na göre açılıyor. Düşünmek, yazmak, yayınlamak, terör suçu olarak kabul ediliyor.

Devlet Güvenlik Mahkemeleri, bu davalarda kısa zamanda hüküm veriyorlar, Yargıtay hükmü kısa zamanda onaylıyor. "Terör" suçlarıyla ilgili hükümlerin, infaz edilmesinde de öteki suçlara nazaran daha ağır koşullar var. Devlet, kendisini 700 milyar dolandırmış bir kişiden parasını geri alamıyor. Yakalarsa, ilgili kişiyi sadece 198 gün hapis yatıracak. Halbuki devlet, mahkemeler, kitap yazan, makale yazan bir kişi için en az iki yıl ağır hapis ve 250 milyon TL de ağır para cezası veriyor. 700 milyar lirayı geri alamıyor, ama bir yazara 250 milyon Türk Lirası ağır para cezası veriyor. Halbuki yazar, kitap yazarak, makale yazarak değer yaratan bir kişidir. Devlet, mahkemeler, dolandırıcıyı koruyor, yazarı ezmeye çalışıyor. Ve hep "adalet" gereğince iş yaptığını, "adalet"i gözettiğini, "adalet" dağıttığını söylüyor. Bu süreçte, artık "adalet", lekeli bir kavram haline gelmiştir. "Adalet" kavramı lekelenmiştir.

O halde, bütün bunlar, "Türk adaleti" konusunda, ilgilileri yeniden düşündürmelidir. Hizmet nedeniyle emniyeti suistimal suçunu, yani dolandırıcılık suçunu işleyenin Cumhurbaşkanı'nın yeğeni olması üzerinde de ilgiyle durulmalıdır.

Devlet, bankalar, kredi verdiği kişiden parasını geri alabilmelidir. Devletin parası, sözleşme koşulları gereğince yine devlete dönmelidir. Bunun dışında silah kaçakçılığı, uyuşturucu kaçakçılığı gibi davalarda, mahkemeler, sanıkları ağır para cezasına da mahkûm edebilirler. Çünkü bunlar, gayrimeşru kazançlardır, bu yolla, bu kazançların hiç olmazsa bir kısmının tekrar topluma dönmesi sağlanabilir. Fakat bir kitap için, bir makale için ağır hapis cezası yanında verilen ağır para cezasının dayanağı nedir? Bu cezanın meşru bir dayanağı var mıdır? Bu süreçte "adalet" nasıl tecelli etmektedir? Burada, adalet, devlet olanaklarının vurguncuya sunulması anlamına gelmemekte midir?

Önemli bir konu daha var. "Düşünce suçu" sadece bir kere işlenmekle, kişiyi istediği hedefe ulaştıracak bir suç değildir. Düşüncesini daha açık, daha mükemmel bir şekilde ifade edebilmek için ilgili kişinin, birkaç kitap daha, birkaç makale daha yazması gerekebilir. Dolandırıcılık suçunu işlemiş bir kişi, örneğin, dolandırdığı 700 milyar ile düşündüğü amaca ulaşabilir. Durum, hırsızlık, rüşvet, ırza tecavüz gibi suçlar için de böyledir. "Düşünce suçu"nun böyle olmadığı besbellidir. Her bir kitap için, her bir yazı için 250 milyon lira para cezası verildiğini düşünün. Örneğin, bunu, 10 kere, 20 kere, 80 kere tekrarladığınızı düşünün... Bu cezanın maddi dayanağı nedir? Bu cezada ahlaki bir yön var mıdır?

Herhangi bir yazarın dava konusu edilen ve ancak 2000, 2500 adet basılan kitabın tamamının üzerinde yazıldığı fiyattan satıldığını düşünelim. Bu ceza karşılanabilir mi? Kitaplar, devlete ceza ödemek için mi basılıyor? Kaldı ki bu tür kitapların, dergilerin hemen toplatıldığı, dağıtımının ve satışının engellendiği biliniyor... Bu süreçte "hukuk", "hak", "adalet" nerede durmaktadır?..

SONUÇ

Anayasa Mahkemesi Başkanı Yekta Güngör Özden, Kürtlerin ulusal ve toplumsal varlığını inkâr etmektedir. Kürt sorunundan söz edenleri, "alnını karışlarım" diyerek tehdit etmektedir. Kürt sorunu konusunda oluşturulacak ılımlı bir yaklaşıma hemen karşı çıkmaktadır, bunun olanaksızlığını ifade eden açıklamalar yapmaktadır. Bunların hukuksal konular olmadığı, siyasal içerikli konular olduğu açıktır. Anayasa Mahkemesi Başkanı siyasal içerikli pek çok konuda açıklamalar yapmaktadır. Fakat hukukla, insan haklarıyla ilgili pek çok konuyu görmezden, duymazdan gelmektedir.

İşkence sistematik bir devlet politikasıdır. Kürdistan "faili meçhul" cinayetlerle yönetilmektedir, Kürt yurtseverleri gözaltına alınıp katledilmekte, cesetleri bazen araziye atılmış vaziyette, bazen morglarda bulunmaktadır. "Kürtçe TV"ye, "Kürtçe eğitim"e şiddetle karşı çıkan "yüksek yargıç" devletin sistematik cinayetlerini görmezden, duymazdan gelmektedir.

Devlet bürokrasisinde, rüşvet, dolandırıcılık, yolsuzluk çok büyük boyutlara ulaşmıştır. Gazeteler, televizyonlar sık sık yolsuzluk, dolandırıcılık dosyaları açıklamaktadırlar. Bu dosyalarda, Başbakan'ın eşinin adı, Cumhurbaşkanı'nın kayınbiraderinin, yeğeninin adları sık sık geçmektedir... "Kürt realitesi" gerekleriyle ilgili bir oluşuma şiddetle karşı çıkan "yüksek yargıç", devlet bürokrasisini saran bu çürüme karşısında hiç sesini çıkarmamaktadır. Trilyonlarca liralık yolsuzluklar konularında neden soruşturma açılamamaktadır? Kitapları, dergileri, gazeteleri anında toplatıp soruşturma açan savcılar trilyonlarca liralık yolsuzluklara neden dokunamamaktadır? Kitap yazanlara, yazı yazanlara, bunları yayımlayanlara, ağır hapis ve ağır para cezaları veren mahkemeler, yolsuzluk ve dolandırıcılık fiillerine neden bakamamaktadır? "Yüksek yargıç"ın bu konularla ilgili bir düşüncesi yok mudur?

Yukarıda, dolandırıcılık suçuyla ilgili somut bir örnek verildi. "Düşünce suçları"yla ilgili örnekler de çok... "Adalet" her iki süreçle ilgili olarak nasıl tecelli etmektedir? Anayasa Mahkemesi Başkanı'nın, dolandırıcılık sorunu ve "düşünce suçları"na karşı devletin, mahkemelerin yaklaşımları konusunda bir düşüncesi yok mudur?

Yargılama sürecinde rüşvet alan ve bu fiilleri yargı kararıyla kesinleşen yargıçlar vardır. Yüzkızartıcı suç işlemiş yargıçların vermiş olduğu mahkûmiyet kararları ne olacaktır? 1980'li yıllarda görülen davalar sırasında biz de böyle bir olayla karşılaştık. Bu konuyu mahkemelerde, Askeri Yargıtay'da ve Yargıtay'da sık sık soruyoruz, fakat mahkemeler bu taleplerimizi hep görmezden, duymazdan geliyorlar. Bu istekleri reddetmeden ceza verme yoluna gidiyorlar... Yüzkızartıcı suç işlemiş yargıçların vermiş olduğu mahkûmiyet kararlarının değeri nedir? "Kürtlere hakları muhakkak verilmelidir..." diyenlere karşı şiddetli bir şekilde tepki gösteren, arka arkaya açıklamalar yaparak bunun olamayacağını vurgulayan Anayasa Mahkemesi Başkanı'nın bu konuda bir diyeceği yok mudur? Yüz kızartıcı suçlar işlemiş yargıçların vermiş olduğu mahkûmiyet hükümlerinin değeri nedir?

Anayasa Mahkemesi Başkanı, Kürtlerin kendi dillerini, kültürlerini bırakıp, Türkleşip, Türk gibi yaşamalarını istemektedir. Türkiye Cumhuriyeti sınırları içinde yaşayan herkesin Türk olduğunu, yaşamın kesinlikle böyle süreceğini vurgulamaktadır. Fakat Kürtlerin de kimliğinin korunduğu, ulusal ve demokratik haklarının yaşama geçirildiği bir ortamda Kürtlerle birlikte yaşamayı hiç istememektedir. Buna da "eşitlik" demektedir. Fakat Kürtler için "eşitlik" isteyen Demokrasi Partisi milletvekillerinin dokunulmazlıklarının kaldırılmasını, milletvekilliklerinin düşürülmesini, programına Kürt sorunuyla ilgili bölümler koyan partilerin kapatılmasını hararetle savunmaktadır. Buna rağmen "Hakimiyet kayıtsız şartsız milletindir" sloganını da tekrarlamaktadır. Hakimiyetin kayıtsız şartsız millete ait olması, cunta karşısında el pençe divan durmasına hiç engel olmamaktadır. Anayasanın ortadan kaldırıldığı cunta koşullarında bile Anayasa Mahkemesi üyeliği devam edebilmektedir. Kürtlerin ulusal ve demokratik hakları konularında şiddetle tepki gösteren, siyasal açıklamalar yapan "yüksek yargıç", faşist cuntaya küçücük bir tepki gösterememiştir. Bütün bunlar, "demokrasi", "adalet", "eşitlik", "özgürlük", "insan hakları", "bilim" gibi kavramların kirlendiğini göstermektedir.

Anayasa Mahkemesi Başkanı "yüksek yargıç" Yekta Güngör Özden, Kürtlerin ulusal ve toplumsal varlığını ısrarla inkâr etmektedir. Kürtlerin her türlü baskı ve şiddet yöntemiyle asimile edilmelerinin, çok demokratik bir yol olduğunu da vurgulamaktadır. Yazılarından, konuşmalarından çıkan sonuç budur. Fakat kendisi eleştirilemez, dokunulamaz bir kişidir. Kendisini eleştirenler, ağır hapis cezalarıyla ve ağır para cezalarıyla tehdit edilir, bu cezalar sık sık uygulanır. "Yüksek yargıç" düşüncelerinin cezai yaptırımlarla korunmasından hiç rahatsız değildir. Buna da "eşitlik" demektedir.

Toplumsal ve siyasal değişim, gerek Kürdistan'da, gerek Türkiye'de çok sancılı ve sarsıntılı geçiyor. Halbuki, hukuk kurumları, hukukçular, değişimin mümkün olduğu kadar az sancılı ve sarsıntılı geçmesi konusunda işlev sahibi olabilirlerdi. Anayasa Mahkemesi Başkanı objektif gerçeği reddeden, inkâr eden açıklamalarıyla, demokratik sürecin bütün kanallarını tıkamaktadır. Totaliter, faşist bir düşünceye ve uygulamaya yol vermektedir.

Çok önemli bir konu daha var. Somut olguların, somut toplumsal gerçekliklerin ısrarla inkâr edilmesinin, totaliter ve faşit düşüncelere kaynaklık ettiği pek açıktır. Faşizm, Nazizm denince ille de gaz odalarını hatırlamak gerekmiyor... Türk faşizmi de böyle gelişiyor... Bu arada, Türk yazar örgütlerine de bir konuyu hatırlatmak gerekiyor. Edebiyatçılar Derneği gibi yazar örgütlerine üye olmanın önemli bir koşulu var: Faşist olmamak koşuluyla bütün yazarlar üye olabilir, deniyor. Bu madde kimler için uygulanıyor acaba?

DİZİN